幼儿园音乐教育研究丛书

Music

许卓娅 主编

幼儿园游戏化创意音乐教学

南京师范大学出版社

图书在版编目(CIP)数据

幼儿园游戏化创意音乐教学 / 许卓娅主编. —南京：南京师范大学出版社，2024.3

(幼儿园音乐教育研究丛书)

ISBN 978-7-5651-5662-5

Ⅰ. ①幼… Ⅱ. ①许… Ⅲ. ①音乐课-教学研究-学前教育 Ⅳ. ①G613.5

中国国家版本馆 CIP 数据核字(2023)第 006878 号

丛 书 名	幼儿园音乐教育研究丛书
书　　名	幼儿园游戏化创意音乐教学
主　　编	许卓娅
丛书策划	吴曼丽　徐益民
责任编辑	彭艳梅
出版发行	南京师范大学出版社
地　　址	江苏省南京市玄武区后宰门西村 9 号(邮编:210016)
电　　话	(025)83598919(总编办)　83598412(营销部)　83598312(邮购部)
网　　址	http://press.njnu.edu.cn
电子信箱	nspzbb@njnu.edu.cn
照　　排	南京凯建文化发展有限公司
印　　刷	南京玉河印刷厂
开　　本	787 毫米×1092 毫米　1/16
印　　张	27.5
字　　数	451 千
版　　次	2024 年 3 月第 1 版
印　　次	2024 年 3 月第 1 次印刷
书　　号	ISBN 978-7-5651-5662-5
定　　价	75.00 元
出 版 人	张　鹏

前　言

一、本书编写感叹

我和研究团队对“游戏化音乐教学”的研究始于2006年，真正在全国范围内明确提倡始于2008年。我们对“创造性音乐教学”的研究在南京团队内部明确提倡始于2018年。所以，“游戏化创意音乐教学”这个概念的形成，前前后后算起来也有十几年了。

虽然在20世纪80年代，在零星的类似活动中，我们可以看到不甚明确的意思，但真正形成比较明确的实践模式和理论体系是在2020年，算起来也有40年之久了。

研究进展如此缓慢，说明任何一个问题的研究进展都需要我们长期关注和付出努力！我庆幸如今能够有这些小小的“从量变到质变”的进展，而这也是南京团队一代又一代幼儿音乐教育研究人的“不懈追求”的初心使然。

我们的团队在陈鹤琴、汪爱丽两代人的工作基础上，队伍越来越壮大：不仅有更多的一线幼教工作者，还有毕业于南京师范大学的硕士、博士研究生。同时，通过“中国早期儿童音乐舞蹈发展与教育研究中心”〔注：这是一个隶属于南京师范大学教育科学学院学前教育专业的学术研究与交流机构，以下简称“中心”〕的平台，全国各地都有热心人士参与工作。因此，如今获得的进展也是诸多参与者共同努力的结果。

最后还要衷心地感谢这个高度开放、科学技术快速发展的时代。因为只有在这样的时代里，我们的团队成员才能够更简便地利用公共传媒提供的渠道进行实现共同愿景的“STEAM”学习。在我们的理解中，其核心即“为用而学”。因此，本书实在是凝聚了太多太多的集体智慧！

希望此书能够为幼儿园的音乐课程与教学改革进步，贡献出其应该产生的积极影响！

二、本书阅读指南

本书共分为四个部分。

第一部分为基本理论和基本操作模式，包含第一章、第二章。第一章主要介绍与实践部分密切相关的古今中外的各种教育、教学理论和实践模式。第二章主要介绍本书提倡的一种特殊的案例教学模式，包括其基本理念、实践操作的基本方法和流程。

第二部分也就是第三章，精选了歌唱、律动、奏乐三种不同活动，通过对根据同一音乐作品设计的同一年龄班教学活动的前后两种不同教学流程的对比分析，帮助读者比较清晰地了解基于两种教学观念产生的教学目标、教学流程的主要差异。

第三部分是本书的第四、五、六章，分别从小、中、大班三个不同年龄层次出发，精选符合本书基本设计原则的多个案例，进一步帮助读者拓展和深化对这种教学模式的了解和理解，以便读者通过对本书提供案例的研究性学习，最终达成“从例到规”的认识，再从“规”到自己的“正例”的提升转化。

第四部分也就是第七章，这是接受了人民教育出版社资深编辑秦光兰老师建议后补充的章节，作为和前面的理论与实践部分的呼应。此章重点向读者介绍教师培训或幼儿园园本教师培训如何使用“从模仿到创造”的模式，以及如何在培训过程中遵循相关的教育心理学原则，以更好地保障这种培训的有效性。

目 录

附录:国外供儿童创编的经典歌曲

第一章

理论的呼唤

本章提要：

本章提供的内容属于"游戏化创意音乐教学"的"上位"理论基础。主要包含：①中国传统哲学中的"大道归一"理论；②"案例教学"与"范例教学"理论；③"自我知识管理心理学"中的合作学习理论；④隐性知识与显性知识相互转化的理论；⑤"大课程视野"下的集体教学活动观；⑥全人教育自然统一理论。

这些理论主要帮助大家解决三方面的问题：价值立场——为了什么目的而做；思维方式——怎样做；因果规律——为什么要这样做。

尽管这些理论比较"高位"，但并非不能读懂。作者将尽力举例解释，而且相信这些理论一定也是部分读者一直希望得到却苦于无处找寻的信息！

一些"尚未接近"这类信息的读者，可以暂时越过这一部分，待到有兴趣了解时再返回来阅读，不失为一种更加合适的做法。

第一节 “大道归一”的理论基础

中国古代哲学经典《道德经》是哲学先贤老子的思想结晶，其论述了“道”和“德”两个议题。关于“道”的论述中，最为大家所熟悉的便是：道生一，一生二，二生三，三生万物，万物归一。可以理解为：所有的事物的属性、事物间的关系、事物的发展规律都必然与其他事物的属性、其他事物间的关系、其他事物的发展规律有着某种相同之处。认识事物的目的是寻找事物之间的“相同之处”。

现代心理学指出，专家与一般人的区别是：“专家”们比一般人拥有更多的知识。但因为这些知识似乎已经被“整理、提炼、压缩”到极小、极薄的“芯片”当中，实际上是反复经过“同”的整理，所以被使用的概率和使用的效率总会非常高。

教学心理学倡导，并且已经在我国中小学广泛开展“概念性思维”教育，“大概念”教学实际上就是提倡教会学生“像专家一样思维”。

学习心理学的“上位、下位”概念，格式塔心理学的“异质同构”理论，审美心理学的“通感”理论，儿童心理学的“泛灵说”等，实际上也都蕴含了“大道归一”的思想。

另外，专家作为“融会贯通者”，还特别擅长使用“例子”进行教学，即通过“小故事”阐明“大道理”。中国古代典籍《列子·汤问》中的《愚公移山》是在隐喻坚持理想；《夸父追日》是在隐喻需要放弃不切实际的执念；《两小儿辩日》是在隐喻做结论需要拿出真凭实据；《纪昌学射》是在隐喻想要做好一件事情必须循序渐进，同时方法得当；而《余音绕梁》是在描述真正的艺术审美感动是怎样的深入人心；《高山流水》是在讲述人与人之间能够相互理解，甚至相互欣赏，是一件多么难得的事情。所有这些内容完全不同的故事，实际上都使用了一种被称为“隐喻”的方法，来表达“为人处世”的观点。

无独有偶，西方哲学家柏拉图以自己的老师苏格拉底为重要角色，创作了同样具有“小故事大道理”品质的《谈话录》。一个个既通俗易懂又发人深省的小故事，千百年来点燃了千千万万个生命的灵魂，被世人公认为能够增长智慧的“传世经典”。

其实，这些蕴含大道理的小故事，也就是大师们提供给世人的教学案例，即通过万物之一的“一”来帮助世人理解万物归一的“一”。这种教学思路，实际上也就是下面要说的案例教学法的思路。

第二节 “案例教学”与“范例教学”理论与实践

一、案例教学——洋为中用的思路

案例教学法是一种以案例为基础的教学方法。案例本质上是提出一种真实问题的研究情境——一个蕴含某种规律、原理、立场的范例课题，鼓励学生积极参与研究，而教师在这种研究性教学中，则扮演着设计者、引导者、组织者和激励者的角色。

150 年前，著名的哈佛大学法学院首创了“案例教学法”，紧随其后，哈佛大学的医学院、商学院也开始使用这种教学法，即教授们收集、整理、精选本领域问题处理的“经典案例”，将这些经过严谨加工的法案、医案、商案，提供给博士研究生们进行研究性学习，让学生从中获取各领域中最为重要的“巨人肩膀”——案例中蕴含的基本原理和基本规律。

约 110 年前，匈牙利的拉班和奥地利的奥尔夫，先后在舞蹈教学和音乐教学领域提出了类似于案例教学法的“自上而下与自下而上两种方法相互支持”的操作模式。

70 年前，德国的中学历史老师和物理老师明确提出了“范例教学”的概念和操作流程、规则。自此，“范例教学”正式进入普通教育领域。

40 年前，案例教学及范例教学等概念和操作模式进入我国的普通学校教育领域，但相关研究和实际应用的进展一直比较缓慢。有人说，是因为这种方法本身要成为一种严谨的教学体系非常困难，即要想在各领域建成一种逻辑严谨的可实操的教学体系，需要许多愿意献身的工作者团结合作，持之以恒地不懈努力。

实际上，1968 年，南京师范大学汪爱丽教授在小班教案“拍手点头”中就已经使用了这种教学模式。1992 年，南京市北京东路小学附属幼儿园黄爱玲老师在小班教案“拍手点头”中直接把原歌曲的歌谱改写成了“从‘一 A 到底’开始”的模式。2004 年，三位不同幼儿园的优秀教师在福建召开的第三届全国幼儿园音乐舞蹈教学改革观摩研讨大会上，面向福建幼儿师范学校附属幼儿园的大班幼儿开展了使用该模式的教学活动“小鸟小鸟”。遗憾的是，当时我们团队还并未能够从这些案例中提取出更上位的案例教学的概念、原理和实操模式。

二、案例教学——古为今用的思路

早在春秋战国时期,诸子百家就开始大量使用民间故事来阐明事理。我们所熟知的成语、寓言都是很好的证明,如《塞翁失马》《围魏救赵》,人们由此得到的信息绝不仅是塞翁丢马和围困魏国解救赵国这么简单的故事。

除了这些妇孺皆知、耳熟能详的小故事,还有大量以“案例”为主要内容的经典作品,如《春秋》《战国》《史记》《资治通鉴》《列子·汤问》等。

这些伟大的著作,无一不是以案例作为说明事理的切入点,将几千年来人类的智慧结晶浓缩在了简洁朴素的故事当中,以其通俗易懂、说理明晰的特征,成为传世经典。

下面的案例就是在2500多年前孔子教学的一个“小故事”:孔子的学生颜回遇见买布的顾客和商家争论“三乘以八”到底应该是二十三还是二十四,便上前帮人评理。结果反被买布的顾客纠缠,最后两个人同去找孔子评判对错,并当着孔子的面打赌:二十三若错,买布人输头,二十四若错,颜回输冠。结果孔子说二十四错,颜回很不服气!后来孔子便借此案例与颜回讨论“输头和输冠”的价值取舍,最终让颜回自己理解了“生命比颜面更宝贵”的“大道理”。

某幼儿园大班幼儿在学习《愚公移山》的故事之后说:“我觉得这个故事和《大禹治水》的故事是一样的,都是说做事情要坚持到底。”这不正是孔子所说的“举一反三”的一个实例吗?!

“案例教学”,我本人更喜欢把它称为“案例研究学习”,实际上是一种将“案例”作为“一”来进行研究,以便从“前人的更高级、更关键、更典型的具体实例”入手,从而体验、分析、提炼出其中所蕴含的规律或道理。从事这样的研究性学习所获得的收益,必然会更加真实、更加深切、更加丰厚!

“案例教学”的模式和今天我们在幼儿园提倡的“从‘一A到底’开始”和“现场建库”的模式,是存在深层次内在联系的,即:如果幼儿园教师按照“案例教学”的模式开展教学的话,那些被教师提供到教学现场的“音乐舞蹈作品”完全可以等同于那种"领域问题处理的案例"！

如果职前或在职教师培训领域，也用"案例教学"的思路对学习者进行培训的话，那些由执教教师提供到教学现场的优秀"教学案例"也完全可以等同于那种解决教育教学领域问题的"研究性学习案例"！

当我们这样看问题的时候，其实也就是在使用"大道归一"追求"一同"的思维方式。

三、"范例教学"理论与实践

（一）理论的起源

近代，"范例教学"亦称"规范性教学""范例方式教学""范畴教育"，即借助教材中的示范性材料，使学生从个别到一般，掌握蕴含规律性的知识的教学模式。20世纪 50 年代至 70 年代，范例教学成为德国具有较大影响的一个教学论流派。它最早为 1949 年海姆佩尔在历史教学中提出，其著有《示范的教学原理》；后来于 1950 年由瓦根舍因在物理教学中提出，其著有《范例教学原理》。

瓦根舍因认为：要发展学生的能力，就应教给学生基本的知识，即基本概念、基本科学规律或知识结构，也就是所谓的"基本性"。要达到这一目的，就要改革教材，使学生借助"精选过的材料"，即通过直接与"范例"接触，获得独立思考和判断的能力。

（二）我们的实践与发展

下面列举幼儿园歌唱活动"我爱你"在不同年龄班的教学设计流程。

原歌词：

蜜蜂亲吻鲜花说我爱你，青蛙守着池塘说我爱你。

星星守着月亮说我爱你，葵花对着太阳说我爱你。

你的爱给了我温暖和快乐，你的爱给了我勇气和力量。

我要对你大声地呼喊我爱你，我要对你大声地呼喊

I love you！

我是蜜蜂你是滋养我的鲜花，我是青蛙你是收留我的池塘。

我是星星你是陪伴我的月亮，我是葵花你是照耀我的太阳。

你的爱给了我温暖和快乐，你的爱给了我勇气和力量。

我要对你大声地呼喊我爱你，我要对你大声地呼喊

I love you!

1. 幼儿园小班教案流程。

第一阶段，教师示范演唱“妈妈对着宝宝说我爱你”。（同样的歌词连唱4遍，然后接唱副歌，不要求小班幼儿学唱副歌部分）

第二阶段，教师通过替换任务引导幼儿发现歌词的结构和替换规律。

幼儿替换一：家庭成员。

幼儿替换二：家中熟悉的其他事物。

第三阶段，教师通过拓展任务引导幼儿逐步掌握按结构替换的技能。

幼儿替换三：从班级同伴、教师和教室中看得见的事物开始，逐步到幼儿园中熟悉的事物。

第四阶段，教师根据幼儿的提议反复范唱歌曲直到幼儿可以自行演唱歌曲。

2. 幼儿园中班教案流程。

第一阶段，教师提供情境图片，如下图。幼儿根据图片任意提供爱和被爱的事物名称（歌词内容中的主词），如“小鸟对着星星说我爱你”。教师使用幼儿提供的名称示范演唱。（同样的歌词连唱4遍，然后接唱副歌，中班幼儿可以学唱副歌部分）

第二阶段，幼儿反复从不同图片中提供爱和被爱的事物名称，教师根据幼儿的提议组织幼儿反复跟唱歌曲直到幼儿可以自行演唱歌曲。

第三阶段，幼儿依据图片的提示自选歌词主词，自选内容的数量和结构进行练习与表演。（4句歌词从2句不相同、3句不相同到4句都不相同。结构分别是：AABB，ABAB；ABCC，AABC；ABCD……）

第四阶段，幼儿自由地即兴演唱。

〔注意：并非要求一次集体教学活动完成，也并非仅仅依靠集体教学活动完成。〕

3. 幼儿园大班教案流程。

第一阶段，教师提供情境图片或者在组织幼儿绘画相应主题后进行歌曲学习活动。

教师从一幅图画中选择一个范例，如“太阳对着国旗说我爱你”。（同样的歌词连唱4遍，然后接唱副歌，大班幼儿可以学唱副歌部分）

第二阶段，幼儿反复从不同图片中提供可以对国旗表达爱的事物的名称，教师根据幼儿的提议反复范唱歌曲直到幼儿初步熟悉歌曲。

第三阶段，幼儿分小组自选图画，将图画中的事物或由图画联想到的相关事物（一共4种）提取出来，并制成简单图谱（实际上是歌词及排列顺序）。在幼儿集体讨论和制作过程中，教师反复弹奏钢琴伴奏。

第四阶段，各组幼儿练习自己小组创编的歌曲，各组之间分享交流，教师评价。

通过这样的学习活动，幼儿不仅学会了演唱这首歌曲，积累了有关旋律、节奏的素材，熟悉了发声、咬字、吐字和气息运用的技能，还获得了语言领域的各种表达素材和表达思路。更重要的是，在这个过程中，幼儿还产生了创造性学习的意识且提升了能力，深化了对“爱”这种情感的体验和理解。

换句话说，在案例研究学习中，学习者通过研究所获得的收益，实际上并非仅仅体现在对某一领域的规律、原理或核心知识技能的深入掌握方面，还很可能会获得更加综合性的、整体性的素养提升。这是我们团队对“范例教学”模式的一种发展。

第三节　“自我知识管理”理论

一、理论简介

“自我知识管理”理论告诉我们:知识是一种创造的力量。它不仅存在于一个人的身上,也存在于各种共享情境之中。这种分享、创造及运用知识的动态的共有情境,被日本学者野中郁次郎等人称为“场”。在这个“场”中:知识获取、知识共享、知识转化和知识创新是知识线性价值链中环环相扣、彼此相融的四个过程,它们相互缠绕、密不可分。

知识获取:知识管理的第一步是对知识的有效获取。正是知识的不断积累,才促进了个体知识资源的持续扩展和知识资产的不断扩大。

知识共享:知识共享是知识获取、转化和创新的重要媒介。知识共享的范围越广泛,共享知识的人越多,知识转化的频率就越高,创新的可能性就越大。

知识转化:知识转化为知识创新提供了可能。

知识创新:没有知识获取、知识共享和知识转化,就难以有知识创新。

借鉴上述知识体系,我们曾经提炼出新手教师快速成长的“秘诀”:

$$\text{教师成长}=\frac{\text{实践}+\text{反思}}{\text{团队支持}}$$

实际上,无论儿童还是成人,也无论何时何地,只要学习团队善于充分激励每一个人为知识的公共生产和储备贡献力量,即“现场建公库”,个人又善于充分汲取他人提供的和团队共建的信息,即“现场建私库”,便是“最高效率”的学习了。

二、案例与分析

下面请看大班歌唱活动案例“毛毛虫的梦想”。

原歌词:

白白的云朵,红红的太阳,绿绿的树叶,上面是谁在唱歌?

白白的云朵，红红的太阳，绿绿的树叶，是毛毛虫在唱歌！

快长大吧毛毛虫，飞呀飞到花丛中，你的理想不呀不是梦！

快长大吧毛毛虫，飞呀飞到花丛中，你的理想不呀不是梦！

任务：

在学习歌曲的过程中，16 位幼儿分成 4 组，4 人一个小组，尝试替换上文中加了阴影的三处歌词，创编出一首完整的新歌词。

流程：

（1）教师用原歌词范唱歌曲，同时出示歌词的图式“歌谱”。

（2）教师与幼儿讨论白天和晚上还可以看见其他什么样的美丽风景，以及毛毛虫长大以后还可以飞到什么地方去。

（3）教师逐一使用幼儿提议的新歌词演唱歌曲。

［注意：从每次替换一处，逐步到每次替换三处。］

（4）一个字“啦”演唱歌曲，幼儿分组讨论，并将新创编的歌词画出来，一共三个方面的内容，六幅图。

（5）完成后，按照顺序贴在教师分别为每个小组提供的大图谱中。

［注意：相应的位置已经专门空出。］

（6）教师提供伴奏，各组练习自己创编的歌词。

（7）各小组轮流展示，相互评价，教师小结。

从上面的简案中，我们不难看出前面所介绍的知识获取、知识共享、知识转化和知识创新等流程，在幼儿原歌唱教学“一 A 建库”教学模式大班阶段是如何具体落实的。

第四节　隐性知识与显性知识的相互转化

本节的理论与上一节的理论是密切相关的！

“隐性知识”通俗来讲就是没有表达出的、不易表达出的甚至无法表达清楚的个人知识；恰恰相反，“显性知识”即指那些容易表达的甚至已经被表达出的个人经验，以及经过使用更多人能够理解的表达方式，可以达成人际交流和分享的经验。

一、“他山之石”

英国哲学家波兰尼在1958年指出：隐性知识和显性知识是两种不同类型的知识，我们知道的多于我们所能告诉的。他的理论提醒我们：人所拥有的那些隐性即“缄默”的知识是一些非常有价值的知识，应该认可和学会利用这些知识的价值。

美国教育心理学家斯腾伯格在1985年指出：隐性知识与显性知识非但不是非此即彼的，反而往往是相互包含的。

日本知识管理学家野中郁次郎在1995年指出：隐性知识与显性知识之间是可以相互转化的。

〔注意：第一人的贡献在于指出需要注意“隐性知识”的存在；第二人的贡献在于指出需要注意“两种知识相互包含的关系”；第三人的贡献在于指出需要注意“两种知识可以相互转化”。〕

野中郁次郎还进一步指出：

1. 两种知识间相互转化的具体策略为：社会化、系统化、外显化、内隐化。

2. 外化表出的具体手段为：比喻、类比；反思、分享与反馈；语言、图像、动作相互“翻译”。

3. 表出的内外动机保障条件为：创造宽松的人际环境，激发表达的意愿。

4. 表出的心理建构基础是：个体的最近发展区；表出知识可共享性水平——“人际间性水平”。

其实，对于主要处在第一信号系统向第二信号系统转化过程中的幼儿来说，改变“说不出”“说不清”“说不好”的现状，本就是幼儿阶段语言领域的教育目标。同样，许多幼儿园一线教师也经常出现“说不出”“说不清”“说不好”的问题。这种状况严重影响了教育教学质量。

某英国著名中学校长曾说：什么是好的大学教育？标准之一便是：从那所大学毕业的学生在使用语言进行表达的时候能够做到精练、精准、精美，并让人感到“惊艳”，即情理之中、意料之外的创意表达境界。

舞蹈教学中的语言表达向来也是一个相对普遍的问题。“就是这个样子”“不是这个样子”，是过去舞蹈教师的常用表达。这也是舞蹈学习者最“不得要领”的困惑来源。

匈牙利舞蹈理论家拉班，为此整理出了舞蹈动作教学和学习的概念体系。至今与动作学习和教学相关的领域仍旧使用这个体系实现“思维和动作相互促进”，即“多重编码”的教学实践，为在一定程度上和一定范围内能够“讲得出来，讲得清楚”开了先河。

二、案例与分析

1991 年，我们组织团队成员前往九寨沟采风。在藏民家中我们被一种很特别的下肢舞步深深地吸引。半个月过去了，不管藏民怎样努力表达该舞步的运动模式，团队始终没能发现其中的奥秘。而表演和教授舞蹈的藏族老乡只会说八个字：“就是这个样子的呀！”

不甘心的我们在第二年又去了一趟九寨沟。再次前往学习现场的前一天夜里，我躺在床上努力在头脑中搜索可能相关的所有经验。终于，幼儿园时学过的下肢舞步“侧点步”进入了我的头脑当中：似乎应该是“4 拍子的侧点步，加 180°旋转”，舞到兴奋之时，再加第三拍起跳和第四拍顿踏，以及身体的大幅度上下起伏。第二天，我终于在舞蹈学习的现场“证实”了前一天夜间的推想。

由于这个内隐的知识终于被成功转变成“可以陈述的语言”，在日后的教学过程中，完全没有舞蹈基础的大学生们，基本上都能够在 10 分钟之内掌握这个舞步。

2012 年，一个毕业生因面试要求，需要临时找一位老师学习一个舞蹈，第一位老师总是对求教者的某一个动作不满意，一直用类似“不是这个样子的”语言和自己的示范动作纠正求教者，可结果是：非但没有解决问题，反而让求教者产生满满的“自我失效感”。不得已，换了第二位老师。第二位老师仅用一根手指触及求教者相关身体部位，并说，“请把你的左胸向外顶出来一点”，问题立刻就得到解决了。

因此，我们对幼儿教师的语言提出了一个原则：不要随便使用“代词”，而要力争更加精准地使用幼儿能够理解的“概念词”，必要时还应辅以动作和视觉形象的支持。

在美国高瞻课程的动作教学专家菲里斯・卫卡特的专著《动作教学：幼儿核心的动作经验》一书中，这种经验被称为“动作和语言的互译”经验。我们也可以称之为“双重编码”经验。

第五节 “大课程视野”下的集体教学活动观

“大课程视野下的集体教学活动设计立场”是指教师在设计集体教学活动的时候，应该从当下班级的大课程主题出发，使得集体教学活动的思路，既来自大课程主题活动的过程，又能够随时回到大课程主题活动的过程，与大课程主题活动形成一个有机整体。

从理论方面讲：首先，在大课程主题活动中，幼儿的比较低级的感性经验被提升、拓展和迁移应用，成为被系统化整理过的更加高级的理性经验。这种高级的理性经验在未来更容易被幼儿主体进行有意识的“再建构和再利用”。其次，在大课程中获得的经验是一种在集体情境中通过社会分享和社会共建而获得的经验，更有利于幼儿主体形成“主动奉献、主动分享”的社会学习价值理念和习惯。

从实践方面讲：近几年，我们提出了“大课程视野下的集体教学活动设计立场”，鼓励团队内的幼儿园教师使用这一概念组织、音乐活动，也的确起到了帮助教师转变教学观念的作用。

最近越来越多的集体音乐教学活动设计来自这一立场，这也直接导致幼儿在集体学习过程中能够：

1. 拥有更多的经验可以输出和吸收。

2. 更加积极地输出和吸收。

3. 在意识到缺乏经验时能够更加主动地去获取。

4. 学习的基础经验和能力更加有效地提高。

例如：

1. 小班下学期幼儿在歌唱活动“可爱的太阳”中的歌词替换环节，之所以对各种动植物以及白天夜晚的替换驾轻就熟，是因为“后续”集体教学与区角游戏直接衔接，以及受大班小班幼儿结伴游戏的影响。

2. 中班上学期幼儿在歌唱活动“秋天的歌”中的歌词替换环节，表现出对各种农作物很熟悉，是因为前期“秋天的果实”主题已经进行了一个多月。

3. 大班下学期幼儿在韵律活动“超级飞侠工程队”（该活动涉及多人组装工程

机器人解决工程难题)中,对各种工程车辆的形态、功能非常熟悉,对创造表演高度投入,是因为从动画片《超级飞侠》,到科学绘本《各种各样的交通工具》,再到《不可思议的工程车》,再到手工制作活动“我们自己设计制造的工程车”,相关主题从大班上学期开始已经开展一个多学期了。

4. 大班幼儿在即兴问答歌曲《对花歌》的学习过程中,关于花卉的知识十分欠缺,于是在教师的支持下开展了“开花店”“布置花卉博览会”“组织花卉邮票设计大奖赛”等一系列主题活动。在活动开展期间,《对花歌》的即兴问答游戏也不断升级。

5. 在大班绘本舞台剧《壳儿去旅行》的主题建构活动中,幼儿从绘本中提取出自己喜欢的情节,用前书写的方式制作成了许多图片。在能够熟练演唱新歌《壳儿去旅行》之后,这些图片的内容又被转换成了节奏朗诵的语词,最终成为歌曲的多种不同的第二声部的内容。

过去很长一段时间,热爱音乐教学研究的幼儿园教师,为了在公开观摩的教学活动中更好地实现自己的预期,往往喜欢做一些“铺垫”,也就是特意为幼儿积累一些相关经验。尽管这样的做法对幼儿并不会产生任何不良影响,但从教师的教学观念方面讲,那时还并没有能够站在支持幼儿系统建构理性经验方面。

1998 年 2 月,我在幼教期刊《幼教导刊》上第一次提出了幼儿园集体音乐教学的“系列层次活动”设计理念,指出:只有使用系列层次活动的教学设计模式,挖掘出教材潜在的教育价值,才有可能更好地促进幼儿的全面发展。

2007 年春,我有幸受邀进入一所前超大型军工企业的职工幼儿园,与该幼儿园的教师团队开展了“超市学习”教学模式的研究,以及区角自主学习与集体教学相互衔接模式的研究,并因此更加深刻地体会到:围绕某一主题或某一材料的系列教学活动,能够帮助幼儿更加有意识地主动拓展、提升、丰富和应用他们所积累的经验,也能够更加有力地促进幼儿主动寻找、吸取、积累新的经验。

2018 年,南京市秦淮区教育局教研室在全区展开了“大课程视野下的领域集体教学活动”研究。我所在的团队有 5 所幼儿园都在这个区教育局的督导范围之内。这一研究经该区幼儿园团队教师付诸实践后,活生生的师幼互动启发了整个团队。本书的核心概念“一 A 建库”,也正与这一研究有关。

现在，大团队幼儿园的年轻老师们一般都会更主动地在教研反思环节介绍活动设计思路来源时专门说道：“我这个活动的思路来源于最近我们班开展的×××主题活动。”这个现象真的让人感到欣慰！

第六节 “德为本,道为用”的传统整体教育观

一、中国传统游戏中“自律与自由的统一”

在真实的教育互动中,似乎关心知识技能教育,甚至可以说仅仅只关心应试教育的人比关注学习品质的人要多得多;而关注道德品质教育的人,更是少之又少。

最近,一位幼儿教育领域的知名演讲者在网络上发表了一篇文章,提醒幼儿教育工作者和家长:不要因为强调游戏而忘记了对幼儿进行必要的社会责任感教育。文章全文如下:

游戏是幼儿的天性,也是他们的语言。在游戏状态的孩子会全力以赴,不惧困难,不断试错,所以利用游戏作为幼儿学习的载体,效果比较好。

为什么要顺应幼儿的天性?因为幼儿还不具有足够的自控力,而自控力是责任感的基础,因而只有顺应幼儿天性的游戏活动才可以更好地让幼儿学习。

可是,随着年龄的增长,自控力和责任感也应该建立起来,以游戏为驱动力的学习方式就不合适了,毕竟“游戏人生”不是教育的目标!人的一生还有很多不想做但必须做的事,想做但不可以做的事,这叫责任!

就像孩子到了学校,再不喜欢的学科也要克服自己的心理障碍,像游戏一样,认真努力,全力以赴,做到最好!

男人结婚后,看到再漂亮的美女也要控制欲望,这也是责任!

消防员、军人克服恐惧的心理,奋勇直奔危险,这也是责任,更是承担,这些才是真勇敢!

如果让孩子错误地把游戏感当成终身的动力,孩子的心理素质永远不会成长,最后就是一个没有责任感、不愿意承担责任的巨婴!

所以游戏感只是责任感的垫脚石,幼儿教师应该按照幼儿的年龄特点,在课程设计中做出对应调整,让孩子慢慢形成责任感驱动的学习力,这才体现教育的终极目标:将自然人改变成社会人!

文章一经发表,引起读者的积极回应。因为当下幼儿园中的确出现越来越多令人担忧的所谓“熊孩子”问题;进入小学、中学、大学乃至进入社会后的儿童、青少年犯罪、自杀、吸毒、乱性等问题频出,或者越来越多的人成为对自己的生存、生活也不能够承担责任的现代“彼得潘”。

虽然这不能全都归结为游戏的错,但也不可否认:极端的、无底线的游戏化教育、游戏自由的教育理念,和基于这些立场的游戏教育实操模式,的确在其中扮演了相当有影响力的反面角色,也的确产生了相当严重的反面教育影响。

为此,我将这篇文章发到我所在的一个幼儿教育学术群里,同时也将我自己对这个问题的看法发到这个学术群,也发给了文章的作者。

其实这个问题在学前教育的学术圈子里已经研讨 20 多年了。这 20 多年也是课程以及教学游戏化改革强力推进的 20 多年。我们的团队一致赞同教学以及课程的游戏化,但我们所推崇的是:以游戏作为幼儿获得领域知识技能,提升有效学习能力和促进幼儿社会性发展的重要媒介——也就是那位老师说的“垫脚石”。

因此,我们的共识是:“游戏”从来都不是教育的目的。与游戏同样诱人的“自由”“权利”也不是教育的目的。因为游戏永远是为教育存在的;自由永远是与自律同在的;权利永远是与责任同在的。

就如在“万物归一”的大理论中,“道”永远与“德”同在,就像“阴”永远与“阳”同在一样。

二、中国当代幼儿园音乐教育中“立德取向”的坚守

下面先请看我们团队在出版物上所提出的相关教学目标。

1996 年,人民教育出版社出版的《学前儿童音乐教育》中学前儿童音乐教育的总目标(150—151 页)。

韵律活动的操作技能:5. 能够在合作的韵律活动中自然地运用动作、表情与他人交往合作。(包括指挥活动)

奏乐活动的操作技能:5. 能够在发放、使用、收纳乐器的活动中正确执行有关保护乐器的要求。

1997年，南京师范大学出版社出版的《幼儿园课程实施指导丛书·艺术》（107页）中班音乐游戏“火车快跑”集体教学活动目标：

复习歌曲《好朋友》，鼓励幼儿两两结伴在边唱边即兴表演的同时，尽量看着同伴的眼睛并对着自己的同伴微笑。在玩“火车钻山洞”的游戏时，尽量控制好自己的身体，如：低头、曲身、屈膝，慢慢、匀速地小跑，不挤、推前面的人，不拖、拽后面的人，也不碰到当城门的人。

1999年，南京师范大学出版社出版的《幼儿园音乐教育活动丛书——打击乐器演奏活动》（199页）“拨弦”的活动目标如下。

活动层次（一）活动目标3：提醒幼儿根据游戏和音乐的提示行进和停止行进；在用嗓音发出重音时不喊叫；行进时不挤在一起，不故意跌倒，不推搡、干扰他人。

活动层次（二）活动目标3：要求幼儿集中注意力，努力确保反应准时正确，在高度紧张和兴奋的条件下有克制地演奏，不使乐器发出难听的声音。

下图中的内容来自国际支援项目的阶段总结汇报大会上的发言，发言者是一位来自中国西部贫困山区的受资助人士。他返回中国后成为当地教师培训和受困儿童学业救助工作的骨干力量。

> 教师常遇困惑问题之6
>
> 为人生的音乐教育目标如何落实？
>
> 1. 人品的核心是自我控制，即自律，重点在于情绪管理与行为管理。
> 2. 学品的核心是学习的愿望与坚持的毅力：挑战与成功永远是激动人心的人生追求。
> 3. 人才质量标准：有社会责任感并且有能力为社会服务的人。

下图中的内容来自中国香港一所只有一间教室的民办幼托机构的外墙。展示此内容是为了对比美国一所幼儿园的理念：“挑战与成功永远是激动人心的人生追求。”因为我们更推崇中国的传统教育理念：“德为本，道为用。”

先 求 人 格！

后 求 卓 越！

中国香港一民办幼儿园外墙宣传文字

目标分类

分类	国际目标	国家目标	自己目标
学科目标	学会做事	基本知识与基本技能	学科素养
学习目标	学会学习	过程与方法	学习素养
人格目标	学会共同生活	情感态度与价值观	人格素养

〔注意：国际目标来自联合国儿童基金会21世纪儿童发展目标；国家目标来自教育部基础教育教学大纲；自己目标来自团队多年积累的公认目标撰写规范。〕

中国学生发展核心素养

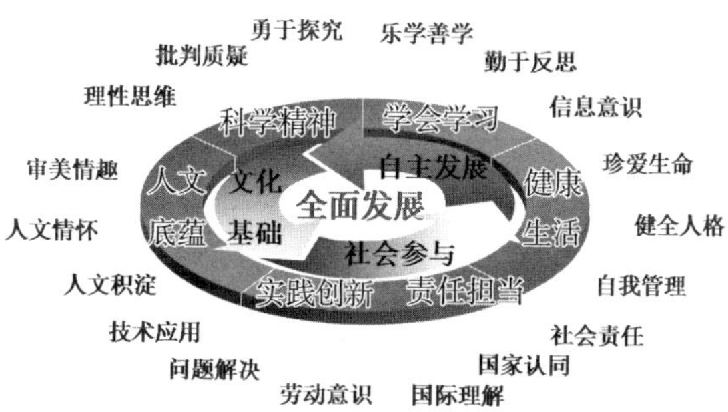

〔注意：以上信息来自教育部组织教育专家团队数十年集体攻关后公布的一个阶段性成果。〕

<table>
<tr><th colspan="6">勇敢的鄂伦春</th></tr>
<tr><th colspan="3">核心素养</th><th colspan="2">教学目标</th><th>国际目标</th></tr>
<tr><td rowspan="6">文化</td><td rowspan="3">人文</td><td>情怀</td><td rowspan="6">理解陌生词语，了解内容和主题，初步学会正确地演唱歌曲</td><td rowspan="6">学科目标</td><td rowspan="6">学会做事</td></tr>
<tr><td>审美</td></tr>
<tr><td>积淀</td></tr>
<tr><td rowspan="3">科学</td><td>思维</td></tr>
<tr><td>批判</td></tr>
<tr><td>探究</td></tr>
<tr><td rowspan="6">自主</td><td rowspan="3">学习</td><td>乐善</td><td rowspan="6">应用图片自检自纠学习过程中产生的错误，自觉练习，完善歌曲演唱</td><td rowspan="6">学习目标</td><td rowspan="6">学会学习</td></tr>
<tr><td>反思</td></tr>
<tr><td>信息</td></tr>
<tr><td rowspan="3">健康</td><td>珍爱</td></tr>
<tr><td>健全</td></tr>
<tr><td>管理</td></tr>
<tr><td rowspan="6">社会</td><td rowspan="3">责任</td><td>社会</td><td rowspan="6">体验打击“光头强”等坏人破坏森林的行为，培养保护森林的责任感</td><td rowspan="6">人格目标</td><td rowspan="6">学会共同生活</td></tr>
<tr><td>国家</td></tr>
<tr><td>国际</td></tr>
<tr><td rowspan="3">实践</td><td>劳动</td></tr>
<tr><td>解决</td></tr>
<tr><td>技术</td></tr>
</table>

<table>
<tr><th colspan="6">我是一只大野狼</th></tr>
<tr><th colspan="3">核心素养</th><th colspan="2">教学目标</th><th>国际目标</th></tr>
<tr><td rowspan="6">文化</td><td rowspan="3">人文</td><td>情怀</td><td rowspan="6">初步学会正确演唱歌曲</td><td rowspan="6">学科目标</td><td rowspan="6">学会做事</td></tr>
<tr><td>审美</td></tr>
<tr><td>积淀</td></tr>
<tr><td rowspan="3">科学</td><td>思维</td></tr>
<tr><td>批判</td></tr>
<tr><td>探究</td></tr>
</table>

续表

<table>
<tr><th colspan="6">我是一只大野狼</th></tr>
<tr><th colspan="3">核心素养</th><th colspan="2">教学目标</th><th>国际目标</th></tr>
<tr><td rowspan="6">自主</td><td rowspan="3">学习</td><td>乐善</td><td rowspan="6">应用独立回忆歌词和动作创编活动，自检自纠自觉练习完善歌曲的演唱</td><td rowspan="6">学习目标</td><td rowspan="6">学会学习</td></tr>
<tr><td>反思</td></tr>
<tr><td>信息</td></tr>
<tr><td rowspan="3">健康</td><td>珍爱</td></tr>
<tr><td>健全</td></tr>
<tr><td>管理</td></tr>
<tr><td rowspan="6">社会</td><td rowspan="3">责任</td><td>社会</td><td rowspan="6">通过听音猜同伴游戏，锻炼参与猜游戏的信心、胆量；探寻策略并应用于游戏中；坚持不偷看、不出卖等诚信行为</td><td rowspan="6">人格目标</td><td rowspan="6">学会共同生活</td></tr>
<tr><td>国家</td></tr>
<tr><td>国际</td></tr>
<tr><td rowspan="3">实践</td><td>劳动</td></tr>
<tr><td>解决</td></tr>
<tr><td>技术</td></tr>
</table>

〔注意：上面两张表的内容来自南京师范大学全日制本科“学前儿童音乐教育”课程中提供给学生做课后练习的范例。〕

关于目标3的具体描述

- “三打白骨精”：“出招”不碰人，造型坚持4秒，且不说笑。
- “大野狼”：猜谜者不偷看，被猜者不紧张，旁观者不“出卖”。
- “熊出没”：集体迅速协商如何“出拳”，个人服从并正确执行集体意见，小组之间无欺骗无“刺探”。
- 所有涉及输赢的游戏：尽力而为，胜不骄败不馁，从容淡定，轻松愉快。
- 所有可能产生过度兴奋的游戏：有节制地“嗨”。

〔注意：自20世纪80年代末以来，团队一直坚守三个目标的教学活动设计导向。三个目标分别为：1. 学科知识技能目标；2. 学习方法策略目标；3. 社会行为管理目标或良好人格品质养成目标。其中，目标3也是目前幼儿园教师最难提出的目标。〕

最后，我们在此强调：以上理论是本书所提供的教学模式的最基础性的信念和立场。后面案例涉及的原则、规范、技巧，都与上述理论息息相关。

希望读者在阅读后面内容的时候，能够随时形而上地回溯到本章的“宏观理论”提示，用这些理论来理解后面的“中观理论”章节的内容，以及再后面的“微观案例”，并在进行实践的时候随时尝试使用这些理论来指导和检验自己的行动。

第二章

游戏化的创意音乐教学

本章提要：

本章提供的内容属于游戏化创意音乐教学的“中位”理论。主要包含：①“示范”与“示例”的区别与联系；②“从‘一A到底’开始”的含义和操作模式；③“现场建库”的含义和操作原则；④“傻瓜流程”的教学方案设计原则；⑤“游戏化活动”的教学方案设计原则；⑥来自传统民间音舞游戏的“启示”；⑦“任务分析”理论与实践应用。

这部分的理论与游戏化创意音乐教学的操作模式更加紧密相关。阅读有困难的读者也可以先浏览一下，选择能够接受的部分“泛读”，待实践后再慢慢“精读”消化。

第一节 “示范”与“示例”的区别与联系

对于“示范”与“示例”的界定仅仅只是本书中的特别界定，以便区别教师的教学价值追求。

首先是“范”，当作为学生学习的一个“榜样”来界定时，教学价值的追求便是：要求学生尽最大可能精准地辨别、理解、记忆和再现教师所提供的“范例”。此时，教师所做的展示行为便具有“示范的属性”。

因此，当教师要求并指导学生最终能够在其最大可能范围内精准辨别、理解、记忆和再现教师所提供的“范例”时，学生所获得的发展为：

1. 提升了快速且精准感知、再现客观事物外部样态属性的能力。

2. 提升了对认知错误的警惕性和责任感。

3. 有效积累了未来进行应用和创造性应用的语汇和思路。

其次是“例”，当作为学生学习原理或规则的一个“正例”来界定时，教学价值的追求便是：要求学生在教师的引导下从这个具体事例中提取出某种内部属性或规则（规律），并随后应用这些“提取物”进行创造性的学习或工作。

尽管这个具体事例往往被习惯地称为“范例”，但此时，教师所展示的实际是“示例的属性”。

当教师要求并引导学生最终能够在其最大可能范围内从教师所提供的“范例”中提取出某种属性或规则（规律），并随后应用这些“提取物”进行创造性的学习或工作时，学生所获得的发展为：

1. 提升了归纳、抽象、应用事物内含的属性和规则（规律）的能力。

2. 提升了发现规律及利用规律解决问题的“学以致用”的意识和能力。

3. 提升了不断追求真理，“为用而学”的意识和能力。

因此，同样是教师展示范例的行为，由于背后预设的价值追求不同，展示之前和之后，教学的内容和方法不同，学生的实际收获也就不同。

尽管如此，这两者在实际的教学中并非对立。换句话说，将两者对立起来的教学观点和教学行为都是不正确的！

在真实的教学中，教师在某些环节应当将展示当作“范”，着重追求“范”所应当追求的价值。而在另外一些环节则应将展示当作“例”，着重追求“例”所应当追求的价值。

结束本节内容之前，用几个小故事作为例证来澄清目前常见的误区。

案例1：有个女孩在小学六年级的时候，非常希望自己能够进入向往已久的某中学。此学校的小升初标准之一是数学必须满分，但该女孩在就读小学期间，数学考试从未拿过满分。为此，她郑重地请求父母提供帮助。其父带她咨询专家，得到的建议是必须纠正“粗心大意”的毛病。于是，在父母的帮助下，她花费了整整三个月的时间，每天做8道三年级三位数加减混合运算题，其中的操作包括：

1. 书写之前，先大声念出数字并同时“书空”这些数字。

2. 检查书本、作业本、草稿本是否有错漏等。

最初，她甚至需要父母站在旁边监督。8道简单的运算最多时用了40分钟，还会有错，她自己也经常气得哭泣。从第三个月开始，情况明显有所改善，每天只需要父母报告用时多少，她的运算也不再出现错误。最后，抄写和计算的速度达到8分钟以下。入学考试结束后，她如愿以偿地进入了那所中学。

案例2：有个初中二年级的男孩，数学成绩一直很差，自己也完全丧失了对这门课的信心。升入初三前的暑假，他被送到大伯家补课。一天早上，他拿着数学书前往厨房咨询自己的大伯（一位数学教师）：“这一题我不会做！”得到的回答是：“回去把题目背熟再来找我。必须一个字一个字大声地念，念到能够背出来为止，连标点符号也要背出来！”后来，他没再去问这道题。家人觉得很奇怪，询问他原因，他答道：“念到能背出来的时候，我自己就会了！”后来大伯说了其如此处理的理由：“我看他数学成绩差的原因就是审题习惯太差，不是别的！”

案例3：在一个幼儿园律动游戏教学过程中，执教教师示范顾客和商家讨价还价的过程，她全程都是手掌横着，且手心朝向自己。而正面对着她的一位大班男幼儿全程都是手掌竖着，且手背朝向自己。于是教师对全班幼儿提出反思澄清动作规范的要求。但参与观摩的许多教师甚至有特级教师对此提出质疑，认为执教教师太过“小题大做”，只要幼儿的手势指示的数量正确即可，手势的方位和朝向不同本身就是创造性行为，不但不应该纠正，反而应该表扬。对此，我们需要反问：难道除了科学、数学活动，其他各领域活动（健康、语言、艺术活动）不需要培养幼儿迅速、精准的观察力了吗？

案例4：一位女士在高铁上与人争抢座位，还把茶水泼到列车长脸上。原因是她认为另外一位乘客抢占了本该属于她的座位。结果竟然是她自己上错了火车！

更严重的是：许多涉及公共安全、生产安全的重大事故，其中相当一部分事故是由相关责任人员的所谓“粗心大意”造成的。因此，我们要说，“粗心大意”只有四个小字，但由“粗心大意”产生的后果是非常严重的。

精准的观察力、判断力的培养与自由奔放的想象力、创造力的培养之间同样也应该是相辅相成的关系。二者在一个人身上和谐统一，才是教育的完美效果！

所以，教师必须要努力做到“心中有观念，眼中有目标，手中有策略”，三者相辅相成、相互促进的价值追求才能够实现！

第二节 “从‘一A到底’开始”的含义和操作模式

一、发展历史

“从‘一A到底’开始”的歌唱教学模式，起源于2017年中国早期儿童音乐舞蹈发展与教育研究中心组织的湖南芷江侗族自治县的支教采风活动。在这次采风活动之后，2018年中心举办了春季幼儿园骨干教师培训活动，第一次用这种模式展示了侗族《请饭歌》。2018年夏季和秋季，中心组织团队成员前往新疆喀什和海南琼州支教采风。2019年中心举办了幼儿园骨干教师培训活动，以及其他培训活动，又多次将这种模式运用于维吾尔族《请饭歌》（原名《小白兔》，是一首维吾尔族婚礼歌曲）、黎族《敬酒歌》（《礼貌歌》《送别歌》，同一曲调）和新创歌曲《小怪物来了》《我爱你》《我们都是好朋友》等歌曲的教学过程。

2019年，我们通过梳理中心多年出版的教材发现：早在1992年，中心在人民音乐出版社出版的教材中，就已经有团队成员使用过这种模式。使用该模式的“案例”是南京市北京东路小学附属幼儿园黄爱玲老师提供的小班歌唱活动“拍手点头”。甚至更早，1986年，我的导师汪爱丽老师在《南京师范大学学报》出版的幼儿园小班音乐教材中，也用了非常相似的方法提供了《拍手点头》这首歌曲的教案，并明确指出不仅要一般性地向幼儿提供创编歌词的机会，还需要循序渐进地向幼儿提供“按分类标准”和“逻辑关系”来进行歌词创编的教学引导。

二、基本模式

（一）基本模式的“正例”

“歌唱活动案例教学”最基本的模式是在“一段体歌曲连续使用4个排比句”的材料基础上建立的。

案例：《拍手点头》

原歌词：

拍拍小手点点头,拍拍小手叉叉腰。

拍拍小手拍拍腿,拍拍小手跳跳跳。(第一段)

拍拍小手抱娃娃,拍拍小手坐汽车。

拍拍小手逛公园,拍拍小手回家了。(第二段)

后被精简为:

拍拍小手点点头,拍拍小手点点头。

拍拍小手点点头,拍拍小手点点头。

〔注意:因4句歌词统一为同样的一句歌词,因此称为“一A到底”。〕

在教学的过程中,教师可以根据小班幼儿的年龄特点,以及实际经验、能力水平设定大致的“替换词”类型,如:拍击身体的不同部位;做不同的体育锻炼动作;做个人卫生或自我服务的事情,或者引导幼儿按照一定的逻辑顺序创编一系列相互关联的替换词,如:洗洗手、吃吃饭、漱漱口、擦擦嘴,搬椅子、拿白纸、画图画、收蜡笔,行个礼、问声好、唱首歌、倒杯茶……

在实际的教学中,我们绝不是要求幼儿一下子创编4句新歌词,而是循序渐进地分步骤进行,具体如下。

步骤1:倾听范唱。除了第1次范唱教师可能提供一个4句歌词完全相同的范例,从第2次范唱开始到第6或第7次范唱时,每次范唱,仍旧是“一A到底”,4句完全相同。只是“点点头”已经依幼儿的提议替换成了“拍拍肩”(教师引导:还可以拍哪里呀?)或“跺跺脚”(教师引导:还可以做什么动作呀?)。

步骤2:练习跟唱。每次练习时,幼儿从前面范唱过的内容中自选一种进行练习,可以重复某种,也可以重新选择另外一种,甚至可以唱幼儿提议的“全新的替换词”来进行练习。

步骤3:拓展练习。逐步从4句相同,进展为2句相同,再慢慢进展为4句都不相同。(不一定要在一次集体活动中完成。建议延伸到过渡环节、游戏活动、区角活动中慢慢拓展)

因此,“一A到底”仅仅只是一个开始!所以,这种教学模式的全名叫作“从‘一A到底’开始”。

再之后,幼儿逐步学会从已经创编出的使用了“替换词”的歌词中,自由选择不同的歌词进行演唱;最后幼儿慢慢学会完全即兴地随意创编新歌词演唱。也就是在已经高度熟悉的曲调和歌词结构模式的框架中,自由地"即兴"演唱。

读者需要特别注意的是:"A"在这种排比句式的例子中,仅仅特指"一句歌词"的那个句子!

当"拍拍小手拍拍肩"被创编出来时,新句子就是B。"拍拍小手拍拍腰"被创编出来时,新句子就是C。"拍拍小手拍拍腿"被创编出来时,新句子就是D。

当幼儿在后续活动中选择2句相同歌词的结构时,可以是AABB、ABAB、AACC、CCDD、BDBD等中的任何一种。幼儿在选择4句不同歌词结构时,也可以是任意的组合顺序,如ABCD、ACBD、ADCB等中的任何一种。因为最终的目的是自由地"即兴"演唱。

(二)基本模式的原理梳理

1. 以上介绍的是"歌词替换式创编"的最基本模式,其主要特点如下。

(1) 歌曲有4个乐句,4个乐句相同。

(2) 歌词虽然反复经过词语或词组的局部"替换",但原排比的句式和歌曲的全部曲调被保留了下来。

〔注意:这无论对于教师还是幼儿来说都是最容易掌握的一种模式。〕

(3) 在这种工作流程中,歌词的改编基本等同于语言创编活动中的"诗歌仿编",因此,相关经验可以在音乐和诗歌两种教学活动中进行"近迁移"。

2. 以上的"A"就是一个抽象的代号。可以是一个乐句;可以是一问一答的问答句;还可以是多段体作品中的一个乐段、一个节奏型、一个动作组合,甚至可能是一个完整作品。

其实,不管一段歌词有多少句,也不管歌曲有几个不同乐段,替换创编都是可以进行的。

3. "替换模式"的基本使用规则:总有一个框架要保留下来,以便依照此框架进行"从小体量到大体量"的替换。

(1) 替换1字词(名词、形容词、动词、象声词)。

(2) 替换2句(小结构排比句式全部替换)。

(3) 替换3句(大结构排比句式局部替换)。

（4）替换4段（熟词熟曲完整替换）。

（5）替换5段（熟曲替换所有需要替换部分）。

（6）替换6段（熟曲新情境创编新歌词）。

（7）替换7段（新词新曲——解构重拼）。

4. 根据学习心理学的“知识迁移建构原则”、奥苏泊尔等教育心理学大师的“有意义学习原则”，以及相关文件反复强调的“所有教育教学必须建立在幼儿原有知识经验基础上”的原则，创编时应该特别注意：

（1）期望幼儿贡献的经验，应该是具体受教班级幼儿拥有且经常应用的经验。

〔注意：由于幼儿可能来自不同社区和家庭，拥有不同经验的幼儿个体完全可以相互补充、相互启发。〕

（2）一些幼儿拥有不常应用或不太熟悉的经验，教师可以通过情境（故事）、动画片、绘本、图片、模拟动作等手段，将相关经验先引发出来再加以应用。

（3）对于年龄稍大的幼儿，教师也可以通过幼儿熟悉或能够理解的情境、事物形象、模拟动作等媒介，通过类比、通感、泛灵想象或“并列联合学习”的方式帮助幼儿拓展原有经验后再加以应用。

〔注意：“并列联合学习”在《我爱你》中，对着、守着、注视、抚摸、亲吻，都是表达“爱”的一种“连接”；在《想念你》中，从“爸爸的爱就像辽阔草原，我像小羊爱草原”，到“妈妈的爱就像美丽花园，我像蝴蝶（花朵）爱花园”，都是表达一种“大爱包含小爱”的关系。〕

（4）在条件允许的少数情况下，幼儿也可以通过他们所喜爱的媒介接受“下位学习”或“上位学习”的新知识，再将新获得的知识应用到创编活动中。

〔注意：“下位学习”，如：已知花卉的概念，从观赏性的花卉拓展到水果、蔬菜、粮食、药材等的花卉，再可拓展出观赏花卉的经济价值和有毒花卉等。“上位学习”，如：已知各种美食，再提炼出主食、副食、饮品、点心等；已知各种具体动物，再提炼出天上飞的、地上走的、水里游的、土里钻的，或提炼出大形体的、小形体的，素食的、肉食的，有叫声的、没有叫声的等不同类型的动物。〕

（5）在“大课程视野”下进行主题课程的过程中生成的集体音乐活动，教师更是可能：

● 在主题进行的开端,用创编任务激发幼儿主动收集可应用于未来创编的各种新信息。

● 在主题进行的中段,用创编任务维持幼儿继续留意可应用于未来创编的各种新信息。

● 在主题进行的结尾,用创编任务帮助幼儿总结创编成果并整理提升已经收集和应用过的各种新信息。

下面逐一介绍"替换模式"的几种常见"变异模式"。

三、"问答式"变异的正例

案例1:《猜谜对歌》

原歌词:

什么水面打跟斗,什么水面起高楼,

什么水面撑阳伞,什么水面共白头?

什么结子高又高,什么结子半中腰,

什么结子成双对,什么结子棒棒敲?

什么有嘴不说话,什么无嘴闹喳喳,

什么有脚不走路,什么无脚走天涯?

第一次修改:(福建幼儿园教师)

什么动物天上飞?

什么动物地上走?

什么动物水里游?

什么动物土里钻?

目前我们的修改建议:

什么动物天上飞咪嘿了了啰?

什么动物天上飞咪嘿了了啰?

什么动物天上飞咪?

什么动物天上飞咪?

唉,什么动物天上飞咪?

什么动物天上飞咪?

〔注:替换引导思路包含鸟类、昆虫、哺乳动物、史前动物、植物、雨雪、人造飞行器……〕

案例2:《对花歌》(河北民歌,小学四年级教材中的歌)

原歌词:

春季里来什么花儿开?春季里来迎春花儿开。迎春花开什么人来戴?战斗英雄戴起来。

夏季里来什么花儿开?夏季里来石榴花儿开。石榴花开什么人来戴?劳动英雄戴起来。

一年四季百花开,百花开放人人爱。人人爱来人人戴,全国到处鲜花开。

目前我们的修改建议:(山西太原刘勇老师原创)

秋季里来什么花儿开?

秋季里来什么花儿开?

秋季里来什么花儿开?

秋季里来什么花儿开?

七不隆冬猜冬猜什么花儿开?

八不隆冬猜冬猜什么花儿开?

得儿猜得儿猜得儿猜冬猜冬猜,

秋季里来什么花儿开?

〔注意:活动最好融入与季节和花卉有关的人文、科学、社会主题课程或STEAM课程,更应结合当下季节进行。〕

四、"先减后加式"变异的正例

我们可以将这种变异模式等同于语言创编活动中的"故事续编"。

案例1:《布谷鸟》

原歌词:

我是森林中的布谷鸟,家住在美丽的半山腰,

看太阳落下去又回来,世界太多美妙。

蝴蝶跳着动人的舞蹈,她的秘密没有人知道,

美丽的白云悄悄哭泣,那是雨水的味道。

清晨的阳光照大地,美丽的天空还有多高?

布谷鸟在声声叫,唱着动人的歌谣,

歌声唱给那悲伤的人,把一切都忘掉。

要飞到天涯海角,我是勇敢的小鸟,

哪里有永恒的微笑,给我温暖的怀抱。

春天过去居然是夏天,夏天过去原来是秋天,

秋天过去就算是冬天,从来没有烦恼。

没有花香也没有树高,也没有迷人的外表,

我会陪你直到老,什么也不会计较。

生命转换在一瞬间,希望的呼喊在天边!

布谷鸟在声声叫,唱着动人的歌谣,

歌声唱给那悲伤的人,把一切都忘掉。

要飞到天涯海角,我是勇敢的小鸟,

哪里有永恒的微笑,给我温暖的怀抱。

目前我们的修改建议:(南京晨光幼儿园魏云老师原创)

我是森林中的布谷鸟,我是森林中的布谷鸟,

我是森林中的布谷鸟,我是森林中的布谷鸟。

布谷鸟在声声叫,布谷鸟在声声叫,

布谷鸟在声声叫,布谷鸟在声声叫。

教学建议1:

根据教师的预设以及与幼儿交流过程中的生成,如同续编故事一样,为歌词的每一段续编出2句或4句歌词。2句歌词可以是:

我是森林中的布谷鸟,家住在美丽的半山腰,

我是森林中的布谷鸟,家住在美丽的半山腰。

布谷鸟在声声叫,唱着动人的歌谣,

布谷鸟在声声叫,唱着动人的歌谣。

教学建议 2:

可以先提供图片,如:第一段,布谷鸟图片 AAAA;第二段,另外一种布谷鸟图片 BBBB。之后可以换掉部分图片,第一段,布谷鸟图片和山林图片 ABAB;第二段,另外一种布谷鸟图片和音乐符号图片 CDCD。

……

案例 2:《远方的爸爸》

原歌词:

想念你呀我亲爱的爸爸,想念你就唱你教我的歌谣。

你的爱就像那辽阔草原,我像小羊爱草原。

目前我们的修改建议:(南京市游府西街幼儿园禹心悦老师原创)

想念你呀我亲爱的爸爸,想念你呀我亲爱的爸爸,

想念你呀我亲爱的爸爸,想念你呀想念你。

教学建议:

根据教师的预设以及与幼儿交流过程中的生成,如同续编故事一样,最终为歌词续编出完整的 4 句歌词。

第 1 层次:

想念你呀我亲爱的爸爸,想念你呀我亲爱的爸爸,

想念你呀我亲爱的爸爸,想念你呀想念你。

(反复替换想念的其他人)

第 2 层次:

想念你呀我亲爱的爸爸,想念你就唱你教我的歌谣。

想念你就唱你教我的歌谣,想念你呀想念你。

(反复替换想念时会做的事情)

第 3 层次:

想念你呀我亲爱的爸爸,想念你就唱你教我的歌谣。

你的爱就像那辽阔草原,想念你呀想念你。

（反复替换大的爱可以像什么巨大或宏大的事物）

第4层次：

想念你呀我亲爱的爸爸，想念你就唱你教我的歌谣。

你的爱就像那辽阔草原，我像小羊爱草原。

（反复替换大的爱像什么、小的我像什么）

引导思路建议：

（1）你为什么会想念爸爸？（拓展：去远方工作）

（2）你想念爸爸时会做什么？（拓展：蒙古族小朋友会……）

（3）蒙古族小朋友觉得爸爸的爱像草原一样辽阔。

（4）小朋友会像草原上的什么呢？

（5）想念爸爸的时候还会做什么？（提供图片暗示）

（6）要是妈妈也去远方工作……（或者其他不在身边的亲人）

（7）妈妈的爱会像什么呢？（提供图片暗示）

〔注意：相关蒙古族生活情况可去网络下载图片；比喻父母的大爱以及被爱孩子的“包含”关系，也可以去网络下载图片，如大海和浪花、蓝天和白云等。〕

五、“若干局部同时替换式”变异的正例——主词及相关其他局部同时替换

（一）小班

案例1：《我爱我的小动物》

我爱我的小狗，小狗怎样叫，

汪汪汪，汪汪汪，汪汪汪汪汪。

〔注意：可以替换不同种类的小动物，当动物本身不能发出声音，如兔子、鱼等时，可将拟声词替换成动词；还可以替换成交通工具；或者其他生活、学习、锻炼常用的物品；或者家庭和幼儿园中幼儿喜爱的事物。〕

案例2：《可爱的太阳》

红彤彤的太阳（月亮），高高挂在天上，

放出金色光芒，照得大地真漂亮。

〔注意：可以分别替换白天和夜晚可以出现的各种事物。〕

案例3：《苹果》

树上许多红苹果，一个一个摘下来，

我们喜欢吃苹果，多吃苹果身体好。

〔注意：除了树上，水果还可以长在哪里？如西瓜、草莓。除了红色的水果，还有什么颜色的水果？如绿苹果、黄苹果……〕

案例4：《春天》

春天天气真好，花儿都开了，

小白兔儿一跳一跳出来了。

〔注意：还有谁会出来？它是怎样出来的呢？〕

（二）中班

案例：《摇篮》

- 大树是摇篮，摇着鸟宝宝。
- 天空……
- 大地……
- 大海……
- 风儿轻轻吹，鸟宝宝睡着了。

〔注：摇篮和宝宝在空间上是一种包含的关系，还有什么摇篮会摇什么宝宝呢？〕

（三）大班

“插在中间的两句排比模式”

案例1：《朱迪娜娜》

欢迎你来，朱迪娜娜呼，

欢迎你来，朱迪娜娜呼，

欢迎你来，欢迎你来，

〔注意：可替换成“献上哈达”，以及具体的美食、歌舞、娱乐项目等各种“待客”的方式。可以连续唱2种甚至4种。〕

欢迎你来，朱迪娜娜呼。

案例 2:《逗蚂蚁》

小蚂蚁,快快来! 来干啥? 来吃饭!

什么饭? 什么饭? 白米饭!

什么饭? 什么饭? 白米饭!

吃不完,怎么办? 嗨哟嗨哟,往家搬!

〔注意:可以替换成各种不同的饭,还可以替换成不同品种的菜,还可以进一步将饭和菜唱到同一段歌曲中。〕

六、“整体替换式”变异 1:故事替换式仿编

案例:《粉刷匠》—《理发师》

我是一个粉刷匠(理发师),粉刷(理发)本领强,我要把那新房子(你的头发),刷(剪)得很漂亮。刷(剪)了房顶(上面)又刷墙(剪下面),刷子(剪刀)飞舞忙。哎呀我的小鼻子,变呀变了样。(我要把你的头发,剪得更漂亮,啦啦啦啦啦啦啦,啦啦啦啦啦,请你看你的头发,漂亮不漂亮。)

〔注意:实际上幼儿创编的歌词内容有各种可能,甚至可以唱啦啦啦!〕

七、“整体替换式”变异 2:曲调不动替换熟悉歌词

案例:《捏面人》

捏面人的老爷爷本领大,捏出来的面人把眼看花。

捏的什么呀? 捏的什么呀? 你说是啥就是啥!

捏一个唐僧骑白马,捏一个猪八戒吃西瓜。

捏一个沙和尚挑着箩,捏一个孙悟空高举金箍棒。

你说是啥就是啥!

〔注意 1:可以替换成幼儿熟悉的传统故事,如《小红帽》《三只小猪》;动画片故事,如《黑猫警长》《熊出没》《超级飞侠》…… 大班幼儿可以选择自己喜欢的故事。〕

〔注意 2:有的班将《蚂蚁搬豆》替换成《猴子捞月》,将《蜗牛与黄鹂鸟》替换成《龟兔赛跑》。〕

八、“整体替换式”变异3:歌词不变,替换曲调

《闪烁的小星》已经在全国网络创编活动中被大家发挥到极致!

五言或七言的古诗《苔》《静夜思》《望庐山瀑布》大家也有所尝试。

〔注意:在此不再具体举例赘述。但需要注意的是,歌词意境不同,歌唱的速度、力度、咬字吐字方式、气息都需要不同!〕

九、“整体替换式”变异4:曲调不变,替换歌词

《柳树姑娘》的曲调,可以尝试演唱以下熟悉歌曲的歌词:

1.《静夜思》。

2.《闪烁的小星》。

十、外国非典型排比句歌曲材料补充

案例1:歌曲《幸福拍手歌》

假如感到幸福你就拍拍手,假如感到幸福你就拍拍手,

假如感到幸福你就拍拍手,我们大家一起拍拍手!

案例2:歌曲《在农场里》

猪儿在农场噜噜,猪儿在农场噜噜,

猪儿在农场噜噜叫,猪儿噜噜噜。

〔注意1:以上两例可以算是比较典型的排比句模式。〕

〔注意2:以下两个例子,都可以作为“整体替换故事内容”的模式来处理,比如《三只猴子》〕

案例3:歌曲《三只猴子》版本1

三只猴子在床上跳,有一只猴子头上摔了一个包。

妈妈急得大声叫,赶快下来别再跳……

案例4:歌曲《三只猴子》版本2

三只猴子在树上跳(吃香蕉),嘲笑鳄鱼被水淹。

鳄鱼气得大声叫,啊呜一口吃掉你……

〔注意:如果换成《猴子捞月》《蚂蚁搬豆》《井底之蛙》《猴子学样》《龟兔赛跑》等幼儿熟悉的故事会怎样呢?教师应该如何引导幼儿创编新的故事歌词呢?〕

十一、"使用加法"的变异

请特别注意:这个主题表面上看起来似乎完全不同,但实际上还是没有脱离范例教学的范畴。

首先,我们在这里为大家提供的都是引发大家思考和利用规则进行创造的"范例",而不是让大家"照抄"的"典范"。

其次,大家在进行创造的时候仍旧获得了我们明确提供的"框架和规则的支持"。

最后,现在所提供的范例的总原则与前面的不同之处不仅在于"用了加法",而且外加了"新的元素",使作品有了"质的变化"。而前面的范例主要是"先用减法,再用加法"。而且加法所加的东西,更多的是建立在"原有的元素基础之上",更多的是"量的增加"。

下面请看范例:

(一)增加对话

1. 在小班歌唱活动"小河马爱吃糖"中,歌曲唱完之后,用替换词的思路即兴对话,内容为:糖果的形状、颜色、味道等。

2. 在小班歌唱活动"小蝌蚪找妈妈"中,歌曲唱完之后,用替换词的思路即兴对话,内容为:各种"妈妈"的名称。

3. 在中班歌唱活动"小猴子吃桃子"中,歌曲唱完之后,用替换词的思路即兴对话,内容为:幼儿生活经验中的各种求助话语,以及提供具体关怀、帮助的话语。

4. 在大班歌唱活动"狼来了"中,唱完歌曲之后,用替换词的思路即兴对话,内容为:用让人感到真实感情色彩的话语和声音喊"救命",对"撒谎"行为表示后悔的话语。

(二)增加情绪色彩

〔注意:含速度、力度、咬字吐字方式、呼吸、气息、音色、共鸣位置等。〕

1.《柳树姑娘》歌词替换成《静夜思》。原歌曲最后活泼灵巧的“阿里罗”，替换成深情眷恋的“思故乡”时，必须使用下降速度（慢速）和力度水平（轻）层次的思路。

2.《为救李郎离家园》歌词替换成《咏柳》和《望庐山瀑布》。原曲若考虑使用少年春游的情境，可使用轻快活泼的综合性速度（中速）力度（中等力度）模式；后曲若考虑使用中年男性诗人游历体验的情境，可使用沉稳而又胸怀宏大气势的综合性速度力度（强）模式。

3. 传统歌曲《两只老虎》、革命历史歌曲《打倒列强》，使用了相同的歌曲曲调，但演唱时是否应该考虑使用不同情绪的综合“力效”模式呢？

4.《娄山关》歌词替换成《闪烁的小星》（可从网络搜索下载），仔细体验一下毛主席诗词歌曲大合唱《娄山关》的宏大气势。如果使用如此磅礴的气势来演唱《闪烁的小星》，你又会体验到什么样的综合力效“气场”呢？！

〔注意：“力效”是“拉班”舞蹈教育体系中的概念词，内涵为使用各种不同“物理技巧”创造出的“内在力结构相当丰富复杂”的观感。从前，大家一般习惯于称其为表情，而拉班使用“力效”这个词汇，只是突出了制造出特殊“表情”的物理技巧方面的“内在机制”而已。〕

（三）增加表演方式

1. 在《你笑起来真好看》中，教师提供了几种舞蹈表演队形变化的视频，供幼儿理解、选择，然后再引导幼儿融入各小组的歌表演中去。

2. 在《我的家》中，教师提供了几种合唱方式的视频，供幼儿理解、选择，然后再引导幼儿融入各小组的歌表演中去。

3. 在《闪烁的小星》中，教师提供了微型手电筒，在相应的光线条件下，一边唱歌一边用与幼儿共同设计好的模式盖住和打开手电光源，形成与歌声相呼应的光影图案。

（四）增加织体的层次

1. 在《咏鹅》中，在歌声中增加教师事先选择的节奏性的话语，形成另外一个叠加在歌声下面的朗诵声部。

2. 在《壳儿去旅行》中，在歌声中增加幼儿事先创编的故事情节短句，再引导幼儿将描述故事内容的短句转换成节奏短句，形成另外一个叠加在歌声下面的朗诵声部,且短句可以不断被替换。

3. 在《闪烁的小星》中,演唱两个声部的"卡农",即轮唱;或者一个声部始终演唱"呜"音,另外一个声部唱歌词;甚至还可以增加第三个声部朗诵歌词。

(五)改变调性

1.《两只老虎》(第一句:6 7 1 6 |6 7 1 6 |)。

2.《我有一头小毛驴》(第一句:$\underline{6\ 6}$ $\underline{6\ 1}$ | $\underline{3\ 3}$ $\underline{3\ 3}$ | $\underline{4\ 4}$ $\underline{4\ 4}$ | 3 – |)。

3.《闪烁的小星》(第一句:6 6 3 3 | 4 4 3 – |)。

〔注意:将上面的旋律改成小调试试看;再试试小调慢速度,体会情绪发生了什么变化呢? 可以上网下载马勒的《葬礼进行曲》进行进一步的体验。〕

(六)其他特别的改编思路

1. 使用唱名或其他"奇怪音节"来玩唱旋律。如:从头到尾用 du 或 la 音节来演唱某首歌曲,如《邮递马车》;或者有的地方唱歌词,有的地方唱音节。

2. 使用改变声母的方式来玩唱"唱名"。如:在《我的家》中 A 部分,全部使用 d 作为"声母"来拼唱"唱名音节"的"韵母"。如 solasoremire 改变成 dodadodedide。

本节的结语:无论在中国还是在外国,无论大人还是孩子,如果我们不仅仅把唱歌当作高雅的脱离朴素日常生活的活动,能够把唱歌当作打发闲暇的游戏,当作人际相互逗乐的媒介,当作随时自我抒发情绪、表达创意的活动,我们的生活将会因歌唱而增加多少乐趣呢?!

我们将在后面的章节举例中,提供更多典型的范例和变异的范例,以便让大家体会到:在逐渐掌握基本规律之后,创造性的表达实际上也是非常自由的!

第三节 “现场建库”的含义和操作原则

上一节的核心概念是:“从‘一 A 到底’开始”是我们建议的“创意教学模式”的一个“下位的理论实践模式”。该模式强调的是:

1. 先将一个学习活动的起点降到尽可能地接近学习者的最近发展区。

2. 精心规划每一级攀登的阶梯,使其既具有一定挑战激励性,又不会挫伤学习者追求实现完美理想的自我效能感。

本节的核心及与上节的联系是:“现场建库”是我们建议的“创意教学模式”的另外一个“下位的理论实践模式”。它与“从‘一 A 到底’开始”一起,是同一种教学模式两个相互支持的不同机制。

“从‘一 A 到底’开始”强调的是:教师要从更适宜的低的起点开始,以及一定要设计更适宜的循序渐进的阶梯。“现场建库”则更强调教师要:

1. 充分调动幼儿的原有知识经验,充分激励幼儿积极向集体学习现场贡献聪明才智。

2. 充分引导幼儿相互学习,将新学习的知识技能应用和创造性地应用到现场和未来解决新问题的情境当中。

用“现场建库”的话语来讲就是:在学习的现场,教师引导幼儿向公共知识的“仓库”提供意见和建议储备,引导幼儿在现场从公共仓库储备中提取信息存入自己的知识储备“私库”,同时,帮助幼儿扩充私库积累并养成随时从“公库”和“私库”取用信息解决问题的习惯。

我们来看下面这张模式示意图。标题是:从“一 A 到底”开始的“现场建库”。标题已经把两者合二为一了。图中间的“正圆”表示教学现场的互动者有教师、作为学习主体的幼儿和作为他人学习同伴的幼儿三种角色。图的左边是从一个单纯的A 开始的箭头,表现作品逐步丰满完善的过程。图的右边是公库、私库中的创作思路和语汇不断积累丰富的过程。

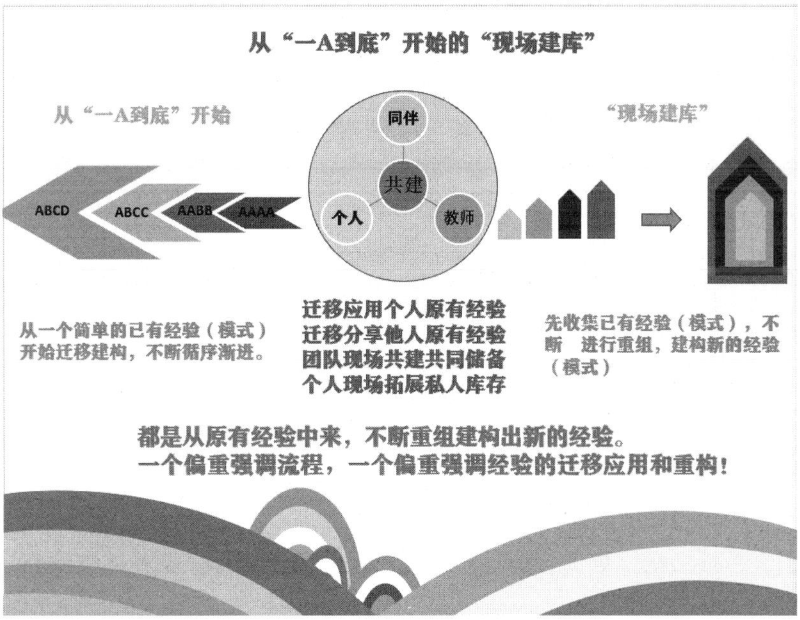

下面这张模式示意图的图意是：学习的初始环节，现场仅有教师提供的A。随着教与学活动的逐步深入展开，“公库”和“私库”的积累同时不断增加。

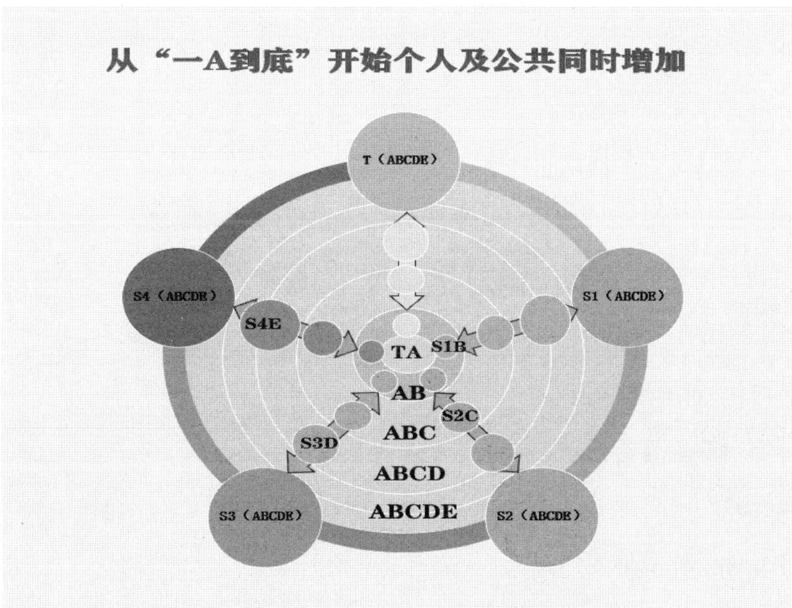

下面我们来看实例：

案例 1:《祝酒歌》(海南黎族民歌)

原歌词:

你要想快乐你就喝一杯,

你要想健康你就喝一杯。

你要想平安你就喝一杯,

你要想幸福你就喝一杯。

教师提供“一 A”结构:

你要想健康你就喝一杯。(重复 4 遍)

教师引导不同大班幼儿贡献共约 6 种,如:快乐、美丽、成功、长高、聪明、勇敢。(连同健康共 7 种)

第一次新授活动结束前,由教师领导幼儿用“快速反应”游戏的方式自由选择 2 种、3 种或 4 种不同内容进行演唱。日后可以由幼儿继续增加新的祝福语,并换幼儿领导进行“看动作快速反应歌唱游戏”,即完全的即兴游戏和演唱。

案例 2:《小白兔》(新疆维吾尔族民歌)

原歌词:

A 段

小白兔在草原欢快舞蹈,

大大的眼睛黑黑的眉毛。

B 段

可爱的小白兔,可爱的小白兔。

C 段

在草原上欢快地舞蹈,

在草原上欢快地舞蹈。

教师提供“一 A”结构:

爱你爱你爱你爱你爱你我爱你。(重复 6 遍)

教师引导不同大班幼儿提供各种三个字的水果、饭菜等新疆美食(用于在 B 部分反复替换),累加“亚克西”(维吾尔族语言“非常好”!用于替换 C 部分),最后再累加边唱边自由对舞。(此活动第一次在新疆执教,对象是大班维吾尔族幼儿。在汉族地区可以使用图片进行引导。)

案例3:《世界变得更美妙》

原歌词:

留一片蓝天给小鸟,

留一片绿草给小兔。

留一片清泉给小鱼,

留一片翠竹给熊猫。

教师提供“一 A”结构:

送一片蓝天给小鸟。(重复4遍)

教师从不同角度引导大班幼儿提供以下内容:① 以小动物需要清洁美丽的环境为主题(参见原歌词);② 以白天或晚上的天空需要美丽的装扮为主题(送一片繁星给蓝天……);③ 以蓝天需要各种鸟类为主题(送一群白鸽给蓝天……);④ 以各种自然环境需要装扮为主题(送遍地鲜花给草原……)

〔注意:并非要求在一次集体活动给出许多不同主题,教师应该利用语言、美术集体活动或各种区角活动、家园共育活动继续帮助幼儿拓展、共建更多新的主题和创编更多新的作品。〕

案例4:《可爱的太阳》(四川民歌)

原歌词:

可爱的太阳,高高挂在天上。

放射万丈光芒,照得大地亮堂堂。

教师提供“非一 A ”改编框架:

可爱的太阳,高高挂在天上。

放出许多光芒,照得花儿真漂亮。

活动中教师引导小班幼儿提供各种事物,如:小花、小草、大树、房子、小动物……

活动转移到区角后教师提供以下内容:① 既可以呈现歌词的结构又可以换插图片的作业底版;② 各种太阳、月亮的小图片;③ 各种可以被照亮的事物的小图片;④ 大班幼儿按照要求为小班弟弟妹妹现场绘制的图片。

“范例教学法”是我们提倡的“游戏化创造教学”的第三个理论实践模式，也是我们从国外的成熟教学模式中借鉴来的一种理论实践模式。

我们将“现场建库”教学理念及方法和“从‘一 A 到底’开始”的教学流程相结合，验证了“案例教学”(起源于哈佛大学法学、医学博士课程)与“范例教学”(起源于德国中学历史、物理课程)的基本理论和实操方法、流程。“现场建库”和“从‘一 A 到底’开始”既是我们的团队继承中华传统歌舞文化的理念与实践的产物，也是借鉴国内外先进教育教学理念和实践经验的产物。

另外，就大部分幼教领域读者的现有经验来说，最近这些年在幼教界被广泛热议的领域“核心概念”“核心经验”其实也是“案例教学”和“范例教学”中早已明确要求的(即教师必须引导学生提炼学科基本框架、基本理论和基本操作规则)另外一种说法而已。

第四节 “傻瓜流程”的教学方案设计原则

“傻瓜流程”是2012年团队创建的“游戏化音乐教学方案流程”的戏称。之所以冠以“傻瓜”二字，是因为新手或生手教师学习起来比较容易，使用起来比较“称手”。该流程可划分为总流程和分流程。分流程又包含空间安排、合作安排、动作难度提升、先分层后分段、时间安排等不同的更下位流程。

一、游戏化音乐教学方案的总流程

（一）总流程的简述

幼儿园游戏化音乐教学活动方案总流程，实际上来源于对大量经典优秀课例的共性分析和提炼。同时，其教学设计的可操作性和教学执行的有效性，也在大量的后期教学案例的评优审核中得到了证实。一般可遵循总流程，即“故事→动作→音乐→其他”。

（二）总流程的具体操作步骤简述

学前儿童游戏化音乐活动方案总流程适用于歌唱、韵律和奏乐活动的设计。一般来说，相较于传统教学活动一开始的情境营造，儿童游戏化音乐活动中的故事内容显得更为具体，且更可操作和更可发展。但需要特别注意的是：

1. 故事内容应该仅仅包含必要表现的情节，应尽量避免繁复的修辞和装饰，必要时可为突出重点、亮点情节而添加少量情绪化的渲染。一般来讲故事的时间建议在30秒至1分钟，必要时可适度延长。

2. 音乐是教学目标主体之一，同时围绕故事和动作集合，既要保障学前儿童在音乐中的审美愉悦感，又要具有整体审美流畅性。

3. 单纯机械的反复和重复会降低活动的趣味性，也不利于学前儿童学习动机的激发。因此，设计逐层累加的更适宜、更高级的挑战的策略，可以循序渐进地激发学前儿童参与活动的兴趣和热情，“故事—动作—音乐”的集合在整体的反复中由陌生走向熟悉，音乐的感受与欣赏也在不断的重复中愈加深刻。

	故事	动作	音乐	其他
歌唱活动	够用的故事	倾听	匹配故事和动作的音乐	更适宜、更高级的挑战
韵律活动		表征		
奏乐活动		演奏		

（三）总流程的具体操作步骤阐述

结合大量优秀前辈教师长期的工作实践和相关教育科学研究结果，学前儿童集体音乐教学设计的总流程可以用下图来表示。从集体教学单位时间轴来看：首先，使用由音乐转化出的故事贯穿活动始终；其次，动作的切入不仅考虑到了音乐活动的需要，同时也考虑到了学前儿童的学习方式和特点；最后，通过故事、动作、音乐三者的统一，以及最后在“其他”累加的层层挑战中，幼儿更深入地在音乐中感受与欣赏、表现与创造。

需要特别注意的是：在整个时间轴中，学习品质和人格品质的培养需要渗透在每个环节中！

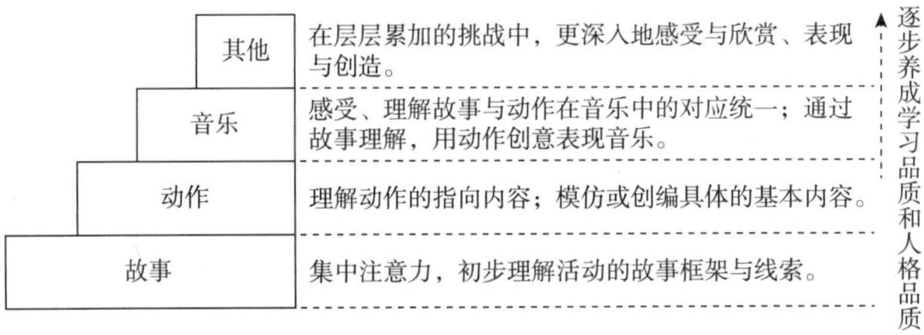

1. 故事。

（1）完整的故事和局部的故事。

故事内容的筛选要与幼儿的理解和音乐的结构、内容相契合。教师讲述故事的时间建议控制在 30 秒到 1 分钟，讲故事时教师也可以考虑同步播放背景音乐或幻灯图片。对于幼儿不熟悉的故事，教师可以根据结构内容完整讲述；对于幼儿熟悉的故事，教师可引导幼儿共同讲述，以帮助学前儿童初步建立对贯穿活动的故事框架和线索的理解。

有些故事，若在一开始时就完整讲述，会破坏故事中隐含的“惊喜”，如大班韵律活动“山狗和臭鼬”的故事内容为：“山狗遵照了臭鼬大王的指示，要带小动物们到森林深处去‘寻宝’。小动物们都特别高兴。可是，在路上会遇到蜜蜂、狗熊和臭鼬大王，小动物们要快速做出反应（遇到蜜蜂就要跑回家，遇到狗熊就变木头，遇到臭鼬就慢慢倒地装死）来保护自己……”此活动的“惊喜”感来源于不确定出现的对象。若教师一开始就把故事一股脑儿地讲出来，那么在活动过程中，不仅会失去动物逐一出现带来的紧张感和刺激感，也会影响整个活动的流畅性和渐进性。同时，由于学前儿童提早知道了结局，部分学前儿童会将注意力过多地放在故事结尾处，而忽略了集体教学中的其他部分。

因此，在讲故事的时候，教师将后续的“惊喜”作为一个“包袱”，将完整讲述故事改为局部讲述：“山狗遵照臭鼬大王的指示，要带小动物们到森林深处去‘寻宝’。小动物们都特别高兴。可是，在路上也许会遇到很多危险，会遇到什么事情呢？让我们去发现吧！”这样的局部讲述设计可能偏重于引起幼儿对教师后期动作与合乐的有意注意，让幼儿更好更主动地理解故事的全部内容。局部故事的选择主要先从故事属性和游戏属性来考虑，同时还要考虑故事的后续情节出现的渐进性是否与后续活动流程中幼儿学习的需要相匹配。

（2）教师讲的故事和幼儿讲的故事。

故事内容的讲述者可以是教师，当然也可以是幼儿，前提是幼儿对故事有一定了解。同时，故事也可以由教师和幼儿一起讲述，幼儿讲述“已知”的内容，教师讲述“未知”或“创新”的部分。

一般来说，歌唱活动中的故事可以根据歌词内容转化出相应的故事语言，韵律活动和奏乐活动中的故事可以是教师根据音乐风格、色彩及幼儿的经验与偏好转化而出的故事内容。

无论是完整的故事讲述还是局部的故事讲述，都包含了教师在前期的大量思考。故事不仅具有让幼儿振奋精神、集中注意力的作用，而且有为后期动作和音乐的学习做铺垫的作用。教师在设计故事时可以考虑加入相关动作的描述及音乐色彩的渲染等，为帮助幼儿更好地理解动作和欣赏音乐做准备。

2. 动作。

(1) 歌唱活动指向的动作——感知、理解。

歌唱活动指向的动作即指教师自己使用动作帮助幼儿了解、理解和记忆歌词,以及教师引导幼儿使用他们自己的创意动作对歌词的含义进行理解和表征。

有研究者通过实证研究表明:学习一般难度的新歌时,幼儿至少倾听 5 遍才能初步形成稳定的听觉表象;而学习难度稍高的新歌时,幼儿倾听的遍数则需要更多。学习新歌时,幼儿倾听的遍数若低于 5 遍,他们在理解、记忆歌词和旋律时将产生困难,从而影响学习效率。

因此,进行新歌教学时,教师还可以利用各种生动活泼的动作表演策略来调动幼儿的学习兴趣,使幼儿集中注意力多次倾听教师的范唱(范唱遍数可根据歌曲的难易程度以及本班幼儿的水平稍做调整),以确保幼儿获取充分的输入量,从而保证幼儿在开口歌唱之前能够对歌曲进行充分的感知。

(2) 韵律活动指向的动作——感知和创意表达。

幼儿对音乐的认识具有"动作思维"的特点,教师需要向幼儿展示由故事"翻译"而出的表现内容和情感的动作,或是引导幼儿创编动作来"翻译"故事的某些内容。

通过使用动作表征故事内容和情感,幼儿进一步理解了故事的内容、情感、节奏、结构、力效(力度、速度的属性及变化)等要素。需要注意的是:此环节的动作力求简单、够用即可,切忌复杂。若由幼儿创编动作,教师需选择或微调其中一个幼儿的动作作为基本动作。

(3) 奏乐活动指向的动作——使用工具进行感知和创意表达。

奏乐活动可以看作是在韵律活动基础之上累加了工具使用的音乐表现活动。与韵律活动不同的是,教师在设计奏乐活动指向的动作时除了要考虑能表征故事的内容外,还需要考虑动作与乐器演奏的关系:这些动作是否本身便是徒手模仿乐器演奏的动作,或这些动作是否方便放到相应的乐器演奏中去。

3. 音乐。

(1) 歌唱活动。

教师范唱环节可以用两种方式进行:一种为"理性在前"的教师范唱,幼儿在倾听范唱时,以有意注意为主,进而理解歌词大意,关注和记忆歌词顺序及内容,然后进行游戏；另一种为“感性在前”的教师范唱，幼儿在倾听范唱时，以无意注意为主，在学习游戏中感受歌曲内容，待熟悉游戏玩法后集体澄清歌词顺序及内容，再进行整体游戏。

“理性在前”的设计中，教师在每次范唱之前可将了解相关歌词、理解有关的问题“前置”，即让幼儿明确在倾听教师此次范唱时需关注的内容，即“听什么”。教师在范唱完毕后邀请个别幼儿或集体回答相应的内容，随后再进行下一次范唱之前的提问……以此来帮助幼儿逐渐养成良好的倾听习惯。

“感性在前”的设计中，教师应有意识地培养幼儿的反思能力，给幼儿表达自己“听到了什么”和“不清楚什么”的机会，从而引导幼儿思考如何解决歌唱学习中遇到的问题，可以“向谁求助”及“如何澄清和记忆”等。

在歌唱活动的音乐部分，不建议使用多媒体播放歌唱作品。因为成品音频中过多的技术渲染会分散幼儿倾听时的注意力。建议在歌唱活动初期，教师范唱的第1~3遍，采用清唱的方式（控制歌曲的速度和咬字吐字），提供幼儿清晰的歌曲旋律和歌词内容；在歌唱活动中后期，加入“伴奏”时，要淡化传统“钢琴伴奏”概念，提出明晰的主旋律即可；在活动即将结束时，幼儿基本学会了歌曲后，“钢琴伴奏”可以适度追求优美和华丽。

（2）韵律活动和奏乐活动。

教师邀请幼儿通过观察模仿学习或探究创造学习随乐做基本动作，通过感受、欣赏与用动作表现音乐，将形象的动作与抽象的音乐之间建立联系，从而进一步感受节奏、结构、曲式、情绪情感和风格色彩等音乐要素。

此环节建议进行3~4遍，音乐是完整呈现的，让幼儿在完整感受与欣赏音乐的过程中，将简单的基本动作与故事内容结合在一起，保证审美流畅性。在帮助幼儿形成初步的合乐动力定型后，再累加新的难度挑战。

4. 其他

在幼儿通过努力逐步达成基本合乐学习目标范围时，“其他”的累加也被称为挑战的累加，这些挑战没有一个限定的要求，可以是各个方面的，如：创造性表达或动作本身的难度提升；空间或队形的累加及难度的提升；人际合作或竞争的累加；道具或乐器的加入；游戏规则的增加或微调等。

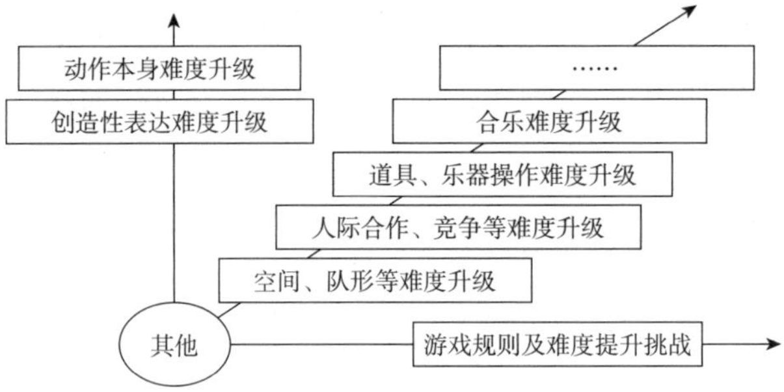

教师应根据幼儿的年龄特点和前期“故事—动作—音乐”的学习负载量来确立挑战的内容和难度的选择。一般来说,每增加一个挑战,教师需要考虑以下三个方面的问题。

(1) 面对这个挑战,幼儿是否需要具有某些经验?

(2) 就此经验而言,教师还需要考虑:这些经验是幼儿在本次活动前已具有的?还是幼儿在本次活动一开始就获得的?还是本次活动中间教师教授的?还是在“其他”环节中幼儿要练习的?

(3) 除此之外,教师还需考虑所增加的挑战对幼儿的整体合乐学习是一种激励还是一种负担?挑战的选择与设计是否循序渐进?是否为幼儿的发展和活动本身服务?

总流程具体操作中的每个环节都需要以幼儿为主体来进行考虑,同时要贯彻实施以下4个方面的内容。

(1) 关注幼儿学习与发展的整体性。

(2) 尊重幼儿的个体差异。

(3) 理解幼儿的学习方式和特点。

(4) 重视培养学习品质和人格品质。

二、游戏化音乐教学方案的分流程

(一) 活动方案分流程之“空间安排”的设计

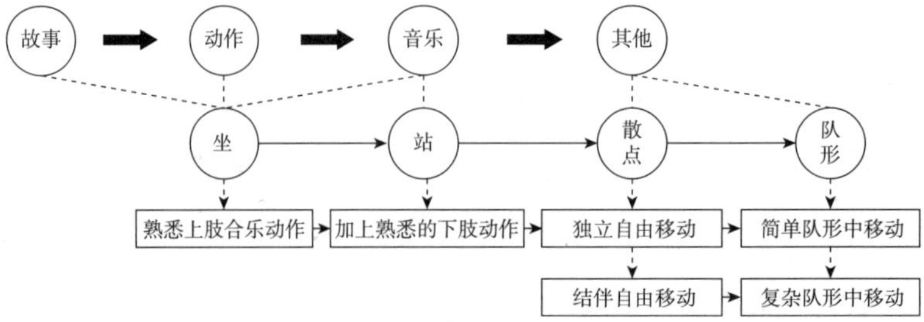

在幼儿园音乐活动中，一般情况下座位排成半圆形或圆形，以保证每个幼儿都能看到教师及同伴的示范或创造性表达，同时也保证教师能够在这两种座位安排中观察到全体幼儿的学习情况。

在学习新的教学内容时，一般情况下需要从相对比较稳定的体位状态逐步根据需要进入相对不太稳定的体位状态。一般建议教师在帮助幼儿初步理解合乐动作与故事的关系时，坐在座位上仅做上肢动作随乐律动；一些在设计中的独立的下肢动作可以用上肢动作来代替；一些在设计中的上下肢联合动作可以暂时忽略下肢动作而仅做上肢动作，或一边做上肢动作一边配以语言描述。

这样做主要是为了避免做下肢动作时下肢与地面碰撞而产生的互动或声响会干扰幼儿的情绪和状态，同时帮助幼儿较为专注地观察、模仿合乐动作并理解它们与故事的关系。目前有些所谓引进国外课程的幼儿园，一旦涉及音乐活动，无论何种类型，都让幼儿坐在地上或垫子上，其实若非必要，还是建议教师和幼儿一起坐在椅子上来学习，这样相对来说比较舒适，也能避免使幼儿腰背的肌肉、骨骼、软组织长时间地处于强直状态而影响幼儿的发育和健康。

一般坐在座位上随乐律动 2~3 遍后，教师可以邀请幼儿站在自己的座位前随乐律动。基于坐在座位上初步形成的动力定型，下肢动作的累加可以通过辨别异同和单独练习进行。

特别要提醒教师注意的是：下肢动作的加入容易造成部分幼儿兴奋，他们可能会非常用力或非常快速地探索下肢与地面的关系而忽略音乐的色彩与速度。此时，教师无须怒目批评指正。但需要思考：如何用故事帮助他们快速沉着冷静且保持注意力集中，可以借鉴以下三个建议。

1. 当幼儿理解和熟悉单一下肢动作或上下肢联合动作在随乐律动的匹配后，教师可带领幼儿站在座位前随乐律动。

2. 设计中移动或奔跑的部分以原地踏步或原地小跑步代替。这样做是避免幼儿因空间变化造成过度兴奋和相互干扰，同时帮助幼儿集中观察、思考、记忆与再现整体随乐内容。

3. 散点即自由空间状态的使用要依具体活动设计而定，但若要避免幼儿无意或有意地相互碰撞，还是需要渐进地培养幼儿自律的习惯。

基本可以参考:① 先坐姿,再站姿;② 先原地,后移动;③ 先独立,后结伴;④ 先规定,后自由。

队形的加入也同样要依照具体活动设计,但基本可以参考:① 先不变队形,后变队形;② 先不换伴,后换伴;③ 先一队移动一队原地不动,再交换,后同时移动;④ 先直线(已熟悉的简单队形)移动,后曲线(不熟悉的复杂队形)移动。

在设计活动时一些教师会默认散点移动比队形移动要简单一些,其实不尽然,也有特殊情况,如:“散点找伴”要比“双圈找伴”难,在规定时间常常有人落单,找不到朋友。因此,在空间设计上,我们需要具体问题具体分析。

在歌唱活动和奏乐活动中,我们也建议教师不仅仅是让幼儿坐在座位上学习歌唱和演奏,还可以采用“动静交替”原则,在以“坐”为主的活动中“动起来”——动上肢,或“站起来”——用上肢暂时替代下肢(用小手假装在身体各部位走走跑跑等),坐着运动下肢或站在座位前运动下肢。

(二)活动方案分流程之“合作安排”的设计

教师不但是幼儿学习活动的组织者、引导者,更是活动的支持者、合作者。“合作”可以在一日生活中,也可以在单一活动中,更可以在具体游戏中。幼儿园生活中的“合作”无处不在:有教师(下图中以 T 表示)与教师间的,教师与幼儿(下图中以 S 表示)间的,幼儿与幼儿间的。

在师幼合作的教学流程中,一般应在“故事—动作—音乐”环节保证幼儿初步熟悉音乐和基本熟悉合乐动作后再进入“其他”环节,即挑战环节,在挑战环节可以设计具体的“合作”游戏,让幼儿直接体验游戏的快乐,在游戏中成长。

当然,不是所有活动都有“合作”游戏,那么,集体在音乐中一起歌唱、律动或奏乐,也能看作一种“合作”。下述文字主要以教师和幼儿间的“合作”为主,当然文字所不及的还有集体与声音、动作、音乐、空间、环境、道具、乐器等的互动合作。

1. 歌唱活动。

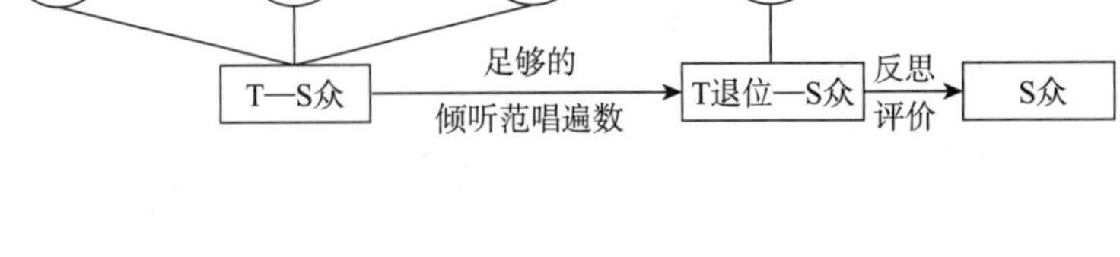

教师可以通过策略性的提问帮助幼儿梳理歌词内容和顺序，也可以在游戏中帮助幼儿形成初步的听觉表象。在幼儿倾听足够的遍数后，教师一定要愿意退位且努力退位，给予幼儿集体歌唱的机会。若幼儿未形成基本反思评价能力，在幼儿集体独立演唱歌曲后，教师可以引导幼儿反思、评价和提出问题的解决方案。这是幼儿学习反思和评价学习的阶段性成果，以及学习如何更进一步优化学习内容的一个重要过程。特别需要提及的一点是在歌唱活动中必须有反思评价环节！

当幼儿初次接触反思评价时，可能会显得盲目或不知所措，教师可以参照下图（框中文字为建议教师采用的语言或行为，箭头上的文字为幼儿的语言反馈或行动）帮助幼儿逐步从教师引领进入到集体反思评价阶段。

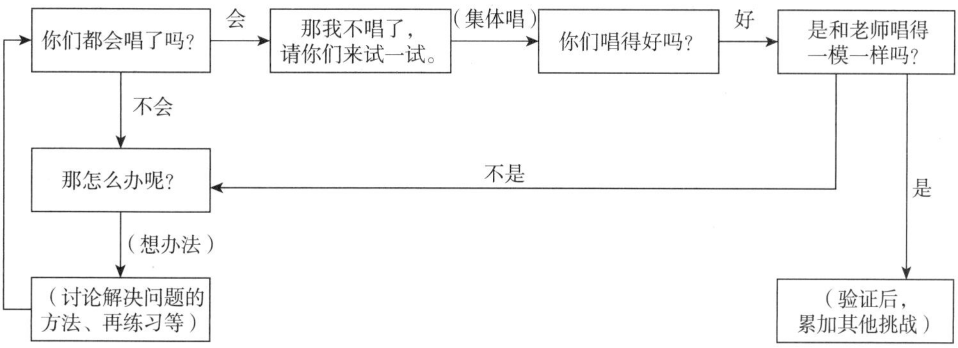

除了上述针对学习结果的反思评价外，反思的内容还可聚焦在演唱时的面部表情、肢体动作、嗓音动作、速度和力度等。反思评价环节可以帮助幼儿发现和积累在学习时可能会遇到的问题，也可以帮助幼儿积累解决问题的方法，从而能在反思评价后更清晰、更从容、更自信地演唱歌曲。

2. 韵律活动。

（1）单角色动作设计。

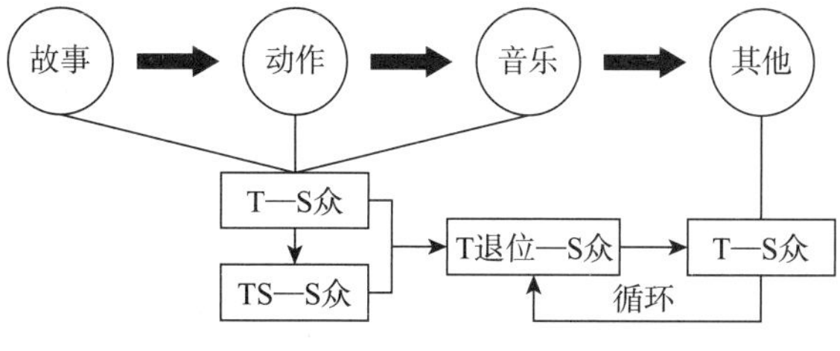

单角色动作设计的韵律活动，在“故事—动作—音乐”环节中，教师作为动作发起者，幼儿作为动作反应者。

在基本设计的变式练习中，若有幼儿有能力且有意愿成为动作发起者，教师可以邀请这个（或这些）幼儿一起担任动作发起者，若没有，可以忽略此环节。

当幼儿通过观察模仿学习初步掌握“故事—动作—音乐”的统一时，教师愿意和努力适度退位（退语言、动作等），以了解和检验幼儿当下的学习情况。当出现问题时，教师可以自然引入到反思评价环节（聚焦在问题发现与解决），若没有问题发生，教师自然进入“其他”环节的挑战累加中，随后再进入教师适度退位—幼儿律动再增加适度挑战的循环中，帮助幼儿在循序渐进的设计与教师逐渐退位和活动难度累加的过程中，舒适地在音乐中集体律动和游戏。

（2）双角色动作设计。

- 双角色相同动作。

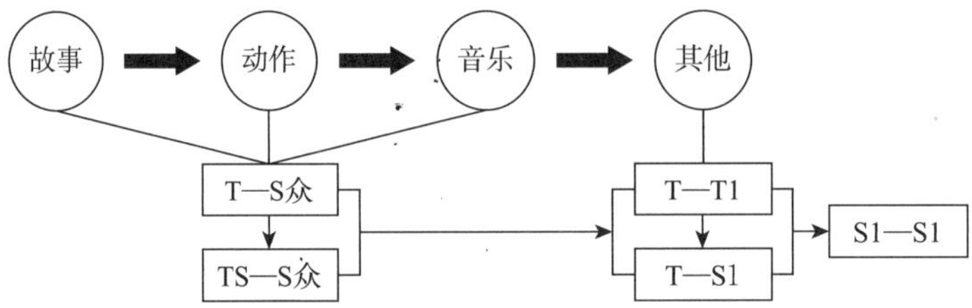

双角色相同动作设计的韵律活动，在学习基本动作方面可参考单角色动作设计的内容。当双角色开始进行合作时，教师在示范的环节需考虑幼儿的年龄特点和现有能力，若幼儿有能力直接和教师示范时，可以省略两位教师的示范。特别要说明的是：和教师一同示范的幼儿必须是动作掌握方面和能力方面都比较好的孩子，这样才能避免因示范时出现的“未知”情况而造成后期幼儿间的合作困难。

- 双角色不同动作。

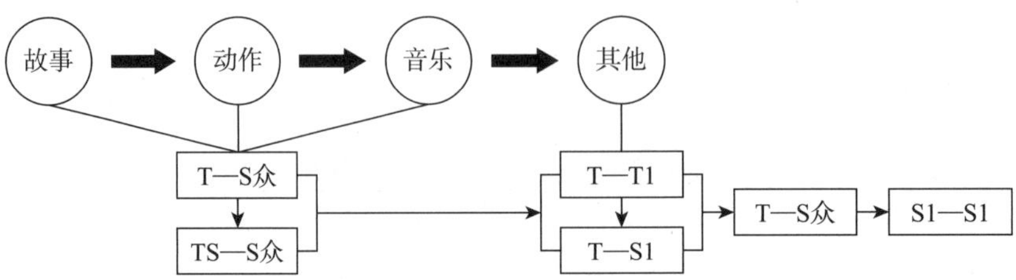

双角色不同动作的设计无论对教师还是对幼儿来说都是一个挑战。最理想的渐进合作流程应该是：① T1—T2：两位教师示范两种角色互动。② T1—S1：教师和教师合作示范完后，教师邀请一名幼儿进行合作示范。③ 之后，教师再邀请几对发展水平较高的幼儿进行合作示范；如有时间，还可再请一对发展水平较低的幼儿进行合作示范，以便单独辅导纠偏，甚至还可以邀请全体幼儿参与辅导纠偏。④ 随后集体一对一合作律动，然后还可以换伴合作律动。

但从课时总负载量和集体参与保证上分析，上述理论还需在实践中根据活动的具体设计和幼儿的已有经验与现场反馈灵活取舍，一些非绝对必要环节可以用部分"非合乐性"练习来代替。

- 需要特别注意的问题。

第一，双角色不同动作设计的韵律活动，首先应从一角色入手，不可双角色混合，一旦形成动力定型，到后期合作时再想阻断，又需花较多无谓时间来练习。

第二，其一角色的基本动作仍可参考单角色动作设计的内容。不同的是，此处的教师与教师间的示范是不能省略的，在教师间的示范前需引起集体幼儿辨别异同的有意注意，其后教师与幼儿间的示范，幼儿做已习得角色的动作，教师做新角色的动作，以帮助幼儿澄清或验证之前辨别异同的结果。

第三，在初步建立对新角色的认识后，教师与幼儿一同练习新角色合乐动作，待幼儿熟悉后，教师可判断是否需要再进行一次与一名幼儿的示范，幼儿做新角色动作，或是教师面对全体幼儿，全体幼儿做新角色动作的合作练习。随后，可进入一对一合作环节。

第四，双角色不同动作设计的韵律活动，特别重要的是需要分别熟悉两个角色后，才能进入双角色互动合作。若设计活动时，双角色在活动中的设计是交替出现的，那么在学习某一角色时，在另一角色出现的部分，可用"定格动作"（造型静止不动）策略（同时教师可以加入部分引导语）。面对活动中出现的问题，教师也可适度加入反思评价环节，帮助幼儿发现问题和解决问题。

3. 奏乐活动。

奏乐活动中单乐器演奏或多乐器同时演奏的设计可以大体参考单角色设计的韵律活动内容，不同的是：

（1）当熟悉基本动作加入乐器后，教师需要提供幼儿学习演奏乐器的机会：可以通过原有演奏经验唤醒、新演奏方式学习甚至演奏方式探索等方式进行，随后再以个别幼儿面对集体的方式进行演奏方式的交流，再集体合乐演奏。

（2）在教师或幼儿示范或交流时，建议幼儿手上不拿乐器，可将乐器放置于椅子下方，避免声响干扰注意力。

（3）多种乐器轮流演奏的设计可参考双角色不同动作设计的韵律活动内容。但一定要在演奏前通过示范或图谱等方式，让每一名幼儿都理解和记住合作的具体流程与方式，一定要让每一名幼儿都有充分的机会通过操作来理解和记忆。

（4）为了培养幼儿自理、自律的能力和承担责任的意识，教师必须设计活动中幼儿自行拿取乐器环节以及活动后幼儿自行归放乐器环节。

（三）活动方案分流程之“动作难度提升”的设计

动作难度提升方面的内容涉及太多方面，很难用三言两语陈述清楚，我努力将团队所研究的内容进行适当整理。

在动作种类方面，我们一般分为单一动作、复合交替动作（单一方向）、轮流在两侧交替动作、连续动作（两个或更多）、双边动作（相同身体部位）、对称动作、非对称动作等。

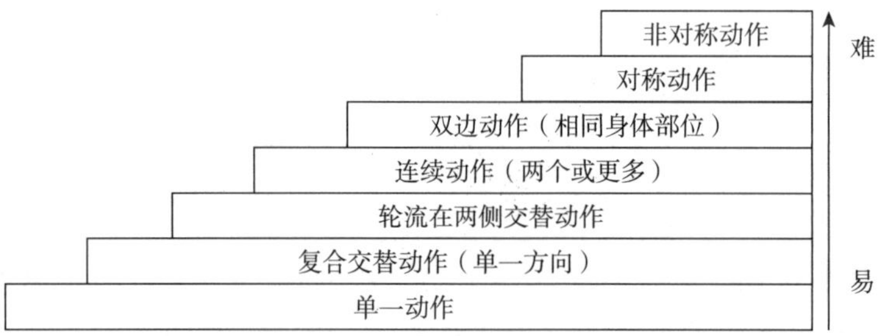

同时，动作可以分为上肢动作、下肢动作和上下肢联合动作。结合上图可进一步理解为：① 上肢动作比下肢动作简单；② 下肢动作比上下肢联合动作简单；③ 非位移动作比位移动作简单。

另外，在动作设计时需考虑“动作模型”的编排。“动作模型”即一个以上的动作元素，根据某种规律组织起来能循环的整体结构。

在设计动作模型时，需要考虑以下几点：

1. “动作模型”的规模。

模型中包含的拍数越多,动作规模越大,难度越高。

2. 动作的种类及繁复程度。

(1) 在一个模型里,包含的动作种类越多,难度越高。

(2) 在一个模型里,动作的繁复程度越高,难度越高。

3. 动作的速率。

(1) 每一个动作的绝对时值越短,难度越大。

(2) 不同动作之间转换的频率(即不同动作重复几次后转换)越高,难度越大。

4. 遗传与文化的影响。

(1) 生理遗传,如:走、跑、跳的难度递增,这与人的生理条件与遗传因素有关。

(2) 文化遗传,如:同样是抖肩、翻转眼睛的动作,蒙古族、维吾尔族幼儿比汉族幼儿更容易掌握。

(四) 活动方案分流程之“先分层后分段”的设计

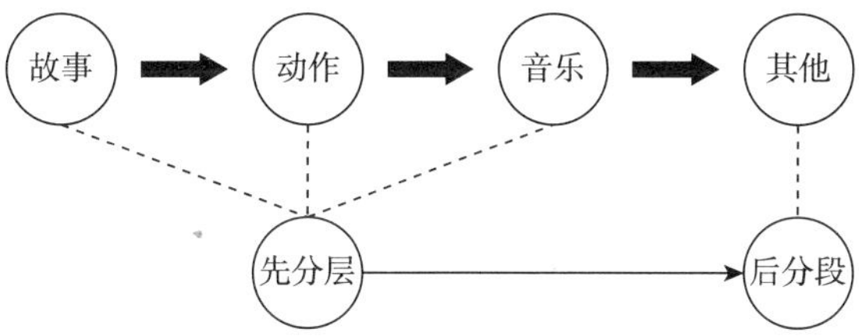

1. 先分层。

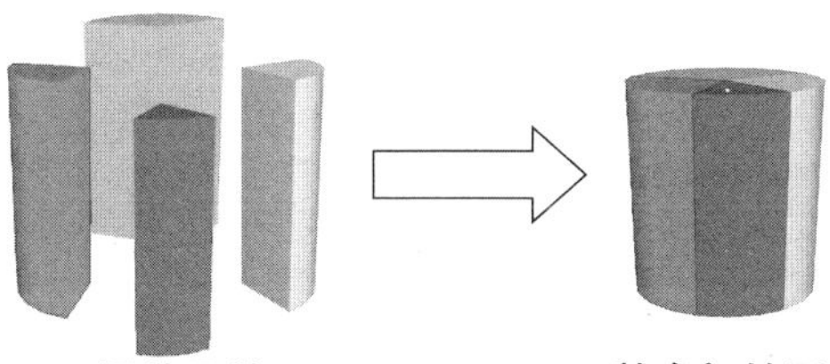

课前设计　　整合初始层

“先分层”指在理解具体故事内容的基础上,完整合乐做一整套最简单的动作,或是完整地反复倾听教师范唱。

这是教学活动最开始的操作任务层次,我们称之为“初始层”。就好比绘画一开始是绘出大致轮廓,建筑一开始是打地基。这个层次一般在总流程的“故事—动作—音乐”这三个步骤中完成。这样做的目的是既不会切断音乐和故事的完整印象，又不会破坏音乐的整体性和动作表现的审美流畅感，同时还能降低幼儿在音乐段落与段落、乐句与乐句、表现情节与动作之间转换衔接的难度。

待幼儿形成初步的“合乐动力定型”后，才是挑战新任务，即在逐步累加更复杂的动作、队形、游戏规则、合作表演、使用乐器或道具等任务层次中，顺利进行“正迁移”式的任务难度逐步提升，又称“刷层次”。

目前，大多数教师会习惯性地采用“先分段”的方式进行教学，一段一段分开教授，最后再将这些局部组合在一起。这样的做法有几点值得商榷：

第一，分段（音乐）任务教学破坏了音乐的审美整体性和流畅性。

第二，分段（音乐）任务教学不能保证子任务学习的平衡性，且幼儿对新旧子任务的认知容易相互干扰。

第三，分段（音乐）任务教学在组合成整体时，子任务之间衔接时易反复出现“断裂”情况，若不重复练习不能达到流畅程度。

〔注意：这里提倡先整体，并不否认有特殊需要的情况下，教师可以使用“难点前置”的流程设计策略。〕

2. 后分段。

“后分段”在上述所说的初始层完成后，再将一个一个局部进行细致化的设计，一般在“其他”部分完成。

上述所提及的在课前设计中，整体音乐会被考虑分成多个乐段，需注意的是：不要在每个乐段都设置过于复杂和高级的提升要求，新内容最好只增加在某一段或某两段中。

在单一课时的教学中，由于在“故事—动作—音乐”部分做出了较大的努力，初步掌握了基本结构，幼儿的注意力逐渐进入“半衰竭”状态。同时，单位教学时间也已过半甚至更多，因此后面新增的细致化挑战不宜过多，一般建议小班新增 1~2 个小任务或 1 个大任务，中班新增 2~3 个小任务或 1.5 个大任务，大班新增 3~4 个小任务或 2 个大任务，且每个任务的难度提升都应该以较小的“近迁移”内容为宜。在复习活动即第二课时、第三课时的活动中，精细化设计可以是有一定难度的新挑战，但每次独立复习教学活动的重点挑战段落一般也不宜过多。

案例 1：小班韵律活动“和艾玛捉迷藏”

使能目标进阶梯级：

+挑战4：自由空间中移动，继续寻找变小藏在教师或同伴身上的艾玛。

+挑战3：自由空间中移动，继续寻找藏在教室环境中的艾玛。

+挑战2：站姿，原地做动作，继续寻找藏在幻灯片中的艾玛。

+挑战1：在教师引导下初步尝试用语言清晰描述艾玛可能躲藏位置的背景……

+音乐：反复随乐练习并在教师引导下不断创编替换不同方向的“喷水动作”，进一步感知音乐的节奏和结构。

动作+音乐：随乐和教师一起反复练习完整的律动动作（坐姿）。

故事：进入和大象艾玛玩捉迷藏游戏的情境。

案例 2：中班奏乐活动“带淘气蛋去舞会”

使能目标进阶梯级：

+挑战4：挑战用两个沙蛋演奏并探索分享更多藏沙蛋的策略。

+挑战3：自选是否尝试用两个沙蛋演奏。

+挑战2：探索如何在音乐结束时将沙蛋藏好。

+挑战1：在教师引导下试用一个沙蛋随乐演奏。

音乐：跟随音乐反复练习身体动作总谱。

动作：在教师引导下集体创编相关表演动作即身体动作总谱。

故事：进入淘气蛋惹祸后偷偷跟小蝴蝶进入舞会的情境。

案例 3：大班歌唱活动“小鸟小鸟”

使能目标进阶梯级：

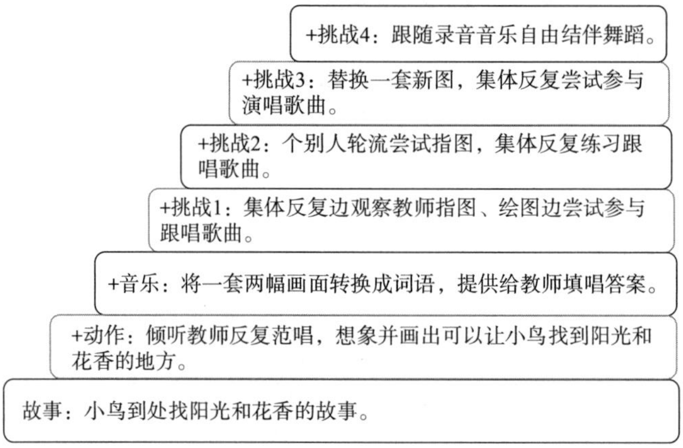

（五）活动方案分流程之“时间安排”的设计

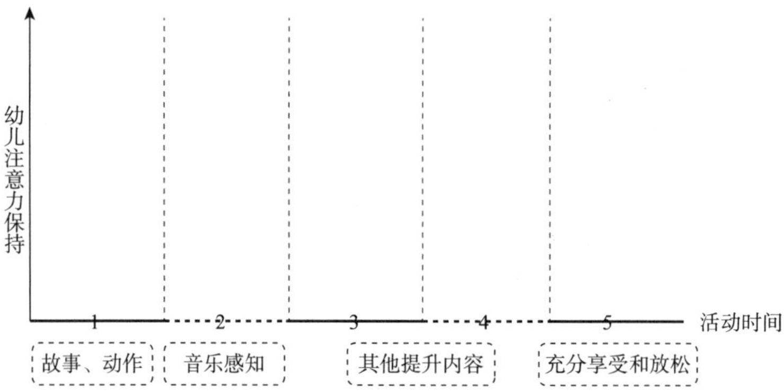

若把单位教学活动时间按 5 份来平均划分，按小班总时长 15 分钟、中班 20~25 分钟、大班 30 分钟，我们可以得到各年龄段 1/5 时间为：小班 3 分钟，中班 4~5 分钟，大班 6 分钟。

结合心理学、教育学的理论和实际教学现场，我们可以了解到：一般在活动时间第一个 1/5，活动尚处于初始阶段，幼儿在生理和心理上处于待被唤醒状态，教师需要通过有效的导入，充分调动幼儿学习的积极性。在此时间段内，教师可以通过够用的故事和动作的提取，让幼儿在理解故事、学习动作或创编中，振奋精神、集中注意力。

第二和第三个 1/5，幼儿的注意力逐渐达到高峰状态，教师一般会抓住此时间段解决活动中的重难点，同时也会完成学习内容的认知以及知识技能的初步掌握和练习。一般情况下，从第二个 1/5 开始，集体进入音乐感知环节，3~4 遍后可累加其他部分。

第四个和第五个 1/5,幼儿注意力集中水平逐渐下降,当然,下降的速度和个体差异及活动设计有关。

当适度累加其他挑战后,幼儿应该进入享受和放松阶段。所以,最后一个 1/5,建议教师不要再提出新的学习任务或新的问题或要求,以保证幼儿在轻松、愉快、安全的氛围中结束活动,若有未解决的问题,可延至下一个活动中解决。

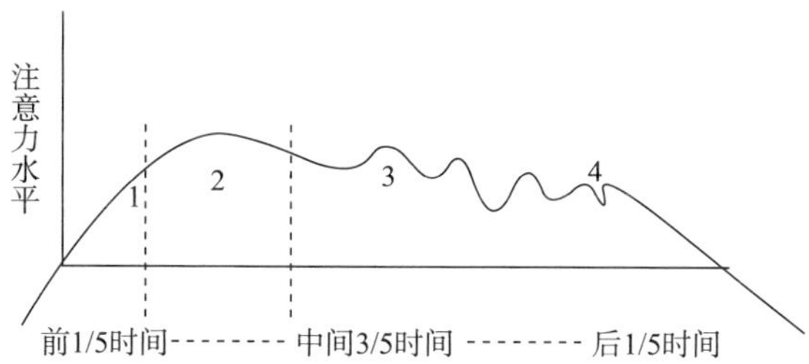

在"时间安排"分流程中,教师还需遵循"程度把握原则",通过关注幼儿的即时状态来调控感性与理性、动与静、激发与安抚、独立与合作间的动态平衡。这个平衡没有标准的数值,动态的走向也是依据活动设计和师幼互动各不相同,因此"程度把握原则"需要教师就幼儿的现状和活动的设计进行调整,以此来保证幼儿在各个时间段的学习状态与学习负荷是相对适度的。

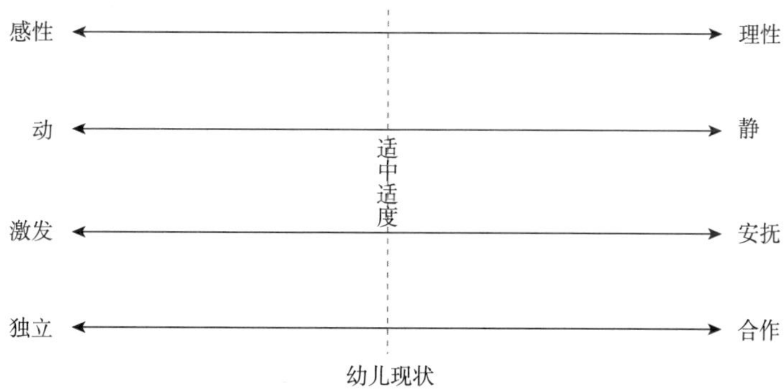

例如,"山狗和臭鼬"是大班韵律活动。在活动开始的第一个和第二个 1/5 时间中,教师要通过故事调动幼儿参与活动的积极性,让幼儿通过参与用动作表现故事情节,再通过观察模仿教师合乐动作,逐渐熟悉故事、动作与音乐的匹配。在这个过程中,教师需要一直观察幼儿在活动中的表现并实时进行各种调整:在引导幼儿拒绝山狗的邀请时,若幼儿过于羞涩或紧张,教师需要提供若干词句让幼儿进行练习;若幼儿过于兴奋,沉浸在语词互动中,教师需要通过故事情境来帮助幼儿控制情绪。

在整个故事分享环节，在幼儿对故事中部分词句的理解有困难时，教师需要抽出语词进行讲解和澄清。

当进入第三个1/5，幼儿初步能够合乐做动作时，教师应引导幼儿明确“静”和“动”的部分，并根据后续可能出现的“危险”帮助幼儿进行情绪调控：既要激发幼儿愿意位移“寻宝”的意愿，又要干预因过于激动而造成的不合乐的情况。同时，还要保证幼儿在集体合乐时能够明确这是一个“集体任务”，在合作时除了“保护自己”也要“保护他人”，活动中不碰撞，活动后仔细听，反应后快速回位。这些都需要教师随时通过在不同的细节处理和问题解决中完成，以便最终能够将教师的外控行为逐渐转化为幼儿有理解的内控行为。

进入第四个1/5的后期，幼儿已对游戏的三种结果“蜜蜂来了”“狗熊来了”“臭鼬来了”比较了解，但这种不确定结果的游戏仍然非常容易激起幼儿的参与热情。所以，在剩余的时间解决三者不同结果的反应时，教师需要通过自己的眼神和表情、榜样幼儿的示范、对潜在负面行为的监控（对部分过度兴奋的幼儿进行空间逼近和直接与其一同律动），帮助幼儿调节过度高涨的情绪，始终保证幼儿在活动中的各环节都能处于一个相对舒适和稳定的状态。

第五节　“游戏化活动”的教学方案设计模式

2008 年，在广西南宁召开的第六届全国幼儿园音乐舞蹈教学观摩研讨大会上，我们团队提出了要将“幼儿园音乐舞蹈教学（游戏化）”作为之后 10 年的重点研究内容。

当下，“游戏化创造音乐教学”已经成为团队的新共识。在这里，我们还是要通过梳理，进一步认识和感谢这一路启发和引导我们的“巨人肩膀”。

一、“电子游戏”设计理论的启示

世界顶级游戏研发总监麦戈尼格尔，在其著作《游戏改变世界》（浙江人民出版社）中指出：游戏公司一般会用“四招”来让玩家入迷，它们分别是目标、规则、反馈系统、自愿参与。

1. 目标。

“目标”在此特指对特定玩家具有层层推进的适宜的挑战的任务系列。这既符合赞可夫强调的教学需要保持一定难度的教学原则，也符合布鲁纳强调的教学必须遵循螺旋上升序列的原则。

这对我们的具体启发是：教学目标要能够不断保持适宜难度的渐进性挑战，让幼儿心甘情愿地坚持追求能够得着的小目标。

在前面一节的内容中，“先分层，后分段”“从‘一 A 到底’开始”等具体工作原则，都是在重点体现此“目标设计”原则。

2. 规则。

“规则”在此特指游戏玩法中对玩家的各种约束都具有明确的界定或标准。这其实非常符合所有的现代“教学效率评价”立场。

这对我们的具体启发是：教学目标一定要让幼儿能够理解，感觉到对他们的意义，并产生自愿追求这些目标达成的心向。

这也就是幼教工作者常说的，要将教师的教学目标有效地转化为幼儿的学习目标,即“变‘要我学’为‘我要学’”。

3. 反馈系统。

“反馈系统”在此特指游戏行动最终无论成功或失败,玩家都可以立即从自己的行动结果中直接得知。

这对我们的具体启发是:对幼儿学习结果的反馈一定要及时且明确,以帮助幼儿及时了解到自己的成就和不足。当然还应该包括教师有效引导的“反思评价自我完善”等教学环节,以及能够匹配适合各不同年龄阶段幼儿发展水平的反馈技巧。布鲁纳在其教学原则体系中非常重视“反馈的激励作用”。

4. 自愿参与。

“自愿参与”在此特指要使用各种媒介手段,如:引人入胜的情景、情节,诱人的画面、人物形象和音乐,能够激起好胜心理倾向的游戏方式,以及纷繁变化的可满足各种心理需求的参与方式等。

这对我们的具体启发是:在教学情境、流程的设计上,教学手段的使用上,以及师幼互动的细节上都尽可能做到更加贴近幼儿的需要,以不断激发和保持幼儿学习的热情。

二、“职业培训游戏”的启示

美国职业培训大师布莱恩·伯克是著名游戏化研究学者。其在著作《游戏化设计:真实趋势×陷阱规避,打造商业成功》中指出,使用游戏对职业团队进行培训应该遵循以下原则。

目标:向往自我完善(改变行为;获得技能;驱动创造……)。

手段:持续反馈用以不断激励。

过程:克服并非必要的阻碍,不断达成阶段性小目标。

从中我们可以看到:这与前述国外各位心理学、教育学大师和电游大师的观念具有异曲同工之妙!

既然成人学习都需要如此,幼儿便更不必说。

三、“预见学习”课程研究的启示

游戏化学习（Gamified Learning）是“预见学习”项目的三大主要教学转化方向之一。而“预见学习”的概念，来自美国一所中学所进行的教学改革研究项目。该项目的报告中指出：游戏化（Gamification）的概念并非源于教育领域本身，而是产生于商业应用领域，但游戏被应用在教育情境中的尝试已有很悠久的历史。

在研究该项目报告中的文字时，我认为最为实用的是以下两段：

“借鉴已有的成熟游戏，将游戏或游戏中的某些元素直接运用到教学过程中，以便起到相应的提升教学效率的结果。”

“不仅仅是已有游戏的简单借鉴和应用，而更需要教师从实际教学内容和学生基础角度出发，使设计更能契合教学任务和学生的学习能力本身，更容易达到促进学习效率和提升学生基础素养的目的。”

这对我们的启示就十分清晰了：

1. 直接使用传统游戏和各种受幼儿喜爱的游戏手段。
2. 紧紧围绕教学目标和幼儿原有经验来选择与改造游戏。

四、“传统规则游戏”的启示

下面罗列的是团队收集整理的世界原生态规则游戏的基本类型：

1. 情境表演游戏（含局部运动的表演，如手指游戏）。
2. 领袖模仿游戏〔含镜像、跟随、后像（递增再现）〕。
3. 输赢竞争游戏（含追捉、争物、争友、占位、比大、对攻）。
4. 控制游戏（含造型、默唱、各种表演中的静止）。
5. 传递游戏（含传物、传话、传位）。
6. 身体接触游戏（如“拍花掌”等各种结伴进行的身体触碰交流）。
7. 队形变换游戏（如换位、穿插、跳转）。
8. 猜谜游戏（含猜谜对歌、猜领袖、猜音源、猜缺失物件或玩伴）。
9. 玩影子、玩东西游戏（含乐器、道具……）。

从以上游戏中，我们不难看到：游戏规则执行过程中，对游戏玩家在体能、智能、模仿、创新、竞争、合作等各方面能力发展的挑战。

五、“成功心理学”研究的启示

成功心理学是近年来兴起的正向心理学中的一个分支，虽然与传统心理学相比，这门学科还相当年轻，但由于该分支更倾向于强调深入挖掘人本身拥有的潜在力量，去对抗各种外界的打击和修复内在的不健康状态，具有更强调鼓励人们相信并激发自身主观能动性的属性，因此也越来越受到心理学界和社会各界的关注。

浙江大学胡海岚教授的生理心理学研究证实：存在着一种“胜利者效应”的生理心理学机制。这与美国传统心理学家马丁·塞利格曼发现的“自我失效感”概念遥相呼应，强有力地支持了以下教学原则：尽管教学必须对学生有适当的挑战，必须让学生感觉到有意义，但教学也必须建立在学生现有知识经验和能力基础之上，必须贴合学生的学习速率和步距，必须要让学生体验到成功喜悦。

因为没有成功喜悦，就不会有不断自我完善的高峰体验，也就不可能产生真正的游戏体验！

六、游戏化音乐教学的设计原则

1. 为了让幼儿“有意义”地了解、理解学习任务，必须尽可能地将学习活动“情境化”。

2. 为了让幼儿不断体会到自己的进步，必须尽可能地从最适宜的“低起点”开始，并坚持“小步距”的挑战。

3. 为了让幼儿不断为追求获取游戏乐趣而持续“主动投入”，必须尽可能地有机融入相应的传统游戏规则。

4. 为了让幼儿更充分地体验到游戏带来的愉悦感，教师必须以身作则，以积极投入游戏的正面榜样感染幼儿。

第六节　来自传统民间音舞游戏的“启示”

1894年，德国艺术史学家格罗塞出版了对后世影响很大的艺术史专著《艺术的起源》。该书力图通过大量作者亲身调研的原生态社会艺术生活材料揭示原始艺术发生和变迁的原因，探索社会发展与艺术起源、艺术发展之间的内在联系。

在此书中我们看到：在人类文化发展的早期阶段，社群生活在互相隔绝的封闭空间中。在缺乏新鲜事物刺激的情况下，社群集体积累传承的作品十分有限，有特殊才能的个体即兴产出的“新作品”，只有被社群认可、重复、稳定下来之后，才最终被收纳到公共的积累当中。但由于创新者总是鲜有产生，创新作品也总是鲜有产生，因此艺术作品、语汇和思路的发展相当地缓慢。

随着人类社会的逐步发展，交流、融合，文化艺术的作品、语汇和思路的相互碰撞的机会越来越多，新作品、新语汇和新思路产生的速度也随之越来越快，社群中创新者产生的速度也越来越快，社群对作品、语汇和创新思路的接纳速度也越来越快。这应该是人类文化艺术发展的一个总的规律。

实际上，自20世纪90年代开始，我们的团队利用各种可能的机会搜集文献资料，前往国内各地采风，拜访各类相关人士……获得了大量佐证上述观点的资料。随着网络资讯手段日益便捷，我们充分认识到，一个能够即兴进行艺术表达的创作者一定具备以下这些基本的态度和能力：拥有大量作品、语汇和思路的积累；前述积累不仅仅是知识性（已知道）的，更是高度熟练掌握（能做到）的；对已经积累、掌握的作品、语汇和思路进行随意拆分和重新组合，拥有大量实践经验；对这种“即兴”创新活动，拥有追求、享受的心态和充分的自信。

当然，我们现在真正关心的是：在现代艺术教育的教学体系中，怎样让每一个学生都能够拥有这样一种“即兴”进行艺术表达的基本素养呢？我们来看看在现实中仍然可见的范例。

一、历史悠久的民间歌舞竞赛

我国各民族生活的不同地区都曾经长期存在自发的社区歌舞竞赛活动。从这种自娱活动中逐渐衍生出来的“竞技”“炫技”活动，除了让人们认识到表演技巧上自我挑战的可能，还有更重要的价值取向，就是增加人的“即兴创造”能力。因此，凡是能够不断创作出新歌词、新曲调、新舞蹈动作和新乐器演奏方式的人，都会被人们尊为“神”“仙”或“王”。

事实上，虽然这些民间“高手”会说，我能够唱或跳“三天三夜不重样”，但实际上，大部分情况下，他们只是将积累的素材进行各种即兴“微调或重组”而已。

如：“同一首歌词可以用不同的曲调来演唱；同一首曲调可以用来演唱不同的歌词”。又如：同一个舞蹈，可以变换动作的速度、力度、幅度；一个舞蹈中的单个动作可以变换排列顺序和组合方式等。当然，有时候也会出现较大的创新，只不过这种情况不会经常发生。

〔注意：双引号中的内容为海南省黎族民歌非遗传人王取荣先生所讲述。〕

还有一种会产生新突破的情况，就是不同文化的歌舞乐之间因为“交流”碰撞而产生了文化的“新物种”。

〔注意：这是 1995 年我第一次在广西白裤瑶村寨采风时，当地瑶族文化干部讲的。〕

这些包含了歌舞乐新语汇、新思路的新作品，一旦被生产出来，而且一旦被多数社群成员所认可，就会得到效仿和传播：一是可能成为一种新的娱乐“消费品”；二是可能成为传承学习的“教材”；三是可能成为未来创新的语汇和思路来源的“库存”，进而积淀为“新传统”。

二、侗族多声部即兴歌唱

1. 原生态歌唱传承活动通常在婴幼儿时期就开始了，母亲们在歌唱的时候就怀抱着她们的婴幼儿，这些小孩在成人的歌声中长大。

2. 多声部的主旋律、柱式和声声部、复调和声声部，实际上是相对固定的。

3. 歌词虽然即兴的成分会多一些，但内容既然来自生活，便是应景而歌，情境相同歌词就相同，即使有变也是大同小异，特别是歌曲中的一些助推情绪的衬词，往往是一成不变的。

〔注意：因为是合唱，所以即便主唱独唱即兴，衬词需变化也需提前商定。2008年我在广西侗族村寨采风时，第一次了解到这些知识。2017年我在湖南芷江侗族自治县村寨采风时再次得以证实。〕

三、纳西族跳月、藏族锅庄

我国中南、西南地区大部分少数民族原生态广场舞蹈都属于"领袖模仿"性质的圆圈舞蹈或链状舞蹈。这种舞蹈的特征如下：

1. 绝大部分基本动作都是自小在社区旁观成人舞蹈活动的过程中自然习得的。

2. 担任领袖的人即兴决定做什么动作或何时更换动作。

3. 有时候也会由奏乐的人来即兴决定一种节奏的风格，领袖再据此决定动作。

4. 比较重要的特点是：所有人需要随时注意和领袖以及社群保持一致。

四、维吾尔族麦西来浦舞和纳尔滋库姆舞

我国新疆地区大部分民间庭院、广场舞蹈，都属于自由结伴的"邀请对舞"，其特征如下：

1. 绝大部分动作都是自小在社区旁观成人舞蹈活动的过程中自然习得。

2. 小孩子可以自己决定何时加入舞蹈以及和谁一起对舞。

3. 任何人在舞蹈时做什么动作以及何时变换动作，都可以自己根据音乐、舞伴、场地的具体情况即兴决定。

4. 比较重要的特点是：舞伴之间需要相互关注、交流和配合。

五、朝鲜族的社区、家庭庆典仪式舞蹈

我国朝鲜族家庭、社区的自娱舞蹈也是以舞蹈的即兴抒发和即兴交流为主。特别

是在结婚、祝寿、满月等庆祝仪式活动中，人们都会一边演唱相关歌曲，一边围绕当事人及其家人舞蹈，以示祝福，充分表现朝鲜族人民对尊老爱幼的优良传统的传承。

六、苗族鼓舞和土家族摆手舞

苗族鼓舞和土家族摆手舞都是湖南省的非物质文化遗产保护传承项目。

〔注意：2011年我前往湖南湘西采风时专程拜访了苗族鼓舞的省级非遗传人和土家族摆手舞的省级非遗传人。〕

（一）苗族鼓舞

1. 关于苗族鼓舞的民间传说：有人因为兵乱躲进庙堂，有猴子在庙堂中用尾巴敲击大鼓玩耍，吓走了乱兵。之后那里的人学会了猴子的舞蹈，遂流传下来。

〔注意：此传说与作者在其他民族的音乐舞蹈采风过程中收集到人类向动植物学习音乐舞蹈的传说高度一致，彰显了中华传统文化中万物和谐、相互学习的立场观点！〕

2. 苗鼓是竖立在木架上敲击的。

3. 师傅、高手通常敲击鼓帮（木制边框），提供舞蹈者基础的节奏指令。舞蹈者边舞蹈，边以各种节奏敲击鼓面。

4. 舞蹈者表现的内容也无非是模仿动植物及生产、生活、军事、祭祀、奠仪等主题的内容。

5. 早期，这些苗鼓被视作家族祭祀、节庆活动的重要礼器，通常供奉在祠堂中。在祭祀、节庆活动时才拿出使用。年幼的儿童若想要学习，可乘祭祀、节庆活动的时机自行向族中长辈高手请教。

6. 真正的高手亦可以长时间地进行各种更加高级的即兴表演，以供族人、友人、客人欣赏娱乐。

7. 平时没有鼓可供练习、娱乐时，对此感兴趣的族人可以随时随地敲击灶台、门板、树干，儿童放牧的时候可以敲击采集牧草、野菜的背篓，甚至敲击水牛的肚子。当下，也有小学在校园围墙上画出鼓面，以供学生随时练习、玩耍。

8. 当生活发生变化，鼓舞表现的内容也随之变化。如：表现过去因没有鞋穿而满脚伤痕的瘸腿舞步，现在变为表现穿上新鞋而心情欢跃的舞步；保留瘸腿舞步的含义转变为传承“乐天主义”的人生态度。可见，热爱生活、表现生活、享受生活更是苗族鼓舞传递的核心价值观。

〔注意：上述内容主要来自湖南湘西古丈县默戎镇中心小学幼儿园著名苗鼓传人龙启忠老师。〕

（二）土家族摆手舞

〔注意：信息来自网络，以及湖南湘西古丈县断龙山镇米多村省级摆手舞非遗传人李云福。〕

1. 舞蹈的结构为 AB 反复结构。A 为摆手动作，B 通常为再现生活经验的创意表现动作。

2. A 的摆手动作类似一个不断重复出现的主题，B 的动作可以是模仿动植物、生产、生活、军事、祭祀、奠仪等各种主题的内容。

3. A 的摆手动作又分为单摆、双摆、回旋摆三种。尽管每种又可有不同变化，但相对比较固定。

4. 其他表现性动作变化的范围更广、可能性更大。

5. 在传统的社区聚会舞蹈情境中，通常仅仅使用一面大锣一面大鼓为舞蹈伴奏。锣鼓经念作：Diang dong bang dong diang dong yi dong bang dong（此为一个 8 拍，通常一个动作要重复做 2 个 8 拍）。dong 表示敲鼓声；diang 表示敲锣声；bang 表示锣鼓同时敲击声；yi 表示无声，即休止。

6. 舞蹈时人们围成一个大圆圈，圆圈上的某一个人为领袖。领袖做什么动作，大家便模仿什么动作。某一套 AB 动作重复多次，领袖更换动作，大家跟着更换动作。

〔注意：在圆圈的状态下，所有参与者都能够迅速看清楚动作的重复与变化。〕

7. 领袖一般由公认的能者担任，但在一次舞蹈聚会的过程中，也会多次更换领袖。

8. 舞会到后面阶段，会跳两人或多人合作的比较复杂的动作模式，如表现人际合作、逗乐的场景，动植物与人或动物植物之间互动的场景等。没有经过相关学习的人，会退出成为旁观者。

9. AB段中的相关动作是经历社区文化的前人创造的语汇，当下更会不断涌现对新的生活经验的创造性表现。

〔建议：幼儿园可组织老师们在教研或节庆时玩这种舞蹈游戏。可以做几个签子，在每一个签子上写一个主题，如做饭、杀鸡、化妆、洗澡……抽到签的4人小组每人创编一个相关的动作，再轮流担任领袖带领全体老师即兴跳舞。摆手动作可协商自定。锣鼓经可以自念，或配上乐队音乐。让负责教师根据AB结构、集体建库、领袖模仿的模式，带领大家好好享受集体创作和自娱的快乐！老师们学会之后，也可以引导大班幼儿在早操、娱乐、家园活动中一起来玩这种游戏。〕

七、江南丝竹与广东音乐

江南丝竹和广东音乐都是传统汉族器乐音乐，也都是国家非物质文化遗产。其特点是三五个或七八个志趣相投的人聚集在一起演奏丝竹乐器，以求共度愉悦闲暇时光。

虽然它们分别流行于江南地区和广东地区，但都拥有各自传承积淀的传统乐曲。

在演奏时，每位演奏者总是可以任意在主干旋律上即兴"加花"，以便能够与其他演奏者配合、交流，达到完美的整体音响效果。

八、古代游戏与歌舞

中国古代许多与休闲、宴饮相结合的体育游戏或智力游戏，往往也都与即兴歌舞息息相关，如行酒令、投壶、射覆、藏钩、曲水流觞等。这些游戏往往在利用输赢或随机方式选定某个人之后，此人便要即兴吟诗（合乐而歌）、舞蹈或进行某种即兴表演，以营造休闲娱乐的气氛。

〔注意：出自公元353年的著名的《兰亭集》就是这种活动中的即兴创作的诗词作品集。王羲之为之作的序便是《兰亭集序》。〕

如果参与游戏活动的都是"高手"，便会即兴提出一些更"高级"的"即兴表演标准”,以提升游戏的即兴歌舞水平。

我本人在新疆支教时曾与一位1岁幼童即兴共舞,并有意识地由她主导共舞动作。实际上她一共也只做了前后交替伸缩和左右同时摆动两种手臂动作,却和我即兴共舞约半个小时。

〔注意:千万不要小看小小的她目前仅仅拥有的两种动作。让一个人跟随8拍音乐跳舞,若他仅会做1个动作,也就只有1种表现的可能;但若他会做2个动作,即会有512种不同组合表现的可能;但如若他能够做10个动作,便将会产生1亿种不同的舞蹈动作组合的可能!〕

第七节 “教学任务分析”理论与实践应用

“教学任务分析”是指教师在进行教学活动设计时，将教学任务的终极目标，以逆推的方式分解为若干“子目标”，一直推演到学习者的当下发展水平，最终划定起始目标的“整个分析过程”。

子目标又称“使能目标”，即实现每一个上位目标之前，先要实现前面一个“下位目标”。该“下位目标”即是使后续上位目标“能够达成”的目标。因此，“教学任务分析”技能的掌握，是教师使用合理的循序渐进的策略，激励学生持之以恒地主动努力追求学习目标达成的重要保障！我们直接来看几个实例。

一、案例1：师训活动，韵律活动“大西瓜”

1. 任务目标。

（1）学科目标：初步掌握两人合作、双手不同、半拍换一次的律动游戏模式。

（2）学习目标：学习推测、总结、提炼“挑战进阶”的规律（如：“时值成倍缩短；两人合作双手相同；两人合作双手不同”是三种可以经常使用的挑战层级划分的思路），学习选择适合自己的进阶速率。

（3）人格目标：学习看着同伴的眼睛，用“逗乐”的态度合作律动游戏。

〔注意：尽管都是成人受训者，但经过超400多场的教学培训实践我们发现，这些教学目标的设定是必需且合理的。〕

2. 任务进阶层级（即教学流程）。

（1）“西瓜”（五指伸直为掌），“嘴巴”（五指弯曲捏拢）。双手同时做相同动作，每8拍转换一次。

（2）4拍转换一次。

（3）2拍转换一次。（引导学员推测接下来具体会挑战何种难度）

（4）1拍转换一次。

（5）半拍转换一次。

（6）两人合作：一人做“西瓜”，一人做“嘴巴”，从4拍转换一次开始。

（7）2拍转换一次。

（8）1拍转换一次。

（9）半拍转换一次。

〔注意：始终保持双手做相同动作。〕

（10）两人合作：双手同时做不同动作。（一只手做“西瓜”，一只手做“嘴巴”）最好从8拍转换一次开始。

（11）4拍转换一次。（引导学员自己决定是否需要重复练习或挑战下一层级）

（12）2拍转换一次。

（13）1拍转换一次。

（14）半拍转换一次。

〔注意：此处为该游戏的终极技能目标。〕

3. 友情提示。

（1）以上流程仅作为教师培训的内容。

（2）动作及节奏基础较好的成人受训对象，约在20分钟内可达成第14层级的终极目标。

（3）该活动在幼儿园大班亦可尝试。但一般会需要更多次短时间的教学和游戏方能达到熟练且愉快的程度。

（4）对幼儿的教学，不一定适合追求全体都达成“双手同时做不同动作，且半拍转换一次”。因为游戏若成为“强迫练习”，便不愉快了。

二、案例2：大班歌唱活动“我是一只大野狼”

1. 任务目标。

（1）学科目标：在小狼学本领的情境中通过“猜音源”游戏学唱歌曲，初步唱准歌词与旋律。

（2）学习目标：运用“点兵点将”游戏反思澄清歌词内容，并尝试用肢体动作创造性表现歌词。

（3）人格目标：敢于面对挑战，遵守不偷看和保密的游戏规则，能正确面对猜不中目标时的挫败情绪。

2. 任务进阶层级（即教学流程）。

（1）通过学狼叫，体会小狼训练营情境和了解歌词主要内容。

（2）学习独立发出狼叫声，通过“猜音源”游戏寻找学狼叫的同伴，反复倾听教师范唱，初步熟悉歌曲的曲调。

（3）通过“点兵点将”游戏，每跟唱1遍歌曲，要求被点中者澄清1句歌词。共跟唱4遍，依次澄清第1~4句歌词内容，并引导幼儿尝试用肢体动作创造性表现歌词大意。

（4）结合反思评价初步学习正确演唱歌曲。

（5）玩传递狼爪手套游戏，继续熟练歌曲的演唱。

（6）将传狼爪手套（无声）游戏，升级为传串铃棒（有声游戏，猜测难度升级）；将单纯猜同伴（猜音源）游戏，升级为护林员寻找（猜测）伤病小狼位置的游戏，增加护林员追捉伤病小狼的快速反应同向追跑游戏。在游戏中巩固演唱歌曲，享受歌曲演唱。

3. “护林员救助受伤小狼”的游戏玩法。

护林员戴眼罩蒙住眼睛，站在圆圈中心，小狼们传递串铃棒。歌声结束后，拿到串铃棒的小狼表演受伤的小狼独自发出狼叫声，护林员猜测发出叫声的小狼。若猜中发出叫声的小狼，与发出叫声的小狼共同表演以下情景：护林员拿麻醉枪射击小狼，小狼被击中倒地睡着，护林员救助小狼。若没猜中，发出叫声的小狼立刻站起来，围着圆圈跑一圈，护林员追逐小狼。若追到，两人共同表演麻醉枪射击和救助情境；若没追到，小狼跑一圈回原位则表示已自行康复。

若幼儿没有玩过这种快速反应追跑游戏，弄不清跑的方向，弄不清跑的信号，弄不清“能跑上位即是健康小狼，无须再追”等游戏规则时，教师须及时介入指导：在护林员猜中并报出发出叫声的小狼的幼儿姓名后，先邀请全体幼儿告知猜测的结果是否正确。若护林员没猜中，教师一手握住护林员的手，一手握住发出叫声的小狼的手，告知两人奔跑的方向，以及“小狼跑只跑一圈便可回到原座位坐下”等规则细节；告知护林员教师松手后即可去追小狼，若一圈内没追到小狼则游戏结束。在护林员和小狼以及全体幼儿都明确游戏规则后，教师说“三，二，一”，然后同时松手让两位幼儿玩“快速反应追逐游戏”。在幼儿逐步熟悉游戏规则后，教师逐步退出控制，由幼儿独立游戏。

4. 救助小狼游戏中的“猜音源”游戏三个层次分析。

第一层次:同时用摇动串铃棒发出的铃声和小狼的叫声提示位置。

第二层次:只用摇动串铃棒发出的铃声提示位置。

第三层次:没有任何声音提示(但传递过程中没有强调必须克制住的串铃棒声音可以成为一种提示的参考信息)。

5. “传递游戏”三个层次分析。

第一层次:“点兵点将”游戏是由“教师掌控传递节奏”的基础性游戏。

〔注意:“点兵点将”游戏实际上是一种“传递游戏”,也是一种“随机游戏”。〕

第二层次:传递“狼爪手套”时,游戏升级为由“幼儿掌控传递的节奏”稍复杂的游戏。

第三层次:传递“串铃棒”时,游戏升级为由“幼儿掌控传递的节奏”的游戏,同时,传递串铃棒时幼儿须尽力克制不让串铃发出大的响声。这对幼儿来说是上升了两个级别的挑战。

6. 友情提示。

(1) 关于“丢手绢”的游戏经验。

一般情况下,此活动应在大班下学期进行,幼儿最好有丢手绢的经验。若无,可提前玩一玩。否则,最终在学习护林员救助受伤小狼的游戏时,教师可能需要花费更多精力来帮助幼儿掌握游戏规则。此时,幼儿往往已经疲劳,极容易“兴奋过度”,极容易“犯规”,教师若再严格要求遵守规则,幼儿则不能尽兴。

(2) 关于“按节奏传递”的游戏经验。

玩传递游戏时,对于节奏基础较好的班级可要求按节奏有规律地进行传递;对于节奏基础不太好的班级,可先不要求按节奏传递,等幼儿有了相关传递游戏经验和节奏基础后,再逐步提出按节奏传递的要求。

三、案例3:大班律动“猴子坐沙发”

1. 任务目标。

(1) 学科目标:随乐按照乐段和节奏完成“走步、寻找朋友、相互挠痒、双人坐沙发”的合作互动游戏动作。

（2）学习目标：一人创造性地用身体部位做沙发造型，另一人创造性地选择坐姿“有接触地”坐上去，并合乐进行小幅度的自选方式“摇动”，即兴自选挠痒的部位和方式。

（3）人格目标：在“相互挠痒”的部分，既能保持相互逗乐的态度，又能控制情绪避免过度兴奋；在“坐沙发”的部分，既能真实地“坐上去”，又能注意身体接触的姿态和力度，对“沙发”表现出“爱惜”的态度。

2. 任务进阶层级（即教学流程）。

（1）倾听教师随乐讲述故事，初步感知、理解、记忆律动组合中的动作和动作顺序。

（2）坐姿，跟随教师做模仿动作，进一步感知、理解、记忆律动组合中的动作和动作顺序。

〔注意：做“挠痒”和表示“不怕痒”的动作时，始终在胸前做；做“坐沙发”动作时，左手与右手交替进行。〕

（3）站姿，在椅子前面，模仿教师的动作，进一步感知、理解、记忆律动组合中的动作和动作顺序。

（4）移动并结伴，两两结伴面对面做动作。

〔注意：做“挠痒”和表示“不怕痒”的动作时，仍旧在胸前做；做“坐沙发”动作时，难度进阶为一人一只手相互交替。〕

（5）返回座位，保持坐姿，反复观察两两结伴的身体变沙发和身体坐沙发合作动作模式进阶层级。

层级一：主班教师与配班教师演示。

层级二：主班教师指导一位幼儿和自己一起演示。（可重复）

层级三：主班教师指导一位幼儿和另外一位幼儿一起演示。（可重复）

层级四：全体幼儿两两结伴单独尝试无配乐的这一部分内容。

层级五：全体幼儿两两结伴单独尝试有配乐的这一部分内容。

〔注意：此时，教师的提示语一直需要保持介入状态，教师还需随时反馈各种“沙发”创意造型和“爱惜沙发”的各种表现。〕

层级六：全体幼儿两两结伴完整随乐游戏，教师随时反馈各种创意。

层级七：继续重复完整随乐游戏，此时教师可以鼓励幼儿自由选择不同的挠痒身体部位和动作方式。

3. 音乐、动作设计及进阶层级分析。

（1）音乐与动作结构分析。

AB 结构一共重复 4 遍。

第 1 遍音乐：出门找朋友，A 行走，B 寻找。

第 2 遍音乐：相互挠痒，A 挠痒，B 定住表示不怕痒。

第 3 遍音乐：A 变沙发给 B 坐，两人一起摇摆。

第 4 遍音乐：AB 相互交换动作任务。

（2）动作进阶层级分析。

层级一：为了不产生过重的学习负担，第 1、2 遍音乐中的动作要相对简单，易于幼儿操作。故第一遍，“走”“看”交替；第二遍，“挠”“定”交替。

〔注意：一开始，除自然行走以外，看、挠、定都仅仅只有上肢动作。〕

层级二：第 1、2 遍音乐中的挠痒动作，最终是交替的合作性动作；但在最初的流程中，都是个人独自做挠痒和定住的交替动作。

层级三：第 1、2 遍音乐中的挠痒动作，最终是自选位置和方式变化的即兴表演游戏动作；但在最初的流程中，都是个人独自做，动作仅在胸前做，仅仅运动上肢（手指运动表示“挠”，交叉双臂立起手掌表示“定”）。

层级四：第 3、4 遍音乐中的“坐沙发”动作，最终是交替的合作性动作；但在最初的流程中，都是个人独自使用左右手进行的交替合作。

层级五：第 3、4 遍音乐中的动作，最终是需要全身参与进行的动作；但在最初的流程中，都是个人仅使用上肢进行的动作。

4. 友情提示。

第一，坐在座位上学习基本动作时，便在第 3、4 遍音乐的“坐沙发”情境中设计了配合提示手部交替动作的儿歌提示语，以便于在站立、移动和两人合作时幼儿方便“自我提示”。

〔注意：提示语为“想一想，变沙发，变——；看一看，坐沙发，坐——。摇二三四

五六七八，摇二三四五六七耶！”〕

第二，教师指导幼儿做双人合作轮流“坐沙发”全身动作示范时，要引导幼儿关注双人合作时对朋友的“关爱”，让幼儿在感性和理性的层面都能理解合作中为他人考虑的重要性。

注意事项一：“沙发”姿态的高度要适宜对方下坐。

注意事项二：坐下者“下坐”的力度要尽量地轻。

第三，在创编沙发造型使用不同身体部位时，要充分考虑将有危险隐患的“头部”前置提醒，避免产生不必要的危险。

四、案例4：中班律动“小红母鸡做面包”

1. 任务目标。

（1）学科目标：初步学会跟随乐曲的乐句和节奏表演“和面粉，加酵母；揉面粉，加果粒；面团发酵涨大；捏造型，变变变；用火烘烤，最后面包出炉”等面包制作流程。

（2）学习目标：在教师鼓励下对撒入何种果粒提出各种建议；在图片的启发下创编单人、双人、多人的不同面包造型。

（3）人格目标：单人造型时会借助“动物类型”进行想象和创编；在双人、多人造型时会借助图片进行想象和创编，并努力与同伴快速协商和谐合作。

2. 任务进阶层级（即教学流程）。

（1）观察面包的制作流程图片。（最终呈现“牛角面包”的图片）

（2）观察教师随乐讲述制作“牛角面包”的流程和动作示范，初步感知、理解、记忆动作和动作的顺序。

（3）坐姿，跟随教师用上肢随乐运动，进一步感知、理解、记忆动作和动作的顺序。（学做“牛角面包”）

（4）观察“兔子面包”的图片，集体创编“兔子面包”的上肢造型。

（5）坐姿，跟随教师用上肢随乐运动，进一步感知、理解、记忆动作和动作的顺序。（学做“兔子面包”）

（6）通过“没烤熟”“被烤煳”等图片的激励，调整“火焰”动作的幅度。（继续反复练习做“兔子面包”)

(7) 通过“顾客来订单”的情节和“甜甜圈”图片的激励,使用站姿,加入双人面包造型挑战。

(8) 通过“来了许多不同订单”和“三角形三明治、毛毛虫面包、裂纹包、枕头包、手撕包、菠萝包”等多种不同面包图片,加入自由结伴的多人面包造型挑战。

3. 音乐、动作设计及进阶层级分析。

(1) 音乐动作结构分析。

A1:a 和面粉(4 拍),b 加酵母(4 拍)

A2:a 揉面粉(4 拍),b 加果粒(或调料)(4 拍)

B2:发面(面团逐渐变大,变大,变大……)

A3:a 捏造型(4 拍),b 变变变(4 拍)

B2:用火焰烤面包……烤好面包“耶”(同时做面包造型)

(2) 动作进阶层级分析。

层级一:图片提示,学做“牛角面包”,教师直接提供上肢造型示范。

层级二:图片提示,改做“兔子面包”,教师引导幼儿提供上肢造型建议。

层级三:图片提示,订单要求做“甜甜圈”,教师提示两两结伴,幼儿自由使用动作结成圆圈,教师反馈和进一步引导圆圈的大小,平卧、竖立、斜向,高、矮等不同圆圈造型思路。

层级四:图片提示更多不同品种的面包,教师鼓励幼儿自由结伴,自选表现的面包品种,自由协商合作造型。

4. 友情提示。

(1) 此原创活动大量使用了幻灯图片以启发和激励幼儿参与活动,如:漂亮又丰富的面包店橱窗,面包制作流程,各种果粒,各种面包,以及没有烤熟和烤煳的面包图片,订单图片等;动态的、一一逐渐出现的“五星好评”图片。

(2) 教师利用情境性语言激励幼儿参与学习,如:“想不想也来学做漂亮的面包?”“订单来了,我们要站起来给自己加油!”“看来火力不够? 好像火力又太大了!”“别泄气,我们再小心调整一下,一定会成功!”“这一次看看顾客的评价,一颗星? 两颗星……哇! 五星好评耶! 快给自己鼓鼓掌!”

学习掌握“教学任务分析”的技能，需要一个比较长时间的反复实践过程，读者也需要持之以恒循序渐进地练习。但首先还是需要“先模仿多个经典的教学设计案例”，以便能够理解其中的精华。

从上面这些来源不同的范例中我们不难看出：在相对更加“原生态”的文化传承中，即便是非常幼小的儿童，依靠耳濡目染的文化“浸泡”，也是可以在刚刚入门不久的阶段就开始“即兴”了。

而游戏高手们则会不断自我挑战即兴的原有水平！在当今交通便利、传播渠道发达的条件下，不同亚文化群体的相互交流越来越频繁。这种自我挑战和相互交流，在事实上推动了各种亚文化社群歌舞乐等不同种类的即兴表演创作水平和表现水平的飞速发展。

〔注意：本章主要提供的是游戏化创造教学的“中观理论”，读者最好能够在阅读后面范例的时候反复回看，以增进理性理解的层次。〕

第三章

传统经典案例的新调整及分析

本章提要：

将已经按照“游戏化教学”思路设计执教过的经典案例调整为“游戏化创意教学”案例的思路为：

1. 降低幼儿的语言和动作感知、记忆的难度。

2. 降低幼儿的语言和动作技能学习、掌握的难度。

3. 让幼儿获得更多可以使用的精力和体力。

4. 让幼儿获得更多应用自身原有经验的机会。

5. 让幼儿获得更多创造性表现和创造性合作的机会。

6. 让幼儿获得更多相互启发、相互学习的机会。

第一节　歌唱案例

案例 1:中班歌唱“我爱你”

我　爱　你

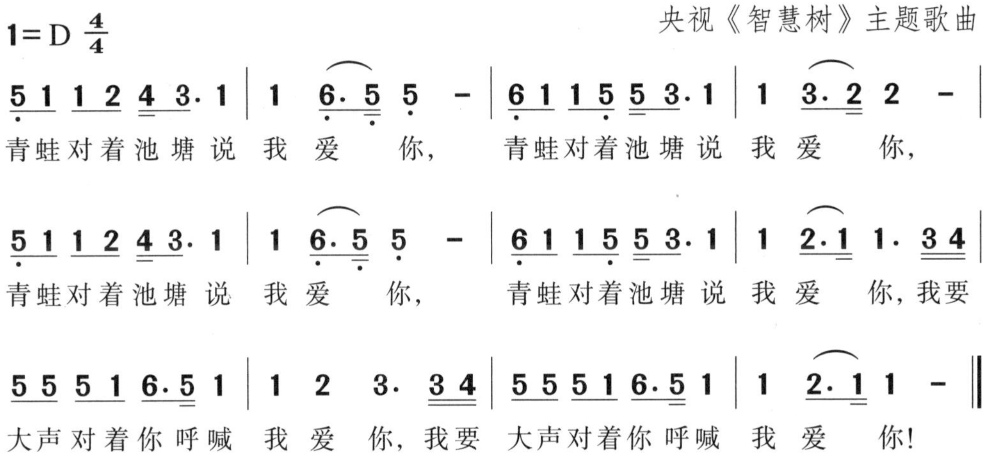

原歌曲结构:(前奏)A(4 句),B(副歌 ab4 句)。共两段固定歌词。

调整后结构:(前奏)A(4 句),B(副歌 b2 句)。一段即兴歌词。

活动简介

这原是一节中班歌唱活动。原歌曲来自中央教育电视台《智慧树》节目。台播版本是由主持人带领参与节目的幼儿,以完全模仿的方式进行学习和表演。2013 年被幼儿园老师改编成一段歌词,4 句不同,加副歌中第二部分。2020 年再次被改编成“从‘一 A 到底’开始”模式,并且通过提供整体情境图,从教师第 1 次范唱开始,幼儿便开始进入“现场建库”。

调整说明

1. 原歌词。

蜜蜂亲吻鲜花说我爱你,青蛙守着池塘说我爱你。

星星守着月亮说我爱你,葵花对着太阳说我爱你。

你的爱给了我温暖和快乐,你的爱给了我勇气和力量。

我要对你大声地呼喊我爱你,我要对你大声地呼喊

I love you!

我是蜜蜂你是滋养我的鲜花,我是青蛙你是收留我的池塘。

我是星星你是陪伴我的月亮,我是葵花你是照耀我的太阳。

你的爱给了我温暖和快乐,你的爱给了我勇气和力量。

我要对你大声地呼喊我爱你,我要对你大声地呼喊

I love you!

〔注意:第一段的动词不统一;第二段句式与第一段完全不同。〕

2. 第1次降低难度改编歌词。

蜜蜂对着鲜花说我爱你,青蛙对着池塘说我爱你。

星星对着月亮说我爱你,葵花对着太阳说我爱你。

我要对你大声地呼喊我爱你,我要对你大声地呼喊我爱你。

〔注意:原始歌词的中的所有"亲吻、守着、对着"等不同动词和连接词都被"对着"统一起来了。〕

3. 第2次降低难度改编设计。

教师仅提供整体情境图和提问引导,如:"你喜欢谁对着谁说'我爱你'?"幼儿便可以开始根据情境中事物的提示"自主建库"。

〔注意:只要幼儿给出一个答案如"青蛙对着月亮说'我爱你'!"后,教师即可开始根据幼儿的提议进行范唱。〕

4. 活动流程调整。

原设计		新调整
前奏	等待	等待
步骤 1	反复倾听教师范唱，然后将教师提供的图片按照歌词顺序排列正确	1. 教师提供上图，引导幼儿观察 2. 幼儿根据上图启发提出某种“A 对 B 说我爱你”的方案 3. 教师使用幼儿提供的方案范唱（4 句重复同一句歌词） 4. 以上流程重复 4~5 遍
步骤 2	根据图片内容及顺序跟随教师反复练唱	5. 幼儿开始根据新的提议跟唱（4 句相同歌词模式） 6. 以上流程重复 3~4 遍 7. 编唱两种 2 句相同的歌词（AABB 或 ABAB 模式）
步骤 3	离开图谱独立演唱	8. 根据实际情况挑战编唱 3 句或 4 句不同歌词的模式

5. 友情提示。

（1）若将此歌曲迁移到小班进行教学，可考虑将歌词改为唱小班幼儿更为熟悉的人和物，也应考虑暂时不要求幼儿学唱最后两句，而仅由教师唱给幼儿听，日后慢慢让幼儿自然学会。同时也需要考虑给幼儿提供形象资源的支持（如下图）。

（2）但若将此歌曲迁移到大班进行教学，也可以在创编教学完成后，将原歌曲重新教授给幼儿。教师还可以考虑使用“分组集体创编”的教学组织形式。

- 如 4 人一组，选择教师提供的主语，每人用图画的方式贡献 1 句歌词，组成完整歌词作品。
- 或者每组自选主语和对象，先各自用图画方式为班级贡献 1 句歌词，再由全班共同组成完整歌词作品。

（原创 南京市游府西街幼儿园 吴艳老师）

案例 2：大班歌唱“默唱游戏”

默唱游戏

1=C $\frac{2}{4}$　　　　动画片《托马斯小火车》主题曲

5 3 5 | 5 3 5 | 6 5 4 3 | 2 3 4 |
长 颈 鹿　啄 木 鸟，　老 虎 狮 子　大 熊 猫。

5 1 1 1 | 1 2 3 4 5 | 5 2 2 4 | 3 2 1 ‖
河 马 孔 雀　猫 头 鹰，　动 物 园 里　朋 友 多。

原歌曲结构：一段体 4 句歌词不同。前 3 句一共涉及 8 种动物。

调整后结构：逐步增加难度，歌词内容从仅包含垃圾名称，逐步变为包含垃圾名称和垃圾分类两种，垃圾种类也逐步增加。

活动简介

“默唱游戏”是 20 世纪非常流行的一种幼儿园歌唱游戏。玩法是幼儿自选或教师、幼儿领袖即兴指定某一处或某几处不唱出声音（仍旧在“心里”唱）。经典的默唱游戏歌曲有《头发肩膀膝盖脚》《张家爷爷的小花狗》等。需要特别注意的是：这些歌曲之所以可以成为经典默唱歌曲，是因为其歌词本身就是“一 A 到底”的。

调整说明

1. 歌词降难及逐步升级层级调整。

第一层级：

西瓜皮，西瓜皮。西瓜皮呀，西瓜皮。

西瓜皮呀，西瓜皮。西瓜皮呀，西瓜皮。

第二层级：

西瓜皮，西瓜皮。西瓜皮呀，西瓜皮。

它的家呀在哪里？它的家呀在哪里？

第三层级：

西瓜皮，香蕉皮。西瓜皮呀，香蕉皮。

它们的家在哪里？它们的家在哪里？

第四及以上层级：

西瓜皮，橘子皮。香蕉皮呀，香蕉皮。

它们的家在哪里？它们的家在哪里？

或者：

西瓜皮，橘子皮。香蕉皮呀，甘蔗皮。

它们的家在哪里？它们的家在哪里？

或者：

鱼骨头，塑料袋。旧报纸呀，废电池。

它们的家在哪里？它们的家在哪里？

2. 活动流程调整。

原设计		新调整
前奏	等待	等待
步骤 1	看幻灯图片内容及顺序跟随教师反复倾听	1. 教师范唱:4 句全部都是幼儿提出某种厨余垃圾，如西瓜皮。反复 4~5 遍 2. 幼儿开始跟唱（继续编唱其他各种垃圾） 3. 然后开始根据教师指示玩“一人一句”轮流唱游戏
步骤 2	看幻灯图片内容及顺序跟随教师反复练唱	4. 将最后两句改为“它的家呀在哪里” 5. 编唱两种垃圾，将最后两句改为“它们的家在哪里” 6. 继续垃圾分类游戏

续表

原设计		新调整
步骤 3	根据幻灯片规定内容提示默唱图片中消失的动物	7. 幼儿每人画一种垃圾 8. 抽取 4 张,先玩分类游戏 9. 分成 4 组,每组自选一种垃圾 10. 先玩轮流唱游戏,再改玩默唱游戏(教师指挥—幼儿指挥)

3. 友情提示。

(1) 轮流唱游戏,即 4 人每人唱 1 句。可以成为默唱游戏的“使能阶梯”。

(2) 默唱游戏,即在心里唱,但不发出声音。此次游戏中采用“1 个词”的默唱规则。

(3) 演唱结构如下。

轮唱+默唱:西瓜皮,橘子皮。香蕉皮呀,甘蔗皮。

大家一起唱:它们的家在哪里?它们的家在哪里?

(4) 分工组织如下。

- ABCD4 位幼儿,每人唱一种水果皮。
- 每一遍演唱前自己决定谁默唱。
- 也可以将幼儿的画作排列在黑板上,决定默唱哪种垃圾,就将该画作反过来。

(原创 南京小天鹅幼儿园 耿涛老师)

案例 3:大班歌唱“猜谜对歌”

猜谜对歌

广西壮族民歌
乔 羽 词
雷振邦 编曲

音乐结构：前奏，第一段 A（前 4 句领唱者唱 4 个不同问句，齐唱者唱衬词），B（第 5、6 句齐唱者重复领唱所唱 3、4 句歌词）；第二段 A（前 4 句领唱者唱 4 个不同答句，齐唱者唱衬词），B（第 5、6 句齐唱者重复领唱所唱 3、4 句歌词）。

活动简介

这是著名音乐电影《刘三姐》中的一首插曲，电影中至少有 3 种不同的歌词。2016 年福建幼儿园教师团队出于贴近幼儿生活经验的初衷，将其改编为关于动物的 4 种不同移动方式的问答内容：什么动物天上飞？什么动物地上走？什么动物土里钻？什么动物水里游？2019 年新创的活动根据“一 A 建库”的原则将之进一步改编成仅含 1 种动物移动方式的问答，如：什么动物天上飞？

调整说明

1. 原歌词。

第一段

唉！

什么水面打跟斗咪嘿了了啰？

什么水面起高楼咪嘿了了啰？

什么水面撑阳伞咪？什么水面共白头咪？

唉什么水面撑阳伞咪？什么水面共白头咪？

唉！

鸭子水面打跟斗咪嘿了了啰！

大船水面起高楼咪嘿了了啰！

荷叶水面撑阳伞咪！鸳鸯水面共白头咪！

唉荷叶水面撑阳伞唻！鸳鸯水面共白头唻！

第二段

唉！

什么结子高又高唻嘿了了啰？

什么结子半中腰唻嘿了了啰？

什么结子成双对唻？什么结子棒棒敲唻？

唉什么结子成双对唻？什么结子棒棒敲唻？

第三段

唉！

高粱结子高又高唻嘿了了啰！

玉米结子半中腰唻嘿了了啰！

豆角结子成双对唻！芝麻结了·棒棒敲唻！

唉豆角结子成双对唻！芝麻结子棒棒敲唻！

第三段

唉！

什么有嘴不说话唻嘿了了啰？

什么无嘴闹喳喳唻嘿了了啰？

什么有脚不走路唻？什么无脚走天涯唻？

唉什么有脚不走路唻？什么无脚走天涯唻？

唉！

茶壶有嘴不说话唻嘿了了啰！

铜锣无嘴闹喳喳唻嘿了了啰！

财主有脚不走路唻！铜钱无脚走天涯唻！

唉财主有脚不走路唻！铜钱无脚走天涯唻！

2. 一次降难后歌词。

唉！

什么动物天上飞唻嘿了了啰？

什么动物地上走唻嘿了了啰？

什么动物水里游咪？什么动物土里钻咪？

唉什么动物水里游咪？什么动物土里钻咪？

（答案直接从幼儿处产生）

3．两次降难后歌词：

唉！

什么动物天上飞咪嘿了了啰？

什么动物天上飞咪嘿了了啰？

什么动物天上飞咪？什么动物天上飞咪？

唉什么动物天上飞咪？什么动物天上飞咪？

（答案直接从幼儿处产生）

4．活动流程调整。

原设计		新调整
前奏	等待	等待
步骤 1	学习演唱提问部分的歌词	倾听教师 6 句都是问句开始的范唱。教师玩“点兵点将”游戏，被点到的幼儿提供答案，教师再次开始范唱时演唱答案
步骤 2	集体创编答案并学习演唱答案	连续重复上述活动，直到幼儿能够跟唱衬词和第 5、6 句
步骤 3	学习分工完整演唱问和答	初步练习领唱齐唱的演唱模式：先由教师领唱，全体齐唱；再由男生或女生领唱，全体齐唱

5．友情提示。

（1）全部使用即时创编的新歌词。第一次集体活动可以全部在能够飞行移动的动物中进行创编（飞禽、昆虫、哺乳动物、鱼类等）。

（2）主词的修饰模式。

- 重复主词，如：小鸟小鸟天上飞。
- 加形容词，如：美丽的天鹅、勇敢的海鸥、洁白的鸽子、勤劳的蜜蜂、讨厌的蚊子等。
- 加数量词中，如：一只雄鹰、一对燕子、一群白鸽、一行大雁等。

〔注意：教师在此还需要支持幼儿分享，帮助幼儿澄清和巩固关于能够飞行的动

物的相关知识。〕

（3）在邀请幼儿跟唱的流程中，应先邀请幼儿跟唱衬词和最后两句，以便后面顺利向学习领唱齐唱的演唱模式过渡。

〔注意：只要幼儿给出一个正确答案后就进行集体随乐练习，无论幼儿给出的答案正确与否，教师都需要引导全体幼儿进行反思评价：对正确的答案给予接纳和赞赏；对错误答案给予修正。〕

（4）以上任务挑战，幼儿学习留到日后慢慢完成；教师培训可一次也可多次完成。

- 进入“领唱齐唱”任务情境。
- 进入即兴“唱问唱答”任务情境。
- 进入即兴“领唱齐唱”+“唱问唱答”任务情境。

（5）教师需要特别注意观察幼儿原有知识的清晰正确程度，利用游戏帮助幼儿提升相关知识库的储备和整理水平。

（6）大班幼儿不能在一次集体活动中完成。第一次只能止于步骤3。其余任务在第一次活动之后陆续完成。

（7）可在晨会、娱乐或游戏时间鼓励幼儿“独立”（一个人即兴独唱，当然需要长时间积累）“唱问和唱答”，鼓励、协助幼儿自己邀请同伴帮助自己唱“应和”。

（8）可鼓励幼儿在家庭中与家长玩这种游戏。

（9）可在“家长开放日”活动组织亲子共同玩这种游戏。

（原创 林媛媛老师代表福建团队提供）

案例4:小班歌唱"小脚"(传统歌唱活动)

小蝌蚪找妈妈

(唐)陈念祖 作词
郝士达 曲
佚 名 改编

1=D $\frac{3}{4}$

5 6 5 4 | 3 5 2 1 | 1 3 5 3 6 3 | 5 – – |
尾巴扭扭 尾巴扭扭, 游游游游游游 游。
妈妈亲亲 妈妈亲亲, 亲亲亲亲亲亲 亲。

5 6 5 4 | 3 5 2 1 | 1 3 5 4 3 2 | 1 – – ‖
尾巴扭扭 尾巴扭扭, 游游游游游游 游。
妈妈亲亲 妈妈亲亲, 亲亲亲亲亲亲 亲。

原歌词:

小脚踏踏,叫醒小花,哩哩哩哩哩哩哩。

小脚跳跳,多像小鸟,叽叽叽叽叽叽叽。

小脚走走,树儿点头,沙沙沙沙沙沙沙。

小脚蹦蹦,跳过板凳,啦啦啦啦啦啦啦。

活动简介

这原是一节小班律动传统歌唱活动,原先并没有游戏化设计。教学策略主要是使用图片帮助幼儿理解和记忆歌词。流程基本上就是:教师范唱的同时出示图片,幼儿先反复倾听,再反复练习。

提供给小班幼儿可能的修改方案如:

1. 将"小脚"改成小动物。

小猫跳跳,叫醒小花,喵喵喵喵喵喵喵。

2. 将"小花"改成其他植物。

小脚跳跳,叫醒小草,哩哩哩哩哩哩哩。

3. 改编拟声词。

小脚跳跳,叫醒小花,嘻嘻嘻嘻嘻嘻嘻。

4. 整体改编。

〔注意:参见前面的歌谱。〕

调整说明

1. 采用了《小蝌蚪找妈妈》的故事情节。

2. 采用了动画幻灯的技术和通过局部猜整体的智力活动设计。

3. 采用了旁白和歌唱对话等音乐剧表现手段。

4. 第一段表现小蝌蚪努力寻找妈妈。可以变化扭动身体部位,如脑袋、肚子、屁股、小脚、小手等;或者变化重复的动词,如摇摇、摆摆、晃晃等。

〔注意:变化部位就不要同时变化动词。〕

5. 第二段表现小蝌蚪要求每个不同的妈妈给予不同的爱抚,如亲亲、抱抱、摸摸、揉揉等。

6. 友情提示。

在故事转折的时候,建议乌龟、白鹅、金鱼妈妈都可以说:亲亲可以,但是,我不是你们的妈妈呀,你们的妈妈她……最后小蝌蚪长出手脚,找到妈妈,大家可以唱:

妈妈亲亲,妈妈抱抱,亲亲亲亲抱抱抱。

妈妈摸摸,妈妈揉揉,摸摸摸摸揉揉揉。

〔注意:这里只是建议可能的结构,具体的词语需要从幼儿的提议中获得。〕

第二节　律动案例

案例1:中班律动“小红母鸡做面包”

冰　狗

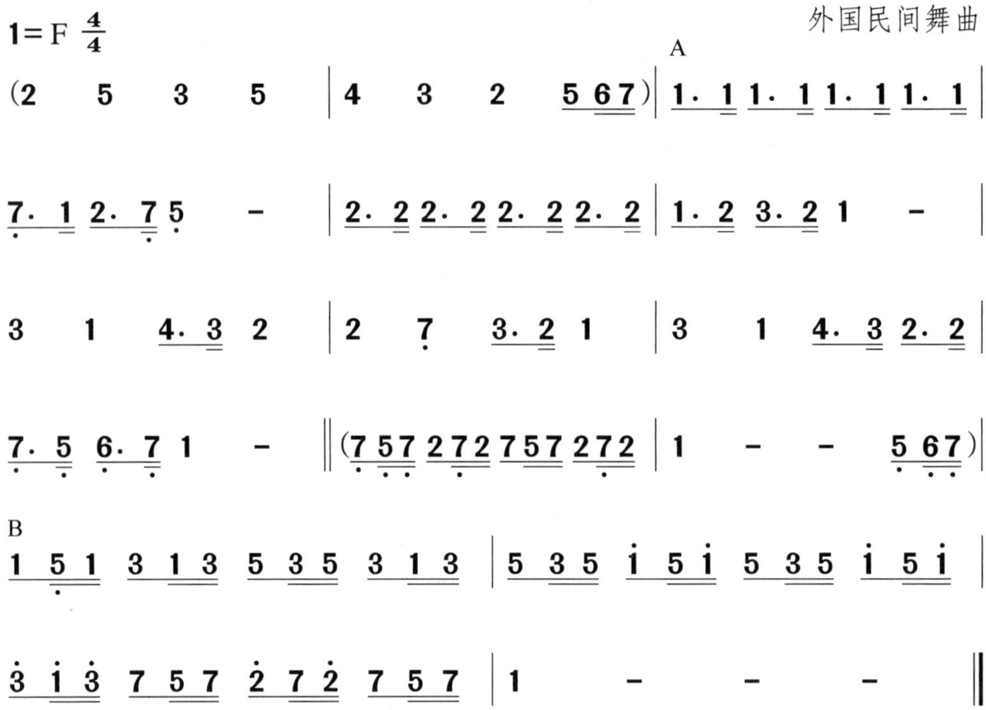

音乐结构:前奏 A;间奏 A,B,A,B。

活动简介

这是一节中班律动活动,以绘本故事《小红母鸡做面包》中做面包为表现的情境。活动中的创意表现重点在于合作造型,并为此设计了 2 人、3 人、4 人、8 人、全体合作造型的环节。

拓展动作创意空间的分析:

原设计		新调整
前奏	表现做准备工作	表现做准备工作(同左,无调整)
音乐 A1 音乐 A2	和面粉 a1,加酵母 b1;揉面粉 a2,加果粒 b2 全部教师直接教授	音乐 A1:4 句的动作都是重复 a1+b1 音乐 A2:4 句的动作也是重复 a1+b1 全部根据流程图由幼儿提供动作 加何种果粒,由幼儿用语言提供建议
音乐 B1	表现面团发酵,越变越大	表现面团发酵变大(无调整)
音乐 A3 音乐 B2	音乐 A3:给面包做造型 音乐 B2:烤面包,完成	音乐 A3:给面包做造型(同左,无调整) 音乐 B2: 1. 牛角面包(教师规定内容及造型动作) 2. 兔子面包(教师规定内容,幼儿提供造型动作) 3. 甜甜圈(教师规定内容,建议双人合作,幼儿自由做造型动作) 4. 更多不同种类的面包(教师提供图片,幼儿自由结伴,自由做造型动作)

调整说明

1. 原设计中每个 A 乐段仅包含两个稳定重复的简单动作。

(1) A1:和面粉 a1,加酵母 b1;

(2) A2:揉面粉 a2,加果粒 b2;

(3) A3:捏造型 a3,变变变 b3。

2. 原设计每个 B 乐段仅包含一个稳定重复的简单动作:B1 面团发酵膨胀;B2 用火烤面包。对于中班幼儿难度适中,无须再降低难度。

3. 新设计在 A2b1 中仅邀请幼儿口头建议加入何种他们熟悉并喜欢的果料。既为幼儿增加发表创意的机会,又没有给幼儿增加动作的负担。

〔注意:这种策略可以多在中小班活动中使用,以提升幼儿参与的积极性。〕

4. 新设计为了激发幼儿参与的积极性,教师还增加了幻灯片中漂亮的面包店橱窗和展示柜,以及各种色形俱佳的面包图片。

5. 教师增加激发幼儿努力练习的情节。

(1)“面包不成形”图片。

(2)“面包没烤熟”图片。

(3)“面包被烤煳”图片。

(4) 直到幼儿初步掌握动作和音乐的大结构以后,教师才提供烤制完美的面包图片。

(5) 后续,教师还提供了五星好评的图片。特别是五颗星星是一颗一颗出现的,激发了幼儿的自我成就感。

6. 教师增加了关于面包种类的拓展空间。

(1) 活动刚开始教师提供的图片和动作范例是第一种“牛角面包”。

(2) 随后教师提供的图片是第二种“兔子面包”,但动作是由幼儿提供。

(3) 再然后教师就带领幼儿进入“顾客来订单”情境模式,面包图片由教师提供,面包名称由幼儿提供,面包造型模仿动作也由幼儿提供。

〔注意:以上都是个人单独造型。同样,只要幼儿给出一个答案,就进行集体随乐练习。〕

7. 从“甜甜圈”订单开始的合作造型环节,先从 2 人合作造型开始。教师用语言描述幼儿的合作造型,并从空间水平、动作难度和创意三方面,将不同小组中合作造型的高级榜样分享给所有幼儿,以促进幼儿之间相互学习。

8. 教师还将从以下三个方面,来引导幼儿自己评价“合体造型是否成功”。

(1) 合体后坚持不动。

(2) 合体时所有人必须要与他人保持身体接触。

(3) 合作造型的想象力和表现力与众不同。

9. 最后一次的订单是多种不同面包同时出现。而且教师还鼓励幼儿参照图片,不限人数自由结伴、自由表现,以此帮助幼儿不断建构身体合作造型表现的评价标准体系,激励幼儿努力地追求更完善的自我表现。

(原创 南京石鼓路幼儿园团队 新创 南京小天鹅幼儿园 耿涛老师)

案例 2:中班律动“章鱼和小鱼”

音乐结构:前奏,A,A,B,B。

活动简介

这是一节中班律动活动。此活动非常受幼儿园师生欢迎,但遗憾的是,“留给幼儿创意表达空间”的问题，在当初没有能够得到充分重视。

拓展动作创意空间的分析：

原设计		新调整
前奏	等待	等待
步骤 1	坐姿，跟随教师用上肢随乐学习整个律动组合	1. 每次练习教师都要引导幼儿做出不同的泡泡造型(动物、动画片任务等)。若干次练习后鼓励幼儿自由即兴造型 2. 每次教师都要引导幼儿做出各种不同海洋动物的游泳姿态
步骤 2	坐姿，两两结伴玩“顶锅盖”游戏	坐姿，两两结伴玩“顶锅盖”游戏 (同左，没有调整)
步骤 3	站姿，完整随乐结伴游戏	站姿，完整随乐结伴游戏 (同左，没有调整)

调整说明

1. 教师可以提供各种异形泡泡的图片，拓展幼儿对泡泡形象的想象。

2. 教师可以提供海洋动物运动的视频，拓展幼儿对海洋动物运动方式的直观经验。

3. 原版活动三处重大调整。

(1) 两遍 B 段音乐结束时都有追捉，为避免幼儿过度兴奋导致违反游戏规则，改为：仅在整个游戏全部结束时追捉 1 次。

(2) 第一遍，A 段仅为“吹—收”，因为很难做出明显不同又具有想象力的“吹”的动作，所以改为：在原先“收”的位置上做出自己喜欢的异形泡泡的造型。

(3) 第二遍，A 段是游泳的动作，如果不引导幼儿表现海洋动物，幼儿由于缺乏游泳的经验，也做不出有创意的动作。

4. 因为这是一个中班年龄段的活动，每一段都仅仅只有一个动作的放和收，即已经“一 A”，所以没有必要再降低难度，只要引导幼儿“现场建库”即可。

5. 尽管泡泡和海洋动物都是幼儿熟悉且喜欢的主题，但模糊的经验提取困难时，教师还是可以通过语言、静止的图片和动态的视频进行补充。

(1) 静止的泡泡的样子。

- 几何形状：圆形、方形、三角形……

- 形状的体量：大、中、小、很小很小……
- 幼儿熟悉的事物：爱心、星星、棒棒糖……

（2）海洋动物及其运动方式。

- 海洋动物图片……
- 海洋动物视频……
- 海洋动物动画片片段……

（原创 南京市游府西街幼儿园 郑珊珊老师）

案例3：大班律动“太空漫步”

〔注意：此处乐谱与第五章大班律动《外星人访问地球》音乐相同。〕

音乐结构：前奏，A，B，C。

活动简介

这是一节大班律动活动，以机器人前往太空漫步为情境。活动中的创意表现重点在于合作的“食物拼盘”造型，并为此设计了2人、3人、4人、8人及全体合作造型的环节。

新设计改编为：以地球机器人前往太空不同星球展示、分享美食制作工艺为情境，以便幼儿使用他们的生活经验。

动作降难及拓展创意空间的分析：

原设计		新调整
前奏	转身，降落	充电
音乐A	头、手、身体、脚依次连续断顿，每句更换1个身体部位	4句都是手臂连续断顿
音乐B	上、下、左、右连续更换4个看的方向	1个方向连续断顿“拉面”动作，连续重复4次（初步熟悉后可以通过图片启发逐步引导幼儿建议替换其他烹饪动作）
音乐C	行走—合体—造型	1人食物造型 2人食物造型（两种食物的拼盘） 4人食物拼盘造型 2组食物拼盘造型

调整说明

1. 前奏音乐用静止的充电动作代替原版的转身、降落两个动作，降低了转换难度，让幼儿更从容地准备好。

2. 用1个方向连续断顿的“拉面”模仿动作连续重复4次，来替换原版的向4个方向的看的动作，降低幼儿记忆和转换动作的难度，同时也给幼儿提供了创编新的模仿动作来替换“拉面”动作的机会。

〔注意：“连续断顿”是机器舞的独特动作属性。〕

3. 原版是4个乐句要连续更换身体的4个不同部位。调整后4个乐句都只是更换身体的1个部位。直到幼儿初步掌握动作和音乐的大结构以后，教师再引导幼儿对更换身体其他部位提出建议。

〔注意：只要幼儿给出一个答案后就进行集体随乐练习，在幼儿积累了更多不同身体部位运动的素材后，再引导幼儿尝试身体多个部位同时随乐运动，以提升动作的表现水平。〕

4. 友情提示。

（1）在合作造型环节，从两人合作造型开始，教师需要用拼盘食物图片启发幼儿合作造型。

（2）造型环节，教师每次都需要从空间水平、动作难度和创意儿方面，将不同同伴小组中合作造型的高级榜样分享给所有幼儿，以促进幼儿之间相互学习。

（3）教师还需要从以下三个方面，来引导幼儿自己评价“合体造型是否成功”。

- 合体后坚持不动。
- 合体时所有人必须要与他人保持身体接触。
- 合作造型的想象力和表现力。

〔注意：教师提供这样具体的评价标准，并反复强调，要求幼儿使用此标准进行自我评价，是为了帮助幼儿不断建构身体合作造型表现的评价标准体系，激励幼儿努力地追求更完善的自我表现。〕

（原创 南京市第一幼儿园 周宁娜老师）

案例4:大班律动“卷炮仗”

卷 炮 仗

汪爱丽 词曲

音乐结构:前奏,A,B,C,D。

〔注意:作品为一段体歌曲,但为方便理解,仍旧划分为四部分。〕

活动简介

这是一节传统的大班律动活动,以制作和燃放炮仗为情境。原活动的重点在于使用规定舞步走“涡旋线”。

新的活动创意重点在于:① 分组探索如何将平面图形中的“涡旋线”用队形表现出来;② 选择各小组自己认定的下肢舞步配合音乐走“涡旋线”;③ 集体讨论解决大家一起齐声发出“爆炸”声的问题。

动作降难及拓展创意空间的分析:

原设计		新调整
前奏	等待	等待
音乐 A	a 走步 b 小跑步,a 走步 b 小跑步	幼儿选择两种不同适宜舞步 abab 交替
音乐 B	踏跳步	幼儿选择第三种舞步
音乐 C	垫步	DC 乐音合并,幼儿选择第四种舞步
音乐 D	小跑步	

调整说明

1. 原设计将幼儿分成两组,通过小组活动锻炼幼儿的合作以及探索能力。小组之间的竞争性也是激励幼儿努力的一种因素。

2. 提供纸卷、蚊香、盘绳、平面图等,邀请幼儿手拉手连成一条线,再盘成同样的涡旋线状态。

3. 启发幼儿探索如何走成一个盘得很紧密的涡旋线状态。

4. 提供动作结构图 A(ab)BC,两组幼儿分别选择自己的动作结构。

5. 主班、配班教师各支持一个小组,先用坐姿练习,再用站姿原地进行练习。教师演唱歌曲为幼儿伴奏。

6. 全班一起练习演唱歌曲。

7. 两位教师分别支持一个小组尝试边唱边走边卷涡旋线。

8. 两组幼儿分别展示,另外一组观赏并伴唱。

9. 相互学习,在教师带领下,全体一起轮流使用两种方案卷炮仗。

10. 加入最后燃放炮仗的情节:教师或一幼儿点最中间的领头人,领头人跳起说“嘭”,大家一起跳起说“啪”。教师引导大家讨论尝试怎样才能说得整齐、响亮、有气氛。

〔注意:活动看似简单,但需要在大班下学期进行。另外,幼儿若没有任何空间知识、探究经验以及多种舞步积累,是无法完成这些合作、探索和创意表达任务的。可见平时积累的重要性。〕

(传统律动游戏 转引自汪爱丽老师编写的教材)

第三节　奏乐案例

案例1:小班奏乐"老鼠三明治"

〔注意:此处乐谱略。〕

音乐结构:前奏,A,B,C。

活动简介

这原是一节大班的奏乐律动活动,以"铃鼓"为假想的面团和面包,最后安排了双圆队形中两两结伴上肢追捉游戏。原活动的重点在于铃鼓的情境表演、演奏、双圆圈空间中的结伴上肢追捉游戏。

动作降难及拓展创意空间分析:

原设计		新调整
前奏	等待	等待
等待		
步骤1、2	1. 全体坐姿,空手跟随教师随乐练习:猫压面团做面包—诱惑老鼠前来偷吃—捕捉老鼠—没捉到生气 2. 全体坐姿,空手跟随教师练习:老鼠观察猫做面包—前往偷吃—快速逃走,表示幸运	(同左2,全体一直都仅仅学习老鼠的律动组合)
步骤3、4	坐姿,教师示范结伴游戏——一名教师一名幼儿示范—全体两两结伴空手游戏	教师扮演猫,使用两片假面包与幼儿互动
步骤5、6、7	1. 坐姿,尝试扮演猫,迁移空手动作演奏铃鼓 2. 站姿,分工,站双圆两两结伴游戏(扮演猫者使用铃鼓) 3. 交换角色和乐器	幼儿佩戴腕串铃,自然重现前面练习过的情境表演动作,教师继续扮演猫,用假面包与幼儿互动 (活动全程幼儿保持半圆队形和坐姿)

调整说明

1. 实际执教情况。

(1) 即便大班幼儿也很难有效完成。

（2）扮演猫的幼儿使用拍奏铃鼓的方式，上下夹击扮演老鼠的幼儿的手，由于铃鼓框很硬，幼儿想要取胜更难以控制动作的速度和力度，因此“非常危险”！

2. 新设计难度大大降低，最终降为小班的奏乐活动。

（1）需要用手来持握和刻意演奏的铃鼓改为：不需要持握和刻意演奏的腕串铃。

（2）最终的双圆站姿队形改为：一直使用半圆坐姿。

（3）“两两结伴，一对一”的上肢追捉改为：“师幼一对多”的上肢追捉，教师刻意更好地引领和控制幼儿的情绪及行为。

（4）全体使用硬框铃鼓改为：教师使用两片类似海绵材料制作的假“面包”，上下夹击幼儿的手。

〔注意：如此，教师能够很好地控制动作的速度和力度，也能够表现出逗弄的情绪，因此既刺激又安全。〕

3. 由于反应难度降低和安全系数提高，教师有可能在以下4个维度引导幼儿进行创意表达。

（1）“猫来捉你的时候，你刻意往哪个方向跑呢？”

（2）“你的小手可以躲到哪里去呢？”

（3）“你没有被猫捉住，你可以做什么动作表示胜利呢？”

（4）“你可做什么鬼脸来逗逗猫呢？”

〔注意：需要特别提醒，每次练习过程中，不宜同时提出两个以上的创意表达建议。〕

案例 2:大班奏乐胡巴奇遇记

胡巴奇遇记

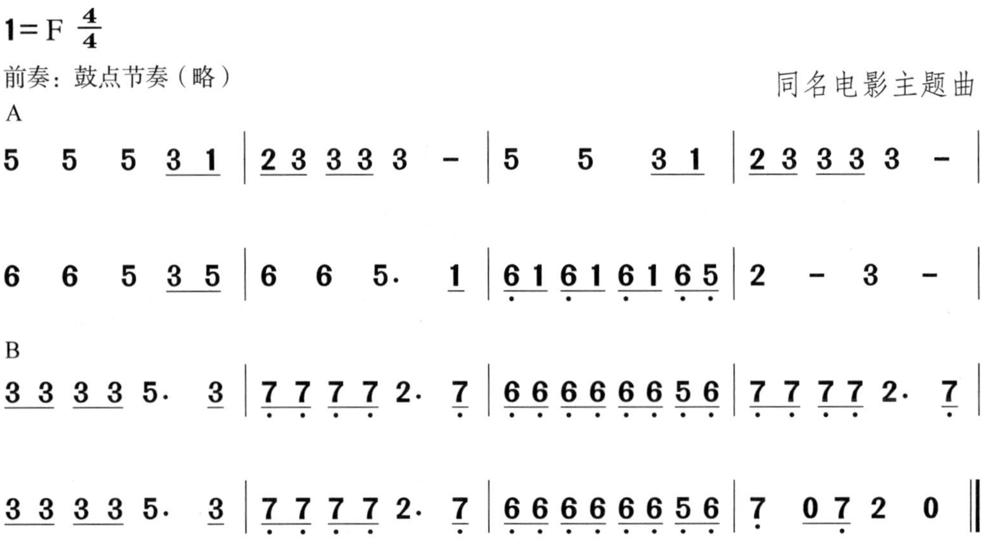

音乐结构:前奏,A,B,A。

活动简介

这原是一节大班律动活动,以“胡巴遇到一个自称也是胡巴的妖怪,并与他比武辨别真假,最终将之打跑”为情境。活动虽然很好玩,深受教师和幼儿欢迎,但由于内容复杂,变化多,不易短时间掌握,因此需要至少两次集体活动才能够完成。

原儿歌及动作:

前奏:

我要和你比力气,(先指自己,再指对方,最后握拳于肩侧向下拉 2 次)

哈——哈——!(左右手先后出拳)

我的力气比你大,(马步体侧握拳)

变成猛兽吓唬你。(马步双手亮爪)

〔注意:前奏一共 6 种不同动作,一共运动 8 次。〕

A:

哈,(蛇——先造型,再连续做蛇扭动的动作)

哈,(猩猩——先造型,再连续做猩猩捶胸的动作)

哈,(老虎——先造型,再连续做老虎咆哮的动作)

施魔法！跟我跳舞吧！（先做魔法动作，后做跳舞动作）

〔注意：A 段一共 8 种动作，一共运动 8 次。〕

B：

怎么动作和我一样呀？（双臂鹅颈状伸缩，左右侧各 2 次）

哎呀呀，哎呀呀！（同时扭动身体和手臂 8 次）

怎么动作和我一样啊？（双臂鹅颈状伸缩，左右侧各 2 次）

石头剪刀布，谁赢啦？（绕臂，出拳，摊掌）

〔注意：B 段一共 5 种动作，一共运动 23 次。〕

C：

请你跟我这样做，（赢家即兴动作，同样动作重复 4 次）

我就跟你这样做。（输家模仿赢家的动作，同样动作重复 4 次）

尾声：

我们大家一起做，（输家和赢家一起重复刚才的动作，同样动作重复 4 次）

熊熊熊熊熊拥抱一下吧！（双方拥抱）

〔注意：C 段一共 3 种动作，一共运动 13 次。〕

〔注意：全过程一共 22 种动作。〕

降低难度，增加创意表达空间：

前奏：

我要和你比力气，（一直仅仅用食指点指对方）

哈——哈——！（双掌齐出）

我的力气比你大，（握拳于肩侧向下拉 4 次）

变成猛兽吓唬你。（握拳于肩侧向下拉 4 次）

〔注意：前奏 6 种动作减少至 3 种，避免了左右分辨困难。〕

A：

哈，（幼儿提供造型 a，再连续重复 3 次；然后每一遍练习的时候再鼓励幼儿继续提供 b、c、d、e……未来终极目标是每位幼儿都能够自由即兴造型，并能够与同伴互动）

〔注意：删除教师提供的蛇、猩猩、老虎造型，改由幼儿提供的“一 A 建库”的建议。未来先逐步增加到全体自选 3 种动物；最后过渡到全部即兴造型。将“施魔法！

跟我跳舞吧!”改为“别打了！一起跳舞吧!”〕

别打了！一起跳舞吧!（先做禁止动作,再做邀请动作）

〔注意:A 段 8 种动作减少至 4 种动作。为了提倡不要使用武力解决问题,将情境改为:胡巴遇到孪生兄弟。〕

B:

怎么动作和我一样呀,(使用幼儿建议的“扭动动作”）

怎么动作和我一样呀!（重复上面的动作）

(删除“哎呀呀,哎呀呀!”还顺便解决了三句不平衡的问题）

〔注意:2 种动作减为 1 种。〕

C:

石头剪刀布,谁赢啦?（绕臂,出拳,摊掌）

打平了！打平了!（后期改为:“我赢啦！我赢啦!”）

我们一起拍拍手!

我们一起拍拍手!（后期改为:“赢家说‘请你跟我这样做’！输家说‘我就跟你这样做’!）

〔注意:猜拳移到了 C 段,后面动作数量没有变化。〕

尾声:

原来咱俩是兄弟!（手指对方）

就熊熊熊熊熊抱一个吧！mua!（双方拥抱,发出亲吻声）

〔注意: 整个设计一共减少了 8 种动作。〕

新的设计遵照降低学习难度、拓展创意空间的基本原则,尽可能地减少变化,增加重复;将节省下来的时间和精力给了“一 A 建库”的活动。

动作降难及拓展创意空间分析:

原设计		新调整
前奏	等待 4 拍,6 种动作	等待 4 拍,3 种动作
音乐 A	教师提供 3 种动物造型和动作 施魔法和邀请跳舞	幼儿提供 1 种动物造型和动作,重复 3 次 阻止打斗和邀请跳舞
音乐 B	教师提供跳舞 aba 结构动作 猜拳	幼儿提供一种跳舞动作 aa 将猜拳移到音乐 C 部分

续表

原设计		新调整
音乐 C	领袖模仿游戏一创一仿一齐;拥抱(结构有破句问题,既然对方是妖怪,拥抱便有逻辑问题)	猜拳 领袖模仿一创一仿 认兄弟 拥抱

调整说明

1. 新设计不仅为律动动作降低了难度,而且将争斗的情境改为找到了自己孪生兄弟的情境。跳出了常见的争斗框架,也符合"胡巴奇遇记"的主题。

2. 新设计将原先领袖模仿游戏中的一处创意表达机会拓展为三处,增加的两处如下。

(1) 变成什么动物。

(2) 跳什么样的"扭扭舞"。

〔注意:增加的时候要循序渐进,此原则是一成不变的!〕

3. 新设计将律动改为奏乐。其实,许多律动活动都是可以成为奏乐活动的基础活动的。改为奏乐的步骤建议如下。

(1) 使用腕串铃。

〔注意:这样处理既能够增加情趣,又不会增加任何动作负担。〕

(2) 教师先在 A 段音乐处加入大鼓的演奏,然后将大鼓交给幼儿;再在 A 段音乐处加入吊钹的演奏,然后将吊钹交给幼儿。

(3) 同样的丰富音色的方法也可以用在 B 段音乐。教师可以与幼儿一起讨论,因为需要什么样的情趣,所以使用什么样的音色,使用何种乐器怎样演奏能够得到想要的效果……

〔注意:增加乐器的时候也要循序渐进,此原则是一成不变的!〕

从以上全部案例的分析调整中,读者不难看出:教师在减轻学习负担、增加学习乐趣方面的各种慎重考虑是多么的重要!

(原创 广州警备区幼儿园 程鹏瑚老师)

第四章

歌唱活动案例与分析

本章提要：

一、含排比句式作品的处理

创造性歌唱活动中，幼儿比较容易接受的是“局部替换”的模式。最为典型的材料是“4个乐句一段体”的歌曲作品，且4句歌词的结构为“排比句”，如《拍手点头》。在1986年出版的教材中，汪爱丽老师就提出：① 让幼儿创编拍手后接着做其他动作或事情；② 按照“类别”引导创编；③ 按照“逻辑关系”引导创编。

一些国外引进翻译的儿歌通常是前三句为排比句结构，最后一句为一种小结性的内容，如《听》：“我听见风儿在呼呼吹”重复3遍后，第4句是“今天是多么美好”。这可以看作典型模式的一种变异。

一些国内的传统歌曲通常是“起承转合”的结构，通常第1、2、4句相同或相互呼应，而第3句则是转折。这种情况下，除了可能在第1、2、4句进行歌词替换，如果转折句内是重复结构的，也可能在第3句进行替换。如《加油干》：第1、2、4句重复了“加油干那么嚯嗨”，第3句“老师和小朋友们柒里里里嚓啦啦啦梭落落落呔”不予改变。

而《茉迪娜娜》第1、2、4句重复了“欢迎你来茉迪娜娜呼唉”，此处不予改变，而第3句“献上哈达，献上哈达”可以替换成2种不同的迎客内容，甚至可以再重复一次，替换成4种不同的迎客内容。

再如《小怪物来了》是一首体量比较大的歌曲，至少可以分成三个大的段落。但因为第二段小怪物模样的描述是排比句式结构，所以便也可以唱成3种甚至4种不同的身体部位样态的表述内容。

一些歌曲是带副歌结构的作品，如《小鸟小鸟》《我们都是好朋友》，因为主部是典型的4句排比句结构，因此可以按照典型模式作品来处理，而副歌作为总结性的部分，通常不宜变动。

总之，凡是包含排比句式结构的部分都可以按照以上方式处理。

二、其他类型作品的处理

1. 对于“问答歌曲”，只要将问题改成开放性的问题，便可以按照上面的原则进行处理，如《猜谜对歌》《对花歌》等。

2. 对可以仅换“主词”的歌曲，可能会：只替换名词；不足时，可能会同时换补充修饰的词语;再不足时,也可能会替换相关局部两处以上。如《我爱我的小动物》仅替换动物名称和叫声(小猫—小狗,喵—汪),如果动物是没有声音的(小兔、小鱼),便可替换成动词(跳、游)等。

3. 重新填词:一并放弃原歌词的框架和句式结构,只是相当于“仿编歌词”而已。如《粉刷匠》—《美发师》,《蚂蚁搬豆》—《猴子捞月》,《蜗牛和黄鹂鸟》—《龟兔赛跑》等。具体操作策略是“能改变的则改变,不易改变的则不改变”。

4. 重新填词:可能更类似于“续编歌词”。如《布谷鸟》《远方的爸爸》等。

第3点和第4点需要在年龄较大、基础较好的班级中执行,且教师需要有更好的音乐、语言、创编和教学修养。

5. 熟悉歌曲的词曲整体相互调换。这是从民歌非遗传人处习得的策略。如:《闪烁的小星》可以尝试用《我爱我的幼儿园》《粉刷匠》《玛丽有只小羊羔》《柳树姑娘》《郊游》的曲调来演唱。当然也可以是别的幼儿熟悉的歌曲曲调。再如五言古诗《静夜思》的曲调可以用来演唱《悯农》《春晓》等幼儿熟悉的五言古诗。

6. 增加节奏朗诵声部,如《壳儿去旅行》。

7. 增加表演补充材料和表演方式,如《我的家》。

以上多数需要详细描述的案例都在后面有所呈现,不再赘述。

第一节　小班歌唱

案例1:拍手点头

活动结构

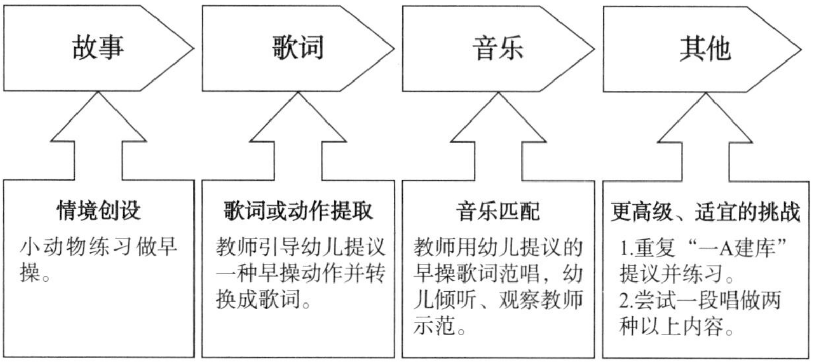

歌曲

拍手点头

$1=C\ \frac{4}{4}$　　佚　名　词曲

原歌词：

拍拍小手点点头，拍拍小手叉叉腰。拍拍小手拍拍腿，拍拍小手跳跳跳。

〔注意:与原歌词的结构A1A2A3A4相比较,目前我们提供给幼儿的原始模型是A1A1A1A1。教师可以提供A1,也可以引导幼儿提供A1,但A2A3A4都必须是引导幼儿提议的。〕

活动目标

1. 初步学会演唱新歌。

2. 学习为歌曲编填新歌词。学习迁移分类的经验，并进一步体验事物之间的逻辑关系。

3. 在教师的鼓励下积极为集体的歌词和动作表演贡献新内容，在教师的引导下体验相互学习、相互支持的快乐。

活动准备

1. 经验准备。

(1) 幼儿已经具备一些常用早操动作经验和其他身体运动的经验。

(2) 幼儿已经具备比较丰富的生活、游戏经验。

(3) 幼儿已经具备两个或以上的上述动作经验。

2. 物质准备：小兔手偶。

3. 空间准备：全体幼儿围坐成大的半圆形。

活动过程

1. 故事。

教师出示小兔手偶，导入早操锻炼情境。

2. 歌词+动作。

教师鼓励幼儿回忆早操做过的某一种动作，并将其转换成歌词。

3. 音乐。(初步倾听范唱，了解新歌歌词的内容和句式结构)

(1) 教师范唱，并邀请幼儿仔细倾听和观察。[**教师第1遍范唱。**]

(2) 教师反复邀请幼儿提议新的早操动作，转换成歌词，并反复倾听范唱。[**教师第2~4遍范唱。**]

(3) 教师继续邀请幼儿提议新的动作和歌词，并邀请幼儿跟随范唱模仿自己所做的表演动作。[**教师第5遍范唱。**]

4. 其他。(教师使用幼儿提供的歌词范唱及带唱)

〔创意空间：幼儿根据大屏幕中提供的多种图片拓展“建库”思路，尝试参考其他幼儿熟悉的身体运动动作与新歌词的创编。〕

(1) 师：小白兔说做早操总是点点头，没有意思。它想请小朋友为它创编一些新的动作。我们现在来想一想，拍拍小手，除了可以点点头，还可以做什么动作呢？

〔注意：在此开始引导新的创编。〕

（2）教师将个别幼儿提供的歌词和动作代入歌曲继续范唱，并带领全体幼儿跟唱和表演新创编的内容。（该环节大约可以重复 3 次）[**教师第 6~9 遍范唱。**]

〔注意：在此过程中，教师不要鼓励幼儿大声跟唱，因为有可能影响幼儿感知和再现时的准确性。〕

（3）逐步尝试增加歌词的难度，进一步熟悉歌曲的演唱。

- 师：大家真了不起，已经帮助小白兔创编了那么多新的动作了。小白兔还想请问小朋友，可不可以唱一遍歌曲做两个动作呢？要是这样的话，歌曲应该怎么唱呢？

- 教师组织引导幼儿用 AABB 的结构编唱新歌词。

这个环节根据幼儿学习的具体情况可以重复若干次。

〔注意：先选唱幼儿在前面已经创编出的歌词。但如果出现 A 是拍拍小手点点头，B 是拍拍小手搭积木，教师就需要引导幼儿进行分类，如：搭积木是做游戏，我们最好和拍皮球唱在一起；现在我们可以选叉叉腰，这个和点点头一样，是一种动作。〕

[幼儿练唱，一般需要唱 3~4 遍。]

〔注意：重点鼓励和帮助把歌词唱对，唱清楚。〕

- 教师进一步鼓励幼儿挑战 AABC 或 ABCD。

〔注意：这些任务通常对小班幼儿来说可能太多、太难，可在课后其他游戏时间继续进行。〕

- 小结创编成就，引导幼儿注意大家一直在相互学习；代表小白兔对幼儿的贡献表示感谢；请幼儿相互拥抱并说“谢谢”。

（4）在教师的支持下，挑战创编上下句有逻辑关系的歌词。

如：拍拍小手搭积木，拍拍小手收积木，拍拍小手洗苹果，拍拍小手吃苹果。

〔注意：这些任务通常对小班幼儿来说一定太多、太难，但可在课后其他游戏时间继续进行，也可以建议家长在家中和幼儿一起创编。〕

温馨提示

1. 这个活动有两位原创者，一位是汪爱丽老师（南京师范大学教授）。她在 1986 年提出这个小班幼儿创编新歌词的活动设计。另外，在创编过程中顺带进行“分类教育”和“逻辑关系教育”的理念，也是由汪老师提出的。

另外一位是黄爱玲老师(南京市北京东路小学附属幼儿园教师),她在 1992 年提出与上述同一首歌曲的小班幼儿创编新歌词活动设计,第一次将歌曲曲谱改成:

(1) 从头到尾 4 句歌词完全相同("一 A 到底"),使歌曲本身变成幼儿学习创编的一个特定"支架"。

(2) 先学唱 AAAA;再学唱 AABB;然后再是 3 句不同;最后才是 4 句不同。如此由易到难,循序渐进。

2. 尽管创编活动会使幼儿感受到创造性工作的成就感,但对于低龄幼儿来讲,过程中教师还是需要向幼儿提供 4 个方面的教学支持。

(1) 情境创设激励。

(2) 教师随时随地的热情激励。

(3) 相关图片的启发拓展激励。

(4) 循序渐进的难度挑战激励。

3. 前文中已经反复提醒,相关任务流程绝对不能够在一次活动中完成,需要根据幼儿学习的实际情况慢慢推进!

(1986 年 原创 南京师范大学 汪爱丽老师;1992 年 原创 南京市北京东路小学附属幼儿园 黄爱玲老师)

案例 2:可爱的太阳

活动结构

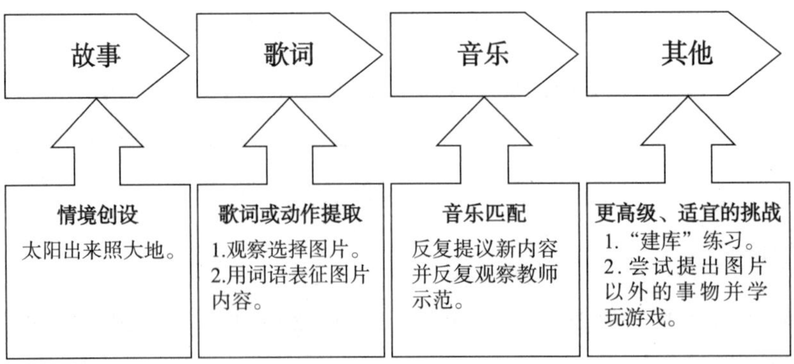

歌曲

可爱的太阳

1=C $\frac{4}{4}$ 四川民歌

6 5 3 6 6 | 6 6 5 3 6 6 | 3 6 5 3 2 2 | 3 2 5 3 2 2 2 ‖

可 爱 的 太 阳 高 高 挂 在 天 上，放 出 许 多 光 芒，照得大地多漂亮。

原歌词：

可爱的太阳，高高挂在天上，放出万丈光芒，照得大地亮堂堂。

活动目标

1. 初步学会演唱新歌，初步学习即兴演唱新歌词。

2. 学习根据图片的提示自主选择编唱的内容。

3. 体验相互分享相互支持的快乐、参与快速反应游戏的快乐及不断创新的快乐。

活动准备

1. 经验准备：幼儿认识一般的动物、植物。

2. 物质准备。

（1）幻灯片或图片：整体图片 1，缺少太阳的大地，动物、植物都缺少精气神；整体图片 2，太阳出来了，动物、植物都恢复了精气神；图片 3，更多幼儿熟悉的动植物，许多事物聚集在同一张图片上。

（2）一个装饰有太阳形象的头箍（头饰或帽子，最好可以师幼共用，也可以准备两个，分别供成人和幼儿使用）。

（3）5~6 张动物、植物过塑图片，分别固定在幼儿的椅背上；活动图谱板。

3. 空间准备：全体幼儿围坐成大的半圆形。

活动过程

1. 故事+音乐。（了解、体验、进入活动情境，感知、理解创编的“支架”作品）

（1）教师提供关于太阳的两种情境，渲染氛围，为“可爱”太阳的出场做好情绪准备。

（2）教师范唱原歌曲。［**教师第 1 遍范唱。**］

（3）使用幼儿提供的歌词。〔创意空间：幼儿根据大屏幕中提供的多种图片“建

库”，尝试创编其他被太阳照耀的事物的歌词以及表演动作。〕

教师鼓励幼儿提出建议：可爱的太阳出来啦，大地上有那么多动物、植物，它们是不是很高兴呢？它们有没有变得很漂亮呢？你们都看见了谁？它变漂亮了吗？

教师快速接纳最先提出建议的幼儿选择的事物，如大树，将之编唱到歌曲中。**[教师第2遍范唱。]**

2. 歌词+动作。

（1）教师鼓励幼儿：大家看看，我唱了大树以后，大树是不是变得更漂亮了呢！谁能够用一个动作来表示大树变得更漂亮了呢？

〔注意：自此开始引导动作创编。〕

（2）教师鼓励幼儿：这棵大树的动作是不是很漂亮呢？我们大家一起跟它学一学吧！

〔注意：在此引导相互学习。〕

3. 其他1。〔创意空间：整首歌曲的表演动作创编和模仿练习。〕

（1）教师引导组织幼儿为整首新编歌曲创编表演动作。（一共4个动作：太阳、天上、放光、大树；2拍一次摇动）

（2）教师示范这套新编动作。**[教师第3遍范唱。]**

（3）教师带领全体幼儿练习这套新编动作，重复2~3次。**[教师第4~6遍范唱。]**

（4）不断尝试更多的新编方案。

〔创意空间：幼儿“建库”创编更多屏幕没有的事物。〕

教师鼓励幼儿不断创编图片中没有的新事物，同时鼓励幼儿边唱边表演。

4. 其他2。（教师导入新游戏）

（1）教师创设情境：太阳照进了我们的教室，美丽的动物、植物也来迎接太阳的光芒。教师将事先准备好的幼儿用椅搬出来，在幼儿面前摆成一横排，然后戴上太阳头箍。

（2）教师帮助幼儿了解游戏规则：我现在站在大树后面，大树就变得更漂亮啦！现在我又站在小花后面，现在是小花变得更漂亮啦！

（3）现在我们一起来唱歌，我站在谁的后面，大家就唱谁漂亮，可以做到吗？教师带领全体幼儿专门练习“快速反应最后一句歌词”。

〔注意：以上(2)(3)环节仅仅只是单独练习最后一句。〕

(4) 教师站在拥有大树图片的椅子后面，带领幼儿完整地演唱“照得大树多漂亮”！提醒、鼓励幼儿在最后一个大树造型后面坚持时间稍微长一点，以展示自己有“多么漂亮”。[**幼儿第5遍跟唱。**]

(5) 教师延迟站位：唱到最后一句时才开始走位，然后在事物的名词(如小花)出现前，稍微提前一点儿站定，以便幼儿及时唱出“小花多漂亮”。[**幼儿第6遍跟唱。**]

(6) 教师：我看见××的小花开得很漂亮哦！现在奖励你来当一回太阳吧！教师将头箍给该幼儿戴上，然后问：“你想把谁照得更漂亮呢？自己走到它的后面去吧！”[**幼儿第7遍跟唱，教师自此开始根据幼儿的实际演唱情况尝试退出带唱。**]

(7) 教师继续带领幼儿玩这种“领头人”游戏，可根据幼儿实际情况重复若干次。随时观察支持需要支持的幼儿，并注意随时鼓励全体幼儿边唱边做动作表演，具体赞扬有创新动作表现的幼儿。[**幼儿第N遍练唱。**]

温馨提示

1. 提供给幼儿的动植物图片，事物名称最好都是两个字。偶尔三个字，但幼儿熟悉并喜爱的事物也可以。

2. 将“万丈”和“亮堂堂”改成“许多”和“多漂亮”，是为了更方便小班幼儿理解、表现。

3. 第一次集体教学活动之后，教师可以将该活动转移到音乐区角。

(1) 提供更多事物的小图片和图谱板(上有透明插袋)，供幼儿自行替换新歌词；提供各种太阳小图片和月亮小图片(引导幼儿设法将描述太阳的“许多光芒”替换成适合描述月亮的“一点光芒”)，引导幼儿学习替换可在晚上出现的事物。

(2) 邀请大班哥哥姐姐前来协同游戏：一方面向弟弟妹妹学习演唱歌曲，另一方面帮弟弟妹妹画出他们想要唱，但教师又没有提供相应图片的事物。

4. 教师还可以吸引家长参与活动。家长可在家与幼儿共同创编、歌唱、游戏，也可在家长开放日，参与集体创编、歌唱、游戏。

游戏材料：

（2017 年 原创 南京市晨光幼儿园 许玲红老师）

案例 3：想吃苹果的鼠小弟

活动结构

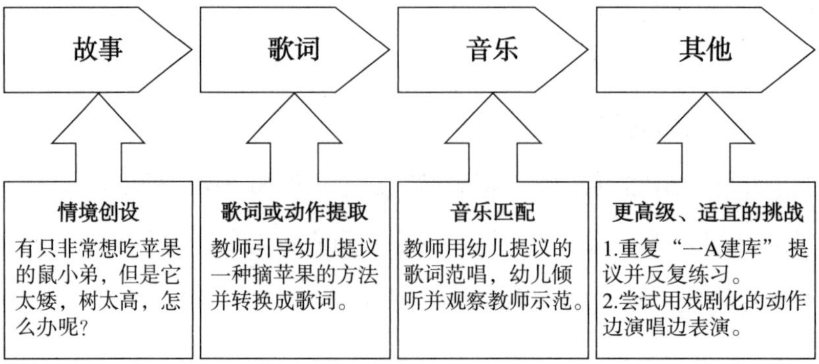

歌曲

想吃苹果的鼠小弟

外国儿歌
禹心悦 词

原歌词：

小小老鼠跑来跑去，跑来跑去，跑来跑去，小小老鼠，跑来跑去，找吃的东西。

小小老鼠现在吃米，现在吃米，现在吃米，小小老鼠，现在吃米，现在吃完了。

小小老鼠现在睡觉，现在睡觉，现在睡觉，小小老鼠，现在睡觉，现在睡着了。

一只大猫，跑上来了，跑上来了，一只大猫，跑上来了，来捉老鼠了。

原歌词的结构：

“小小老鼠”-a；

“现在××”-b；

“现在×××”-c。

原始模型：abbbabc。

〔注意：教师可以提供b，在图片帮助下引导幼儿提供b，也可以引导幼儿迁移生活经验提供b，甚至可以尝试引导幼儿提供c。〕

活动目标

1. 初步熟悉歌曲的旋律、结构，学唱歌曲《想吃苹果的鼠小弟》；在教师引导下尝试唱出不同歌词的相应情绪。

2. 在绘本、课件的帮助下，尝试替换不同摘苹果的办法创编歌曲并演唱。

3. 愿意和小朋友合作，用和谐的声音共同演唱歌曲，感受参与歌曲演唱和创编所带来的快乐。

活动准备

1. 经验准备:幼儿已经阅读过绘本故事《想吃苹果的鼠小弟》。

2. 物质准备:《想吃苹果的鼠小弟》相关幻灯片或图片。

3. 空间准备:全体幼儿围坐成大的半圆形。

活动过程

1. 故事。

师:小朋友们都很喜欢一个好听的故事叫《想吃苹果的鼠小弟》。

2. 歌词。

教师引导幼儿回忆故事里小老鼠想吃什么?为了吃到苹果,小老鼠想了哪些办法?幼儿自由表达后,教师整理为“小小老鼠想吃苹果,想吃苹果,想吃苹果,小小老鼠想吃苹果,它在想办法”的歌词表达。

3. 音乐。(初步倾听范唱,了解歌词的内容和句式结构)

(1) 幼儿初步感知歌曲旋律和歌词内容。[**教师第1遍范唱。AAAAA**]

师:我把鼠小弟的故事变成了一首歌,听一听。(无图倾听歌曲)

(2) 配图范唱,帮助幼儿进一步理清歌词内容。[**教师第2遍范唱。AAAAA**]

(3) 出示小老鼠想办法的图片,替换最后一句歌词。[**教师第3遍范唱。AAAAF**]

师:想吃苹果就要……?(想办法)

师:对,就要想办法,我把“想办法”也唱进歌曲里好不好?听听老师把“想办法”唱在了歌曲的哪里?(最后一句)

(4) 幼儿学唱歌曲。(2遍)

师:我们跟着钢琴一起来当小老鼠,一起唱一唱。(教师动作提示歌词内容)

师:小老鼠你们都想到好办法了吗?还有没想好的,我们再唱一遍,一边唱一边想哦。(看图提示歌词内容)

(5) 教师邀请幼儿尝试自己演唱创编的歌词。

4. 其他。(教师引导幼儿使用自己创编的新歌词演唱)

〔创意空间:幼儿根据大屏幕中提供的图片拓展“建库”思路,尝试参照幼儿熟悉的绘本故事内容进行歌词的创编〕

（1）师幼共同创编替换歌词。［**幼儿演唱创编的歌词。BBBBF1**］

师：小老鼠想到了什么办法呀？（出示幻灯片）原来小老鼠学犀牛的样子在“用劲撞树”呢。

师：小老鼠用劲撞树吃到苹果了吗？（没吃到苹果）也把它唱进歌词里，放在哪里唱？（最后一句）

（2）幼儿任意点击幻灯片，根据图片内容创编歌词。［**幼儿演唱创编的歌词。CCCCF1；DDDDF1；EEEEF1**］

师：故事里的鼠小弟还想了哪些方法去摘苹果？每一个苹果图标都代表了一个小老鼠想到的办法，谁来点一下？我们编一编歌词唱一唱。（拉长鼻子、伸长脖子、用劲跳高）

〔注意：在此开始引导新的创编。〕

［**幼儿根据点击的幻灯片内容，创编新的歌词内容并演唱。第2~4遍演唱。**］

〔注意：在此过程中，教师引导幼儿反思：他用新歌词演唱得对不对？你们是怎么知道这样演唱的？用语言描述清楚替换歌词的方法，进一步感知歌曲结构。〕

（3）拓展创编故事结尾的歌词。［**幼儿演唱创编的歌词。GGGGF2**］

师：小小老鼠最后吃到苹果了吗？小老鼠遇到了谁，吃到了苹果？可以用歌词唱一唱吗？

（4）小结创编成就：引导幼儿注意，今天的歌曲歌词都是小朋友根据绘本故事里的内容自己创编的。

师：这个自己编歌词唱一唱的方法以后都可以用吧？你们觉得自己棒不棒?!

幼：（表示自我肯定）棒！

〔注意：这些都是在情感方面支持幼儿的学习。〕

温馨提示

1. 特别说明：这节活动采用了情境化教学，选材来源于日本作者中江嘉男和上野纪子夫妇的绘本故事《想吃苹果的鼠小弟》。在沿用了故事主要情节的基础上，活动选取了一些适合幼儿创编表达、画面戏剧感效果更突出的情节作为幻灯图片素材。

（1）歌曲A对应歌词“小小老鼠想吃苹果”（“一A到底”），歌曲B对应歌词

“小小老鼠用劲撞树”，C 对应歌词“小小老鼠拉长鼻子”，D 对应歌词“小小老鼠伸长脖子”，E 对应歌词“小小老鼠遇见海狮”，F 对应歌词“满脸红通通”，F1 对应歌词“吃到苹果啦”，使歌曲本身变成了幼儿学习创编的一个特定“支架”。

（2）根据幼儿年龄及创编经验的不同，歌曲可以组合歌词成为“ABCDF；BC-DEF1；……”多种变化形式，如此根据班级幼儿实际能力调整，由易到难，循序渐进。

2. 尽管创编活动会使幼儿感受到创造性工作的成就感，但过程中教师还是需要向幼儿提供 3 个方面的教学支持。

（1）情境创设激励。

（2）相关图片的启发拓展激励。

（3）循序渐进的难度挑战激励。

3. 相关任务流程可以根据幼儿的实际发展水平来调整，不一定在一次活动中完成。

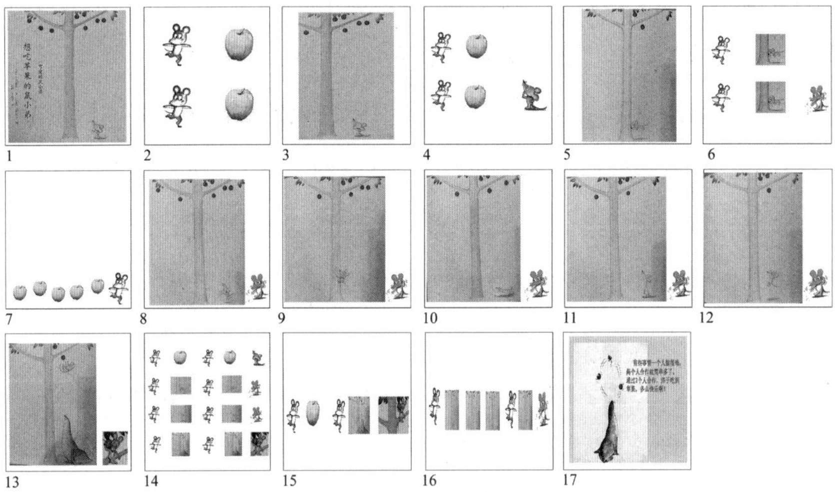

（2021 年 原创 南京市游府西街幼儿园 禹心悦老师）

案例 4：小河马爱吃糖

活动结构

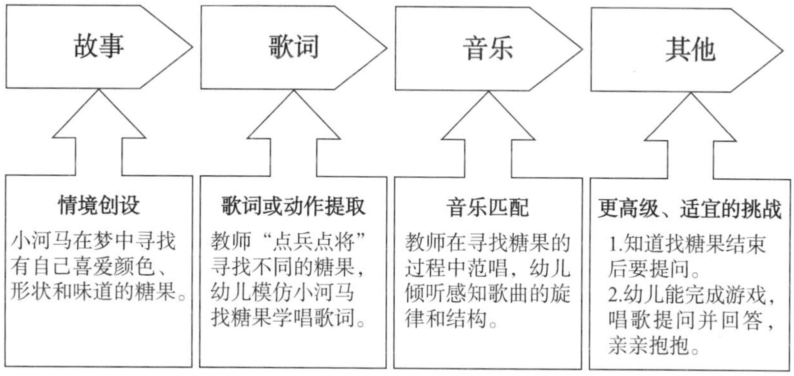

歌曲

小河马爱吃糖

列申斯卡　曲
邢　娟　等　词

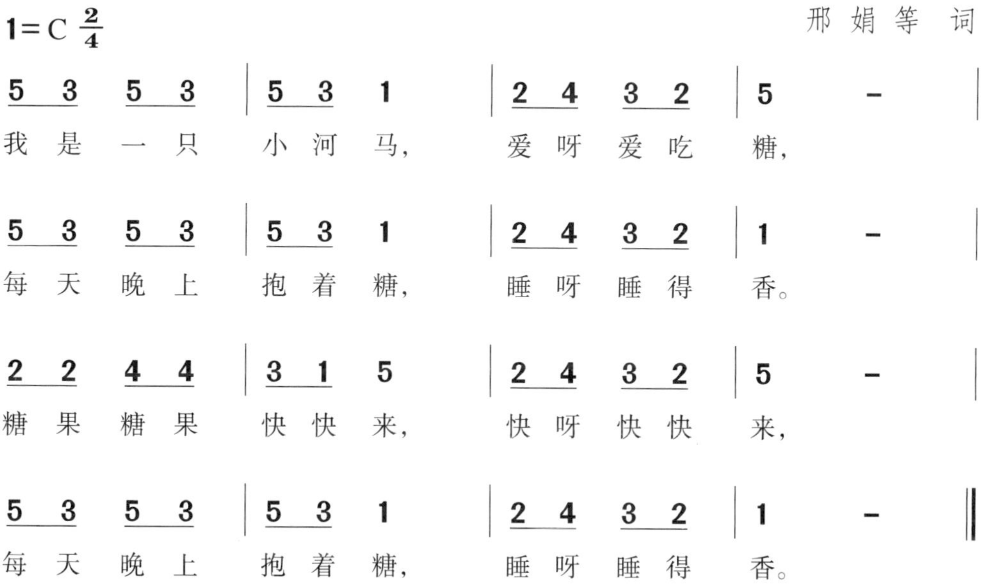

原词：佳其洛夫斯卡

我是一个粉刷匠，粉刷本领强，我要把那新房子，刷得很漂亮。

刷了房顶又刷墙，刷子飞舞忙，哎呀我的小鼻子，变呀变了样。

第一次改编歌词：

我是一只小河马,最喜欢吃糖,每天晚上吃着糖,进入了梦乡。

糖果糖果快快来,快呀快快来,每天晚上吃着糖,进入了梦乡。

第二次改编歌词:

我是一只小河马,爱呀爱吃糖,每天晚上吃着糖,睡呀睡得香。

糖果糖果快快来,快呀快快来,每天晚上吃着糖,睡呀睡得香。

〔注意1:教师第一次改编时注意将第2、4句写成完全重复。第二次改编时又将每句的后半句改成完全一样的词语结构。其目的是让小班幼儿更容易地学会歌唱,再另外分出精力学习即兴问答。〕

〔注意2:改编歌曲的起源来自班本戏剧主题活动《爱吃糖果的小河马》,活动的核心主题是关爱牙齿,养成爱牙护牙习惯。〕

活动目标

1. 理解歌曲内容,明确歌曲角色,学唱歌曲。

2. 通过"点兵点将"小河马找糖果的游戏,梳理反思歌词内容,学唱歌曲。

3. 能用好听的声音整齐地唱歌并体验歌唱的乐趣。学习即兴对糖果的颜色、形状、味道进行问答对话。享受对话以及身体接触所带来的交往快乐。

活动准备

1. 经验准备。

(1) 幼儿已经提前学会《粉刷匠》的歌曲并熟悉《粉刷匠》歌曲的旋律。

(2) 幼儿已经有吃糖果的经验,对糖果的外形、颜色和形状有一定的了解。

(3) 幼儿已经具备相关生活和游戏经验。

2. 物质准备:各种糖果的幻灯片,小河马的头饰。

3. 空间准备:全体幼儿围坐成大的圆形。

活动过程

1. 故事。

教师出示小河马的头饰导入吃糖果的情境。

师:你们都吃过哪些颜色的糖果,哪些味道的糖果,哪些形状的糖果啊? 哦,看一看它是谁啊? 它在干什么啊! (吃糖果)小河马爱吃糖,每天晚上吃着糖,吃着吃着就睡着了,睡得香不香呀? (香)(教师开始唱歌)

2. 歌词+动作。

教师范唱，边唱歌曲边做“点兵点将”的动作。

3. 音乐。（初步倾听范唱，了解歌词的内容和游戏内容）

（1）教师范唱，做摸头动作，游戏结束后提问最后被摸到头的幼儿喜欢吃什么颜色、形状、味道的糖果。[**教师第1遍范唱。**]

师：你是什么颜色的糖果啊？你是什么形状的糖果啊？你是什么味道的糖果啊？刚刚的糖果美味极了，我要再来找一找糖果。

（2）教师反复寻找不同的糖果，幼儿说出不同形状、不同颜色、不同味道的糖果，并反复倾听范唱。[**教师第2~5遍范唱。**]

（3）教师邀请幼儿跟随范唱模仿小河马所做的表演动作。[**幼儿第1遍学唱。**]

师：糖果太好吃了，你们想不想也来当小河马找一找糖果啊？

〔创意空间：幼儿学唱时被摸到头后，能说出糖果的不同颜色、形状和味道。〕

（4）师：这一次小河马看一看哪个糖果能吸引到小河马来哦！你们记住了当小河马的秘诀了吗？秘诀是什么？首先，唱一句摸一个糖果，最后找到糖果以后，还要问一个问题，是吗？下面的小糖果准备好了吗？什么样子的小糖果才更容易被小河马找到啊？唱得好听的小糖果才能吸引到小河马过来哦！大家都准备好了吗？

〔注意：在此引导幼儿能唱一句摸一下小河马的头，鼓励幼儿结尾提问。〕

（5）教师邀请个别幼儿提出要求继续学唱，并带领全体幼儿跟唱和表演小河马找糖果的内容。（该环节大约可以重复3次）[**幼儿学唱第2~5遍。**]

〔注意：在此过程中，教师不要鼓励幼儿大声跟唱，教师适当退位。〕

4. 其他。（幼儿挑战完整游戏，并亲亲抱抱）

师：刚才那只小河马找得真棒，这一次我要对小河马提出新的要求了，除了要像刚才那只小河马一样唱一句找一次糖果以外，找到了糖果还要问一个问题哦！问完还要和糖果抱一抱哦！

（1）教师邀请个别幼儿扮演小河马，其余幼儿是糖果，试玩游戏，并唱歌曲。（该环节根据幼儿学习的具体情况可以重复若干次）

[**幼儿练唱，一般需要唱3~4遍。**]

〔注意：重点鼓励和帮助幼儿把歌词唱对，唱清楚。〕

（2）教师进一步鼓励幼儿挑战：尝试完整将歌曲唱出并能进行完整游戏。

〔注意：根据前一位幼儿试玩的情况对小河马提出新的要求了，如果小河马不能很好地玩“点兵点将”的游戏，教师可以再次请一位幼儿玩；如果玩得不错，可以提出新要求，比如：除了要像刚才那只小河马一样唱一句找一次糖果以外，找到了糖果还要问一个问题请一位幼儿玩。这些任务通常对小班幼儿来说可能太多、太难，可在课后其他游戏时间继续进行。〕

（3）小结创编成就；引导幼儿注意大家一直在相互学习；快递员送来快递；奖励给幼儿糖果，并告诉幼儿一起和同伴分享糖果，吃过糖果后要讲卫生及时刷牙漱口。

师：配班教师扮演快递，（教师惊讶打开）发现盒子里面全部是真的糖果，所有幼儿都变成小河马，用好听的声音唱歌，才能吃到糖果呢。

〔注意：这些都是在情感方面支持幼儿的学习。〕

温馨提示

1. 特别说明。

（1）本活动的原创歌曲是《粉刷匠》，孩子们要学会原曲，再学唱改编过的歌曲。

（2）这节活动本身就是一个有游戏情境的歌唱活动。教师以小河马吃糖果的游戏情境主题，通过训练听力、记忆力、歌唱力和运动力来学习歌曲，最后进行集体演唱表演。

2. 尽管创编活动会使幼儿感受到创造性工作的成就感，但对于低龄幼儿来讲，过程中教师还是需要向幼儿提供4个方面的教学支持。

（1）情境创设激励。

（2）教师随时随地的热情激励。

（3）相关语言动作启发拓展激励。

（4）循序渐进的难度挑战激励。

3. 前文中已经反复提醒，相关任务流程绝对不能够在一次活动中完成，需要根据幼儿学习的实际情况慢慢推进！

4. 在这个活动中，教师应该十分注意调动幼儿的各种跨学科经验：除了单纯的运动身体的经验，还有重要的护牙卫生经验，“点兵点将”游戏经验，以及同伴间表示友好的亲密动作接触经验等。引导的时候，既可以由幼儿先提出，教师再归类提升，也可以由教师先提出。

5. 这个活动是《小河马爱吃糖》的系列活动第一课时，可以和第二课时《小河马吃糖果》进行衔接，进行舞台微剧的表演学习。

6. 本活动也可以成为原创儿童歌舞剧《小河马的牙》中的一幕。

（2016 年 原创 南京市建邺区奥体幼儿园 邢娟老师）

第二节　中班歌唱

案例1:逗蚂蚁

活动结构

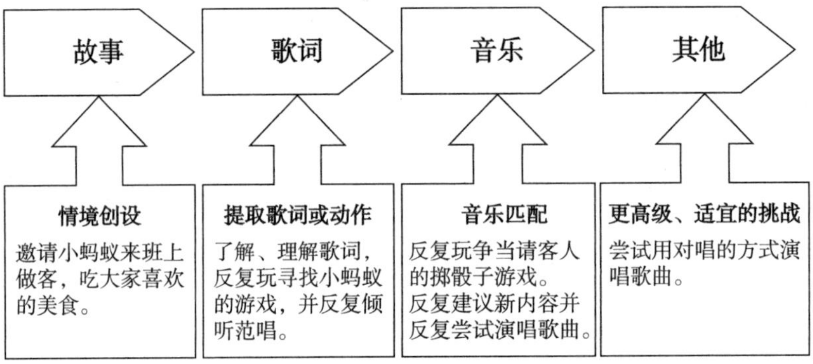

歌曲

逗　蚂　蚁

传统儿歌
陈建雄　作曲
秦蕴函　改词

原歌词：

小蚂蚁，快快来。来干啥？来吃饭。

什么饭？白米饭。什么菜？炒青菜。

什么筷？毛竹筷。吃不完。怎么办？

嗨哟嗨哟往家搬！

活动目标

1. 感知歌曲的旋律，初步学唱歌曲，尝试分角色和同伴合作对唱。

2. 通过迁移已有的生活经验，轮流向集体提供规定内容范围的三个字的饭名或菜名。

3. 在“找蚂蚁”“请小蚂蚁吃饭”的情境中体验逗蚂蚁的乐趣。

活动准备

1. 经验准备：幼儿可以用三个字将图片中的饭菜说出来。

2. 物质准备。

（1）教具准备：图谱、食谱图片每人1张。

（2）课件准备：幻灯片（找蚂蚁场景）。

（3）骰子（6面，蓝色、绿色各3面）。

3. 空间准备：男孩、女孩人数相同，围坐成半圆形。

图解1：捉迷藏场景——花园里。

图解 2:捉迷藏场景——大树后。

活动过程

1. 故事。(谈话导入,引导幼儿迁移招待客人的生活经验)

师:今天我们要邀请小蚂蚁来我们班做客,可以怎么招待它们呢?

幼:拿我的玩具给它玩。

幼:把班里打扫干净。

幼:给它吃好吃的。

师:小蚂蚁一定很高兴!

〔注意:教师围绕话题"小蚂蚁来做客"展开谈话,在问题中引导幼儿进入"招待小蚂蚁"的情境。在围绕话题讨论的过程中引导幼儿迁移日常生活中关于"招待客人"的已有经验,并通过同伴间的分享丰富相关经验。〕

2. 歌词+音乐 1。〔创意空间:幼儿初步感知"库"的模板。〕

(1) 游戏导入及范唱 1。

师:现在我来代表大家去邀请小蚂蚁,小蚂蚁!小蚂蚁!(出示幻灯片图 1)小蚂蚁躲到哪里去了呢?

幼儿纷纷发言。

师:(掷骰子,假如是绿色)绿色代表女孩子,请个女孩子吧!

(幼儿 1,女)找出小蚂蚁,教师示范演唱,引导幼儿理解歌曲主题"请小蚂蚁吃饭",初步感知歌曲旋律)

师:我想请小蚂蚁吃饭,还想给小蚂蚁唱首歌,请你们仔细听一听我问了小蚂蚁什么问题。[**教师第 1 遍范唱。**]

〔注意:教师第 1 遍示范演唱,配班教师只弹左手前奏即可。在示范演唱的过程中教师注意放慢速度,吐字清晰。〕

师:我问了小蚂蚁什么问题呀?

幼:什么饭?

师:对,请客要先知道客人喜欢吃什么!我们一起来学习怎样问问题好吗?"什么 饭呀?什 么饭?什 么 饭-?"

[**教师带领全体幼儿练习问题念白 3~4 遍。**]

〔注意:重点实际上是教师要帮助幼儿解决 X X X X X X X |,全曲都存在一个歌词分割的"非习惯性节奏"问题。〕

(2)继续出示情境图 2、3,将上述流程重复 2 次。[**教师第 2、3 遍范唱。**]

3. 歌词+音乐 2。

〔创意空间:幼儿提供歌词,进一步感知和学习迁移"库"的模板。〕

(1)了解填词游戏的规则。

师:小蚂蚁找到了,而且我们也已经为小蚂蚁准备好它们喜欢的美食,现在我们需要邀请小厨师来回答小蚂蚁的问题。如果小蚂蚁问:今天你们要请我吃什么饭?小蚂蚁应该怎么问?

幼:"什么 饭呀?什 么饭?什 么 饭-?"

师:那今天请客的小厨师应该怎么回答呢?哪位小厨师愿意来试一试?(掷骰子,假如是蓝色)蓝色代表男孩子,请个男孩子吧!

〔注意:此问题重点在于引导幼儿感知歌曲中分角色一问一答的内容,为后期分角色演唱做好准备。如小蚂蚁问"什么 饭呀 什 么饭 什 么 饭-?"请客的小厨师就要回答如"蛋炒 饭呀 蛋 炒饭 蛋 炒饭-"。〕

〔友情提示:由于后期幼儿会用分角色的形式进行演唱,因此可以在歌词后衬不同颜色的卡纸作为隐性支撑帮助幼儿区分。〕

师:你想请小蚂蚁吃什么饭呢?

幼:蛋炒饭。

师:现在我是小蚂蚁,我来问你"什么 饭呀 什 么饭 什 么 饭-"?你该怎么回答？

师：请男孩子一起来回答一下！“蛋炒 饭呀 蛋 炒饭 蛋 炒饭。”

［教师带领男孩子练习回答句 2～3 遍。］

〔注意：这里重点需要先解决有节奏地朗诵的问题。〕

师：现在我们把问题和回答放到歌曲里面完整地唱一唱。注意我在唱歌之前念了什么咒语？仔细听（配班教师弹一句前奏）“今天 今天谁 请客？就 选 我！”你们会说吗？

幼：会。

师：那我们一起试一试。（配班教师弹一句前奏）

幼：今天 今天 谁 请客？就 选 我！

〔注意：自此，每次演唱都要集体先念此咒语。〕

师：看来你们都学会这句咒语了，那现在我们请男孩子来邀请小蚂蚁吃蛋炒饭吧！**［教师第 4 遍范唱。］**

（2）重复进行填词游戏。

将以上流程重复 4～5 次，每次都由教师提问，由骰子决定男孩组或女孩组集体回答。**［教师第 5～7 遍范唱。］**

〔注意 1：教师 5 遍范唱之后，可以根据情况使用眼神或体态邀请幼儿自由跟进。〕

〔注意 2：此阶段都问答各种不同的“饭”。〕

4. 其他：尝试对唱。〔创意空间：幼儿尝试一个人提供歌词一个人独立演唱。〕

（1）逐渐导入对唱游戏。

师：听说今天每位小厨师都准备了美食，被选出来请客的厨师要快快地把自己准备好的“食谱”拿出来给我们看看哟！现在先来决定男女孩的分工。（教师掷骰子，确定厨师组的性别，另外一组便是蚂蚁。蚂蚁需要预先练习两句之后进行对话，至少练习 3 遍）听前奏。（在歌声中教师用“点兵点将”游戏在厨师组中选出 1 位请客的厨师）

师幼一起：（配班教师弹一句前奏）今天今天谁请客？就选我！

师：请客的厨师是谁？

幼:是我。

师:快来贴上你的食谱,说说你想请小蚂蚁吃什么。要用三个字说哦!

幼:南瓜饭。

师:是不是三个字?

幼:是的。

师:这个南瓜饭看起来又香又有营养,我们赶紧把它唱到歌里,用歌声请小蚂蚁来做客吧![**幼儿第1遍跟唱。**]

〔注意:此环节需引导幼儿迁移已有经验,将自己准备的食谱中的“饭”或者“菜”用三个字说出来,并请其他幼儿进行检查“是不是用三个字说出来的”,强化“库”中词汇的规则与要求。同时,在此遍演唱时,教师还需要关注幼儿是否用新歌词进行演唱。〕

(2) 教师退出提问角色。

师:不过现在女孩子是小蚂蚁,应该女孩子来问问题。(重复演唱一次“南瓜饭”版歌词)

[**幼儿第2遍跟唱。**]

(3) 游戏渐入佳境:分角色演唱歌曲。

师:还有谁想请小蚂蚁吃饭?小蚂蚁说它不能光吃饭,想要尝尝厨师做的好吃的菜了!(继续游戏2~3次)[**幼儿第3~5遍跟唱。**]

师:现在,厨师能不能挑战又烧饭又烧菜呢?小蚂蚁要想又吃饭又吃菜,应该怎样问厨师呢?(继续游戏2~3次)[**幼儿第6~8遍跟唱。**]

〔注意:在此过程中,教师可以根据实际情况决定是否退出和何时退出。〕

师:我知道,小蚂蚁还有许多关于美食的愿望,小厨师也想进行更多美食的挑战,回到班上,我们还可以到区角里继续玩这个游戏。回到家里还可以和爸爸妈妈、爷爷奶奶玩这个游戏。如果在家里玩,我们就不能唱小小蚂蚁快快来了,应该怎样唱呢?

幼:爸爸妈妈快快来,爷爷奶奶快快来!

师:真棒!马上就可以随便唱着玩了。

温馨提示

1. 活动前教师可引导幼儿进行相关经验的积累,如:通过参观幼儿园的食堂、邀请大厨到班上做客、记录自己的食谱等方式丰富关于“饭”和“菜”的经验。

2. 活动前幼儿需要了解食材本身与菜是完全不同的概念,比如“萝卜”是食物或食材,而“炒萝卜”“凉拌萝卜”是菜。这是幼儿普遍容易混淆的问题。

3. 活动前可以请每位幼儿准备一个自己最喜欢的饭或者菜的图片,并能用三个字说出来,以确保幼儿在集体分享介绍的过程中,不仅能认出、说出自己的“食谱”,还能快速地认出、说出同伴的食谱。

4. 替换下来的食谱可以按照“饭”和“菜”分类贴在歌谱旁边,“库存内容”的可视化能够让孩子清晰地感知到“公库”和“私库”的积累在增加。

5. 教师可以根据两队的情况提供相应的指导,同时尝试逐步退出。这是支持幼儿体验“自己逐步独立”的另外一个重要技巧。

附:歌曲图谱

(2020 年 原创 南京市石杨路幼儿园 秦蕴函老师)

案例 2:垃圾车之歌

活动结构

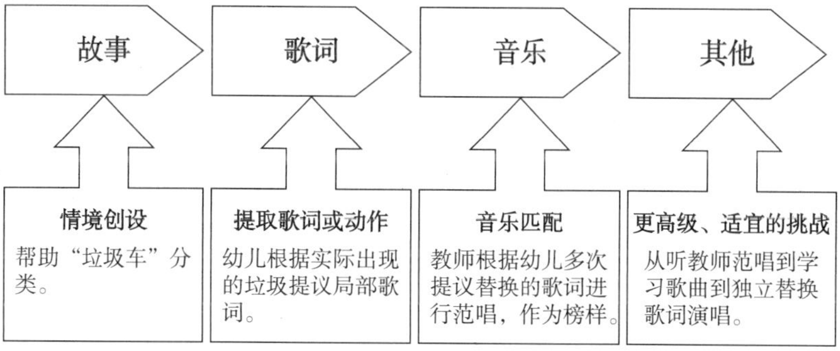

歌曲

垃圾车之歌

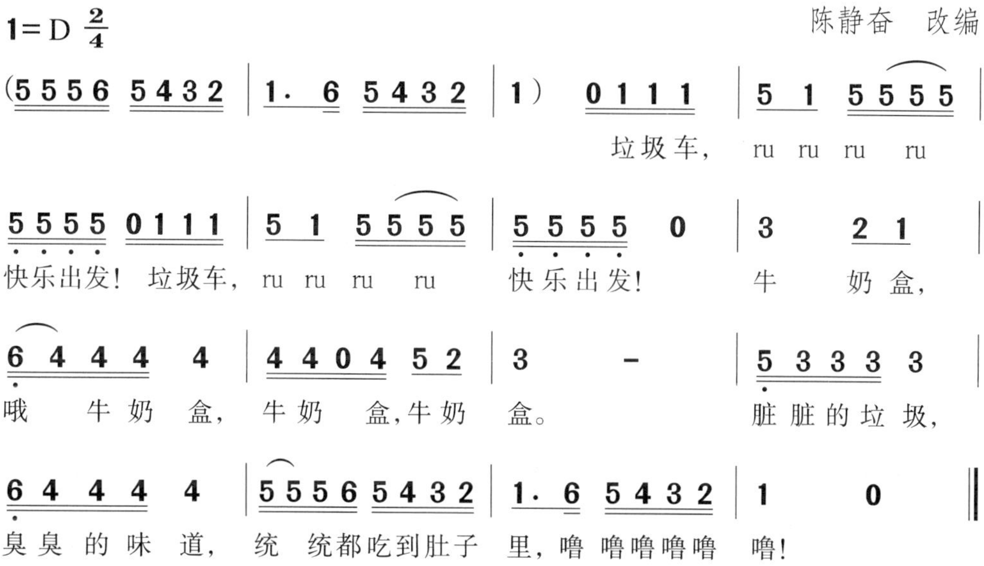

活动目标

1. 感受歌曲活泼的旋律,初步用自然的声音学唱歌曲的第二行最后一个小节到歌曲最后。(其余部分由教师演唱)

2. 通过以“创编开始”的游戏设计,与课件互动,倾听教师“不同版本”的范唱,熟悉歌词内容和歌曲结构。

3. 巩固和拓展垃圾分类的相关知识。

活动准备

1. 经验准备:幼儿对垃圾分类有初步认识。

2. 物质准备。

(1) 人机互动课件:幻灯片(垃圾车和分类垃圾桶等)。

(2) 垃圾分类处理变成再生产品的视频。

3. 空间准备:幼儿座位成半圆形或马蹄形(保证每位幼儿能看到幻灯片)。

附:幻灯片图样

点开数字后的图样:

活动过程

1. 故事。

师:我有个朋友,今天要请中班的小朋友帮个忙,看看它是谁?(播放幻灯 1:垃圾车开来,放下 4 个分类垃圾桶)

幼:垃圾车、垃圾桶。

师:是的,你们认识这些垃圾桶吗?

幼:认识!(可回收物桶、其他垃圾桶、厨余垃圾桶和有害垃圾桶)

〔注意:此环节教师可以初步掌握幼儿对于分类垃圾桶的经验,如垃圾桶的名称和颜色的对应等,若幼儿在此方面经验较少也没关系,可以在后期通过游戏来学习和巩固。〕

师:最近很多人还没有学会如何对垃圾进行正确分类,垃圾车请你们帮帮大家,把垃圾分一分类,你们能试一试吗?

幼:能!

师:垃圾车太开心了,它唱着歌陪着大家。请你听一听,在歌里,它发出了什么声音?[**教师范唱第 1 遍**。]

2. 故事+ 音乐。〔创意空间:教师引导幼儿将图片转换成新歌词,每次替换三字垃圾名称。〕

师:歌里,垃圾车发出什么声音呀?

幼:lulululu。

师:这个声音代表什么呢?

幼:垃圾车在开!

师:你们确定是 lulululu 吗?可不可能是别的声音?

幼:rurururu!

师:现在有不同的意见,你们需要我再唱一遍吗?

幼:需要!

师:看!(切换到数字拼图幻灯)垃圾车来到了数字场收垃圾,请问(幼儿 1)你想先看哪个颜色哪个数字的垃圾呢?

幼儿 1:蓝色 1 号吧!

师:好!我们来看一看,会是什么呢?(点开)这是什么呀?

幼:盒子!

师:嗯。能用三个字来描述这个盒子吗?这是什么盒?

幼:牛奶盒!

师:好!请你们想想这个牛奶盒是什么垃圾?(比"嘘"的动作)再听一听,垃圾车开的时候发出的到底是什么声音?[**教师范唱第2遍。**]

师:到底是什么声音呢?

幼:rururururu。

师:我们一起来练习一下!

〔注意:不少低年龄幼儿由于地域文化及发音习惯的不同,会将l和r混淆,此环节教师轻唱"垃圾车……",让幼儿跟着一起唱"rururururu"的部分,提醒幼儿卷舌,做不到的幼儿也不勉强。〕

师:牛奶盒是进哪个垃圾桶呢?

幼:可回收!

师:确定吗?什么颜色的?

幼:蓝色!

师:你们同意吗?

幼:同意!

师:我们来看一看!(点击"牛奶盒")哇!好棒!那接下来,你(幼儿2)想看哪个颜色哪个数字的垃圾呢?

幼儿2:红色1号。

师:会是什么呢?(点开)这是什么呀?

幼:灯泡!

师:这是什么灯泡呢?大灯泡?小灯泡?坏灯泡?……

幼:坏灯泡!

师:坏灯泡会进哪个垃圾桶呢?我待会会请一个知道歌里"垃圾是什么样子和什么味道"的小朋友来回答。

[**教师范唱第3遍,将"牛奶盒"全部换成"坏灯泡"。**]

[**以此类推,教师范唱6~8遍。**]

〔注意:教师每次范唱前要明晰布置任务:① 请答对问题的幼儿开图;② 引导集体幼儿根据图片内容给出三字名称,如幼儿说不出,教师提供可选择的内容;③ 提示幼儿思考这个垃圾如何分类,且给出有意注意歌曲的"前置目标"或是验证性的内容。在游戏的后期可以引导幼儿观察底色和垃圾桶颜色的关系。教师前期范唱时速度稍慢些,根据幼儿对歌曲内歌词了解、理解和跟唱的程度,教师选择适宜的范唱遍数。〕

3. 反思评价。

师:这首歌你们会唱了吗?

幼:会。

师:那好,试试看吧!

〔注意:教师在轻声唱完"垃圾车,rururururu"的部分后完全退位,根据幼儿集体演唱的实际情况,进行集体修正,如"唱得好吗? 哪里不清楚? 需要谁的帮助?"等等,或是进入下一环节。〕

4. 其他。〔创意空间:幼儿创编新歌词并尝试排序模型。〕

师:还有好多垃圾,我们没有看见! 我想问,你们准备开 1 个还是开 2 个垃圾车,我们唱到歌里去,难度可不一样哦!

〔注意:教师要根据幼儿的选择进行游戏的升级,若幼儿想开 2 个,那么在幼儿演唱的第一句歌词里,需要讨论是 AABB 还是 ABAB,讨论完后要集体练习这一句,待稍熟练后,集体站在座位前演唱歌曲。唱完歌曲玩垃圾分类游戏。〕

(根据现场情况,替换 1~2 次即可,最多 3 次)

师:这么多垃圾都分好类了,它们会去哪呢? 请你仔细听!(教师演唱新歌词方案:将最后一句改成"统统都变成好东西!")

师:让我们一起来看看,垃圾去了处理站都变成了什么吧!(播放再生产品的相关视频)

温馨提示

1. 这是一个以"创编开始"的歌唱活动设计,但在每一次范唱前,要明晰幼儿倾听的任务和要求,将无意注意转换成有意注意。

2. 在选择幼儿参与游戏时也要有教育的考量:要么注意公平公正;要么注意选择高级榜样;要么注意挑战或激励不太积极参与的幼儿;要么注意鼓励认真投入和

规范举手的幼儿。总之,要鼓励集体幼儿积极思考和大胆尝试。

3. 在反思评价环节,教师要“舍得”轻唱甚至不唱,以便更好地了解幼儿掌握的真实情况。

4. 注意:歌曲第6~9小节的歌词内容是歌曲创编的重点,但节奏比较难,需要教师放慢速度,反复示范和带唱,但要唱得自然流畅。

(2020年 原创 南京三八保育院 陈静奋老师)

案例3:小精灵

活动结构

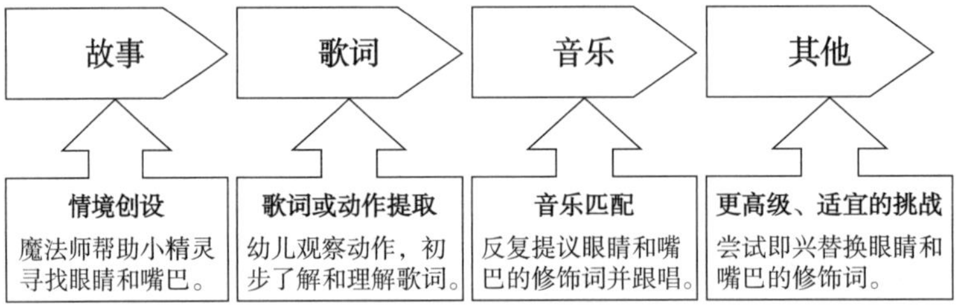

歌曲

小 精 灵

南师大音乐组 作词
周 杰 伦 作曲

1=$^{\flat}$E

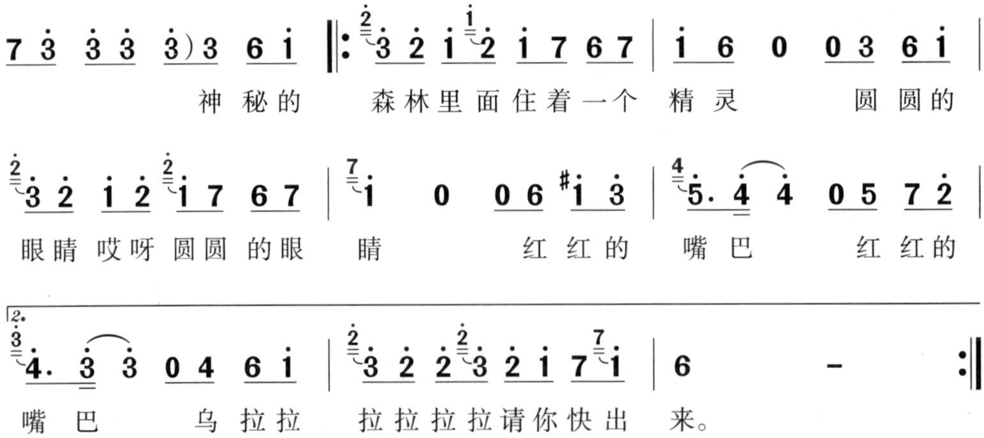

动作建议:

[1]小节:双手并拢,指尖相对,手掌悬空于胸前做“山峰”造型。

［2］小节：一只胳膊上举，胳膊肘弯曲，掌心朝上，另一只胳膊下摆，掌心朝下，做“精灵”造型。

［3］小节：双手握空心拳置于眼前做“望远镜”造型。

［4］小节：动作同［3］小节。

［5］小节：双手伸出食指指向嘴巴。

［6］小节：动作同［5］小节。

［7］小节：双手相对，两臂一拍一下，做慢慢拉开的动作。

［8］小节：双手先握拳，再由胸前向外推开，做“爆炸”造型。

活动目标

1. 感受拉丁曲风，在理解与记忆歌词中，感受并学唱弱起节奏的歌曲。

2. 在帮助小精灵找眼睛、嘴巴的游戏情境中，感受歌曲的结构，并学习替换眼睛、嘴巴的形状、颜色等修饰词。

3. 感受魔法动作带来的惊喜与意外，体验帮助、关心他人的愉悦。

活动准备

1. 经验准备：幼儿对于常见颜色及圆形、三角形、方形、菱形等形状有一定的认知。

2. 物质准备：幻灯片、配套图谱、配套学具。

3. 空间准备：全体幼儿围坐成半圆形。

附1：配套学具

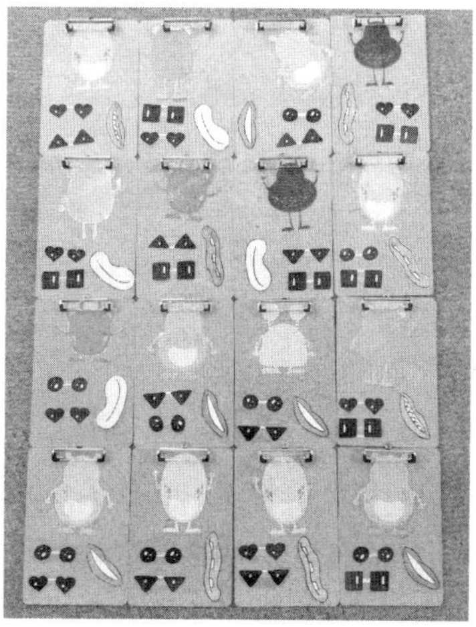

附 2:幻灯片图样

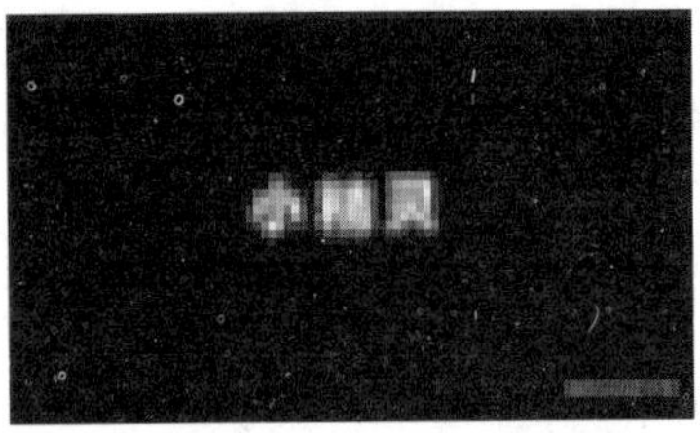

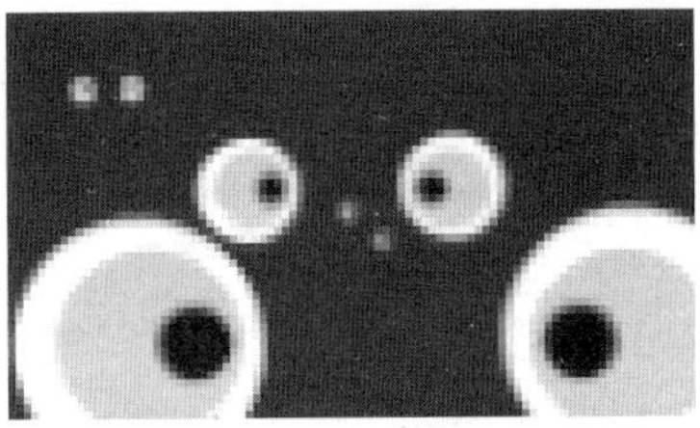

图解:先出来一对小眼睛,再出来一对大号眼睛,最后出来一对正常眼睛。

图解:图 1,嘴巴被魔法变出来了,但是不稳定,只出现了一下就没有了。图 2,魔法失灵,嘴巴和眼睛突然消失了。图 3,眼睛和嘴巴真的找到了。

图解:找到眼睛、嘴巴的小精灵们出来感谢大家了。

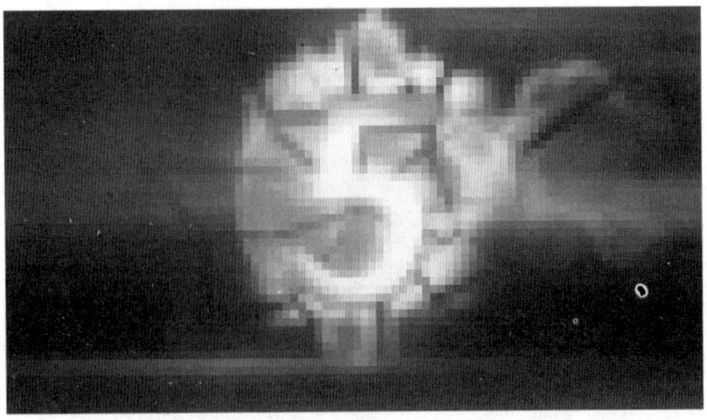

图解:森林焰火晚会的现场。

活动过程

1. 故事。

神秘的森林里住着一个小精灵,可是它被施了魔法,所以眼睛和嘴巴都不见了,想请我们这些小魔法师来帮帮它,我们一起先来听听这首魔法歌,听听它的眼睛是什么形状的。

〔注意:教师讲故事的时候,尽可能贴合游戏情境,在语音语调上神秘一些,在重点词上可以加入动作造型,让幼儿熟悉和感知动作。〕

2. 歌词。〔创意空间:幼儿自此开始参与歌词内容提供。〕

(1) 教师范唱歌曲,引导幼儿倾听。[**教师第1遍范唱。**]

师:小精灵有没有出来?歌曲里的魔法咒语是什么?

(2) 教师范唱歌曲,在找眼睛的情境中,引导幼儿加入动作"乌拉拉拉施魔法"。[**教师第2遍范唱。**]

师:哦!出来了一些眼睛,哪双眼睛才是小精灵的呢?我们一起做魔法动作来找一找。

〔注意:孩子第一遍倾听后,对歌曲有一定的感受。"乌拉拉拉施魔法"的节奏是这首歌中的难点之一,因为它的音乐时值比较长,而且后面要随节奏做动作,所以本着难点前置的原则,请幼儿先跟做最难的单一连续动作,这对幼儿来说更适宜。〕

(3) 教师和幼儿一起加入动作,教师范唱,幼儿边倾听边观察教师动作。[**教师第3遍范唱。**]

师:这是小精灵的眼睛吗?看来魔法歌唱的是对的,我们再加入魔法咒语,做魔法动作来施魔法吧。

〔注意:在上一个层次中,因为加入了动作,所以幼儿对动作有一定的感知,加入魔法咒语后,可以让幼儿对咒语和动作产生正向的关联,更有助于幼儿解决难点。〕

(4) 在找嘴巴的情境中,教师和幼儿一起边做动作边唱魔法咒语,寻找小精灵。[**教师第4、5遍范唱。**]

师:它的嘴巴是什么颜色的?我们该怎么唱呢?

〔注意:在这个环节中,主要运用了人机互动策略,先从三种眼睛中识别出小精灵的眼睛,这其实也是为幼儿进行多次演唱、熟悉歌曲做准备。之后在替换"找嘴巴”歌词中，因为幼儿对歌曲的结构已经很明确，所以他们很清楚地知道红红的嘴巴替换的位置。但是在这个环节，教师要放慢速度，而如果幼儿对歌曲结构还是不清楚，则可以用图谱策略来达成。〕

3. 音乐。

在情境的暗示下，教师与幼儿共同完整演唱歌曲。

师：小精灵的眼睛和嘴巴都找到了，我们一起送给它。

师：哇！原来这就是可爱的小精灵哦！我们和它打个招呼吧！

师：咦，魔法要消失了，我们一起唱魔法歌做魔法动作来帮助它。

[幼儿第1、2遍跟唱。]

〔注意：幼儿在倾听多遍后，需要一点情境的激励，以更有信心迎接新的挑战，所以教师设计了小精灵出场的画面。〕

4. 其他。

(1) 请幼儿玩拼小精灵五官的游戏，教师在此过程中反复清唱歌曲以增进幼儿对歌曲的熟悉程度。

(2) 请个别幼儿上台介绍自己的作品，教师引导幼儿先观察再反思，鼓励幼儿替换歌词演唱。**[幼儿第3遍跟唱。]**

师：你的小精灵是什么样的眼睛？什么颜色的嘴巴？先唱什么再唱什么？**[幼儿第4遍跟唱。]**

〔注意：在学具的设计上，小精灵眼睛的形状一定要在中班幼儿的认知范围之内。另外，请幼儿上台分享的时候，一定请幼儿准确地说出什么形状的眼睛、什么颜色的嘴巴，之后再请全班幼儿重点练习一次后，再演唱。〕

5. 放松。

教师通过“森林焰火晚会”的情境带领幼儿完整欣赏并用肢体表现整首歌曲。**[幼儿第5、6遍跟唱。]**

师：小精灵特别感谢我们帮它找到了眼睛、嘴巴，它邀请我们一起去参加“森林焰火晚会”哦！

温馨提示

1. 弱起的节奏，动作一定要做在弱起后的第一个重拍上。

2. 对于中班上学期的幼儿，这个活动的容量还是比较大的。所以歌表演动作可由教师承担设计。如果能够从容地将活动方案拆分成两个课时，或移到中班下学期甚至大班来执教，则可以由教师引导幼儿创编部分或全部歌表演动作。

3. 在寻找小精灵眼睛和嘴巴的过程中，通过“人机互动”游戏的策略，保持了情境逻辑的合理性，激发了幼儿的好奇心，吸引他们一遍又一遍地认真倾听、参与游戏，为学唱做好准备。这是使用课件的特殊意义。

4. 如果这节活动放在大班来开展，替换的维度可以增加到 4 个种类：眼睛、鼻子、嘴巴、耳朵。其中的拼图游戏也可以替换成幼儿自己设计他们喜欢的“小精灵”。

5. 活动中有数学方面关于形状的辨识，有美术方面关于颜色的辨识，另外还有乐于助人的社会性领域渗透。

6. 可以把学具放在音乐区，鼓励幼儿在日常音乐区活动中，拿着自己拼摆好的小精灵即兴演唱。

7. 教师的提示语逐步退出，是支持幼儿体验“自己逐步独立”的另外一项重要技巧。

（2020 年 原创 南京师范大学幼儿园 丁倩老师）

案例 4：颜色歌

活动结构

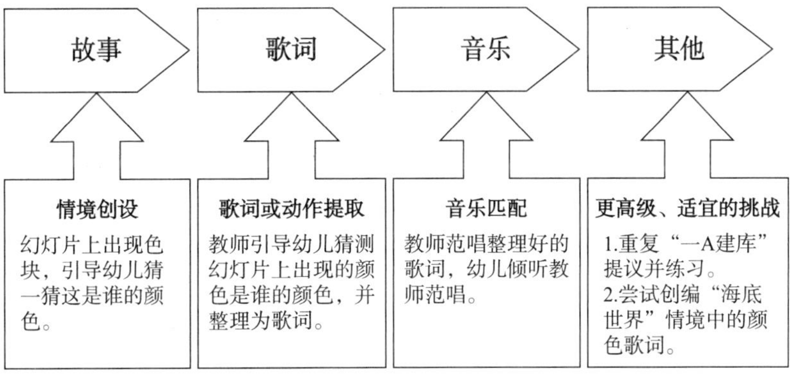

歌曲

颜 色 歌

外国儿歌
禹心悦 改编词

原歌词：

蓝色是美丽天空的颜色，红色是熊熊燃烧的火焰，白色是冬天雪花飘飘，粉红是我的小小手。

褐色是泥土的颜色，灰色是大象的厚皮肤，黄色是酸酸的大柠檬，黑色是一只小八哥。

〔注意：与原歌词的结构相比较我们可以看出，改编后的歌词减少了一个音唱多个字的设计，难度降低了，并且比原歌词形容词少了，歌词记忆负担也减轻了。对歌词的改编是基于对中班幼儿年龄、发展特点的认知。歌词改编后有了明显的逻辑线索，也是为幼儿自主创编歌词环节埋设了一些隐性的支架。〕

活动目标

1. 初步熟悉歌曲的旋律、结构，学唱歌曲《颜色歌》。

2. 在图片、课件的帮助下，尝试替换不同颜色的事物创编歌曲并演唱。

3. 愿意和小朋友合作，用和谐的声音共同演唱歌曲，感受参与歌曲演唱和创编所带来的快乐。

活动准备

1. 经验准备：幼儿对自然环境中的颜色有一定的认知经验。

2. 物质准备：幻灯片。

3. 空间准备：全体幼儿围坐成大的半圆形。

活动过程

1. 故事。

教师出示幻灯片，导入“猜一猜这是谁的颜色”的情境。

2. 歌词。

幼儿猜测蓝色会是谁的颜色。幼儿自由表达后，教师整理为“蓝蓝是××的颜色”的歌词表达。

3. 音乐。

(1) 教师范唱，幼儿初步感知歌曲旋律。

师：今天老师也带来了很多漂亮的颜色，第一种颜色是蓝色，听一听，歌曲里是怎么唱的？

(2) 幼儿倾听教师范唱后，梳理歌词。[**教师第1遍范唱。AAAD**]

师：蓝蓝是谁的颜色？歌曲里还唱了什么颜色？

(3) 替换歌词，幼儿进一步梳理歌词内容。[**教师第2遍范唱。BBBD**]

师：这是什么颜色？（点击幻灯片）它会是谁的颜色呢？白白是谁的颜色？

(4) 教师替换第2句歌词，范唱。[**教师第3遍范唱。ABBD**]

师：我们请小图片帮帮忙，这样的歌曲你们会唱吗？

4. 学唱歌曲。

(1) 幼儿看图片学唱歌曲。[**幼儿第1遍学唱。ABBD**]

师：小图片上画的是什么？你会说一说吗？我们看着图片一起来唱一唱这3种漂亮的颜色。

〔注意：在此过程中，教师引导幼儿反思图片上的歌词说得对不对，用语言表述清楚歌词之后，再演唱歌曲，进一步感知歌曲结构。〕

(2) 师幼共同创编、演唱歌曲第3句歌词。

师：天上除了有蓝蓝的天空、白白的云朵，还有红红的……？（点击幻灯片）

师：哪个小朋友会把它变成和前面两句一样好听的歌词，唱进歌曲里？（红红是太阳的颜色）[**幼儿创编第3句歌词。ABCD**]

师：我们把蓝天、云朵、太阳一起唱进歌里去。

(3) 幼儿看图谱，完整演唱歌曲。[**幼儿第2遍学唱。ABCD**]

师：每一句歌词都不同，我们请小图片帮帮忙，看着图片试一试完整演唱歌曲。

[幼儿练唱，一般需要唱1~2遍。]

〔注意：重点鼓励和帮助幼儿把歌词唱对，唱清楚。〕

5. 替换创编场景，完整创编3句歌词。〔创意空间：幼儿根据大屏幕中提供的拓展场景"建库"思路，尝试参照自己熟悉的事物的颜色参与歌词的创编。〕

（1）拓展创编内容——海底世界。

师：电视上出现一片蓝色的海洋，这里会有哪些颜色呢？（点击幻灯片）它是谁的颜色呢？

〔注意：在此开始引导幼儿进行新的创编。〕

（2）小结创编成果：为什么每次都要唱"粉粉是我的小小手"，因为所有美好的画面都是我们的小小手绘画、创造出来的。这首好听的《颜色歌》的歌词也是我们小朋友自己创编出来的！

〔注意：引导幼儿注意最后一句歌词始终没有变化，是为了点出主题！这些都是在情感方面支持幼儿的学习。〕

温馨提示

1. 特别说明：这节活动采用了"人机互动"的教学方式。"猜一猜这是谁的颜色？"的情境贯穿始终。通过"人机互动"的设计，幼儿在一次次"点击画面与猜测中"期盼着知道"这又是谁的颜色"。带着悬念不知不觉地反复倾听教师范唱歌曲。

2. 歌曲的第4句歌词是固定不变的，第1、2、3句歌词在一次次的替换、累加中完成完整的倾听学习（"一A到底"），使歌曲本身变成幼儿学习创编的一个特定"支架"。

3. 先学唱AAAD；再学唱BBBD；然后再是第1、2句歌词的累加学习，即ABBD，在歌词、图片的支架作用下，幼儿很自然地创编出第3句歌词，并加入已会的歌词演唱ABCD；最后通过替换幻灯场景图——"海底世界"，幼儿创编3句歌词。如此由易到难，循序渐进。

4. 尽管创编活动会使幼儿感受到创造性工作的成就感，但过程中教师一定要向幼儿提供3个方面的教学支持。

（1）情境创设激励。

（2）相关图片的启发拓展激励。

（3）循序渐进的难度挑战激励。

5. 相关任务流程可以根据幼儿的实际发展水平来调整，不一定在一次活动中完成。

附：歌曲图谱

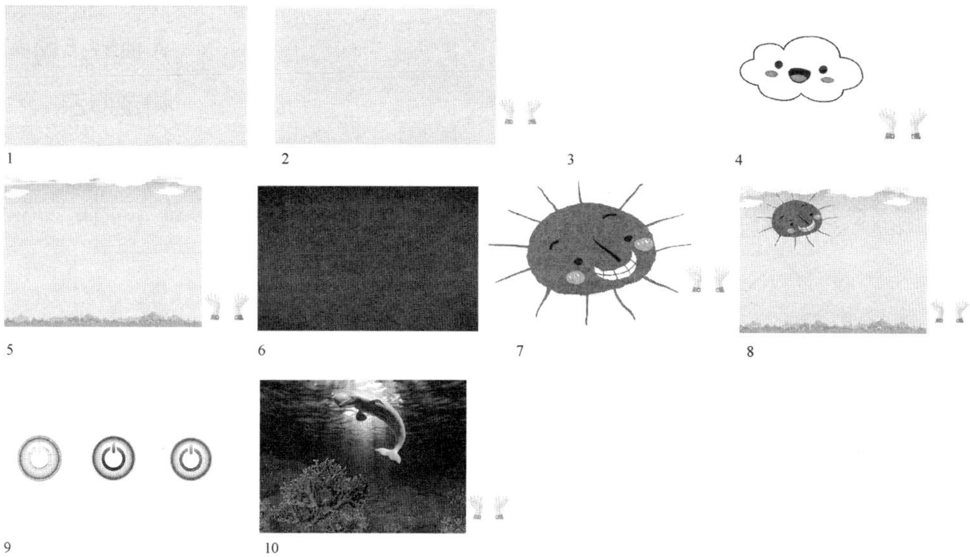

（2021 年 原创 南京市游府西街幼儿园 禹心悦老师）

案例 5：幸运的一天

活动结构

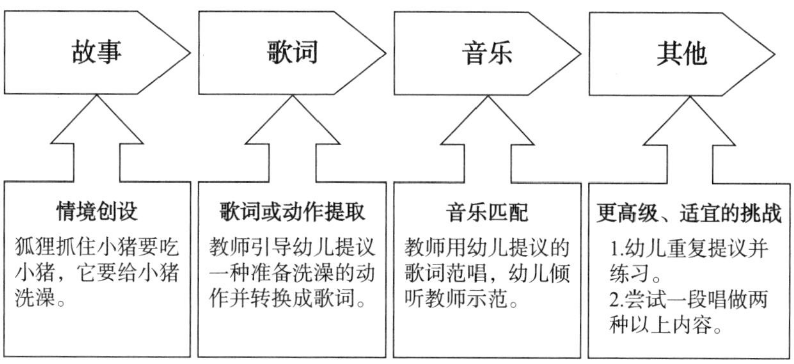

歌曲

幸运的一天

外国儿歌
蔡玥珑 词

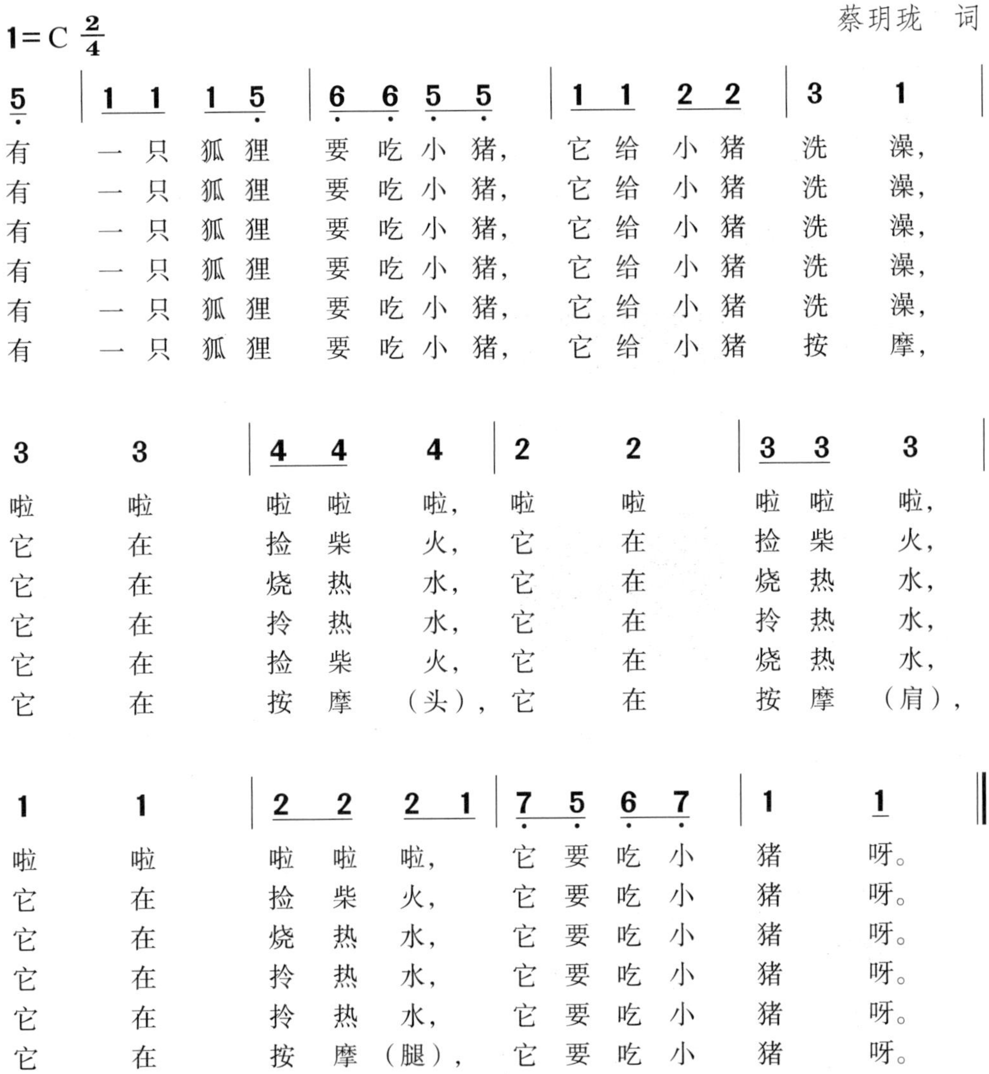

原歌词：

有个农场主有一只狗，它的名字叫宾果，B-I-N-G-O，B-I-N-G-O，B-I-N-G-O，它的名字叫宾果。

〔注意：与原歌词的结构 ABCCCB 相比较，目前我们提供给幼儿的原始模型是 ABCCCD。教师可以提供 C，可以通过图片引导幼儿提供 C，也可以引导幼儿迁移生活经验提供 C。〕

活动目标

1. 初步熟悉歌曲的旋律、结构，学唱歌曲《幸运的一天》。

2. 在图片线索的帮助下，尝试替换狐狸做的不同事情，创编歌词并演唱。

3. 在教师的鼓励下积极为集体的歌词和动作表演贡献新内容，在教师的引导下体验相互学习、相互支持的快乐。

活动准备

1. 经验准备。

（1）幼儿对洗澡准备事项和身体按摩有一定了解。

（2）幼儿有比较丰富的生活、游戏经验。

（3）幼儿知道“幸运”的意思。

2. 物质准备：幻灯片。

3. 空间准备：全体幼儿围坐成大的半圆形。

活动过程

1. 故事。

教师出示幻灯片，导入狐狸要吃小猪的情境。

2. 歌词+欢呼声。

教师鼓励幼儿回忆欢呼发出的某一种声音，转换成歌词。

3. 音乐。（初步倾听范唱，了解新歌歌词的内容和句式结构）

（1）教师范唱，并邀请幼儿仔细倾听和观察。[**教师第1遍范唱。**]

（2）教师邀请幼儿观察图片，了解欢呼声的次数，并再次倾听范唱，感知歌曲的旋律和结构。[**教师第2遍范唱。**]

（3）教师继续邀请幼儿跟随范唱模仿自己所创编的歌词。[**教师第3~4遍范唱。**]

（4）教师邀请幼儿尝试演唱自己创编的歌词。[**幼儿第1遍演唱。**]

4. 其他。（教师引导幼儿使用自己创编的新歌词演唱）

〔创意空间：幼儿根据大屏幕中提供的图片拓展“建库”思路，尝试参照自己熟悉的洗澡准备事项进行新歌词的创编。〕

（1）师：谁能看着图片来说一说，狐狸为了给小猪洗澡，做了什么事情？

〔注意：在此开始引导新的创编。〕

(2) 教师邀请个别幼儿将自己提供的歌词代入歌曲进行演唱，并邀请其他幼儿用 ABC1C1C1D、ABC2C2C2D、ABC3C3C3D 的结构编唱新歌词。(该环节大约可以重复 3 次) [**幼儿第 2~4 遍演唱。**]

〔注意：在此过程中，教师引导幼儿反思：他新歌词演唱得对不对？你们是怎么知道这样演唱的？幼儿用语言描述清楚替换歌词的方法，进一步感知歌曲结构。〕

(3) 逐步尝试增加歌词的难度，在图片线索的帮助下进一步熟悉歌曲。

- 师：狐狸先生为了给小猪洗澡，一共做了哪几件事情？它在……它在……它在……这次三件事情都不一样了，你们能把歌词演唱出来吗？
- 教师组织引导幼儿用 ABC1C2C3D 的结构编唱新歌词。(唱幼儿在前面已经创编出的歌词)

[**幼儿练唱，一般需要唱 1~2 遍。**]

〔注意：重点鼓励和帮助幼儿把歌词唱对，唱清楚。〕

- 教师进一步鼓励幼儿迁移生活经验创编歌词：ABC′1C′2C′3D。

师：小猪洗干净了，狐狸又要吃小猪。小猪还想了什么办法呢？

〔注意：在幼儿感知创编模式的基础上，引导幼儿观察图片线索，迁移生活经验，创编不同的按摩部位，并演唱到歌曲里。采用够用的原则，幼儿说出一个部位就立刻替换一句歌词，直到替换完 3 句歌词为止。〕

- 小结创编成果，引导幼儿注意大家一直在相互学习，为自己能够像故事中的小猪一样运用智慧战胜狐狸产生自我肯定。

〔注意：这些都是在情感方面支持幼儿的学习。〕

温馨提示

1. 特别说明：这节活动采用了情境化教学，选材来源于美国作者庆子·凯萨兹的绘本故事《我的幸运一天》，在沿用了故事主要情节的基础上，对故事发展的前后顺序做了一些小的调整。

(1) 歌曲的第 1 句、第 2 句、最后 1 句歌词是固定不变的，中间歌词完全相同("一 A 到底")，使歌曲本身变成幼儿学习创编的一个特定"支架"。

(2) 先学唱 ABCCCD；再学唱 ABC1C1C1D、ABC2C2C2D、ABC3C3C3D；然后再

是3句不同ABC1C2C3D;最后才是一次性替换成新的C′的3句不同内容。如此由易到难,循序渐进。

2. 尽管创编活动会使幼儿感受到创造性工作的成就感,但过程中教师还是需要向幼儿提供3个方面的教学支持。

(1) 情境创设激励。

(2) 相关图片的启发拓展激励。

(3) 循序渐进的难度挑战激励。

3. 相关任务流程可以根据幼儿的实际发展水平来调整,不一定在一次活动中完成。

(2021年 原创 南京市游府西街幼儿园 蔡玥珑老师)

案例6:逃家小兔

活动结构

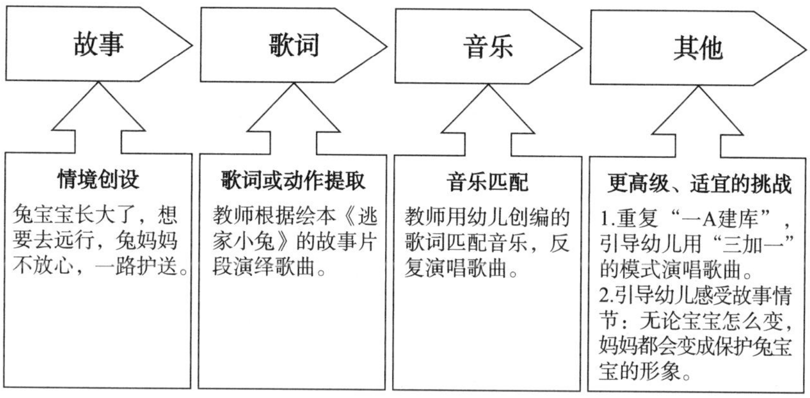

歌曲

逃家小兔

朝鲜儿童歌曲
江綦彧 改编

1=$^\flat$E $\frac{3}{4}$

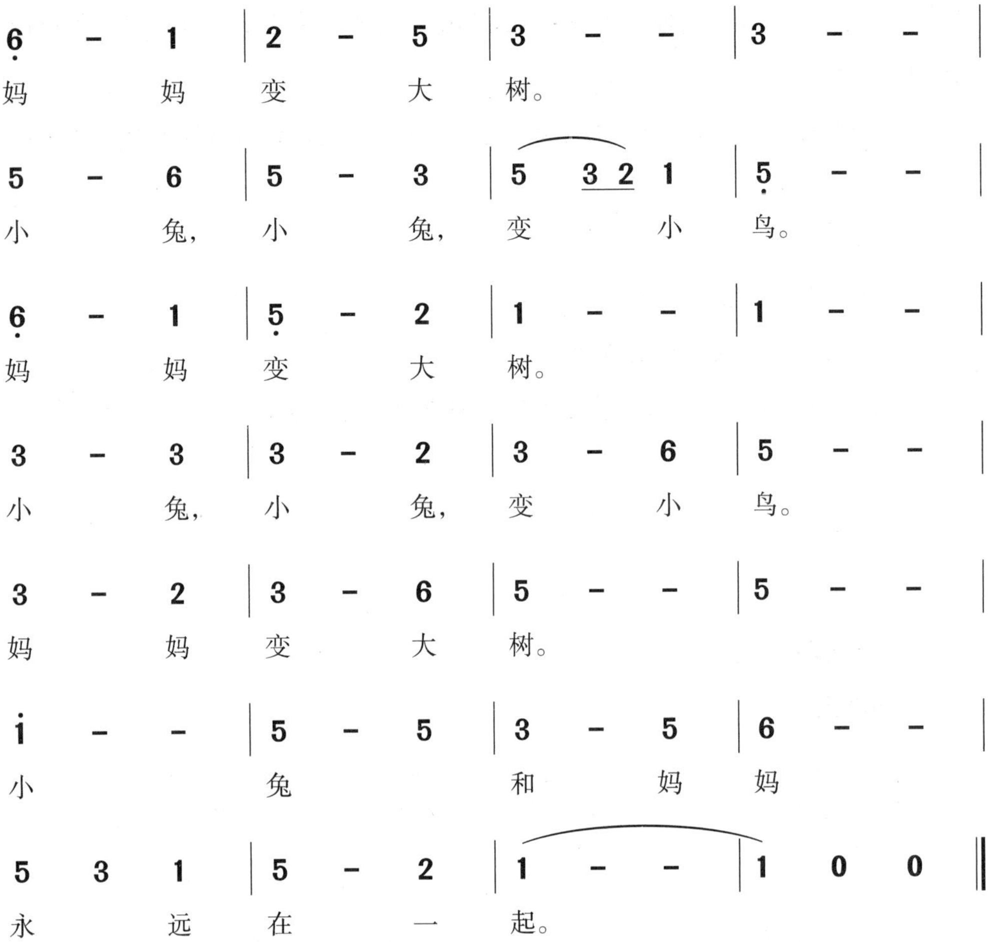

原歌词：

蓝蓝的天空银河里，有只小白船。船上有棵桂花树，白兔在游玩。桨儿桨儿看不见，船上也没帆。飘呀飘呀，飘向西天。

〔注意：原歌词有8句，每句歌词都是不一样的，教师根据活动需要，将歌词修改为AAAB结构，A的地方方便幼儿根据图片创编歌词演唱。〕

活动目标

1. 初步熟悉歌曲的旋律、结构，学唱歌曲《逃家小兔》。
2. 在绘本故事情境和图片线索帮助下，理解歌词内容并分角色演唱歌曲。
3. 通过表演歌曲，感受妈妈对自己的爱。

活动准备

1. 经验准备：幼儿和同伴说一说妈妈是怎么关心自己的。

2. 物质准备:幻灯片。(选自绘本《逃家小兔》)

3. 空间准备:全体幼儿围坐成大的半圆形。

活动过程

1. 故事。

教师出示幻灯片,讲述小兔和兔妈妈幸福生活的故事,引发幼儿的兴趣。

2. 歌词。

(1) 教师根据图片内容范唱歌曲,幼儿熟悉歌词。[**教师第 1 遍范唱。**]

(2) 出示图片 3,教师范唱歌曲,幼儿理清歌词内容。[**教师第 2 遍范唱。**]

3. 音乐。

(1) 教师范唱,幼儿在图片的帮助下理解歌曲旋律。[**教师第 3 遍范唱。**]

(2) 教师引导幼儿理解大树和小鸟的角色关系,再次演唱。[**教师第 4 遍范唱。**]

(3) 出示新图,教师范唱歌曲 B,出示图片 4、图片 5。[**教师第 5 遍范唱。**]

(4) 在教师的带领下,师幼共同学唱歌曲 B。[**幼儿第 1 遍学唱。**]

(5) 出示新场景,幼儿感知词语"园丁"并替换歌词唱歌曲 C,出示图片 6、图片 7。[**幼儿第 2 遍学唱。**]

师:小兔变成小鸟,妈妈变成大树;小兔变成帆船,妈妈变成海风;小兔变成小花,妈妈变成园丁。你们会把它连在一起唱进歌曲吗? 幼儿完整演唱歌曲 ABC,出示图片 8、图片 9。[**幼儿第 3 遍学唱。**]

〔创意空间:幼儿根据大屏幕中提供的图片拓展"建库"思路,尝试新歌词的创编。〕

(6) 反思歌唱中的问题,再次演唱。[**幼儿第 4 遍学唱。**]

4. 其他。

(1) 加入动作,分角色表演歌曲,小兔做小鸟、帆船、小花的动作,妈妈做大树、海风、园丁的动作。[**幼儿第 5 遍学唱。**]

〔注意:在此过程中,教师鼓励幼儿用动作表演自己的角色,并用眼神、动作与对应的角色产生互动。〕

(2) 教师引导幼儿使用自己创编的新歌词演唱,除了小鸟、帆船、小花,小兔还会变成什么呢？妈妈会变成什么呢？为什么？引导幼儿讨论后创编歌词。[**幼儿第 6 遍学唱。**]

（3）根据规律创编歌词，分角色表演歌曲。

〔创意空间：在此引导幼儿根据画面创编新的歌词并说明两个角色之间有什么关系，怎么表现出依赖和被依赖的关系。〕

温馨提示

1. 为营造游戏化情境，活动中的图片均选自绘本《逃家小兔》，活动中的部分故事内容也取自绘本。

2. 歌曲是“三加一”的结构，前三句根据角色替换歌词，最后一句每次都是不变的。

3. 先学唱 AAAD；再学唱 BBBD，可以尝试创编 C 的歌词，演唱 CCCD；然后是前三句不一样，最后一句一样，即 ABCD；最后才是一次性替换成新的 ABED。如此由易到难，循序渐进。

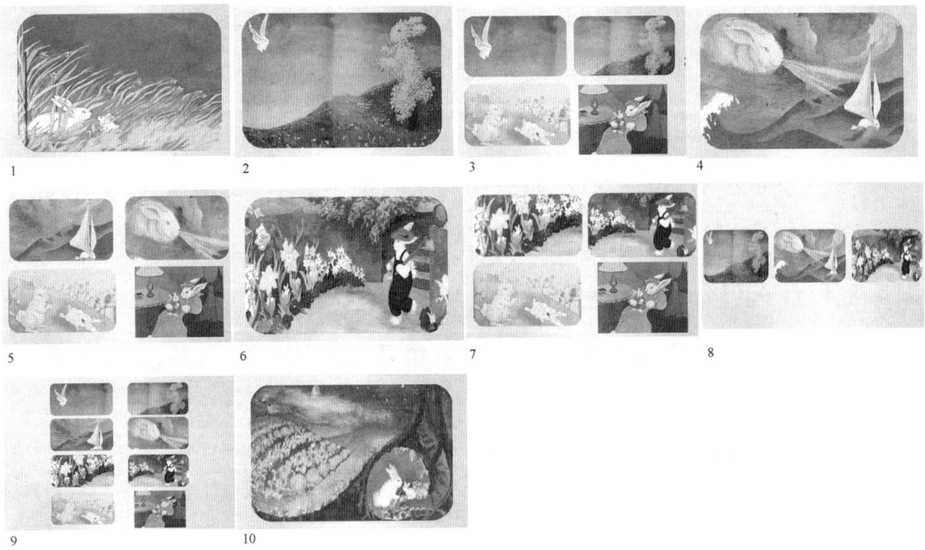

（2021 年 原创 南京市游府西街幼儿园 江綦彧老师）

第三节　大班歌唱

案例1:跑跑镇

活动结构

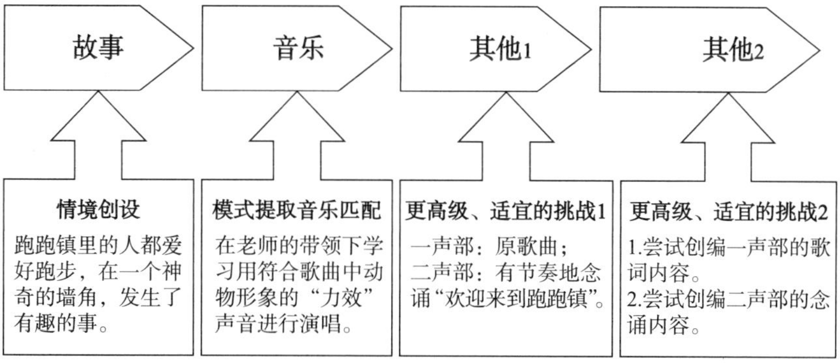

歌曲

跑　跑　镇

麦克小奎　作词
赵　　腾　作曲
郑　　洁　改编

1= D $\frac{4}{4}$

B段

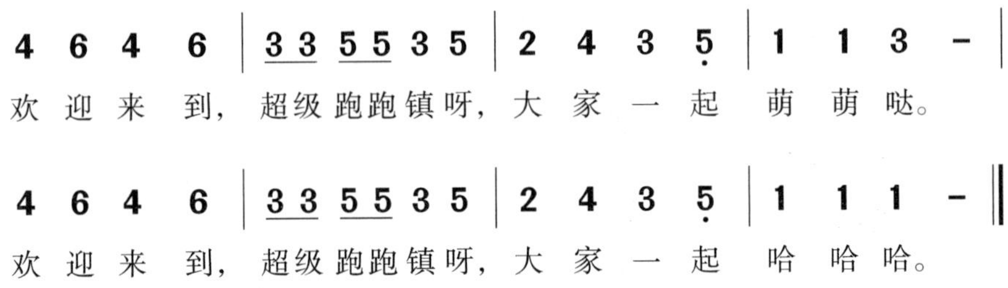

原歌词：

从前从前有一个面包，从前从前有一个香肠，它们跑着跑着跑着跑着，撞成一个热狗。

〔注意：原歌词的结构 A1A2A3……没有统一的变化主题，结果随机出现。最初，我们提供给幼儿的原始模型是 A1A1A1，逐步累加至 A1A2A3，并且筛选出绘本中变化结果为“动物”这个主题，以便贴近幼儿原有的生活经验。〕

活动目标

1. 初步学习分声部演唱歌曲《跑跑镇》，感受歌曲的幽默诙谐。

2. 通过图谱的提示与教师的启发，逐步学会分声部演唱歌曲。

3. 学习运用适合歌曲中动物形象的声音演唱自己的声部，知道两个声部要相互倾听，并以能够听见对方为标准。

活动准备

1. 经验准备。

（1）幼儿已经学会歌曲《跑跑镇》。

（2）幼儿有分角色演唱的经验。

2. 物质准备：幻灯片。

3. 空间准备：全体幼儿围坐成大的半圆形。

活动过程

1. 故事：师幼回忆故事内容，吸引幼儿活动的兴趣。

师：我们前两天说了《跑跑镇》的故事，跑跑镇里的人和物都太喜欢跑步了，在一个神奇的墙角，一只黑熊和一只白熊撞成了一只……（大熊猫）一匹白马和一匹黑马撞成了一匹……（小斑马）

2. 歌词+动作:师幼复习歌曲《跑跑镇》。

(1) 师幼完整演唱歌曲。

(2) 幼儿分成两组演唱歌曲。

3. 音乐:幼儿学习二声部演唱歌曲。

(1) 教师演唱原曲,配班教师演唱二声部,幼儿倾听,观察歌曲的变化。[**教师第1~2遍范唱。**]

师:刚才蔡老师和我唱的一样吗?蔡老师唱了什么?

幼:不一样。她唱了“欢迎来到跑跑镇”。

师:这句“欢迎来到跑跑镇”有没有按照一定的节奏唱呢?

幼:有,开始慢一点(欢迎),后面快一点(来到跑跑镇)。

师:我们演唱时是一直分开唱的吗?

幼:不是。在最后时两个人又合在一起唱了。

[注意:教师与配班教师范唱之后要及时帮助幼儿梳理二声部唱法时歌曲的结构,明确两个声部演唱时“先分后合”。]

(2) 师幼共同练习二声部“欢迎来到跑跑镇”,钢琴伴奏。[**幼儿第1~2遍练唱二声部。**]

师:在演唱歌曲时,我们原来的歌曲内容可以叫作一声部,新增加的“欢迎来到跑跑镇”可以叫作二声部。这次我们的钢琴来唱一声部,我们一起来说二声部的“欢迎来到跑跑镇”。

〔注意:对于新增加的二声部“欢迎来到跑跑镇”,在随乐练习中不鼓励幼儿大声地说,而是以倾听节奏、完整感知为主,确保在演唱中准确再现。〕

(3) 配班教师带2名幼儿演唱一声部,主班教师带领其他幼儿演唱二声部。**[幼儿第3~4遍练唱二声部。]**

师:现在蔡老师要请2位小朋友和她一起来演唱一声部,其他小朋友和我一起演唱二声部,大家都要注意听钢琴的声音哦。

(4) 幼儿尝试分声部演唱歌曲。**[幼儿第5~6遍练唱二声部。]**

师:你们自己可以演唱吗?我们一起来分声部试试看。

〔注意:教师与配班教师要随时关注幼儿的演唱情况,及时进行进退位的支持。〕

(5) 师幼反思演唱过程中存在的问题。

4. 其他:幼儿学习使用“力效”来演唱歌曲。

(1) 师幼讨论“熊”的声音,模仿练习。

师:你们觉得歌曲里熊的声音会是什么样子的?

幼:粗粗的、低低的。

师:谁会用熊的声音来唱我们的歌曲呢?

〔创意空间:幼儿尝试回忆、迁移自己的原有经验来表现“熊”的声音,初步感知控制自己的声音而产生的“力效”变化。〕

师:原来熊的声音是沉重缓慢的。我们一起来学一学这样的声音。

〔注意:在第一次用“沉重缓慢”的声音模仿“熊”时要节奏稳定,而且一声部和二声部都要使用这样的声音。〕

(2) 师幼继续讨论“马”和“猫”的不同声音。

师:你们觉得马的声音是怎样的?猫的声音又是怎样的?

〔注意:基于对熊“沉重缓慢”的声音认识的基础之上,幼儿根据动物各自的特点尝试不同的声音力效。教师小结:马是“轻松愉快”的,猫是“温柔优雅”的。〕

5. 幼儿运用不同的声音力效分声部演唱歌曲。**[幼儿第7~9遍练唱二声部。]**

(1) 师幼尝试使用符合动物形象的声音分声部完整演唱歌曲。

师:我们刚刚讨论过不同动物的声音,现在我们就要让歌曲变得更加有趣。我们用符合动物形象的声音分声部来唱这首歌。

〔创意空间：幼儿将三种不同的声音融入一首歌曲里，通过对声音塑造产生相应的联想，激发想象力。〕

（2）师幼反思演唱过程的问题，并讨论解决。

（3）师幼再次分声部进行演唱。

〔注意：在此过程中引导幼儿听清音乐节奏，明确自己所演唱声部的内容，控制音量，相互配合，和谐演唱。〕

（4）幼儿交换声部再次演唱。

（5）小结演唱成果：今天我们学习了两个声部同时演唱的方法，这样的演唱让歌曲更加生动有趣。要想两个声部唱得好听，需要每个小朋友的配合，请你找到你对面好朋友的眼睛，可以对他笑一笑，用甜甜的声音说一句“谢谢”。

温馨提示

1. 特别说明：本活动选用绘本《跑跑镇》的故事。绘本中在跑跑镇上的居民都喜欢快跑，它们之间免不了撞在一起……出人意料的结果启发幼儿丰富的联想。活动中主要选用了绘本里关于“动物”的结果片段，贴近幼儿的生活经验，易于幼儿理解。

2. 虽然歌曲诙谐幽默，二声部的演唱也立体丰富，但在此过程中教师还需向幼儿提供以下 3 个方面的教学支持。

（1）情境创设的和谐氛围。

（2）分声部演唱的经验，可以通过接唱、轮唱等多种演唱方式逐步积累。

（3）教师的高级榜样以及随时的进退位支持。

3. 本次活动预计为第二课时，若有困难可以调至第三课时，根据幼儿的实际情况逐步推进。

4. 活动中教师对于幼儿通过声音力效的表现来演唱歌曲要给予积极的回应和肯定，对有独特的表现方式的幼儿要进行及时的鼓励，对于能够使用不同声音力效并且坚持二声部演唱的幼儿要提出表扬。创编时可以尝试先让幼儿提出来想法，再进行展示，最后教师小结声音的特点。若幼儿没有特别的想法也可以由教师提出，并进行高级榜样，再在表现“马”和“猫”的声音时引导幼儿大胆想象，积极表现。

（2021 年 原创 南京市游府西街幼儿园 郑洁老师）

案例2:远方的爸爸

活动结构

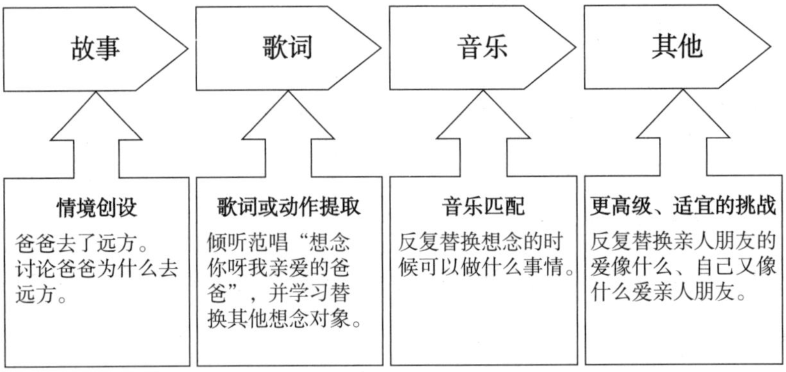

歌曲

远方的爸爸

〔注意:最后一句原为“我像小羊像白云”,两重比喻,比较费解,最终改为“我像小羊爱草原”。〕

活动目标

1. 初步学会演唱歌曲。

2. 在教师的引导下积极提供创编建议,学习使用比喻的方式表达对亲人朋友的爱。

3. 理解亲人朋友远离的意义;了解各种有意义的怀念方式;体验和表达歌曲中内敛、温馨的情感;了解、理解并使用新习得的内部与外部表达技巧来表达、体验“想念”和“爱”的情感。

活动准备

1. 经验准备：活动最好能够配合大课程中蒙古族文化的主题进行。

2. 物质准备。

(1) 各种草原生活风情的图片，如跳舞、唱歌、拉马头琴、骑马放牧等。各种成对的有一定关系的图片，如草原和小羊、蓝天和白云、大海和浪花、花园和蝴蝶等。

(2) 歌曲的图谱：草原背景上“爱心—爸爸”重复三行；第四行两个爱心。

3. 空间准备：全体幼儿围坐成一个大的半圆形。

活动过程 〔创意空间：贯穿整个过程。〕

1. 故事+音乐。

(1) 教师与幼儿讨论爸爸离家很久可能去做什么。（戍边、抗疫、维和、援建……）

(2) 教师范唱。

想念你呀我亲爱的爸爸，想念你呀我亲爱的爸爸。

想念你呀我亲爱的爸爸，想念你呀想念你。[**教师第 1 遍范唱。**]

〔注意：此处为 4 句“一 A 到底”模式的一种典型变异：3A1B（B 为主题总结句）。〕

2. 歌词。（将“爸爸”替换成其他家人朋友）

(1) 引导幼儿说出想念的其他家人朋友。

(2) 根据幼儿的提议，教师继续范唱。[**教师第 2～5 遍范唱。**]

3. 音乐。（将“就唱你教我的歌谣”替换成其他比较浪漫的事情）

(1) 讨论想念时会做什么事情。

(2) 将幼儿提议的事情唱进歌里。如：

想念你呀我亲爱的爸爸，想念你就唱你教我的歌谣。

想念你就唱你教我的歌谣，想念你呀想念你。[**教师第 6 遍范唱。**]

(1) 邀请幼儿一起尝试演唱。[**幼儿第 1、2 遍跟唱。**]

(2) 教师提供图片，引导幼儿提议其他比较浪漫的事情。

(3) 教师继续带领幼儿练唱。每次替换不同的想念活动。[**幼儿第 3～5 遍跟唱。**]

4. 其他。(学习用比喻的方式表达爱,替换原曲中的词汇)

(1) 教师引导幼儿理解原歌词中比喻大爱的方式。

师:爸爸的爱就像辽阔的草原,你们觉得这样的爱是什么样的?(很大很大,很多很多……)

师:爸爸的爱就像辽阔的草原,那你们觉得自己像草原上的什么,被那么大那么多的爱拥抱着呢?

幼:小羊、小马、小牛……

(2) 教师范唱。

想念你呀我亲爱的爸爸,想念你就唱你教我的歌谣。

你的爱就像辽阔草原,我像小羊爱草原。[**教师第 7 遍范唱。**]

(3) 邀请幼儿一起尝试演唱。[**幼儿第 6、7 遍跟唱。**]

教师提供图片,引导幼儿提议其他比较浪漫的事情。

(4) 教师继续带领幼儿练唱,每次替换不同的比喻内容。[**幼儿第 8～10 遍跟唱。**]

温馨提示

1. 这是一种跨领域的类似语言文学活动中的"故事续编"的创意活动,虽然也可以算是"诗歌仿编",但难度更高。其原因是:"诗歌仿编"更类似于"排比句"结构模式的模仿,若一段有 4 句,则 4 句的结构模式是相同的,仅内容不同而已。前述案例基本上都是如此。而"故事续编"是:虽然同样一段也是 4 句,但每一句的结构模式和内容都不同,而且前后句具有逻辑推进关系,所以每一句都要重新理解、仿编,最终形成类似故事的结构。

2. 由于新学习的内容比较多,因此幼儿需要教师给予更多的引导和启发,甚至要提供具有"包含关系"的相关图片帮助幼儿拓展相关经验。而且教师有可能一直带领幼儿跟唱,而不要求幼儿独立演唱。

3. 活动结束后,相关内容应下放到区角进行。

(1) 幼儿绘画新内容。

(2) 幼儿创编新歌词。

(3) 幼儿反复练习演唱。

（4）在区角活动结束或晨会，或其他转换活动、娱乐活动时间，教师提供机会在全班分享。

（5）有兴趣的幼儿在家中与家长共同创编、分享。

（2019 年 原创 南京市游府西街幼儿园 禹心悦老师）

案例 3：捏面人

活动结构

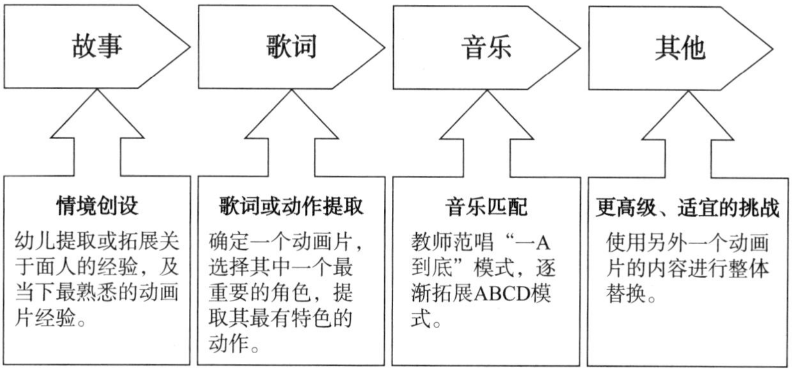

歌曲

捏 面 人

史 莉 词曲

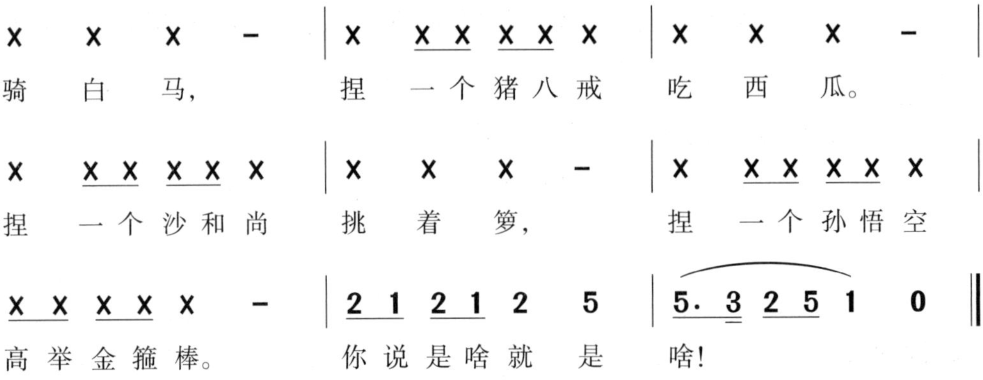

活动目标

1. 初步学会跟随教师演唱歌曲。

2. 在教师的引导下学习仿编歌词。

3. 学习使用豫剧的演唱风格体验和表达歌曲幽默风趣的特点。

活动准备

1. 经验准备。

（1）活动前组织幼儿进行谈话活动，主题如“我最喜欢的动画人物”。

（2）活动前组织幼儿进行美术活动，鼓励幼儿将动画人物的形象转换成绘画或泥工作品，再通过分享转换成语言表达。

2. 物质准备。

（1）各种动画片的原重要角色形象汇总的幻灯片。

（2）幼儿自己绘制的动画人物形象的幻灯片。

3. 空间准备：全体幼儿围坐成一个大的半圆形。

活动过程 〔创意空间：贯穿整个过程。〕

1. 故事。

（1）教师组织幼儿公选一个动画片故事。

（2）教师组织幼儿公选该动画片中一个人物和其典型动作。

（3）教师引导幼儿将入选人物和动作转换成歌词。

如：《熊出没》，“捏一个光头强要砍树”。

2. 歌词。

（1）教师范唱。

〔注意:边唱边表演动作。〕

捏面人的老爷爷本领大,捏出来的面人把眼看花。

捏的什么呀?捏的什么呀?你说是啥就是啥!

捏一个光头强要砍树(重复 4 遍),你说是啥就是啥!

[教师第 1 遍范唱。]

(2)将以上流程再重复 3 遍,最后创编成 4 个人物的中段朗诵词。

如:"捏一个跳跳吃松果,捏一个吉吉荡秋千,捏一个光头强要砍树,捏一对熊大熊二阻止他。"

〔注意 1:最好能够使用前期幼儿自己绘制的动画形象;动作表达应该使用幼儿自己创编的动作。〕

〔注意 2:由于再次强调的是引导创编,因此若幼儿提供的意见中出现语词或句法问题,教师需要"耐心、认真地帮助澄清",而不是"简单取代"!〕

〔注意 3:此处全部都是"一 A 到底"模式。〕

3. 音乐。

(1)挑战 1 个人物跟唱和做表演动作。

(2)挑战 2 个人物跟唱和做表演动作。

(3)挑战 3 个人物跟唱和做表演动作。

(4)挑战 4 个人物跟唱和做表演动作。

〔注意:最好能够利用幼儿自己绘制的动画形象排序降低记忆难度。需要重复的地方可以直接使用数字表示重复几次。〕

4. 其他。

更换一个新的动画片,比较快速地引导幼儿替换新歌词,再体验一次编唱的乐趣。

〔注意:由于新学习的内容比较多,因此教师一直带领幼儿跟唱,而不要求幼儿熟练地独立演唱。〕

温馨提示

1. "内部技巧"即指利用原有和当场经验通过想象、联想等创造新形象;"外部技巧"即指利用原有和当场经验使用速度、力度、音色、气息等创造作品形象。

2. 教师最好能够研究一下豫剧表演的演唱风格中的“外部技巧”，因为大班幼儿已经能够对风格进行辨认和欣赏。

3. 此活动可以延伸到区角和家园活动中，以使幼儿养成随时玩唱各种经验的习惯。

（2000 年 原创 南京市商业幼儿园 史莉老师，河海大学幼儿园 由佳老师）

案例 4：我好想

活动结构

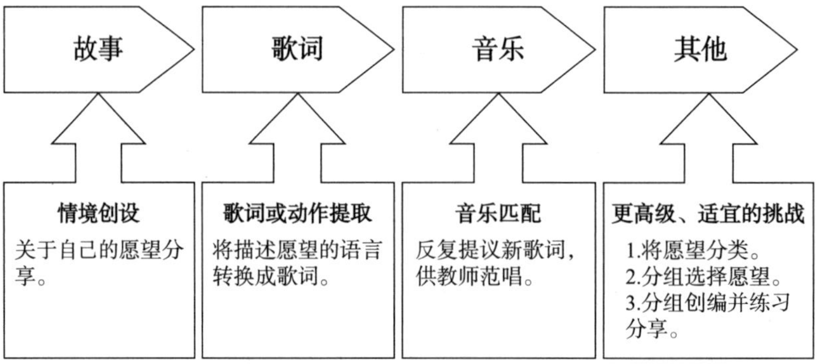

歌曲

我 好 想

1=G $\frac{3}{4}$

动画片《麦兜响当当》主题曲

原歌词:

我好想我好想吃冰淇淋,噼里啪啦噼里啪啦,吃冰淇淋。

我好想我好想搭积木呀,噼里啪啦噼里啪啦,搭积木呀。

我好想我好想踢足球呀,噼里啪啦噼里啪啦,踢足球呀。

我好想我好想变孙悟空,噼里啪啦噼里啪啦,变孙悟空。

啦啦啦啦,啦啦啦啦,噼里啪啦噼里啪啦,哇哈哈哈哈。

啦啦啦啦,啦啦啦啦,噼里啪啦噼里啪啦,哇哈哈哈哈。

活动目标

1. 尝试用欢快的情绪演唱歌曲,感受三拍子节奏并能唱准确。

2. 通过半开放式的图谱操作熟悉歌词,将其他图片替换到歌词中的相应位置,并尝试演唱。

3. 在小组合作的过程中,能够与同伴协商解决问题,体验成就感。

活动准备

1. 物质准备:大图谱、4 个小篓子(4 类愿望小图签)、小黑板、图谱拼图(4 份)、盖布。

2. 空间准备：全体幼儿围坐成大的半圆形。

活动过程 〔创意空间：贯穿整个过程。〕

1. 故事。（教师范唱，幼儿倾听歌曲）

（1）引出歌曲主题。

师：每年过生日的时候，我都会许一个愿望，到今年为止，已经许了很多愿望。你们想知道吗？听好哦！[**教师第1遍范唱。**]

（2）激发幼儿参与表达的兴趣。

师：刚才你们听到我唱了什么愿望？你们有什么愿望？我可以唱。

（3）帮助幼儿理解4种不同类型的愿望。

师：我这里有大家前两天画的愿望。分成两个小组，给这些愿望分分类，然后派代表展示你们的分类结果，还要说出分类的理由哦！

〔注意：教师在此处引导幼儿将愿望小图签放到4个小篓子里。〕

教师继续使用幼儿画的小图签的内容范唱。[**教师第2~5遍范唱。**]

2. 歌词+音乐。

（1）幼儿分成4人一组，边听教师演唱歌曲边集体自选2张同类小图并排序。[**教师第6、7遍范唱。**]

〔注意：教师在演唱歌曲时将A段的愿望全部统一唱成"啦啦啦啦"，以避免干扰幼儿自选排图。〕

〔注意：每个小篓子里是同一种类型的愿望。4个小组各自选一种类型中的2个不同愿望图签。〕

（2）教师轮组检查并引导幼儿将图签内容转换成歌词。

（3）各小组幼儿按照自己排好的图谱轻声跟随教师演唱。[**幼儿第1、2遍跟唱。**]

（4）各小组展示2种愿望的演唱。[**幼儿第3遍跟唱。**]

（5）教师指导集体评价并自我完善。[**幼儿第4、5遍跟唱。**]

3. 其他：导入接唱游戏。

（1）教师邀请第一小组、第二小组各贡献一个愿望小图签，插到事先准备好的大图谱的留白处，组成一幅完整的图谱。

（2）教师组织全体幼儿一起练唱。[**幼儿第 1、2 遍练唱。**]

（3）将（1）（2）流程重复一次，使用第三小组、第四小组贡献的内容。[**幼儿第 3、4 遍练唱。**]

（4）教师将 4 个小组贡献的愿望小图签按照顺序排放在小黑板上。教师唱前半句，各小组幼儿按自己组的愿望小图签接唱后半句。[**幼儿第 5、6 遍练唱。**]

（5）教师邀请有意愿挑战的幼儿每人自选一个愿望小图签，拿在手里。教师走到谁面前，谁就和教师一起演唱自己的愿望。[**幼儿第 7、8 遍练唱。**]

（6）尝试即兴填唱歌词。

师：我好想我好想吃巧克力，我好想我好想变孙悟空，你好想你好想干什么呀？愿意挑战一个人接唱的人可以站到大家前面来！

教师邀请挑战者用耳语方式说出自己的愿望，然后开始最后接唱游戏的终极挑战：教师走到谁面前，谁就和教师一起演唱自己的愿望。[**幼儿第 9、10 遍练唱。**]

〔注意：以上 6 个环节中都是仅在 A 段进行接唱游戏，然后大家一起演唱 B 段。〕

温馨提示

1. 这个活动后面的接唱是比较有挑战性的，需要在大班下学期进行。

2. 接唱的进阶层次。

（1）全体看完整图谱练唱 4 遍。（此处尚无接唱挑战）

（2）每个小组看自己选择的愿望小图签，仅接唱一句，又练习了 2 遍。

（3）愿意挑战的幼儿看自己选择的小图签，每人仅接唱一句，又练习了 2 遍。（此处进入接唱挑战）

（4）选择继续挑战的幼儿凭借心中自选的愿望，每人仅接唱一句，又练习了 2 遍。

3. 自认为有困难的幼儿一般不会选择挑战个人接唱的任务。

4. 若真有参与挑战又不能顺利接唱的幼儿，教师也要以鼓励、等待、支持的态度对待，不要介意歌曲中断。伴奏教师需要注意跟随演唱者，随时化解中断造成的尴尬，将歌曲演唱进行到底。

（2015 年 原创 南京市第一幼儿园 李淑花老师）

案例5:请饭歌

活动结构

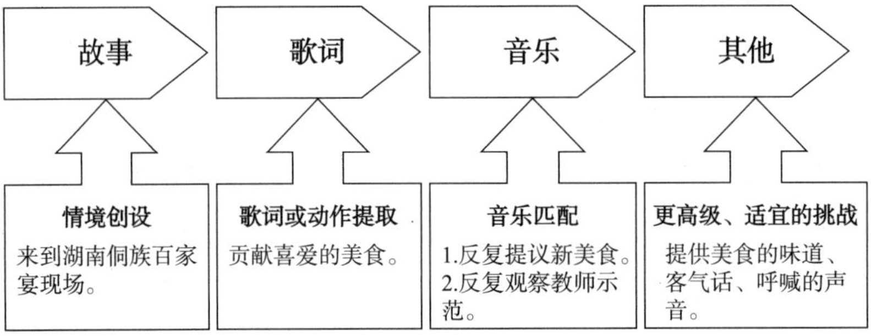

歌曲

请 饭 歌

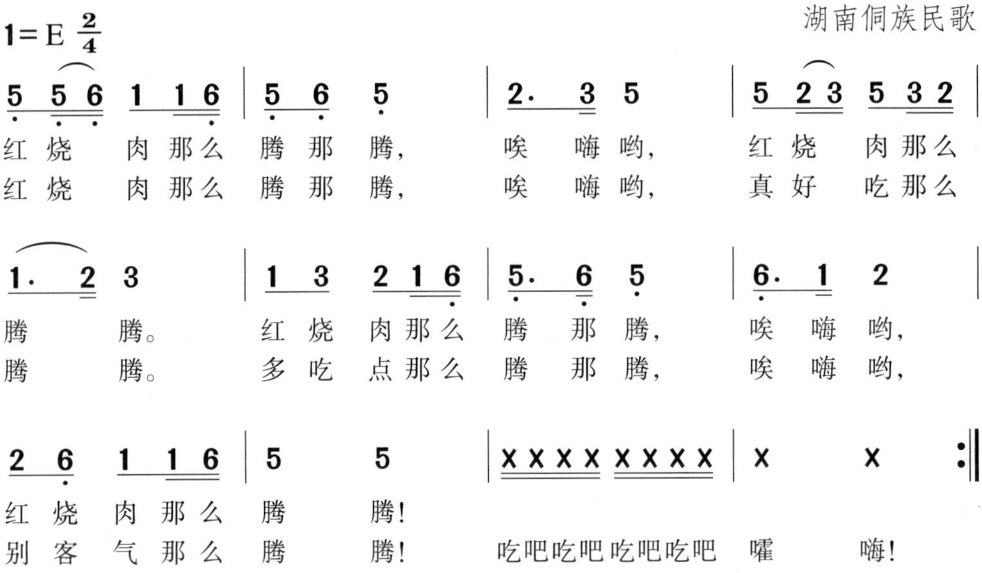

〔注意:此歌作为迎客宴席上主人向客人表达欢迎以及活跃气氛的歌曲,通常都是主持人或志愿者自发演唱的。客人也可以自发回应。一般没有固定歌词,表达的意思如下:

远道来的客人呀,辛苦啦,欢迎大家来做客!

茶饭简单心意浓,别客气,一起先干迎客酒!

许久不见很想念,真高兴,祝福大家都康健!

……〕

活动目标

1. 初步学会演唱这首侗族民歌，感知歌词的规律，了解、积累衬词并体验使用衬词的趣味。

2. 学习使用一一对应的策略填词，即兴歌唱。

3. 学习在假想聚餐场合即兴填唱歌舞表达情感，以及享受与朋友聚会的乐趣。

活动准备

1. 经验准备：幼儿有请客、做客的经验。

2. 物质准备。

（1）有关“百家宴”的图片或视频。

（2）各种美食图片。

3. 空间准备：全体幼儿围坐成大的半圆形。

活动过程 〔创意空间：贯穿活动始终。〕

1. 教师提供情境进入活动。

2. 教师征求一种三字美食名称，导入范唱。〔**教师第 1 遍范唱。**〕

3. 教师继续征求三字美食名称进行范唱。

教师征求四种三字美食名称继续范唱。〔**教师第 2~6 遍范唱。**〕

4. 教师征求其他内容的三字歌词。

（1）征求描述味道的三字歌词（如：真好吃、甜又香……），第五种美食名称重复演唱 2 遍，“真好吃”重复演唱 2 遍。〔**教师第 7 遍范唱。**〕

（2）征求三字“客气话”歌词（如：多吃点、别客气……），第五种美食名称重复演唱 2 遍，“真好吃”“多吃点”各演唱 1 遍。〔**教师第 8 遍范唱。**〕

〔注意：此时教师可以引导幼儿慢慢进入跟唱。〕

（3）再次征求一种“客气话”歌词。第五种美食名称、“真好吃”、“多吃点”、“别客气”各演唱 1 遍。〔**教师第 9 遍范唱**〕

5. 不断完善歌曲的演唱。

〔注意：此时教师应鼓励幼儿大胆跟唱。〕

6. 在教师的指导下，加入呼喊、移动、舞蹈动作，边唱边表演整首歌曲。

温馨提示

1. 各方面发展正常的大班幼儿一般能够提供三字美食名称歌词。

2. 最后的呼喊可以是其他二字词语。原歌词为:“饮那饮那饮那饮那嚯——嗨!”应该是古语“劝酒”的呼喊声。

3. 习俗:无论是圆桌还是长桌,舞蹈时大家起立按顺时针或逆时针方向边舞蹈边移动两大乐句,再反方向移动回到自己的位置。(真实的宴席上,应从自己使用过的餐具出发,再回到自己所用餐具的位置)

4. 呼喊时通常会面对同伴,产生快乐情绪的共鸣。

5. “依次提供歌词”即教师按顺时针或逆时针方向,一个挨一个地征求学习者的建议。

案例6:祝福歌

活动结构

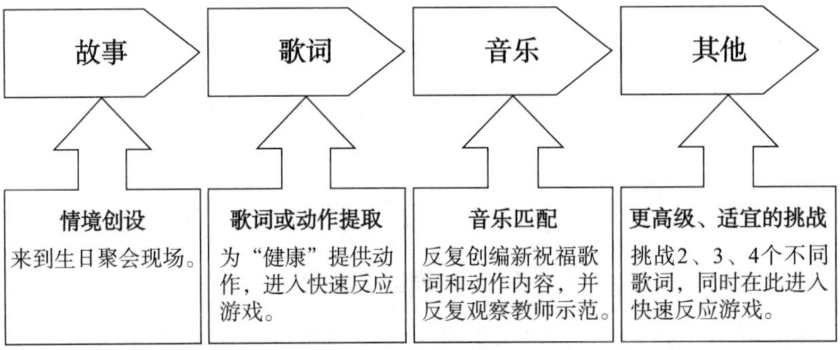

歌曲

祝 福 歌

海南黎族民歌

1=D $\frac{2}{4}$

5 55 | 61 2 | 15 61 | 2. 3 2 |
你 要想 健 康 你就 喝一 杯 呀,

5 55 | 61 2 | 15 66 | 5 - |
你 要想 健 康 你就 喝一 杯。

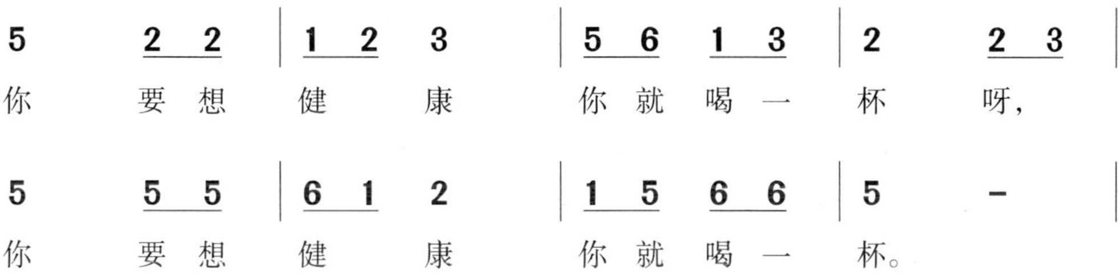

原歌词一（祝福歌）：

你要想健康你就喝一杯呀，你要想快乐你就喝两杯。

你要想平安你就喝三杯呀，你要想幸福你就喝四杯。

原歌词二（待客歌）：

客人他来了你就端张凳呀，客人他来了你就倒杯茶。

客人他来了你就问声好呀，客人他来了你就唱首歌。

原歌词三（送别歌）：

你要是爱我你就回回头呀，你要是爱我你就挥挥手。

你要是爱我你就留下来呀，你要是爱我你就跟我走。

活动目标

1. 继续学习用“从‘一A到底’开始”的方法学习新歌。

2. 学习创编新词的同时为新词创编动作符号。

3. 学习实事求是地选择自己能够胜任的“快速反应”游戏的难度。

活动准备

1. 经验准备：幼儿需要积累一定的祝福语。

2. 物质准备：可以有生日聚会的图片和幻灯片一张（非必需）。

3. 空间准备：幼儿围坐成一个大的半圆形。

活动过程

1. 故事。

（1）进入“同伴庆生”情境，理解小朋友需要用水、牛奶、果汁等来“干杯”。

（2）简单交流与祝福语相关的原有经验。为教师提出的祝福语“健康”创编动作表征符号。

（3）倾听教师用“健康”版歌词范唱的歌曲，同时进行动作表征。玩“听信号快速反应”游戏,听到“健康”二字立刻做前面创编的表示健康的动作。[**教师第 1~3 遍范唱。**]

〔注意:通常需要重复两三遍才能达到注意力集中和反应接近准确。此时需用赞扬的话语让幼儿感到努力成功!之后暂停“听信号快速反应”游戏。〕

2. 歌词:反复倾听范唱。〔创意空间:反复提供新的祝福语。〕

(1) 向教师提供新的祝福语,同时创编该祝福语的动作表征符号。

(2) 反复倾听教师演唱新版歌词,观看教师的动作。[**教师第 4~9 遍范唱。**]

3. 音乐:幼儿尝试跟唱。

(1) 从第 7 遍范唱开始,教师就可以接纳甚至鼓励幼儿跟唱。

(2) 专门带领幼儿跟唱 2 次。[**幼儿第 1~4 遍练唱。**]

4. 其他: 重新开始玩“看信号快速反应”游戏。

(1) 挑战层级一:看教师提前一拍出示的“动作符号”,即兴演唱 3 次,4 句相同的歌词版本。[**幼儿第 5~7 遍练唱。**]

(2) 挑战层级二:看教师提前一拍出示的“动作符号”,快速反应即兴演唱,4 句相同的歌词版本。[**幼儿第 8~9 遍练唱。**]

(3) 挑战层级三:看教师提前一拍出示的“动作符号”,快速反应即兴演唱,2 句相同的歌词版本。[**幼儿第 10~11 遍练唱。**]

(4) 挑战层级四:看教师提前一拍出示的“动作符号,”快速反应即兴演唱,3 句或者 4 句不同的歌词版本。[**第 12 遍左右练唱。**]

〔注意:本层次全部改成“看信号快速反应”游戏,挑战层级应该交由幼儿自己选择。〕

〔注意:以下可作为师训内容,或幼儿在另外的时间慢慢逐步学习。〕

5. 进入“家中来客”情境,继续创编《礼貌歌》。

6. 衔接“家中来客”情境,继续创编《告别歌》。

7. 自选情境,继续创编其他内容的新歌曲。

温馨提示

1. 大班幼儿学习活动大约应止于“挑战 1、2”。

2. 大班幼儿可以有一定的高频“祝福语”积累。

3. 大班幼儿可以学习积累一定的低频“祝福语”。

4. 除了可以引导幼儿学说“幸福”“快乐”“健康”“平安”等祝福语，还应该引导幼儿认识勇敢、善良、聪明、强壮、诚实、勤劳这些有关优秀品质的词语。这些词语也可以作为祝福语来使用。

5. 特别注意：不要引导幼儿说“发财”“有钱”等词语。

案例 7：爷爷一定有办法

活动结构

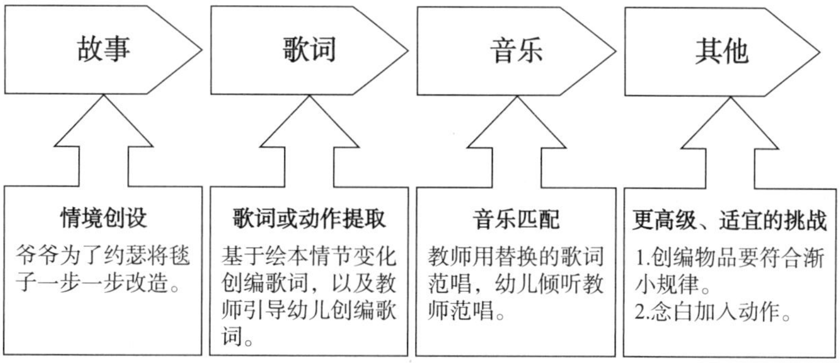

歌曲

爷爷一定有办法

韩德常　原曲
张玥玥　改编词

4 6 5 | 6·5 6 5 | 4 6 5 | X· 6 5 | 3 3 2 2 | 1 0 ‖

缝 一 缝 变 成(领 带) 还 能 用 嘿! 爷 爷 一定 有办 法!

〔注意:原曲为韩德常作曲、许浪作词的《粗心的小画家》,教师根据需要改编歌曲,并重新填词。〕

〔注意:与原曲相比,新歌曲中第5、6小节加入了念白“怎么办,怎么办”,第11、12小节加入了念白“还能用,还能用”,显得更加诙谐有趣。其中第19小节中的“变成(领带)”中的括号内部分,由幼儿创编而来。〕

活动目标

1. 初步熟悉歌曲的旋律、结构,学唱歌曲《爷爷一定有办法》。

2. 在绘本情境和图片线索的帮助下,理解歌曲中的逻辑顺序,尝试替换爷爷做出的新物品,创编歌词并演唱。

3. 愿意表演歌曲,感受爷爷变废为宝的智慧和浓浓的爱。

活动准备

1. 物质准备。

(1)《爷爷一定有办法》绘本。

(2) 图谱底板。

(3) 画笔。

2. 空间准备:全体幼儿围坐成大的半圆形。

活动过程

1. 故事。

教师出示绘本故事图片,导入活动。

师:当约瑟还是个小宝宝的时候,爷爷为他缝了一条奇妙的毯子,那时毯子很舒服,可以把噩梦通通赶跑。可是约瑟渐渐长大了,毯子变得破了旧了,怎么办呢?

〔注意:设置悬念,引导幼儿倾听。〕

2. 歌词。

根据绘本内容,教师引导幼儿发现爷爷把毯子缝成其他物品,并转换成歌词。

3. 音乐。(初步倾听范唱,了解新歌歌词和句式结构)

(1) 教师范唱(AAA),出示绘本图片及图谱(如下图),幼儿初步感知歌曲的旋律和歌词内容。[**教师第 1~2 遍范唱。**]

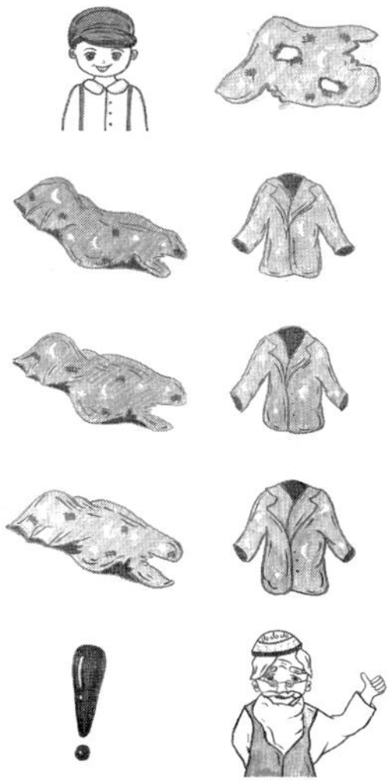

(2) 教师继续出示绘本图片,请幼儿观察爷爷将毯子缝成了背心,替换成歌词,幼儿倾听范唱(ABB)并改换图谱。[**教师第 3 遍范唱。**]

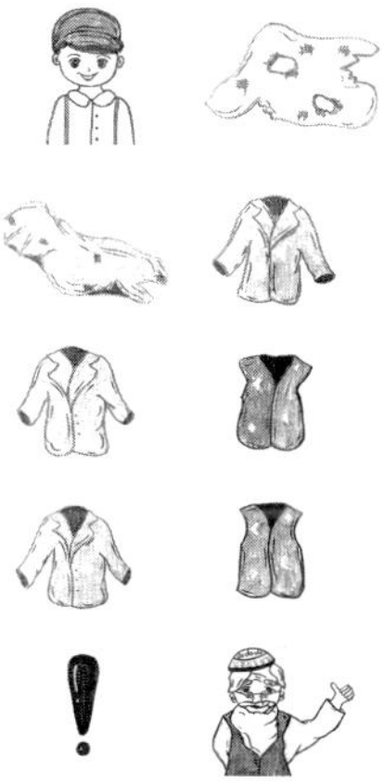

〔注意:此处由教师改换图谱,需要同时更换第 3、4 行的四幅图谱。〕

4. 其他。(教师使用幼儿提供的歌词范唱及带唱)

〔创意空间:幼儿根据绘本内容,理解物品变换的逻辑规律,拓展"建库"思路,尝试继续创编新歌词。〕

(1) 教师结合图谱,再次梳理故事情节,幼儿替换,教师完整范唱(ABC),幼儿绘画,改换图谱。[**教师第 4~5 遍范唱。**]

〔注意:帮助幼儿理解由毯子变成外套再变成背心,物品越变越小的规律。〕

师:时间长了,约瑟的背心也变得破了旧了,你们觉得背心可以做成什么? 谁能画出来?

〔注意:在此开始引导幼儿进行新的创编。幼儿将创编的内容绘制在空白图谱上。〕

师:爷爷把背心缝一缝,变成××还能用。你们听我来唱一唱,看看要把图片摆在哪里?

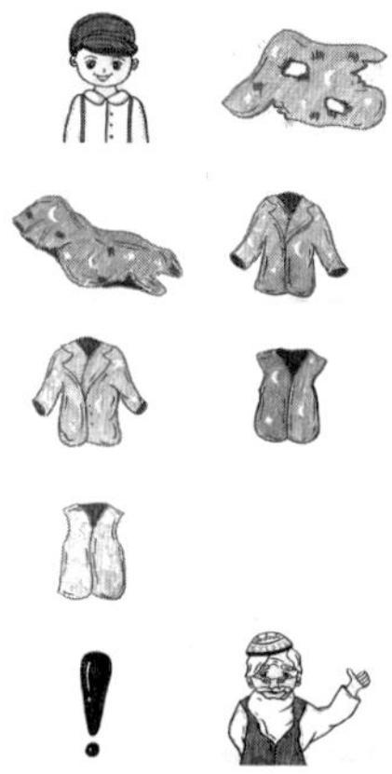

〔注意:此时,请幼儿上前改换图谱,引导幼儿发现第四行两张图谱都需要调整。教师根据幼儿的实际情况,考虑是否多加一次范唱。〕

(2) 教师再次梳理歌词内容,幼儿学唱歌曲。

师:约瑟的奇妙毯,时间长了,变得又破又旧,怎么办呢? 爷爷先把毯子缝一缝,变成了外套还能用。后来爷爷又把外套缝一缝,变成了背心还能用。后来你们又想到把背心缝一缝,变成××还能用,我们一起来唱一唱吧。[**幼儿第 1 遍练唱。**]

〔注意:在此过程中,教师带唱,并倾听幼儿练唱时出现的问题与困难。〕

(3) 反思歌唱中出现的问题,进一步明确歌词。

师:你们觉得这遍唱得这么样? 哪里不清楚?

〔注意:大班幼儿已经具有一定的自我反思能力,教师可先请幼儿反思刚才歌唱的过程中有无问题,针对他们提出的个别歌词问题给出解决方法。〕

(4) 教师鼓励幼儿再次练唱。

师:这次我不唱了,我指图请你们唱一唱。[**幼儿第 2 遍练唱。**]

(5) 幼儿再次创编,替换部分歌词(ABD),补充绘制图谱。

师:背心除了可以变成××,还能做成什么?谁会画?我们把它唱进歌曲里。[**幼儿第3遍练唱。**]

(6)教师逐步退出,幼儿完整演唱。[**幼儿第4遍练唱。**]

〔注意:教师根据幼儿的实际掌握情况,考虑逐步退位,如指图轻声范唱、指图口型提示、不范唱但指图、不范唱不指图等。〕

(7)引导幼儿演唱时加入动作。

师:我们还可以在念白的地方加入动作,"怎么办"可以做什么动作?"还能用"可以做什么动作?这次我们一边做动作一边唱。

(8)欣赏绘本后续情节。

师:我们一起来看一看,在故事里,爷爷又想了什么办法。

一条看上去没用破旧的毯子,经过爷爷的巧手,变成了这么多新的宝贝,爷爷真的太厉害啦!我们也要向爷爷学一学,多动脑筋学着废物利用!约瑟也感受到爷爷的爱,把这个奇妙的经历写成了一个长长的故事,就像我们把它唱成了歌。这首歌的名字就叫作《爷爷一定有办法》。

〔注意:讲述绘本后续的情节,进行情感价值观的提升。引导幼儿感受爷爷对约瑟的爱,以及变废为宝的环保精神。〕

温馨提示

1. 特别说明:本活动内容取材自绘本《爷爷一定有办法》。绘本讲述了一位心灵手巧的爷爷将小孙子约瑟的旧毯子缝缝补补,一步步变成外套、背心、领带、手帕、纽扣的过程,告诉孩子要多动脑筋、勤于动手、节约资源、变废为宝的道理。其故事情节有趣、结构规整、富有内涵,非常适合与歌曲相结合,于是教师设计出创新性的歌唱活动。结合故事有趣的基调,教师选择了曲风较为诙谐的《粗心的小画家》的旋律,结合绘本内容进行构思筛选,将歌词进行重新填写,得到创意歌曲《爷爷一定有办法》。

(1)歌曲由5句歌词(和念白)组成,开头和结尾为固定歌词,不做改变。中间3句歌词为"一A到底"的部分,为幼儿提供一个"模型",并逐步根据情节内容进行创编。

(2)先倾听AAA;再倾听ABB;然后再创编,倾听ABC;进而再进行学唱和创编替换。

（3）通过观察绘本图片，替换、创编歌词，幼儿逐步理解毯子一步步变为越来越小的物品的内在逻辑规律。

2. 教师在引导幼儿练唱时，注意时刻关注幼儿的掌握情况，调整自己的策略，逐步进行退位，如由指图高声范唱、指图轻声范唱、指图口型提示、指图不范唱、不指图不范唱等。

3. 在体验歌曲有趣的同时，需注重情感态度价值观的渗透。爷爷变废为宝的过程，是一种环保意识的体现，爷爷为约瑟做这么多，是浓浓爱意的体现，引导幼儿在潜移默化中感受这样的人文素养。

（2021 年 原创 南京市游府西街幼儿园 张玥玥老师）

案例 8：年夜饭

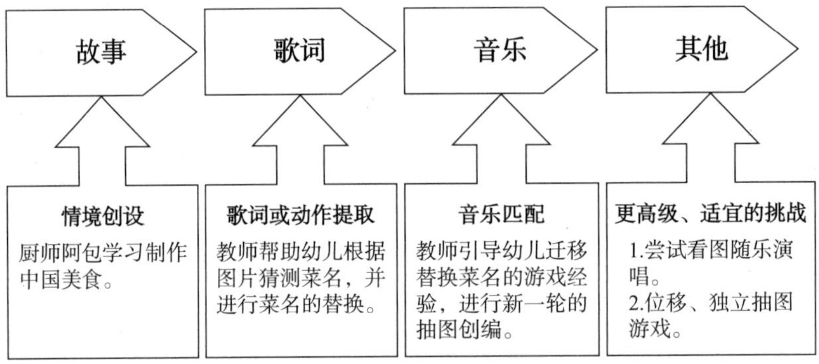

歌曲

年 夜 饭

林 海 作曲

南师大幼儿园音乐组 填词

1＝C $\frac{2}{4}$

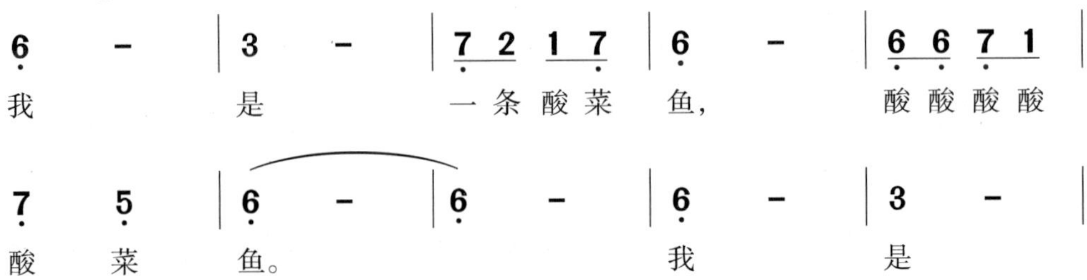

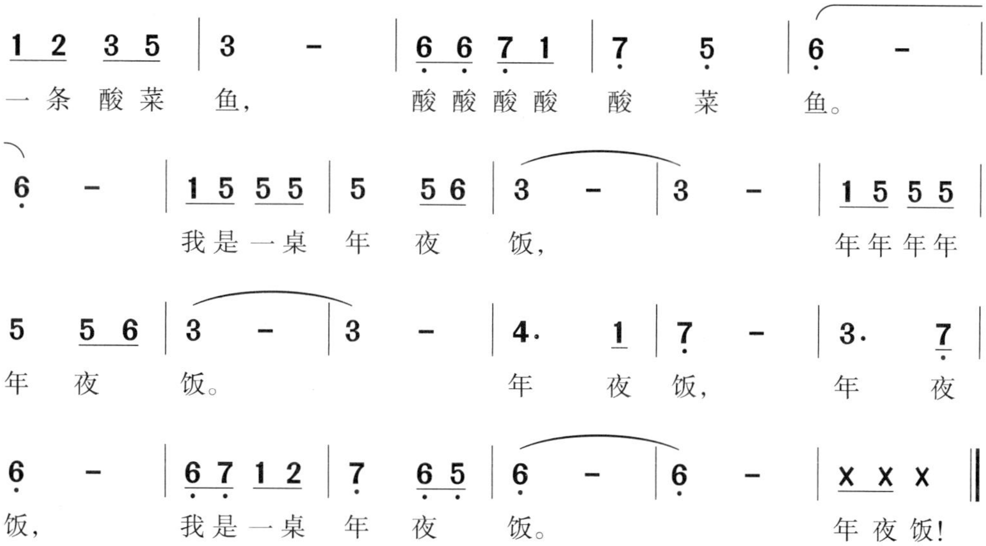

活动目标

1. 熟悉歌曲旋律，在图片暗示下理解歌词结构，并用自然的声音学唱歌曲《年夜饭》。

2. 在制作美食的图片线索中猜测食谱，替换歌词歌唱；能给随机抽取的食谱匹配适宜量词，创意演唱歌曲。

3. 感受中国过年美食的多样性，体验歌唱美食时的愉悦心情。

活动准备

1. 经验准备。

(1) 幼儿知道过年的习俗。

(2) 幼儿品尝过新年的美食。

2. 物质准备。

(1) 菜肴图片、百宝盒。

(2) 图谱。

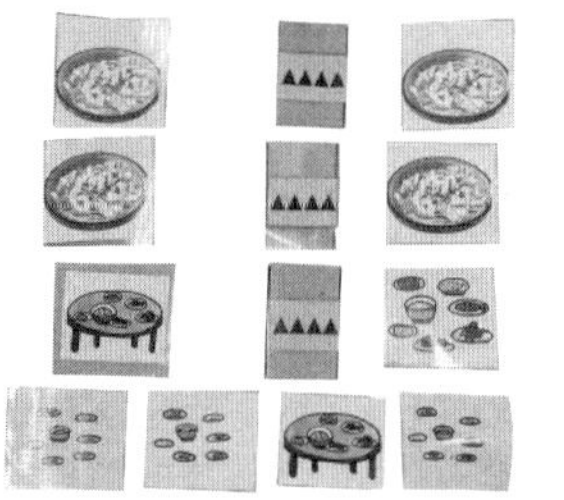

图谱 1

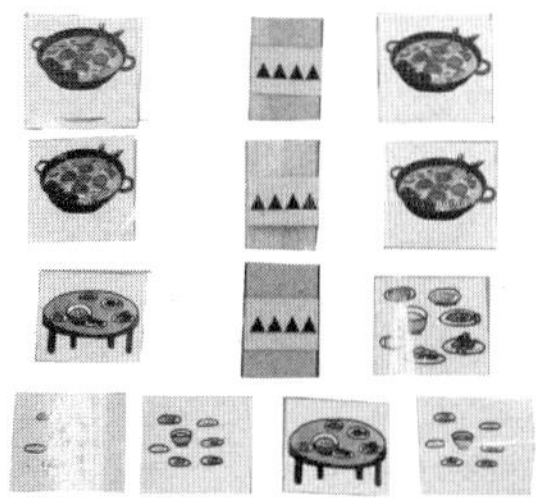

图谱 2

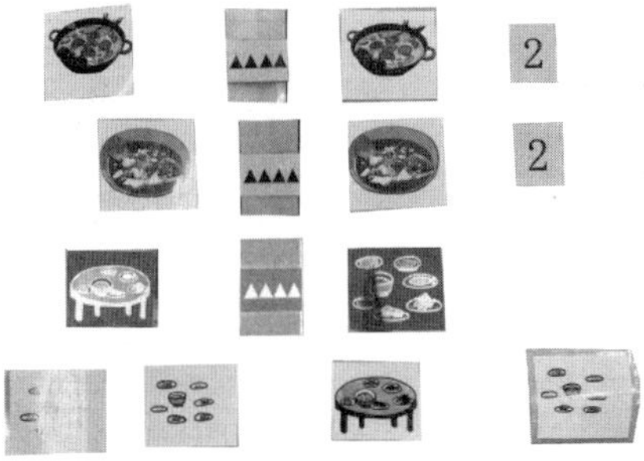

图谱 3

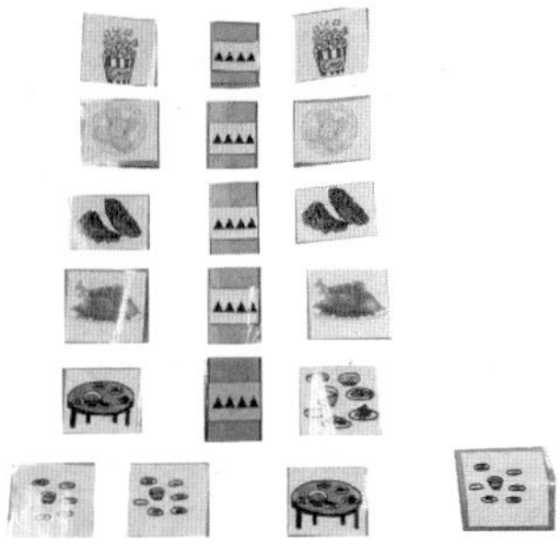

图谱 4

（3）幻灯图片。

图 1

图 2

图 3

图 4

图 5

图 6

图 7

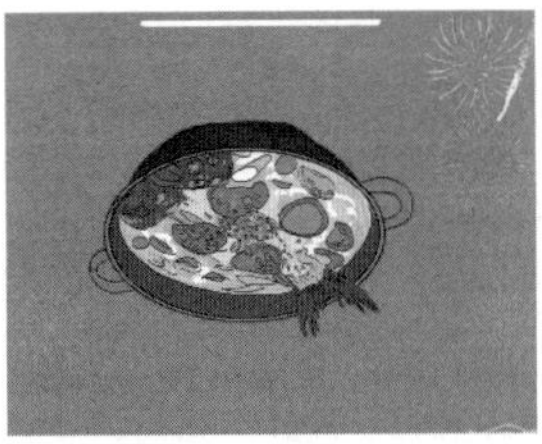

图 8

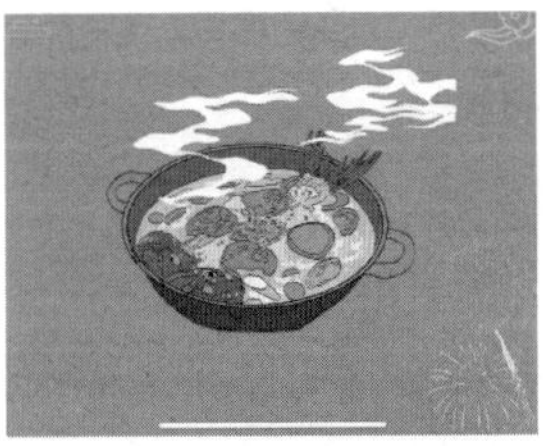

图 9

图 10

图 11

图 12

图 13

图 14

3. 空间准备:全体幼儿围坐成大的半圆形。

活动过程

1. 故事。

师:阿包是一位外国厨师,春节时他来到了中国,听说在中国春节的时候每家每户都会围坐在一起吃年夜饭。阿包受到了人们的热情邀请,在年夜饭的饭桌上,他尝到了一道非常好吃的菜。你们听一听到底是什么菜呢?(出示幻灯图 1 至图 4)[**教师第 1 遍范唱。**]

2. 歌词。

(1) 再次倾听教师范唱歌曲,巩固部分歌词内容。

师:"我是一条酸菜鱼"这句话,我唱了几遍呢?请你们再听一听。[**教师第 2 遍范唱。**]

(2) 通过图谱,进一步巩固熟悉歌曲结构。

师:阿包很喜欢这道菜,于是问别人要来了酸菜鱼的制作配方,我们一起来看一看这个制作配方吧。(出示图谱 1)

师:嗯,现在酸菜鱼还差一些火候,我们再来煮一煮,请你们看一看这张配方(图谱 1)上的这些三角形的图标又是什么意思呢?[**教师第 3 遍范唱。**]

师:刚刚是我一个人帮助阿包制作酸菜鱼,这次如果多一些人帮助阿包,也许就能更快地做好酸菜鱼。[**教师第 4 遍范唱。鼓励幼儿部分哼唱。**]

师:哇,恭喜阿包成功学会了酸菜鱼的制作方法(出示幻灯图 5),制作配方被阿包收录进了他的美食秘籍里(出示幻灯图 6)。

3. 音乐。

(1) 教师出示美食线索,尝试根据图片找出新菜的名字。

师：这个时候，有人告诉阿包，在中国，除了酸菜鱼，还有很多食材也能和鱼在一起制作出美食，（出示幻灯图7）比如：你们觉得番茄和鱼一起能制作出什么美食呢？

（2）熟悉图谱结构，并尝试替换部分图谱内容，看图演唱歌曲。

师：我这里刚好有番茄鱼的配方，你觉得应该放在哪里呢？（幼儿上台摆放图谱）这个配方对不对呢？我们一起来看一看。（出示图谱2）[**师幼第1遍演唱。**]

师：番茄鱼的配方对吗？这次我们一起来和阿包做番茄鱼吧。[**师幼第2遍演唱。**]

师：番茄鱼制作完成（出示幻灯图8、图9），番茄鱼的制作配方也被阿包收录进了他的美食秘籍里（出示幻灯图10）。

4. 其他。（教师鼓励幼儿替换部分歌曲）

〔创意空间：这是丰富幼儿生活经验、考验幼儿生活常识的挑战，幼儿根据提供的菜肴的配菜线索，尝试说出菜肴的名称，并尝试替换到歌曲A段中。〕

（1）幼儿尝试通过线索替换新菜肴，幼儿练唱。

师：阿包说，酸菜鱼很好吃，番茄鱼也很好吃，但是，（出示幻灯图11）他有点糊涂了，到底这些食材能和鱼做出什么样的美食来呢？你们来帮他选一选。

师：下面阿包想要尝试一次制作两种菜肴，一道菜是××。美食配方的旁边增加了一个"2"你们知道是什么意思吗？（出示图谱3）你能跟着阿包来制作这两道菜吗？[**师幼第3遍演唱。**]

〔注意：原本的歌曲结构为演唱一道菜的菜名，唱AB结构："我是一条番茄鱼，番番番番番茄鱼。我是一条番茄鱼，番番番番番茄鱼。我是一桌年夜饭，年年年年年夜饭。年夜饭，年夜饭，我是一桌年夜饭。年夜饭！"现在增加一道菜的名字，即歌曲结构变为A(a1a2) B："我是一条番茄鱼，番番番番番茄鱼。我是一条番茄鱼，番番番番番茄鱼。我是一条水煮鱼，水水水水水煮鱼。我是一条水煮鱼，水水水水水煮鱼。我是一桌年夜饭，年年年年年夜饭。年夜饭，年夜饭，我是一桌年夜饭。年夜饭！"〕

（2）教师引导幼儿根据线索替换两道菜名，尝试练唱。

师：下面，我们要跟着阿包一起制作什么好吃的鱼呢？（出示幻灯图11）[**师幼第4遍演唱。**]

（3）在抽图游戏中初步感知量词。

师：阿包说，这些和鱼有关的菜都很好吃，年夜饭的饭桌上还有很多美食，我真想再学几道菜。我们现在就带着阿包去年夜饭的餐桌上看一看吧。（出示幻灯图12、图13）

师：年夜饭的美食菜单就在我的百宝盒里，请你来抽一张，然后把这道菜放进我们的美食食谱里（出示图谱4）。**[师幼第5~6遍演唱。]**

〔注意：① 邀请4位幼儿抽图，每人抽取一道菜，并尝试把菜肴的图片放进图谱中；② 每位幼儿根据抽取的图片，尝试用“一+量词+菜肴名称”的模式说出来，例如：一盘臭豆腐；③ 将原先的歌曲结构，即两道菜的A（a1a2）B，累加为四道菜的结构，即A（a1a2a3a4）B。〕

（4）师：阿包学会了很多中国年夜饭中必不可少的美食，等他回到他的国家，在新年的时候就能做出有中国味道的年夜饭给朋友们品尝啦。（出示幻灯图14）

温馨提示

1. 情境贴近幼儿新年吃年夜饭的生活经验。该活动融合了多学科知识，如社会领域的新年习俗、健康领域对菜肴名称和菜品组成的基本认识、语言领域的量词的使用等等。

2. 在音乐活动中，利用“一A到底”的思路，让幼儿在熟悉曲式结构这个“支架”的同时，拓展思路，为创编和替换做了前期铺垫。

3. 此活动中，图片和图谱的使用，便于幼儿理解和记忆歌曲的基本曲式结构。幻灯图片的使用推进了故事情境的发展，每一种菜肴制作完成、收录进美食宝典，都无形中给予孩子们情感的激励与认可，激发了孩子们的参与兴趣与积极性。

（2021年 原创 南京师范大学幼儿园 甘文慧老师）

案例9:壳儿去旅行

活动结构

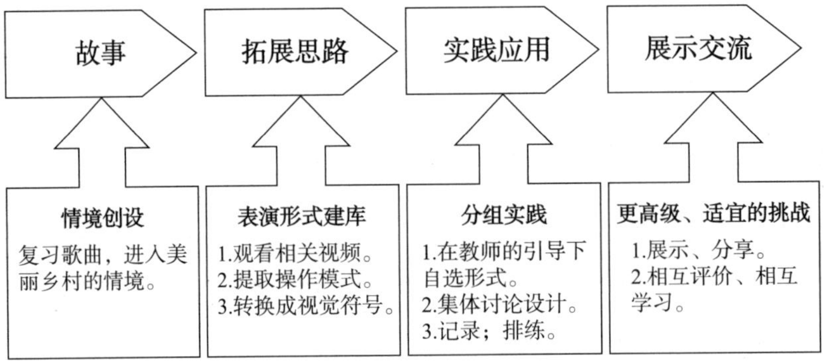

歌曲

壳儿去旅行

1=D $\frac{2}{4}$　　　　薛海峰　南　波　词曲

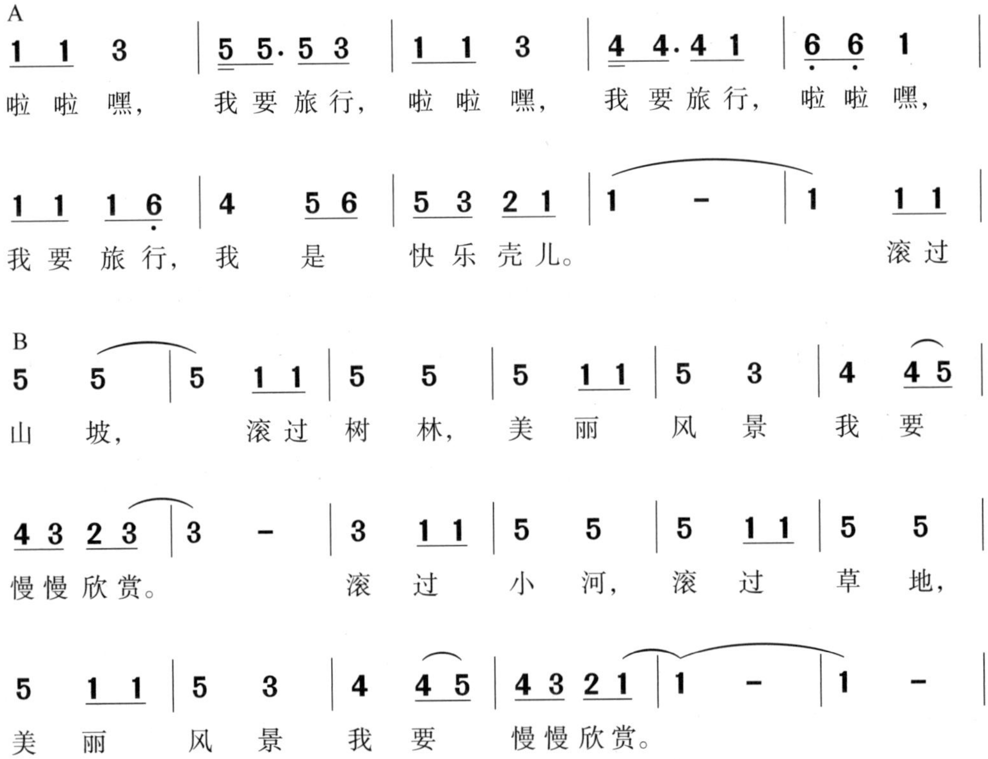

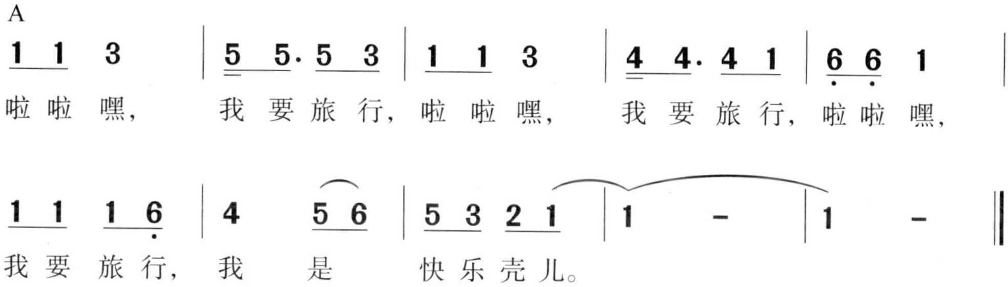

朗诵节奏和内容举例：

今 天 | 阳光 灿烂 | 今 天 | 阳光 灿烂 | ……

今天 阳光 灿烂 （4 拍语言节奏基石）

壳儿带着 指南针 去旅 行（4 拍语言节奏基石）

帮助 小鸟 找到了 家 （4 拍语言节奏基石）

壳儿带着 指南针 去旅行 指南 针 用处 大（8 拍语言节奏基石）

指南针 用处 大 帮助 小鸟 找到了 家（8 拍语言节奏基石）

帮助 小鸟找到了 家 团结 友爱 力量 大（8 拍语言节奏基石）

匹配建议：

1. 加在 A 段下面。

2. 先念 8 拍节奏朗诵再进入歌曲演唱。（4 拍的应重复一遍）

3. 由于 A 段有 10 个小节，4 拍节奏基石可以重复 5 遍，8 拍节奏基石重复 2 遍，还多出了几拍，可以处理成休止，也可以将节奏基石处理成仅念前面 4 拍。

〔注意：第一行为歌词，其余各行建议为节奏朗诵。〕

原歌词：《宇宙护卫队》主题歌

A

啦啦嘿，闹钟在响，啦啦嘿，快快起床，啦啦嘿，伙伴在身旁，一起度过快乐时光。

啦啦嘿，警报在响，啦啦嘿，炫酷变装，啦啦嘿，飞船闪亮，我们是宇宙护卫。

B

越过高山，越过海洋，美好故事与你一起分享。

迎着阳光，徽章闪亮，

梦想正起航。(节奏念白)广阔的天空让我翱翔,辽阔的大地任我闯荡。风暴闪电,绚丽的彩虹,无所畏惧,勇闯前方。

A

啦啦嘿,警报在响,啦啦嘿,炫酷变装,啦啦嘿,飞船闪亮,我们是宇宙护卫。

活动目标

1. 在能基本熟练地演唱新歌的前提下,学习为新歌叠加念白的二声部,并初步感知三声部演唱的乐趣。

2. 学习探索和使用合唱配合的基本标准;自主选择二声部的内容,并在教师帮助下转换成4拍或8拍的念白。

3. 努力按照合唱的标准调整自己所唱声部的速度、力度,体验合作和谐的美好和愉悦。

活动准备

1. 经验准备。

(1) 幼儿已熟悉故事。

(2) 幼儿能创编表现故事主要内容的语句。

〔注意:这是由教师和幼儿在大课程背景下主动创造出来的“语言情境节奏基石”。〕

(3) 幼儿已经将创编的语句转换成“前书写”图标。

2. 物质准备。

(1) 系列幻灯图片。

- 在风景美丽的山坡,有乌龟的家,乌龟正在睡觉,梦见乌龟壳在和自己告别。
- 山坡下,没有壳的乌龟做寻找状,表情难过。山坡上有一些石头和花草,有一个东西特别像是隐藏起来的乌龟壳。但并不是。
- 树林里,没有壳的乌龟做寻找状,表情难过。树林里有一些石头和花草,有一个东西特别像是隐藏起来的乌龟壳。但并不是。
- 小河边,没有壳的乌龟做寻找状,表情难过。河床上有一些石头和蚌壳,有一个东西特别像是隐藏起来的乌龟壳。但并不是。
- 草地上,没有壳的乌龟做寻找状,表情难过。山坡上有一些石头和花草,有一个东西特别像是隐藏起来的乌龟壳。但并不是。

- 寻人启事幻灯:亲爱的壳儿(图:一个爱心,一个龟壳,一个冒号),快回来吧,我想你!(招手的手,一个在云朵里的爱心,一个感叹号)落款"爱你的乌龟"(一个爱心,一个乌龟)。

〔注意:类似的内容,最好是教师和幼儿讨论出来,幼儿自己画出来的。〕

- 第一张幻灯片的背景:回到家的乌龟正抱着乌龟壳大哭。

(2) 有可能转换成二声部图谱的歌曲图谱,一共两份。

- 以下是师幼在学习过程中共建的可能转换成二声部的歌曲图谱,仅供参考。

- 以下是师幼在学习过程中共建的"节奏念白内容图库",仅供参考。

前书写图画释义:

今天阳光灿烂,壳儿带着指南针去旅行。

有一只小鸟(蜜蜂)找不到家。

指南针用处大,帮助小鸟(蜜蜂)找到了家,

唱起歌儿真高兴,团结友爱顶呱呱。

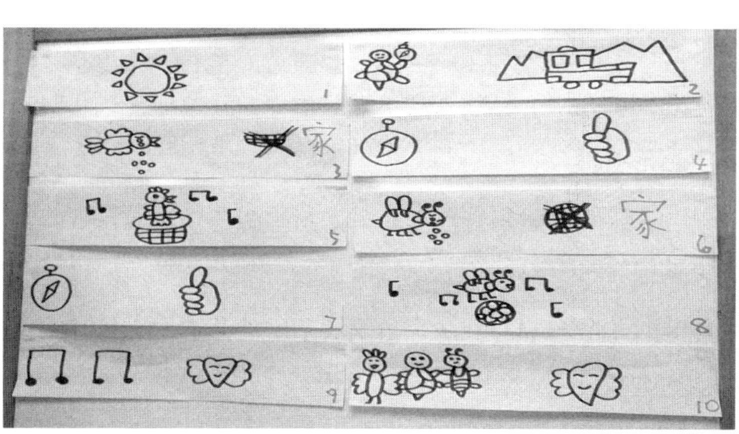

- 以下是第一次“4 拍”念白，叠加二声部时幼儿的第一次选择。

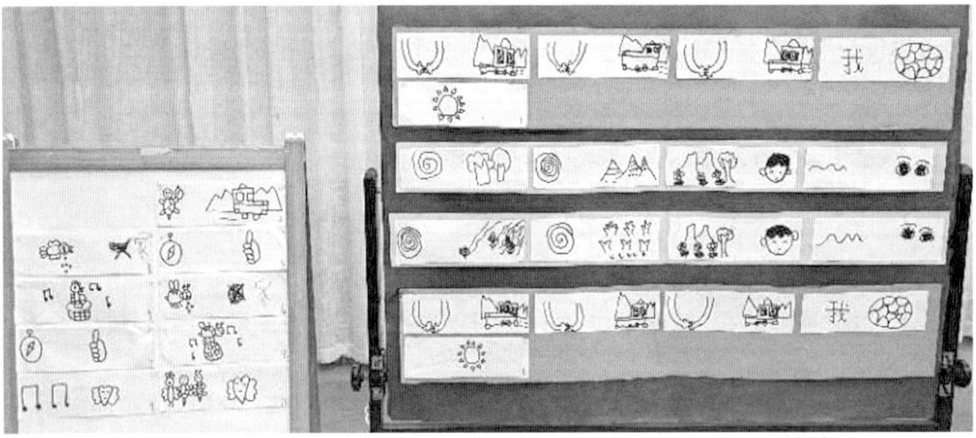

〔注意：由于段 A 和再现 A 都需要图片提醒，因此每张图片需要准备两份。〕

(3) 两块大黑板，一块小黑板。

3. 空间准备：全体幼儿围坐成大的半圆形。

活动过程

第一课时的活动流程

1. 故事。（进入故事情境）

2. 歌词。在系列情境幻灯片的吸引下反复感知、记忆歌曲。

(1) 教师出示第一张幻灯，代表乌龟邀请幼儿帮助寻找它的壳。（原绘本故事中，乌龟把自己的壳赶走了）[**教师第 1 遍范唱。**]

(2) 教师出示第二张幻灯，代表乌龟继续请求幼儿帮助寻找它的壳。（没有找到）[**教师第 2 遍范唱。**]

(3) 教师出示第三张幻灯，代表乌龟继续请求幼儿帮助寻找它的壳。（没有找到）[**教师第 3 遍范唱。**]

(4) 教师出示第四张幻灯，代表乌龟继续请求幼儿帮助寻找它的壳。（没有找到）[**教师第 4 遍范唱。**]

(5) 教师出示第五张幻灯，代表乌龟继续请求幼儿帮助寻找它的壳。（没有找到）[**教师第 5 遍范唱。**]

(6) 教师：我们代表乌龟在网上发个寻人启事吧！

(7) 教师:我们再帮乌龟唱一次歌,再等等,也许它的壳就回来了。[**幼儿第1遍试唱。**]

(8) 教师出示第六张幻灯,感谢大家的帮助。

3. 音乐。(反复练唱、反思评价,逐渐达到初步熟练)[**大约练唱10遍。**]

教师出示师幼共建的歌曲图谱,帮助幼儿在图谱的支持下练唱。

4. 其他。(用撤去图谱的方法帮助幼儿检查熟练程度,挑战幼儿努力摆脱对图谱的依赖)

〔注意1:一首新歌的学习过程,一般需要倾听范唱5遍及以上才能够形成清晰、准确的"听觉表象"。此时开始模唱,一般不大容易出现错误。大约需要练唱10遍及以上,才能基本达到正确、流畅地独立演唱的水平。〕

〔注意2:以上内容至少需要一课时完成,以下活动流程也至少需要一课时来完成。〕

第二课时的活动流程

〔创意空间:幼儿将自己绘制的故事情节转换成节奏朗诵,叠加第二声部。〕

1. 叠加4拍节奏念白。

(1) 教师出示幼儿在前期活动中创编绘制的故事节奏念白内容图库,请幼儿选择一张,贴到歌词图谱上,再帮助幼儿转换成4拍的节奏念白。如:今 天 | 阳光灿烂 |。

〔注意:记得前述案例"从语言中抽取节奏基石"的奥尔夫创作教法策略吗?〕

(2) 主班教师和幼儿演唱歌曲,配班教师念白。(根据实际情况适当重复)

(3) 交换角色。(根据实际情况适当重复)

(4) 幼儿分成两组,一组演唱歌曲,一组念白。(根据实际情况适当重复)

(5) 交换角色。(根据实际情况适当重复)

(6) 教师引导幼儿学习评价标准一:两个声部的声音要一样大,相互能够听见对方。

2. 两组各自叠加4拍节奏念白。

(1) 幼儿分成两组,每组从图库中选择一张,贴到歌词图谱上。教师再帮助幼儿转换成4拍的节奏念白。

（2）每组分别转换、练习。（主班、配班老师各辅导一组）

（3）展示、交流、评价。

（4）教师引导幼儿学习评价标准二：两个声部的每个人都必须完全正确、熟练，才能保证整齐。有人因为不会就不唱，声音会变小；有人唱错，就会不整齐。

3. 尝试8拍节奏念白。

（1）两组幼儿分别从总图库中选择两张，贴到歌词图谱上。教师再帮助幼儿转换成8拍的节奏念白。

（2）每组分别转换、练习。（主班、配班老师各辅导一组）

（3）展示、交流、评价。

〔注意：如果再拓展成16拍的节奏语言念诵，不就是大家所熟悉的时尚音乐表演形式“随乐 rap”了吗？〕

（4）教师引导幼儿慢慢学习使用两个评价标准来提升演唱质量。

4. 欣赏A段累加二声部的合唱。

（1）幼儿分成两个声部跟随配班的琴声演唱已经比较熟练的环节4所唱的版本。主班演唱A段第三声部：哦 － 嘿 －！（5遍）

（2）主班教师允诺下次和幼儿一起尝试全曲三声部的演唱。

温馨提示

1. 该活动完全由南京市石杨路幼儿园的老师和幼儿于2019年秋季在大班上学期逐渐建构而成。所以说，是经过实践检验切实可行的。

2. 原歌曲是一部动画片主题曲。变换情境，调整歌词，是这所幼儿园经常使用的设计策略。中班活动“蚂蚁搬豆”也是这所幼儿园原创的。其他还有更多，因篇幅有限，不一一介绍。

3. 该幼儿园长期进行“前书写”教学和“从绘本到班本戏剧”的建构性课程。所以说，尽管活动切实可行，但也需要教师有相应的教学经验。

4. 一般来讲，创编描述故事情境的句子和转换成前书写符号，需要在绘本学习整体课程中慢慢建构。歌曲学到演唱两个声部，甚至三个声部的水平，也需要慢慢建构，不可能一蹴而就。因此，这个活动一般应该需要2～4次集体教学活动来完成。

5. 在奥尔夫创造性歌唱教学的内容中，也有“借用教师提供的材料基石”的具体做法。而在这个案例中，除了绘本和歌曲是教师提供的创作“背景（支架或框架）”，其他创造所用的“材料基石”都是在教师的引导下由幼儿建构出来的。

（2019 年 原创 南京市石杨路幼儿园 朱莉 马莉 亮亮 朱晓晴老师）

案例 10：我的家

活动结构

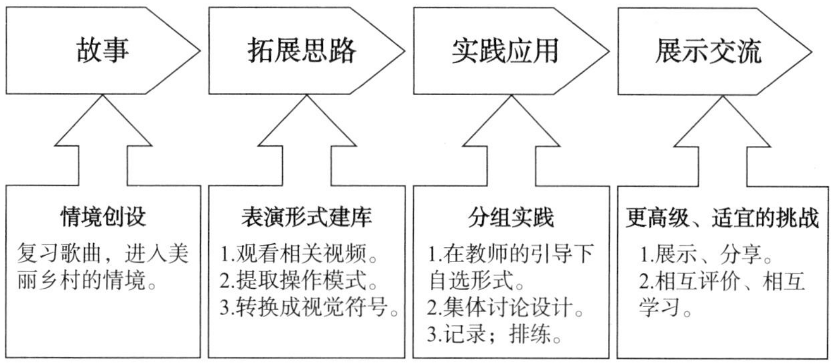

歌曲

我 的 家

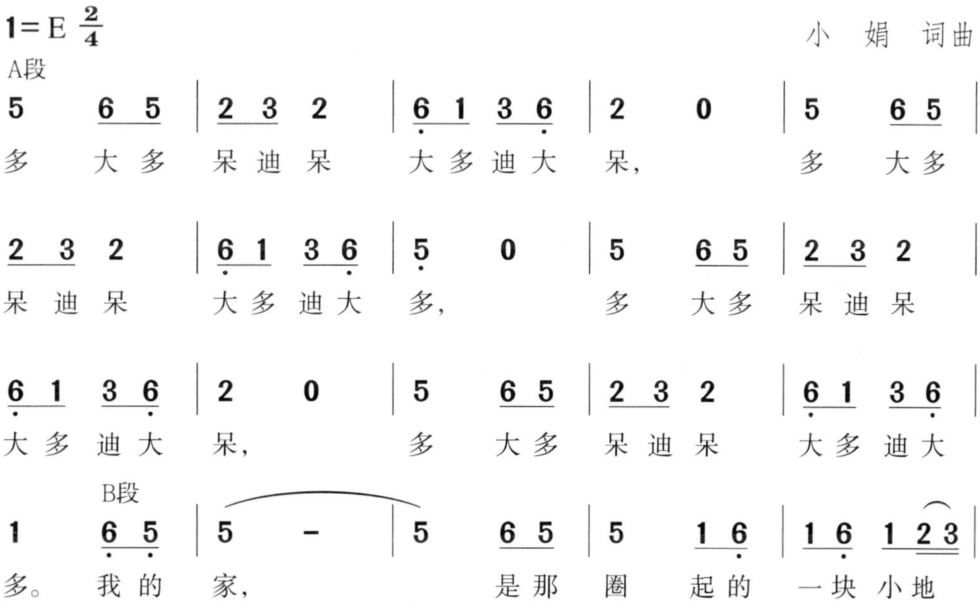

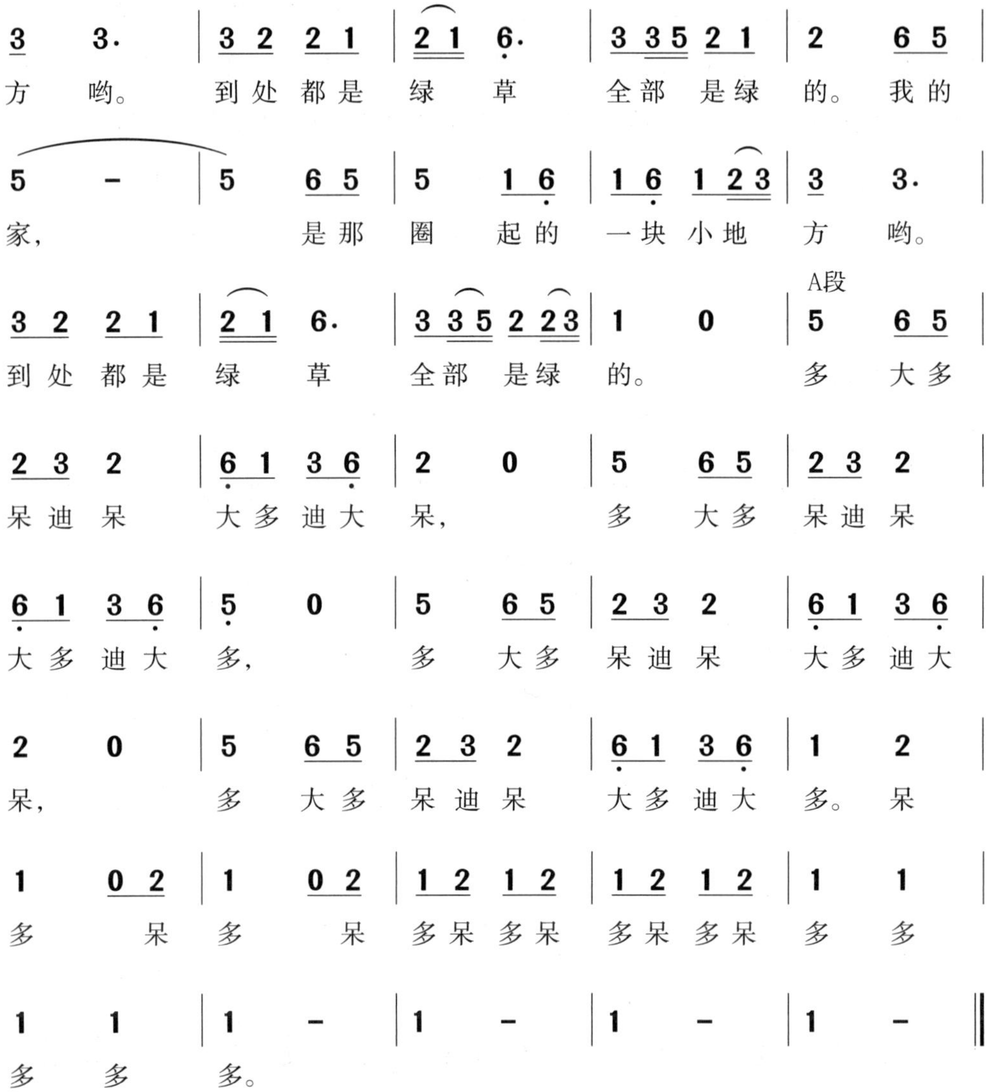

活动目标

1. 学会熟练地演唱新歌，学习用唱名演唱歌曲 A 段的曲调。

2. 学习将熟悉的歌曲改编成合唱的简单思路，并参与合唱改编实践。

3. 积极与同伴合作共建小组作品，体验合作演唱的乐趣。

活动准备

1. 物质准备。

(1) 美丽乡村视频或图片幻灯。

(2) 提供给幼儿学习的包含合唱改编思路的视频。

（3）提供给师资培训专用的合唱改编思路文本。

2. 空间准备：幼儿围坐成大的半圆形。

活动过程

第一课时活动流程：学唱新歌

1. 故事。

教师以分享家乡美景为主题，播放美丽乡村视频或图片。

2. 歌词。

（1）导入范唱。［**教师第1次范唱。**］

（2）回顾歌词内容，澄清、解释A段两个奇怪的声音。

〔注意：先澄清矫正发音；为了避免麻烦，可以比喻说是“模仿乐器”发出的声音。〕

3. 音乐：再次范唱。［**第2次范唱。**］

4. 其他1：专门学习演唱A段的奇怪歌词。［**教师用“回声法”教唱，然后是“接龙法练唱”，唱熟为止。**］

〔注意：①“回声法”即分句教唱，就是教师唱一句，幼儿模仿一句。②“接龙法练唱”是一种练习游戏：先按性别分成两组，一组唱一句接龙“对抗比赛”；再分成4组，一组唱一句接龙“对抗比赛”；最后再一人一句接龙。③此时教师还可以再分出层次，如：先依次一人一句；再自由跳进；再来回“跳跃”；再看着A的眼睛，却把“话筒”递给B。④所谓话筒，可以是一块积木、一筒卷纸，甚至一个拳头……⑤此时，话筒就是指示演唱的信号。话筒对着谁，谁就演唱。没有对着谁，谁就需要克制住不唱。⑥这个规则对幼儿来说很重要，必须坚决执行，以养成自我克制、快速集中注意力、快速反应等习惯和能力。〕

5. 其他2。〔创意空间：贯穿活动始终。〕

（1）专门谈论B段的歌词，专门范唱B段，澄清歌词的内容。

（2）创编新歌词，进一步熟悉歌曲的曲调和结构。

- 不断学习创编的歌词（改变地点：山上、山下、山里、河边、海边等），专门倾听B段。［**倾听4遍左右。**］

- 不断学习创编的歌词（改变颜色：都是红的、都是黄的、五彩缤纷、五颜六色等)，专门学习演唱B段。[**练唱4遍左右。**]

平时不断完善新歌演唱。(不再赘述)

第二课时活动流程:学习改编合唱

1. 现场建库。

(1) 教师提供三个视频。

- 领唱齐唱。
- 按乐句，一个声部一个声部地递增或递减。
- 加声势动作。

〔注意:学习者并非一定要为幼儿提供与上面相同的合唱编配思路。〕

(2) 教师组织引导幼儿观看和交流。

- 从中获得改编合唱的三种具体思路。
- 再集体讨论转换成书写符号。

2. 迁移应用:改编实践与排练。

(1) 幼儿分成两大组，主、配班教师各负责一组，当天参加教研的教师组成一组。

(2) 三个组同时开始改编和排练。幼儿组各有一位教师参与协调和支持。

3. 分享交流。

(1) 幼儿分组展示。

(2) 教师引导相互评价，相互学习。

4. 高级榜样:分析提炼拓展库存经验。

(1) 教师组展示。

(2) 教师引导幼儿提炼出教师独特的新思路。

〔注意1:此活动专指第二课时。〕

〔注意2:原创教师上课当天，教师组除应用前述三种思路以外，还增加了乐器伴奏和队形变化，并特别在A段句末增加了羊高声和牛低声的间隔叫声，全曲结束处还增加了马的嘶鸣声，很好地展示了美丽的乡村有声有色的景致。〕

温馨提示

1. 此例看起来似乎与前面的范例有很大的不同，但工作的原则是完全相同的。

前面的范例主要是从歌词的词汇、句式方面提供元素和思路;此例主要是在肢体和表演组织协作方面提供了元素和思路。

2. 真正幼儿园的教学至少需要两课时。在不考虑具体课时多寡的情况下,至少幼儿能够达到熟练演唱歌曲后,才可以做后面的合唱改编活动。

3. 这首歌曲的 A 部分和再现 A 部分的歌词,实际上是曲调唱名的"发音"去掉声母后统一改换声母为"d"的发音。教师培训中以及幼儿日后复习中,可以尝试替换任何拼音的声母,作为一种有趣的创意游戏来玩。

4. 拆拼唱名音阶游戏(园本教师培训或个人自我练习游戏)。

(1) 熟练演唱上行下行音阶的"唱名"。

do–re–mi–fa–so–la–si–do–si–la–so–fa–mi–re–do

(2) 将音阶唱名的"声母"去掉仅唱"韵母"。

o–e–i–a–o–a–i–o–i–a–o–a–i–e–o

(3) 各人随便抽取拼音的"声母",使用统一的某一声母"拼唱"上一行中上下行音阶的韵母,如 d。

do–de–di–da–do–da–di–do–di–da–do–da–di–de–do

(4) 各人随便抽取拼音的"声母",使用统一的某一声母"拼唱"《我的家》歌曲中 A 段和再现 A 段曲调中的唱名。

5. 其他各种编配参考思路(园本教师培训小组合作游戏)。

(1) 使用传统锣鼓或唢呐、胡琴的拟声发音演唱《我的家》歌曲中 A 段和再现 A 段的旋律。如:咚咚锵;呜哩哇,里个郎……

(2) 在歌曲合适的部位插入各种动物叫声的模仿声音或者喊声。

(3) 在歌曲合适的部位插入声势动作。

(4) 在歌曲合适的部位插入乐器演奏。

(5) 加入适合的道具或装扮。

6. 请读者参考使用附录中各种合唱表演的思路来变化歌曲的表演。

附录

丰富合唱表演编配的相关要素和思路

1. 独唱。

2. 对唱。

3. 齐唱。

4. 领唱齐唱。

5. 声部递增递减。

6. 加伴奏。

(1)动作(歌表演动作,声势动作,集体舞动作,奏乐模仿动作,早操韵律操动作)。

(2) 无音高嗓音(有意义或无意义)。

(3) 乐器或替代乐器声音。

(4) 有音高嗓音(唱唱名;改声母;锣鼓经;其他)。

(5) 创编新歌词:改地点,改风景,改色彩,改主语……

(6) 创编新无意义音节。

(7) 合唱。

- 轮唱(唱或念)。
- 支声(唱或念;有意义或无意义)。
- 同声(二声部可唱可念另外一个固定音节,旋律与一声部相同)。
- 和声。
- 持续低音(唱或念;有意义或无意义)。
- 固定音型(唱或念;有意义或无意义)。

另外还可再增加队形、服装、道具、舞台背景(幻灯画面)等。

读者可以从我们特意提供原创时间中看出:首先,“创意教学设计”的出现实际上非常早,至少1986年之前就已经存在了,只是当时没有得到理论澄清和实践重视;其次,近年来团队高度重视理论澄清和实践应用后,整个工作的思路越来越清晰,幼儿应用学习过程中的“创意空间”也越来越大。

(2019年 原创 南京市第一幼儿园奥体分园 洪波老师)

第五章

韵律活动案例与分析

本章提要：

律动所使用的作品与歌唱所使用的作品有比较大的不同：其一，会使用更多的器乐作品；其二，作品的体量会比较大。但在游戏化创意教学设计中，“局部替换”的基本策略仍然是完全相同的。需要注意的是：

1. 在音乐选择方面：对于年龄越小的幼儿，曲调所包含的乐段应越少，音乐的节奏和结构应该越鲜明、越稳定。一般小班以两个乐段为宜，ABA 结构可以按两个段落计算。中大班可以逐渐扩充为 ABA、ABC、回旋曲式 ABACAD 结构、复结构曲式 AB(ab)A，甚至 ABDC 结构。但都需要利用故事情节来帮助幼儿理解、掌握学习内容。

2. 在动作数量方面：对于年龄比较小的幼儿，同一个乐段中一般只能不断重复做同 1 种动作或者 2 种简单动作交替重复的组合；稍大一点的幼儿可以做 2 种动作，但 2 种动作相互交替的频率最好为重复 4 次后再换另一动作。

3. 一般情况下，对于 2 种动作之间的交替组合动作，音乐速度比较慢时，适合 2 拍或 4 拍转换一次；音乐速度比较快时，适合 4 拍、8 拍甚至 16 拍转换一次。

4. 一个活动中不同动作的总数量，小班以 4 个为宜，中班以 6~8 个为宜，大班最好不要超过 12 个。另外，幼儿需要理解所有动作所表现的意义。

5. 在动作难度方面：

(1) 初学时，先仅做上肢动作，熟练后再增加躯干和下肢移动动作。

(2) 若没有一定量的练习，跳跃动作通常是不容易合拍的；而且，对于低龄幼儿，一定要慎重选择他们能够自然做出的上下肢联合动作。

(3) 学习新动作，最好先坐姿，再立姿，最后再移动。有些下肢动作或上下肢联合动作，最好从上肢类似动作开始练习，再逐步迁移到下肢以及上下肢联合动作。

(4) 音乐的速度一般以每分钟 130~140 拍为宜，过快或过慢都需要幼儿付出更多的努力来适应。

6. 在增加了“合作律动”和“律动游戏”的情况下，动作反应的难度必然也增加了，所以合作律动和律动游戏中的“自由创编”必须要谨慎地慢慢加入。

7. 在进行“替换创编”时，原则总体上与歌唱活动相同。

(1) A 为 1 个动作或造型时，即可替换这个动作。如：① 在小班律动“老鼠爷爷的生日蛋糕”中,不同的体育锻炼的动作,便是可以反复自由替换的动作;② 在中班律动“疯狂动物城运动会”中,动物教练的行走姿态也是可以反复自由替换的。

(2) A 为 2 个动作,或 1 个动作加 1 个造型时,即可替换这一组动作。如小班律动“寻找跳跳虎的尾巴”中,1~4 小节做行进的动作,如去树林、花园就是行走的动作,如去大海就是游泳的动作;5~8 小节做具体情境中某个具体指代的造型动作,如树叶、花朵、小鱼等。原则上替换其中之一比较稳妥,因为两个一起换虽然也是可以的,但需要教师特别提醒。

(3) 大班律动“角逐那达慕”中,“推手角力”就是属于 1 个动作;“弹拨手+猛兽造型”便是属于 2 个动作的组合动作。

8. 除上述替换原则之外,大班律动所选材料结构大、段落多,可替换的部位也多。

(1) 一次活动中非常忌讳同时替换多处,因为容易加重幼儿的学习负担,降低学习的兴趣。

(2) “系列层次活动”设计的策略是:活动次数多一点,每次挑战少一点,既可以长时间保持幼儿对同一作品研习创新的兴趣,又能够更细致地帮助幼儿熟悉、品评、享受那些真正值得掌握的优秀作品中的可用语汇和思路。

第一节　小班律动

案例1:老鼠爷爷的生日蛋糕

活动结构

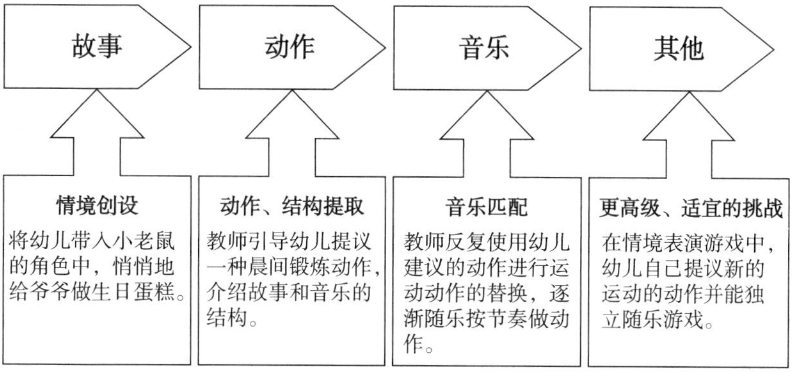

乐曲

音乐的瞬间

1= $^{\flat}$B $\frac{2}{4}$　　〔奥地利〕舒伯特　曲

A段

1 1 2 1 7 | 3 3 | 1 1 2 1 3 | 6 6 |

动作：双手在腿上交替一下一下地走

语令：走，　走，　走，　走

6 $^{\flat}$6 7 6 6 | 6 2 6 | 3212 343$^{\#}$5 | 6 6 |

双手在腿上交替一下一下地走

走，　走，　停下来，准备看

B段

3 3 | 3454 4· 3 | 2· 2 3212 | 2 3 |

双手相对放在眉间

看一看，　看一看，

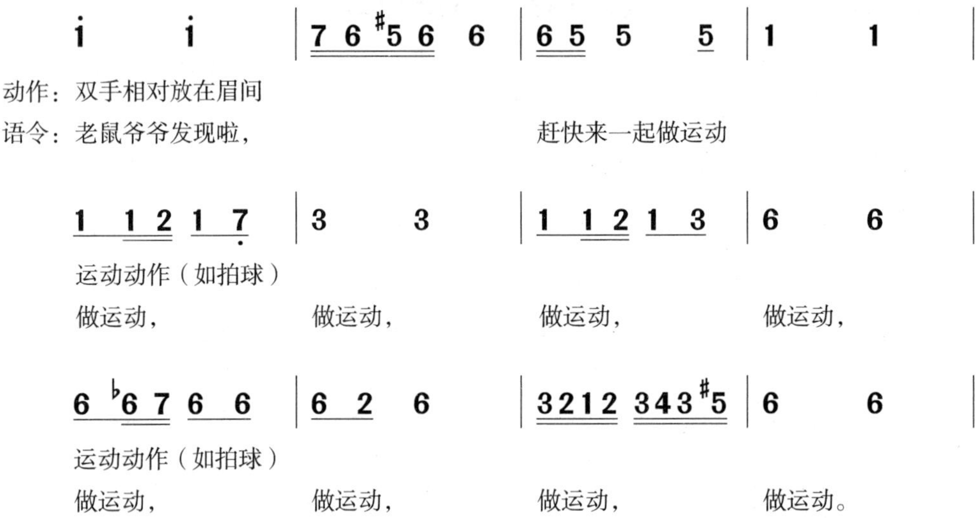

活动目标

1. 基本掌握并理解走、看、做运动的动作及结构，能随乐做相对应的动作。

2. 能迁移晨间运动的动作经验进行替换创编。

3. 努力悄悄走路，在老鼠爷爷发现时互相提醒回答“嘘，我们在做运动”，享受给老鼠爷爷生日惊喜的快乐。

活动准备

1. 经验准备。

（1）幼儿知道一些早操动作和其他身体运动动作。

（2）幼儿了解生日。

2. 物质准备：《音乐的瞬间》录音，课件幻灯。

3. 空间准备：全体幼儿围坐成一个大的半圆形。

活动过程

1. 故事。

师：今天是老鼠爷爷的生日，老鼠一家要给老鼠爷爷一个惊喜，它们要给老鼠爷爷做蛋糕，但是不能让老鼠爷爷知道。要是老鼠爷爷发现了，我们就和它说“我们在开没有声音的运动会呢”。

2. 动作。

师：为了给老鼠爷爷惊喜，我们要悄悄地出门去采购做蛋糕需要的材料，悄悄走，要互相提醒“嘘，小声点哦”。老鼠爷爷看见我们啦，快来一起做运动吧。

〔注意：教师在故事中讲解基本动作模型，让幼儿初步了解故事情境与动作。〕

3. 音乐。（初步感知音乐，了解故事、动作和音乐之间的对应关系以及音乐的结构）

（1）教师随乐做动作，并邀请幼儿仔细倾听和观察。[**教师第1遍随乐示范。**]

（2）教师反复邀请幼儿提议新的运动动作，并反复随乐练习。[**教师与幼儿第2~3遍随乐练习。**]

〔注意：教师在随乐练习时应让幼儿初步了解故事情境与动作、音乐之间一一对应的关系。〕

4. 其他。（教师引导幼儿提供生活经验中的运动动作，进行替换创编）

〔创意空间：幼儿根据生活中的经验拓展“建库”思路，尝试学习其他幼儿熟悉的身体运动动作，进行动作替换。〕

（1）根据绘本的情境在情境表演游戏中做蛋糕。

- 师：面粉用完了，老鼠爸爸急急忙忙跑出去买面粉，可是万一被老鼠爷爷看见了，该做什么运动不让它发现呢？（被老鼠爷爷发现后不说实话不是撒谎，而是要给它一个惊喜，因为是惊喜，所以不能让老鼠爷爷知道）我们现在来想一想，你们在晨间锻炼时还喜欢什么运动呀？这项运动的动作怎么做呢？（唤醒幼儿晨间锻炼时的运动经验，让幼儿自己把动作做出来，并在教师的帮助下用语言描述运动动作）[**幼儿第1遍随乐游戏。**]

〔注意：从此开始每一遍都引导幼儿进行新的创编，提取一个幼儿创编的动作来进行替换并集体练习。〕

- 师：奶油不够了，老鼠妹妹要去买奶油，可是万一被老鼠爷爷看见了，该做什么运动不让它发现呢？我们现在来想一想，还可以做什么动作呢？（鼓励幼儿分享自己想到的动作，在分享时教师要给予积极分享的幼儿充分的肯定，这样也有利于其他幼儿愿意参与分享）[**幼儿第2遍随乐游戏。**]

- 师：糖也用完了，老鼠弟弟要去买袋糖，可是万一被老鼠爷爷看见了，该做什么运动不让它发现呢？我们现在来想一想，还可以做什么动作呢？（在幼儿能积极参与分享后，要根据幼儿分享的动作来替换，并和幼儿分析替换的动作可以锻炼身体的什么地方,如幼儿分享叉腰的运动动作后,可以引导幼儿分享叉腰动作可以锻炼到我们的手臂和腰,可以拉伸和舒展我们的身体)[**幼儿第 3 遍随乐游戏。**]

- 师:蛋糕好像还缺点水果,老鼠哥哥要去买点水果,可是万一被老鼠爷爷看见了,该做什么运动不让它发现呢?我们现在来想一想,还可以做什么动作呢?(在分享了较多上肢运动动作后,教师在观察幼儿分享的动作中有没有加入下肢动作,如果有,就提取幼儿分享的动作,如跳绳、压腿等,如果没有,老师需要进行引导,让幼儿关注到下肢的运动动作)[**幼儿第 4 遍随乐游戏。**]

- 师:蛋糕做好啦,过生日的时候,蛋糕上都要插上蜡烛,要让老鼠爷爷来吹蜡烛,我们一起给它唱生日歌。快去找蜡烛吧,可千万别让老鼠爷爷发现哦。[**幼儿第 5 遍随乐游戏。**]

〔注意:在每一次完成任务后,需要从课件中给予幼儿相应的反馈,让幼儿看到自己的行为产生了相应的作用。〕

(2) 小结:引导幼儿注意大家一直在相互分享学习运动动作;代表老鼠爷爷对幼儿给自己过生日表示感谢;和幼儿相互拥抱并说谢谢!

〔注意:这些都是在情感方面支持幼儿的学习,集体教学活动中很难让所有幼儿都分享自己的运动动作,但可在区域游戏时间继续进行,也可以建议家长在家中和幼儿一起创编。〕

(2021 年 原创 南京小天鹅幼儿园 耿涛老师)

案例 2:寻找跳跳虎的尾巴

活动结构

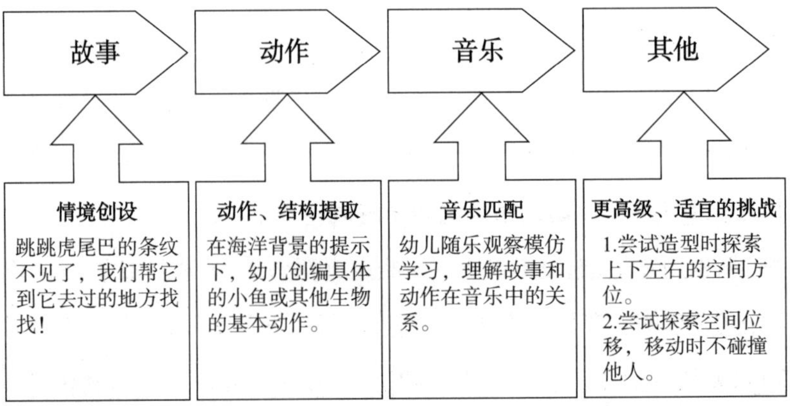

乐曲

寻找跳跳虎的尾巴

1=C $\frac{2}{4}$

♩=120 热烈地、欢快地

曲节选自《微笑波尔卡》

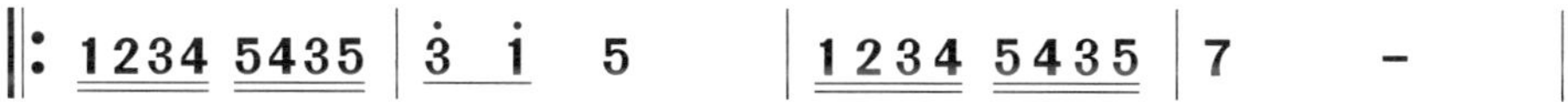

动作：有节奏行进的动作，游，2拍1次，走，1拍1次，共4小节。

语令：（准备出发）走（或游）！

定格造型，如小鱼、树叶、花朵等，手指手腕可抖动，眼睛看向手的方向。

××边找一找！找！　　继续走（或游）！

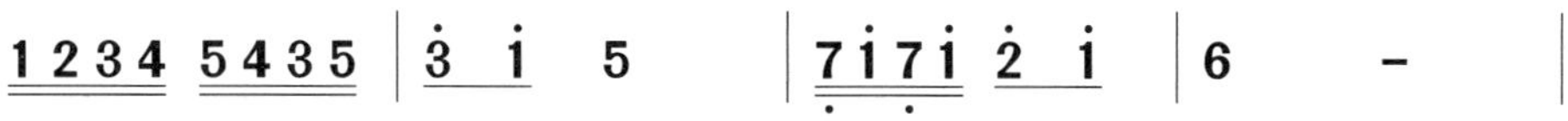

同上

同上

动作：同上

语令：同上　　（重复后变为）一起说！

拍手，打开，身体两侧摊开！跳，2拍1次，共2次。

啊呀呀！跳不起来了

拍手，打开，身体两侧摊开！跳，2拍1次，共2次。

啊呀呀！跳不起来了

同上

同上

同上　　（重复后变为）一边说一边跑回座位。

同上　　（重复后变为）条纹条纹在哪里？

活动目标

1. 熟悉乐曲的旋律,尝试随乐有节奏地做“行进”“寻找”“感叹”等动作。

2. 通过观察和教师引导,努力在情境中探索不同空间方位的动作造型。

3. 乐于参与游戏,愿意帮助跳跳虎找回条纹,体验成功帮助跳跳虎找回条纹的快乐。

活动准备

1. 经验准备。

(1) 幼儿有一定的动作造型经验,如:小鱼游、花朵开等。

(2) 幼儿初步了解《小熊维尼》中跳跳虎的角色特点,如它总是会去找尾巴上的条纹。

2. 物质准备:音乐、课件、大屏、4 片背面贴胶的“条纹”图片。

图 1

图 2

图 3

图 4

图 5

图 6

图 7

图 8

3. 空间准备:全体幼儿围坐成大的半圆形。

活动过程

1. 故事。

教师出示课件图 1,引导幼儿观察跳跳虎有什么不同,发现跳跳虎尾巴上的条纹不见了。(出示课件中跳跳虎离开的画面,画外音带哭腔:我的条纹没有了,我还怎么跳呀,呜呜呜呜……跳不起来了……)

2. 动作。

(1) 引出任务情境。

教师引导幼儿询问跳跳虎之前去过哪些地方,引出幼儿帮助它去寻找条纹的意愿和任务情境。(画外音:我记得我去海里游过泳,那里有好多好多小鱼)

（2）幼儿提供基本动作。

教师出示图2，引导幼儿提供“游泳”和“小鱼”的动作。

〔创意空间：邀请2名幼儿分别提供“游泳”和“小鱼”的动作，教师提炼出有节奏的动作表征。对于有想法的其他幼儿，教师请幼儿等待下一次表达的机会。〕

师：那我们一起游进大海里，在小鱼周围找找有没有条纹吧！

3. 音乐。

（1）教师随乐完整示范上肢动作。[**随乐第1遍。**]

师：找到了吗？是不是因为我们没有仔细看小鱼的周围？仔细找找呢？

〔注意：教师引导幼儿一起练习（无音乐）小眼睛看着“小鱼”的动作，此处“小鱼”每次可以在不同的方位游，以便引导幼儿探索不同的空间。集体练习2~3次，遍数不宜太多。〕

师：我们再一起游进大海里，跟着音乐，在小鱼周围找找有没有跳跳虎的条纹吧！

（2）幼儿和教师一起随乐做动作。[**随乐第2遍。**]

师：找到了吗？没找到条纹的时候我们一起说什么？有没有可能不在大海里呢？我们问问跳跳虎吧！

（出示图3，画外音：我游完泳后去了小树林，那里有好多漂亮的叶子，树上的、地上的，还有空中飘着的，我看了很久哦！）

（出示图4）教师引导幼儿创编不同方位树叶的动作，集体练习（无音乐）小眼睛看着“树叶”寻找，每次尝试不同方向。

师：这次我们去小树林找找吧！去小树林就不需要游泳了，我们走着去吧！这次，我们小手握拳当小脚，在腿上走一走！记得一起说“啊呀呀”哦！

（3）幼儿和教师一起随意做变式动作。[**随乐第3遍**]

师：找到了吗？会不会是我们坐着，看不到树林里更高或更低的地方呢？我们试着站起来吧！那么，找高高的树叶，我们应该怎么做呢？低低的呢？

〔创意空间：此处幼儿的探索，教师需要把握的原则是可踮脚、可蹲下，但需要稳定、不摔倒、不趴在地上。〕

4. 其他。（教师使用幼儿提供的歌词范唱及带唱）

（1）从坐位到站位。

师：我们站在家门口找一找吧！我们在“条纹条纹在哪里？”的时候小脚原地跑起来，我们试一试！这次，我们在最后一句“条纹条纹在哪里？”坐回座位。我会请一个小朋友来小树林里看一看！［**随乐第4遍**］

〔注意：教师在动作方面根据幼儿的现场表现进行适度退位。在做新动作（加下肢和回位）时，教师不退。〕

教师邀请1名幼儿到大屏前看一看。发现没有条纹时，（出示图5）引导幼儿询问跳跳虎还去过哪里。（画外音：呃！走进小树林以后，我发现了一个美丽的花园。那里有好多花哦，五彩缤纷，实在是太赏心悦目了！）

（2）从站位到散点。

师：我们去花园看看吧！（出示图6）花园里有那么多美丽的花朵，有可能条纹就在那里！这次我们来到了这个大花园（引导幼儿散点站在空地上），不要碰到别的小朋友哦，这样影响我们寻找的效果。［**随乐第5遍。**］

〔注意：如果幼儿没有散点随乐律动的经验，可提前练习对场地的探索。〕

教师邀请另一名幼儿到大屏前看一看。发现没有条纹时，（出示图7）直接播放画外音：还有更漂亮的在前面。（出示图8）

教师提取前一遍幼儿有创意的动作，集体模仿后随乐表达与游戏。［**随乐第6~8遍**］

〔注意：此处教师逐渐退位。第6遍结束后，邀请2名幼儿寻找条纹，点击屏幕后，条纹“飞”回跳跳虎的尾巴。第7遍结束后，邀请2名幼儿寻找条纹，点击屏幕后，条纹“飞”出屏幕，教师顺势拿出真实的条纹，请幼儿贴在跳跳虎的尾巴上。第8遍结束后，所有幼儿说出条纹线索，点击屏幕后，所有条纹都回到跳跳虎的尾巴上。〕

〔创意空间：当幼儿有极好的创意时，教师可分享给全体幼儿。当幼儿没有好创意时，教师可以通过语言或肢体示范来启发、引导幼儿创意表达，以游戏的方式激发幼儿更多的创造愿望。〕

师：跳跳虎尾巴上的条纹回来啦，我们跟着跳跳虎一起跳一跳吧！（音乐起，幼儿跳着离场）

温馨提示

此活动中的游戏具有随机性，教师在制作课件时已进行了相关设计，在条纹的左侧和右侧都有与背景相匹配的图标,既是背景中的一部分,又是迷惑选项的设定,同时也是对应幼儿随机选择后“条纹”运行的动作按钮。所有左侧的图标都是“飞”到尾巴上的动作设定,而右侧的图标则是“飞”出屏幕的动作设定,其中左侧的尾巴向左上角“飞”,右侧的图标向右上角“飞”。若教师愿意如上述教案中所设置的顺势从屏幕后拿出“条纹”的话,大屏左上角的后面和右上角的后面都需要预先粘贴 2 个“条纹”。

若教师面对的大屏(如太大)无法完成上述动作的话,可以预先将“条纹”粘贴在幼儿的椅子背后和椅子下面,特别要注意的是,不能粘贴在同一个地方,以防被同时发现。最保险的是一个粘贴在老师的椅子上,另一个粘贴在幼儿的椅子上。幼儿要贴的时候可以给老师,老师顺势做一个“丢”向大屏的动作,配班老师按下对应“条纹”的左侧按钮,屏幕上就会出现“条纹飞”进屏幕的效果,不断激发幼儿参与活动的好奇心和积极性。

(2021 年 原创 南京三八保育院 陈静奋老师)

案例 3:弗洛格去钓鱼

活动结构

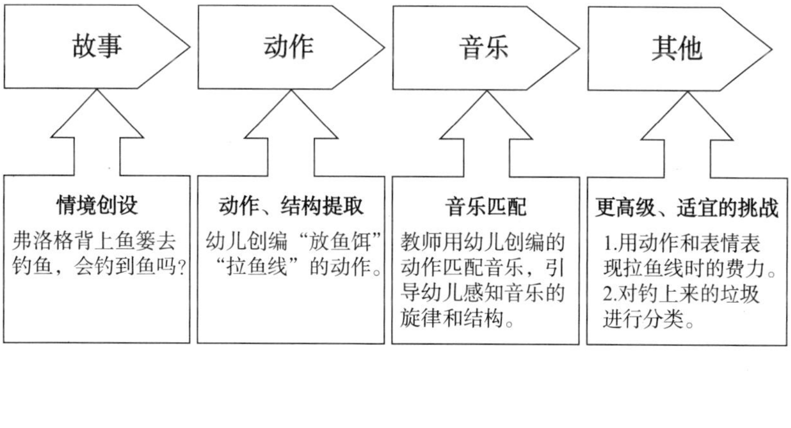

乐曲

膨 胀

1=F $\frac{4}{4}$

Akiyama Sayuri 曲

前奏

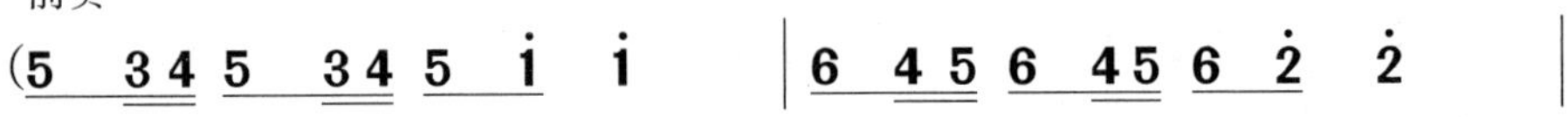

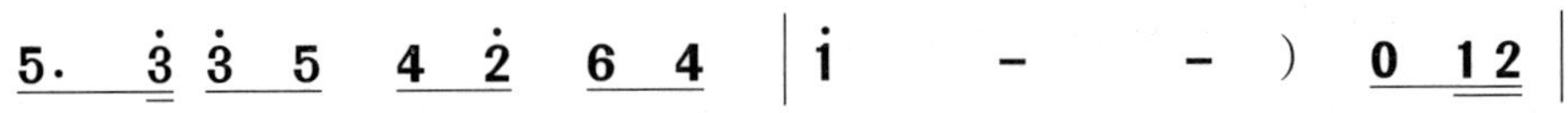

A段

动作：双脚并拢学青蛙跳，两拍一跳。

语令：跳　跳　跳　跳

动作：双脚并拢学青蛙跳，两拍一跳。

语令：跳　到　河　边　去　钓　鱼。

动作：双脚并拢学青蛙跳，两拍一跳。

语令：跳　跳　跳　跳

动作：双脚并拢学青蛙跳，两拍一跳。

语令：跳　到　河　边　去　钓　鱼。

B段

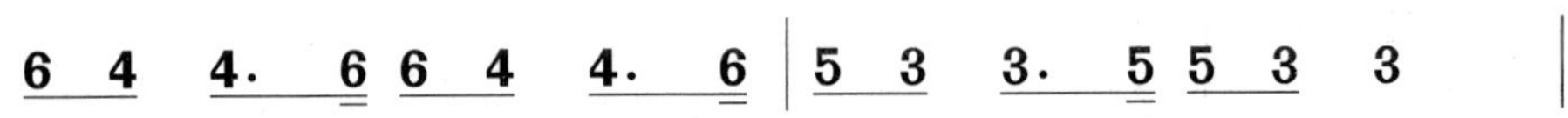

动作：第一小节，前两拍右手三指捏住，后两拍表现将鱼饵放在鱼钩上的动作。

第二小节，前两拍做甩鱼线的动作，后两拍做钓鱼的动作。

语令：放　鱼　饵　甩　出　去

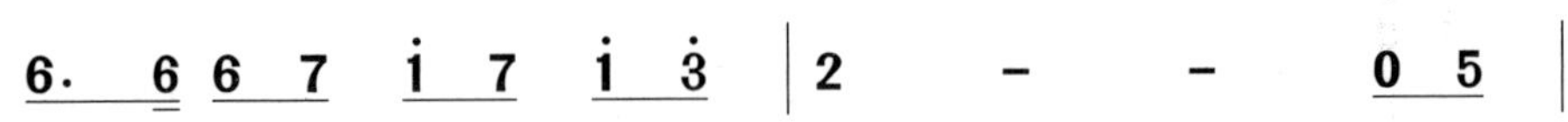

动作：做钓鱼的静止动作，表演出轻松愉悦等待鱼上钩的状态。

语令：等　一　等　等　一　等

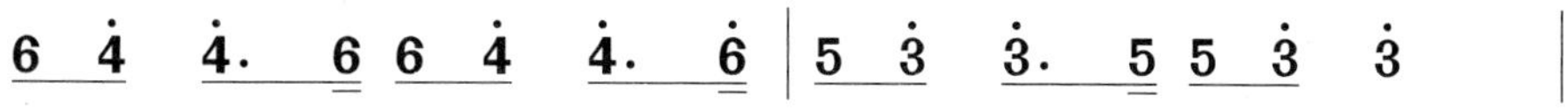

动作：第一小节，前两拍右手三指捏住，后两拍表现将鱼饵放在鱼钩上的动作。

第二小节，前两拍做甩鱼线的动作，后两拍做钓鱼的动作。

语令：放　鱼　饵　甩　出　去

动作：做钓鱼的静止动作，并表演出轻松愉悦等待鱼上钩的状态。

语令：等　一　等　等　一　等

C段

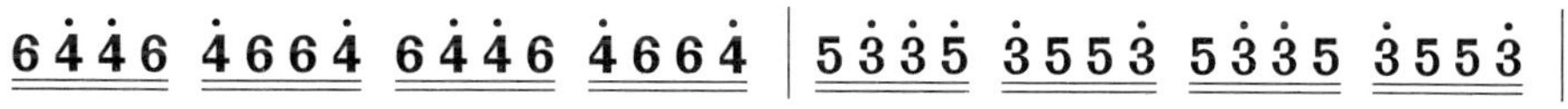

动作：双手做拉鱼线的动作，两拍拉一次。

语令：拉　拉　拉　拉

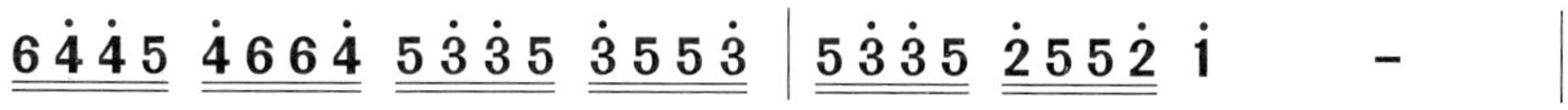

动作：双手做拉鱼线的动作，两拍拉一次。

语令：拉　拉　拉　拉

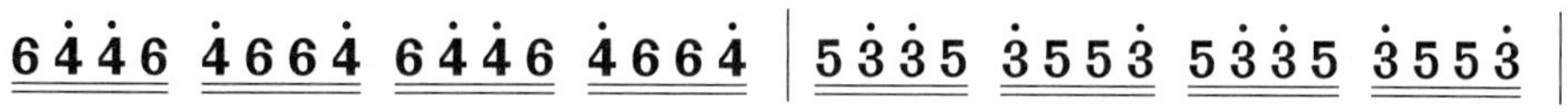

动作：双手做拉鱼线的动作，两拍拉一次。

语令：拉　拉　拉　拉

动作：拍手表达高兴的心情，两拍拍一次。

语令：真　高　兴

活动目标

1. 初步熟悉音乐ABC结构，尝试跟随音乐合拍做出蛙跳、放鱼饵、拉鱼线等动作。

2. 在教师的动作和表情的感染下，尝试表现钓鱼时的悠闲和拉鱼线时的费力。

3. 在游戏情境的启发下，知道爱护水资源，不往河里扔垃圾。

活动准备

1. 经验准备。

（1）幼儿已阅读绘本《弗洛格学钓鱼》。

（2）幼儿有垃圾分类的经验。

2. 物质准备：课件、音乐、青蛙胸饰。

3. 空间准备：全体幼儿围坐成大的半圆形。

活动过程

1. 故事。

教师边出示图片边讲述故事。

师：弗洛格，背好鱼篓一蹦一跳去钓鱼，先放鱼饵，再甩鱼线，等一等，它会钓到鱼吗？

2. 动作。

教师引导幼儿创编一蹦一跳及放鱼饵、拉鱼线的动作。

3. 音乐。

(1) 教师随乐坐在椅子上完整示范，并邀请幼儿仔细倾听和观察。[**教师第1遍示范。**]

师：我用手当弗洛格的脚，腿当地，我的手在腿上一下一下跳，去河边钓鱼啦！

(2) 教师带领幼儿重点练习A段蛙跳动作。[**教师第2~3遍游戏。**]

- 教师念儿歌练习A段。

师：跳，跳，跳到河边去钓鱼；跳，跳，跳到河边去钓鱼！

- 教师加快速度念儿歌，和幼儿共同练习A段蛙跳动作。
- 听音乐完整游戏，重点观察幼儿蛙跳动作的合乐性。

(3) 教师结合课件带领幼儿重点练习B段的动作，并游戏。[**教师第4~6遍游戏。**]

- 教师念儿歌，带领幼儿做动作。

师：放鱼饵，甩出去，等一等！

- 跟随音乐，与课件互动游戏。

师：看看钓上来了什么？

师：哎！什么也没钓上来！

4. 其他。

〔创意空间：鼓励幼儿将表情动作的表演性融入音乐游戏中，并引导幼儿根据课件中“钓上来”的物品进行垃圾分类。〕

（1）教师引导幼儿重点表演 C 段拉鱼线时的费力表情。

- 师：鱼线动了，我们拉，好重哟，谁能做出很费力的样子来？
- 再次结合课件玩游戏。钓上来一个塑料瓶。

师：哎呀，谁把垃圾扔进了河里？塑料瓶能不能往河里扔？塑料瓶是什么垃圾？应该扔在哪个垃圾箱里？［**师幼第 7 遍游戏。**］

〔注意：在此开始引导幼儿垃圾分类，出示的垃圾分类箱上需有本次活动出现的所有垃圾的图片，为幼儿垃圾分类降低难度。〕

（2）教师引导幼儿尝试运用下肢参与音乐游戏，跟随音乐有节奏地跳。

- 将 A 段音乐的手部拍腿动作，迁移成手掌放身体两侧，模仿青蛙跳的动作。教师出示课件，分别钓上来螃蟹壳、包装袋，引导幼儿将其进行垃圾分类。［**师幼第 8~9 遍游戏。**］
- 师幼跟随音乐尝试站在椅子前双脚并拢跳进行游戏，课件中出示钓上来的药品、电池，并引导幼儿分类。［**师幼第 10~11 遍游戏。**］
- 师幼跟随音乐尝试站在半圆中间双脚并拢向前跳完整游戏，课件中出示钓上来的大鳄鱼，引导幼儿赶紧“逃回家”。［**师幼第 12 遍游戏。**］

〔注意：在此过程中，教师要善于运用空间流程，一步一步让幼儿感知音乐，控制身体进行有节奏的跳跃。〕

温馨提示

1. 本活动用的故事选自绘本《弗洛格学钓鱼》。
2. 前文中已经反复提醒，小班幼儿随乐进行下肢游戏时，一定是在之前大量上肢感知节奏的基础上完成的，需要根据幼儿学习的实际情况慢慢推进！
3. 在这个活动中，教师应该注意调动幼儿的各种跨学科经验——垃圾分类，这也是中国近阶段主要推进的工作，也是社会进步的一种体现。我们除了在日常生活中不断渗透类别概念，也可以通过音乐游戏调动、强化幼儿垃圾分类的经验和概念。

（2020 年 原创 南京市北京东路小学附属幼儿园 方芳老师）

案例4：谁咬了我的大饼

活动流程

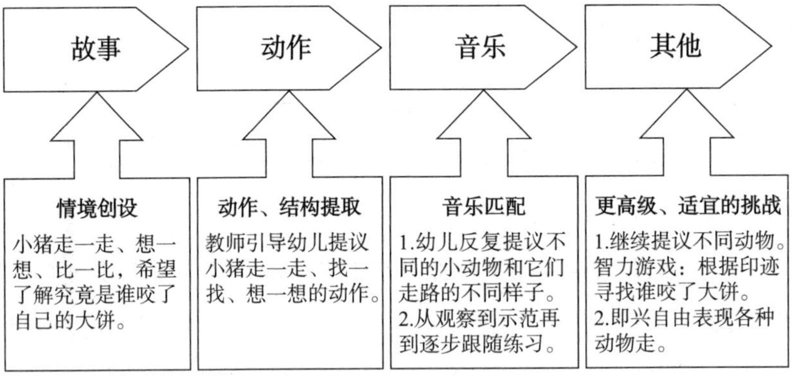

乐曲

一百只老鼠（节选）

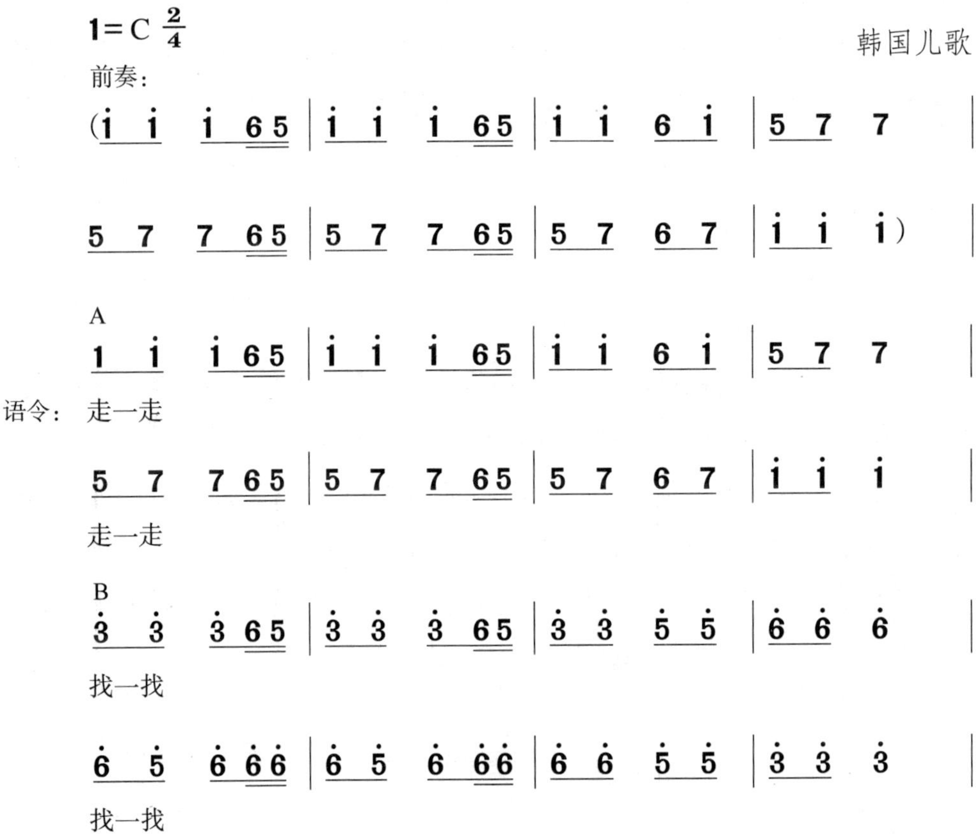

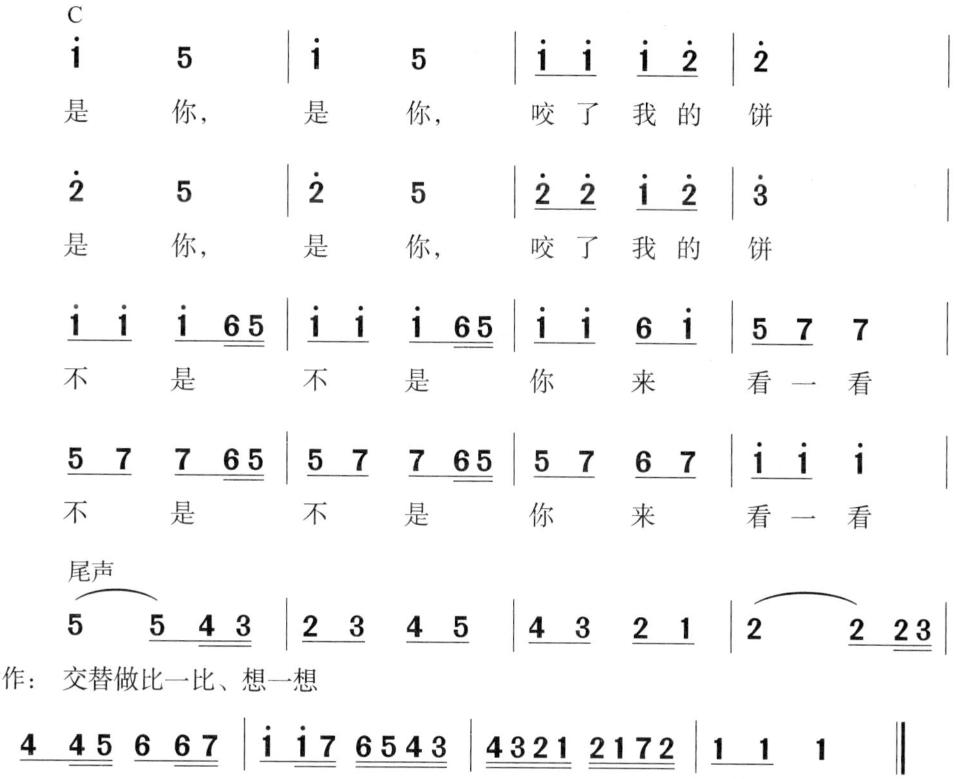

音乐结构：

前奏+ABC+尾声。

活动目标

1. 初步感受音乐轻松、欢快的旋律，感知音乐 ABC 结构及其旋律，合乐做小动物走。

2. 能借助游戏情境及教师的语言、动作提示，尝试随乐完整游戏。

3. 体验与同伴一同努力寻找答案，过程中坚持不放弃，学会误会他人后要及时道歉并给予安慰。

活动准备

1. 经验准备：幼儿阅读过绘本《谁咬了我的大饼》。

2. 物质准备：音乐《一百只老鼠》片段，幻灯片（绘本中的画面，即小猪）。

3. 空间准备：全体幼儿围坐成大的半圆形。

活动过程

1. 故事：导入游戏，并引导幼儿提取动作。

(1) 教师出示幻灯片，讲故事，创设游戏情境。

师：这是谁呀？它在干吗呀？这是小猪，小猪做了一块好大的饼，累得睡着了。等它醒来一看，咦？发生了什么事情？（呈现绘本中相应的画面）

师：小猪在森林里走呀走，找呀找，找到了好多小动物，小猪说："是你！是你！咬了我的饼！"小动物们都说："不是！不是！你来看一看！"请你来帮小猪看一看，是这些小动物咬了它的饼吗？到底会是谁呢？（呈现绘本中相应的画面）

(2) 讲故事，引导幼儿创编走路、寻找的动作。〔创意空间：幼儿迁移原有经验创编走一走、找一找的动作。〕

师：谁来用小手在腿上学一学小猪走路和找一找的动作呢？

师：我看到他把双手五指聚拢学小猪走路，将小手放在眉毛处做找一找的动作，我们一起来学一学。

〔注意：教师讲故事给幼儿听，让幼儿在听故事的时候进入教师创编的寻找谁咬了大饼的情境。同时教师在讲故事时引导幼儿迁移原有经验做走和找的动作，用一个幼儿的动作来带领幼儿集体练习，让幼儿通过动作来初步感知故事情境。对于小班幼儿来说，这样可以让幼儿多一次熟悉和感知动作的机会。〕

2. 动作：教师示范游戏动作，引导幼儿初步感知结构，了解动作与故事的联系。

〔注意：这里重点强调感知和记忆动作，特别是动作的顺序。〕

(1) 引导幼儿将故事和动作相联系。[**观察教师示范第 1 遍。**]

师：这次小猪要跟着音乐一起去找到底是谁咬了它的饼，看看能不能找到？

师：找到了吗？找到了谁呀？

(2) 进一步明确小猪的对话。[**观察教师示范第 2 遍。**]

师：小猪找到了小鸟，你们觉得是小鸟吗？

师：小猪跟小鸟说了什么？小猪讲这句话的表情应该是怎样的？

（是你！是你！咬了我的饼！）

师：小鸟是怎么回答的？

（不是！不是！你来看一看！）

(3) 进一步了解动作及其意义。[**观察教师示范第 3 遍。**]

（呈现绘本中相应的画面）

师:不是小鸟,你是怎么知道的呢?

师:小鸟咬的嘴印像个小三角形,跟饼上的半圆形不一样,所以不是小鸟咬的。

〔注意:教师要引导幼儿仔细观察幻灯片上的嘴印,辨别印迹的不同,从而证实不是小鸟咬的。教师需要提取个别幼儿的回答,辐射到集体,让所有幼儿观察对比,比较印迹的区别,渗透多领域的知识。〕

师:小猪误会了小鸟,可以怎么安慰它呢?可以做什么动作呢?

〔注意:在教师示范游戏动作时,要多鼓励幼儿积极参与,仔细观察教师的动作,集体练习并学会说:"是你!是你!咬了我的饼!不是!不是!你来看一看!"在发生了误会小鸟的情况后,教师要引导幼儿学会道歉并安慰,这正是教师对幼儿进行的人格品质培养。〕

3. 音乐:引导幼儿学习听音乐做动作,创编小动物走的动作。

〔创意空间:幼儿"看图建库"创编各种小动物走的动作。〕

〔注意:这里重点强调感知故事、动作和音乐的一一对应关系。〕

(1) 幼儿跟随教师听音乐做动作。

师:小猪还没有找到咬大饼的小动物,好伤心呀,小鸟说要帮它一起找一找,小鸟是怎么飞的呢?

师:这个小朋友是两只小手放在身体两边像翅膀一样扇一扇,我们一起学一学。

(2) 播放幻灯片,引导幼儿位移随乐游戏。[**幼儿跟随教师练习第1遍。**]

师:这次找到了谁?

幼:兔子。

师:你觉得是小兔子吗?为什么?

师:它看到了小兔子咬的牙印像两个正方形,跟饼上的也不一样,所以不是小兔子咬的。

师:小兔子很热心,也要帮助小猪,小兔子是怎么跳的呢?谁能站在家门口学一学。

师:我们来学一学他的动作,小手竖起来变成小兔的耳朵,双脚并拢一下一下跳。

师:这次我们跟着兔子一起到森林里找一找吧。我们一起帮助它,看看能不能找到哦。

[**幼儿跟随教师练习第2遍。**]

〔注意:教师引导幼儿关注幻灯片上的各种小动物,引导幼儿迁移原有经验进行创编,教师需要关注幼儿动作的合乐性、表现性等,在情境中给幼儿创造多次熟悉和感知动作的机会。〕

4. 其他。〔创意空间:创设情境游戏,创编不同小动物走的动作。〕

(1) 提取个别幼儿的动作,集体练习,引导幼儿在情境中合乐游戏。

师:(狐狸)你觉得是狐狸吗?为什么?

师:他观察到了小狐狸的嘴巴尖尖的,是个长长的三角形,跟饼上的也不一样,所以不是小狐狸咬的。

师:小狐狸也愿意帮助小猪,小狐狸是怎么走的呀?

师:他把两只小手放在嘴巴上变成狐狸尖尖的嘴巴,我们一起学一学。

[**幼儿跟随教师练习第3遍。**]

(2) 创编不同动物走的动作,引导幼儿在情境中游戏。

[**幼儿跟随教师练习第4遍。**]

师:(鳄鱼)你觉得是鳄鱼吗?为什么?

师:鳄鱼咬的牙印是锯齿形状的,像小松树一样,跟大饼上的不一样,说明不是鳄鱼咬的。

师:小猪遇到了这么多小动物,你想变成哪一种小动物来帮助小猪呢?

[**幼儿跟随教师练习数遍。**]

〔注意:教师可借助幻灯片上的各种小动物,引导幼儿选择其中一种进行游戏。教师需要提醒幼儿明确自己的角色,可让幼儿摆个造型,表示自己变成了什么小动物。小班幼儿需要教师帮助其明确自己的角色,投入游戏当中。〕

(3) 播放幻灯片,揭示谜底。

师:(河马)你觉得是河马吗?为什么?你们发现了河马的牙印像城墙一样,跟大饼上的不一样,说明也不是河马咬的,那到底是谁呢?

师:小猪走了好多路,肚子饿得咕咕叫,它"啊呜"咬了一口饼。你们说饼到底是谁咬的呢?(小猪自己)

师:小猪很感谢小动物们都来帮助它,让我们一起品尝它的大饼吧。

〔注意:教师引导幼儿通过对比印迹,揭示了谜底:原来是小猪自己咬的。在发生了这样的误会后,教师加上了小猪向大家道歉,并邀请所有小动物一起品尝大饼,让幼儿的内心获得满足感,是教师对幼儿感恩教育的培养。〕

温馨提示

1. 对于像走一走、找一找、看一看、想一想等幼儿熟知的动作,教师可以通过语言、图片等策略让幼儿迁移原有经验表现动作。针对小班幼儿年龄的特点,教师可以通过语言将幼儿的动作描述出来,以便全体幼儿学习。

2. 在集体积累各种动物走的动作时,当有一个幼儿做出动作后,教师应及时带领全体幼儿练习,在练习后教师可以用语言和动作分享看到的不一样的表现动作,以便让全体幼儿积累丰富的表现经验。

3. 对于误会别人后的道歉和安慰,这是对幼儿人格品质培养的教育点,教师要特别重视。

4. 从经典的绘本中寻找故事灵感,是幼儿园音乐活动情境创设非常有用的策略!

(2020 年 原创 南京市北京东路小学附属幼儿园月香分园 杨晔老师)

第二节　中班律动

案例1:大风吹

活动结构

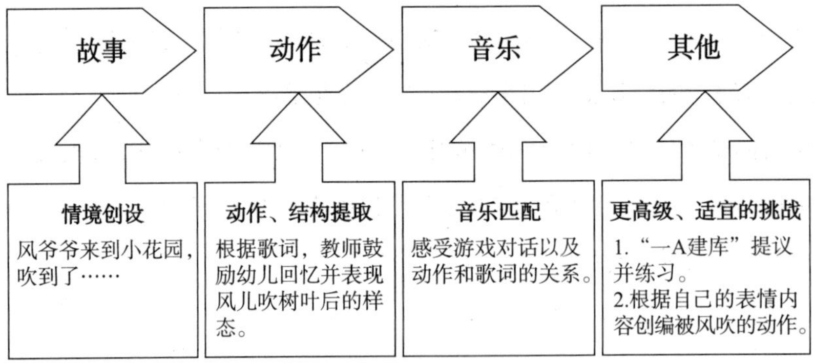

歌曲

大　风　吹

麦克小奎　词曲
周 宁 娜　改编

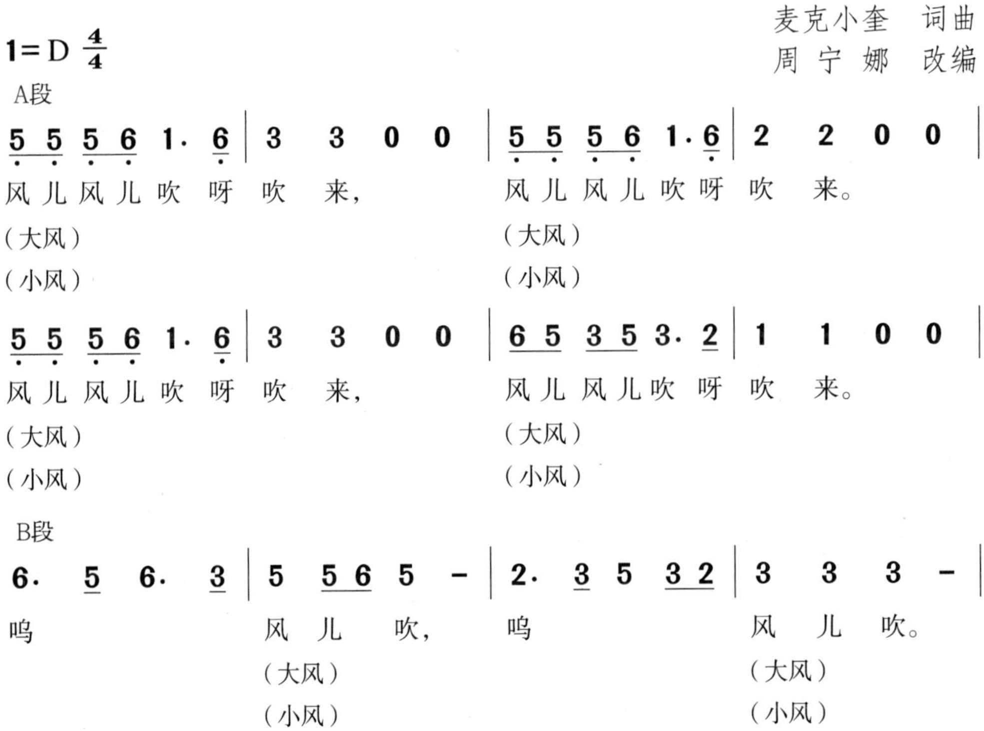

6. 5 6. 3 | 5 56 5 – | 2. 3 5 32 | 1 1 1 – ‖
呜 风 儿 吹, 呜 风 儿 吹。
(大风) (大风)
(小风) (小风)

原歌词:

念白:大——风——吹—— 吹——什——么——

歌词:如果一阵大风吹来,你可别在原地发呆。该跑的人还不跑开,小心你会变成妖怪。

这一回吹所有青菜,下一回吹全部小孩,再一回吹的人爱喝酸奶,跑的时候别把跟头摔。

呼呜呜呜大风吹。呼呜呜呜大风吹。呼呜呜呜大风吹。呼呜呜呜大风吹。

〔注意:由于目前为中班上学期刚开始一个月,本活动又包含了即兴创编表现"被风吹"的身体动作和风停后的造型动作,还包含了听指令快速反应游戏,以及想象各种被风吹的事物等多重学习任务,原歌词内容就显得比较复杂了。设计时,我们考虑将活动改成即兴律动为主的快速反应游戏,到下学期,甚至大班上学期,待幼儿年龄稍长,对音乐作品比较熟悉之后,再将原歌曲的歌词创编作为创造性的即兴歌唱加律动快速反应游戏的基础,重新进行学习。到时候这个部分"这一回吹所有青菜,下一回吹全部小孩,再一回吹的人爱喝酸奶,跑的时候别把跟头摔"就可以使用"一A建库"的方式来玩了!〕

活动目标

1. 初步学会演唱新歌,感受小风、中风、大风带给事物的不同变化。

2. 尝试用身体动作表现出被风吹的不同形态,并根据歌词变化动作力度与幅度。

3. 在教师的鼓励下有创意地创编出不同动作,体验相互学习、相互支持的快乐。

活动准备

1. 经验准备。

(1) 幼儿观察过风吹各种不同事物后的样子,有自己被风吹的感受。

(2) 幼儿有动作造型的经验。

2. 物质准备。

(1) 不同类物品标签若干，如树叶、风车、气球、蒲公英(4 种物品的标签总数量等于幼儿人数)。

(2) 对应物品的大图或幻灯片。

3. 空间准备：全体幼儿围坐成大的半圆形。

活动过程

1. 故事。

教师出示风爷爷图片，导入风儿来了的情境。

2. 歌词+动作。

教师鼓励幼儿回忆并表现风儿吹树叶后的样态，转换成歌词。

3. 音乐：初步倾听范唱，了解新歌歌词的内容和句式结构。

(1) 教师范唱，并邀请幼儿仔细倾听和观察。[**教师第 1 遍范唱。**]

(2) 教师引导幼儿在“呜——风儿吹”处使用上肢“一 A 建库”，表现物体被风吹后的样态并反复倾听范唱。[**教师第 2~7 遍范唱。两遍风儿，两遍小风，两遍大风。**]

(3) 在教师第 5 遍范唱(即第 1 遍范唱大风吹)结束后，加入游戏对话。在 A 段结束后，教师：“大风吹。”幼儿：“吹什么？”教师：“吹……”教师在 B 段处出示高级下肢榜样“建库”，表现树叶被大风吹动位移的样子。B 段唱完，教师说“风停了”，示范造型静止 4 秒。

(4) 教师邀请个别幼儿提议新的动作，和教师一起跟随范唱模仿自己所做的表演动作。[**教师第 8 遍范唱。**]

4. 其他：教师使用幼儿提供的歌词范唱及带唱。

〔创意空间：幼儿根据大屏幕中提供的多种图片拓展“建库”思路，尝试参考其他幼儿熟悉的身体运动动作进行歌舞表演。〕

(1) 幼儿演唱歌曲 1~2 遍，看看是否可以基本正确跟唱。

在 B 段处幼儿(先一两位，后逐渐增加人数)起立到前面空地即兴。歌唱完后教师说“风停了”，幼儿停止造型 4 秒，然后上位。

〔注意：自此开始引导幼儿进行新的创编。〕

（2）幼儿自选几类物品标签贴在身上，明确自己的角色，创编该角色被风吹后的动作及造型。

（3）演唱歌曲，并根据幻灯图片中出现的物品，贴相同标签的幼儿轮流下位移动即兴表演。（该环节需要每个贴物品标签的幼儿都有机会参与。）［**幼儿演唱 4～5 遍，具体遍数根据物品的种类来定。**］

〔注意：在此过程中，教师关注幼儿创编过程中出现的高级动作，及时让幼儿示范给大家看，给予其他幼儿更多的创编提示与灵感。〕

（4）增加动作创编广度与难度，拓宽创编思路。

师：大风除了吹图片上的内容，还会吹什么呢？这次超级大风要来了，会吹所有的东西，你们想变成什么被大风吹呢？可以用什么样的动作表现？

〔注意：这些任务通常对中班幼儿有一定的挑战和难度。如果活动中幼儿的负担太重，此环节可以放在下一个课时或者户外观察活动中，帮助幼儿迁移，继续进行该游戏，也可以建议家长在家中和幼儿一起创编。〕

温馨提示

1. 活动来源于麦克小奎的《大风吹》这个绘本。这个绘本一共有五个游戏，大风吹是其中之一。绘本对传统儿童游戏进行了生动直观的呈现和演示，让这本书不仅具有可读性，还具有可玩性。这让我们认识到，绘本不仅可以用来听故事，还可以玩故事、唱故事。合上绘本的那一刻，故事才真正开始。

2. 针对中班幼儿的年龄特点，教师对绘本中的游戏以及绘本的歌曲进行了改编。随着孩子年龄的增长，后面可以不断升级。对于中班幼儿边唱歌边游戏，教师提供了卡片支持幼儿对于特征的描述和观察。贴在幼儿身上的表情图可以让幼儿自己进行绘画，这样基于幼儿已有经验的物品更有利于幼儿表现他们被大风吹后的特征。

3. 幼儿在边唱歌边玩游戏的过程中，需要寻找、归纳、思考以及表征被吹的角色的造型，以及变换动作的力度、幅度，从开始的具象过渡到最后的抽象。

4. 在幼儿熟悉歌词以及游戏基本玩法后，还可以随机演唱“大风、小风”，从而激发幼儿表演的兴趣，以及提高控制肌肉动作的能力。

（2021 年 原创 南京市第一幼儿园 周宁娜老师）

案例2：皮皮鼠吃跳跳糖

活动结构

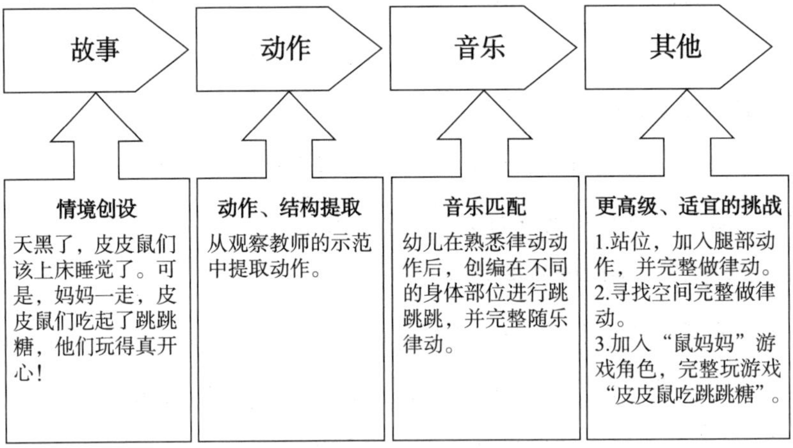

乐曲

棒 棒 糖

佚 名 词曲

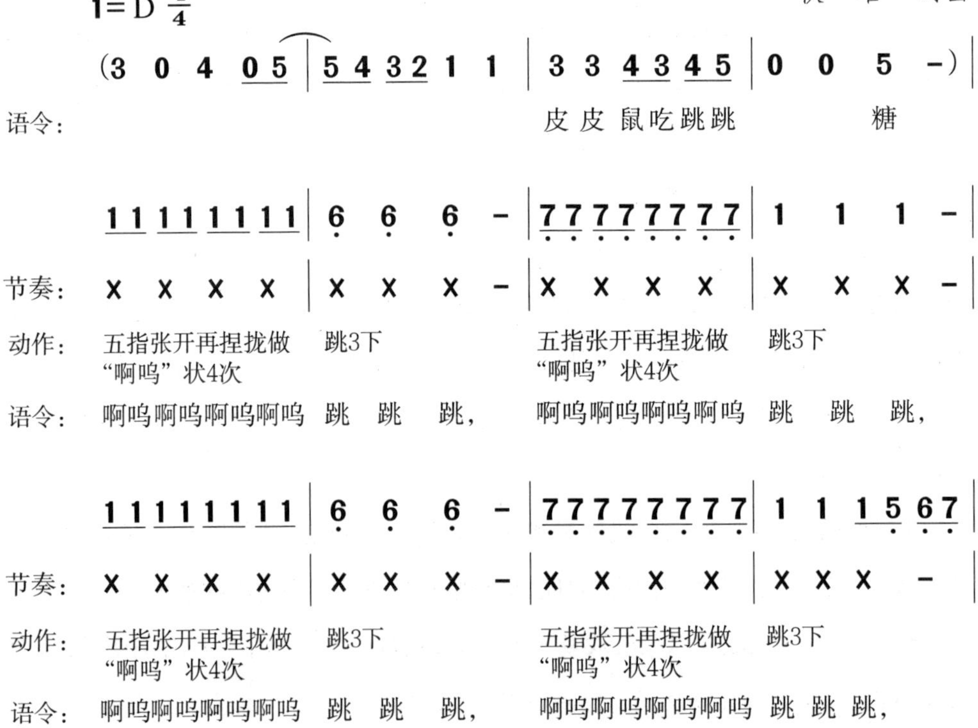

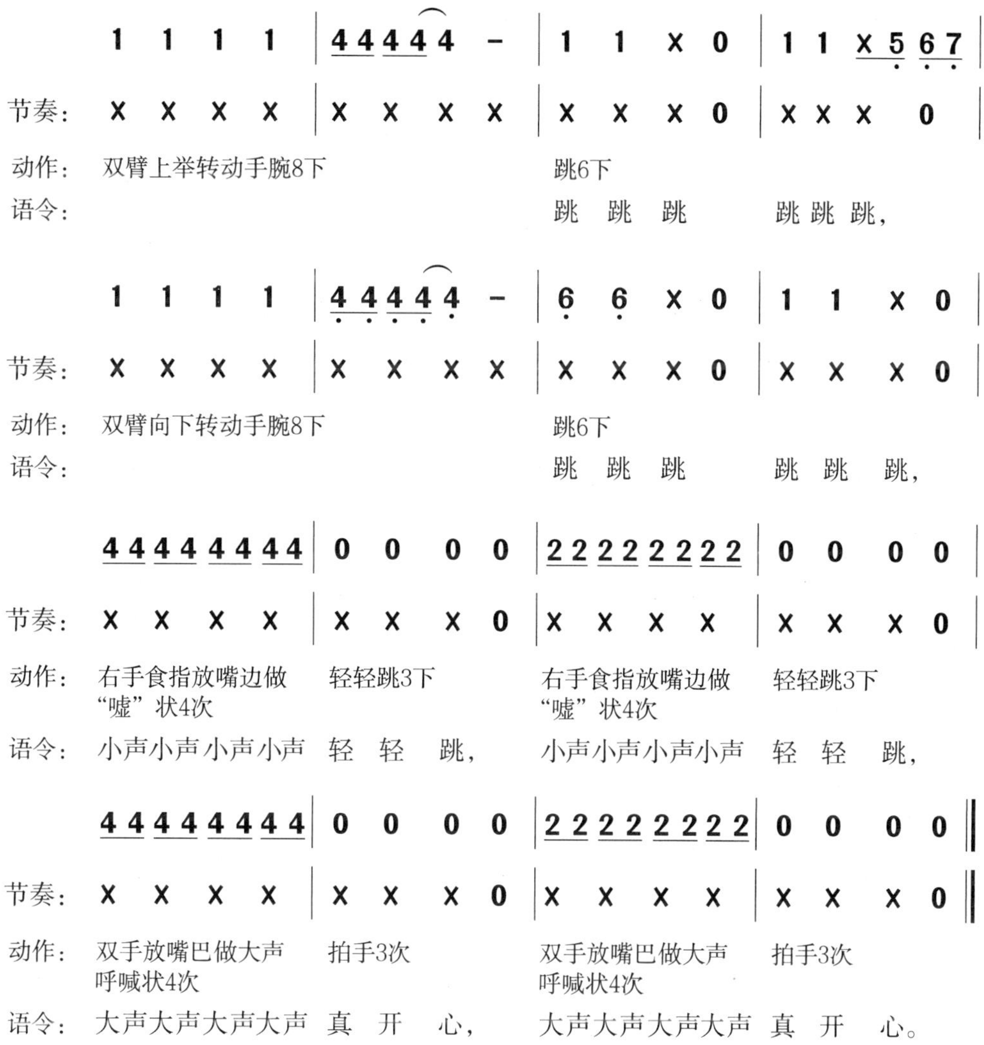

活动目标

1. 感知乐曲的旋律和结构，能随乐曲旋律做皮皮鼠“吃跳跳糖”“跳跳跳”等动作，并能随音乐情绪控制动作幅度。

2. 在故事情节的帮助下，迁移已有生活经验，创编在不同身体部位“跳”和不同的“开心”动作。

3. 能够在“妈妈”敲门后快速做出“上床睡觉”的动作反应，体验和同伴共同游戏的快乐。

活动准备

1. 经验准备：幼儿了解故事《皮皮鼠吃跳跳糖》。

2. 物质准备:《皮皮鼠吃跳跳糖》故事图片、音乐。

3. 空间准备:幼儿围坐成大的半圆形。

活动过程

1. 故事。

师:小朋友们,你们还记得故事《皮皮鼠吃跳跳糖》吗?天黑了,皮皮鼠们该上床睡觉了。可是,妈妈一走,皮皮鼠们吃起了跳跳糖,他们开心地跳起来,上面跳一跳,下面跳一跳,轻轻跳一跳,玩得真开心!你们瞧,皮皮鼠们来啦!

2. 动作。

教师在游戏情境中引导幼儿循序渐进地学习"皮皮鼠吃跳跳糖"的律动动作。

3. 音乐。

(1) 初步观察教师示范,了解律动动作的结构,学习韵律动作。[**教师第 1 遍示范韵律动作。**]

- 教师边讲故事边示范韵律动作。

师:刚刚皮皮鼠们吃了跳跳糖后怎么啦?他们是怎么跳的?

- 教师第二次随乐示范律动动作。

师:皮皮鼠们还做了哪些动作呢?我们再来看一看![**教师第 2 遍示范韵律动作。**]

〔注意:在此过程中,教师尽量鼓励幼儿仔细倾听音乐和观察教师的动作示范,帮助幼儿感知音乐结构、动作模型。〕

- 教师带领幼儿梳理动作,随乐律动,学习重点动作。

师:皮皮鼠是怎样吃跳跳糖的?小声的时候怎样跳?大声的时候做了什么动作呢?

- 师幼共同律动 2 遍。

师:你们想和我一起做皮皮鼠吗?让我们跟着音乐试一试吧![**示范第 3~4 遍时,教师带领幼儿做律动动作。**]

- 创编"真开心"动作。

师:开心的时候你们会做什么动作呢?

〔注意:跟随教师口令创编两个不同的"开心"动作。〕

（2）尝试创编在不同的身体部位“跳”的动作。

● 幼儿随乐创编在不同的身体部位“跳”的动作。**[教师第5~6遍示范韵律动作，帮助幼儿理解动作顺序及意义。]**

师：除了在腿上跳，还可以在我们身体的什么地方跳？（头上、肩膀上、膝盖上、脚上）

● 幼儿随乐律动，并尝试在不同的身体部位“跳”。

〔注意：可根据幼儿的掌握情况，让幼儿先创编在一个身体部位随乐律动，再创编在另一个部位随乐律动。〕

● 幼儿选择在自己喜欢的身体部位上“跳”，随乐完整律动。

师：这次请你们选择一个自己喜欢的身体部位做“跳”的动作，跟着音乐来试一试。

〔注意：这个环节教师可用小幅度动作帮助学习有困难的幼儿完整律动，重点引导幼儿感受在不同的身体部位“跳”带来的快乐。〕

● 加入腿部动作完整律动。

指导语：刚刚我们是坐着吃跳跳糖的，现在我们站起来吃跳跳糖，皮皮鼠站起来可以怎样跳？

〔注意：引导幼儿从用手在腿上跳，替换成双脚站立在地面跳，完整随乐律动。教师此时注意关注幼儿随乐律动的状况：节奏的准确性、下肢动作的协调性。〕

4. 其他：游戏“皮皮鼠吃跳跳糖”。

〔创意空间：根据故事情节，幼儿随乐创编不同的“开心”动作后，从坐位到站位，再到寻找空位置进行游戏。当完整玩“皮皮鼠吃跳跳糖”游戏时，又加入了“鼠妈妈”游戏角色，创编不同的睡姿，通过律动动作静与动的对比与控制，充分感受游戏的乐趣。〕

师：“咚咚咚，咚咚咚”，谁来啦？妈妈来了，赶紧上床睡觉。

（1）教师做“鼠妈妈”，幼儿做“皮皮鼠”，随乐游戏。

〔注意：利用游戏情境，引导皮皮鼠回到椅子上面睡觉，对没有及时睡觉的皮皮鼠，教师用鼓励性语言在情境中鼓励幼儿遵守游戏规则。〕

（2）教师鼓励幼儿尝试挑战担任“鼠妈妈”角色，完整游戏。

师：谁愿意来做“鼠妈妈”？

〔注意：教师适时退位，让幼儿的学习更主动。〕

温馨提示

1. 本活动的选材来源于儿童故事《皮皮鼠吃跳跳糖》。活动以儿童故事《皮皮鼠吃跳跳糖》为背景，衍生出韵律活动，将语言领域、健康领域与音乐领域相互融合渗透，在熟悉的情境、老师的口令中，通过身体动作表现皮皮鼠吃过跳跳糖后开心的心情，感受故事的诙谐与幽默。

2. 律动动作的学习。

（1）先是皮皮鼠吃跳跳糖，4句一样做“啊呜”吃的动作，吃完跳跳糖后创编在不同的身体部位“跳”的动作。

（2）幼儿先是在座位上坐着做上肢动作，接着在座位前站着做动作，最后寻找空地方做动作，如此由易到难，循序渐进。

（3）创设“皮皮鼠吃跳跳糖”的游戏情境，鼠妈妈在面前时皮皮鼠躺床上佯睡，鼠妈妈走后皮皮鼠高兴放松地跳了起来。幼儿通过静与动的动作对比与控制，从而感受游戏的乐趣。

3. 尽管创编活动会使幼儿感受到一定的成就感，但对于中班幼儿来讲，过程中教师还是要根据幼儿的学习状况，向幼儿提供适宜的教学支持。

（1）以童话故事导入活动，以情境创设激励幼儿。

（2）幼儿创编身体不同部位的动作，并内含一定顺序性，循序渐进地增加挑战难度，激励幼儿。

（3）创编“开心”的动作，引导幼儿相互学习，将个体经验转为集体创编的不同造型，从师幼互动到教师退位，教师为幼儿的主动学习提供支持。

4. 活动的每一步设计帮助教师明晰如何架构幼儿的学习步距，每一层级叠加适宜的挑战难度，引导幼儿循序渐进地学习。

5. 活动中，在情感方面，鼠妈妈需要在语言和态度上包容皮皮鼠，用正面积极的态度引导皮皮鼠。诚然，幼儿的内心渴望吃糖，但从个人健康、卫生习惯方面考虑，多吃糖既会影响身体发育，又会对视力造成影响；同时，良好的睡眠习惯也会对幼儿的身体发育产生很大的影响。所以在活动过程中，我们需要引导幼儿养成良好的生活作息习惯，充足的睡眠和规律的作息有利于幼儿的健康成长！

（2021 年 原创 南京市石鼓路小学附属幼儿园 刘晨老师）

案例3:螳螂捉蚊子

活动结构

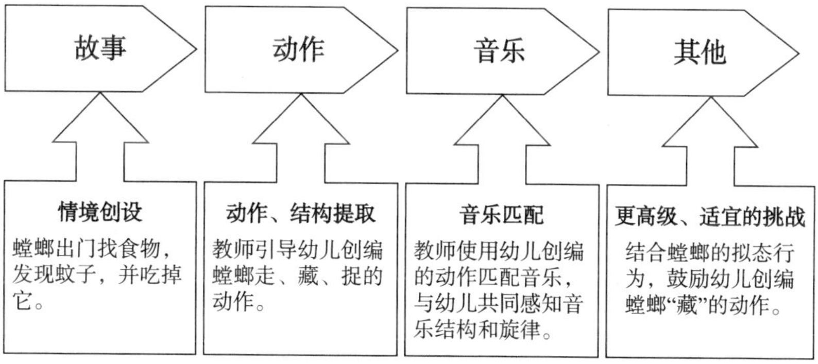

乐曲

欢 沁

1=C $\frac{2}{4}$

林 海 曲

A段

6 0 0 | 3̇ 0 0 | 7 2̇ i̇ 7 | 6 0 0 |

动作：双脚两拍一次交替匀速行走

语令：走 走 走 走

6 6 7 i̇ | 7 5 | 6 0 3 | 5 5 6 |

动作：双手手心朝向脸，遮住脸，做躲藏的静止造型动作

语令：藏

6 0 0 | 3̇ 0 0 | i̇ 2̇ 3̇ 5̇ | 3̇ 0 |

动作：双脚两拍一次交替匀速行走

语令：走 走 走 走

6 7 i̇ 2̇ | 7 i̇ 7 6 5 | 6 0 3 | 5 5 6 |

动作：双手手心朝向脸，遮住脸，做躲藏的静止造型动作

语令：藏

B段

i̇ i̇ i̇ i̇ 5 | 5̇ 5̇ 5̇ 5̇ 6̇ | 3̇ 3̇ 3̇ 3̇ 3̇ | 3̇ 3̇ 3̇ 3̇ 3̇ 3̇ |

动作：首重音处双臂模仿螳螂前肢，向两臂之间做夹的动作

语令：捉

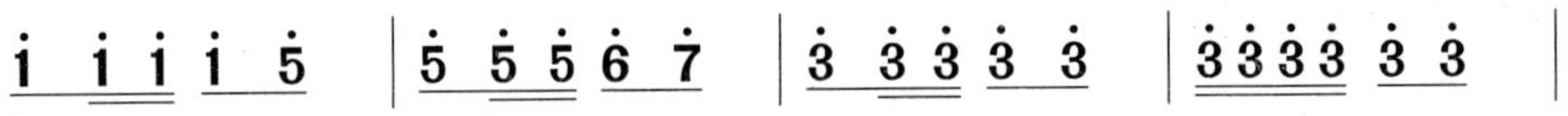

动作：首重音处双臂模仿螳螂前肢，向两臂之间做夹的动作

语令：捉

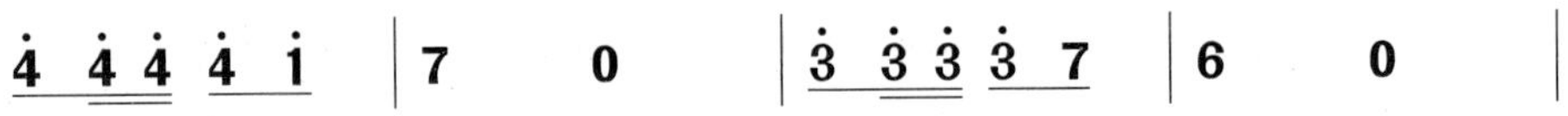

动作：首重音处双臂模仿螳螂前肢，向两臂之间做夹的动作

语令：捉

动作：首重音处双臂模仿螳螂前肢，向两臂之间做夹的动作

语令：捉

活动目标

1. 感受音乐AB段结构，学习跟随音乐用动作表现螳螂走、藏、捉蚊子的情节。

2. 在同伴和图片的启发下，创编不同种类螳螂用拟态的方式保护自己的动作。

3. 捉蚊子时，能找空的地方游戏，不聚集在一起。

活动准备

1. 经验准备：幼儿了解螳螂，了解螳螂的习性以及螳螂的种类。

2. 物质准备：教鞭（顶端粘一只蚊子图片），课件。

3. 空间准备：全体幼儿围坐成大的半圆形。

活动过程

1. 故事。

教师讲故事，创设游戏情境，激发幼儿倾听乐曲的兴趣。

师：一只螳螂外出捕食，走一走，藏一藏，别被食物察觉了。发现一只蚊子，抬起前肢去捉它，捉到了吗？今天我们都来当螳螂，去抓蚊子饱餐一顿。

2. 动作。

教师鼓励幼儿用手做螳螂走、藏和捉蚊子的动作。

3. 音乐：初步倾听音乐，观察教师的示范，感知音乐结构和旋律。

（1）教师随乐表现螳螂捉蚊子的过程，并邀请幼儿倾听和观察。[**教师第1遍示范。**]

（2）教师通过提问，帮助幼儿梳理动作顺序并验证。[**教师第2遍示范。**]

（3）师幼共同随乐游戏，在游戏情境下学习“悄悄行走”，体会游戏的乐趣。**[教师第3遍示范。]**

4. 其他：幼儿与屏幕、教师互动游戏。

〔创意空间：幼儿根据大屏幕中提供的多种图片拓展“建库”思路，尝试用身体动作创编“兰花螳螂”“叶背螳螂”“树枝螳螂”等螳螂的拟态造型。〕

（1）师幼共同与屏幕互动，玩捉蚊子游戏。

- 师：蚊子要出现了，如果蚊子在上方，我们朝着哪里捉？如果蚊子在下方，我们朝着哪里捉？
- 幼儿坐在座位上，和教师共同与屏幕互动玩捉蚊子游戏。
- 幼儿站在座位前，原地与屏幕互动玩捉蚊子的游戏。
- 请一名幼儿示范。
- 师：这次我们要在家门口试试能不能捉到蚊子哦，谁会在家门口原地走，不被蚊子发现？
- 教师唱谱，全体幼儿尝试原地走。
- 全体幼儿跟随音乐站在椅子前原地游戏。

〔注意：此环节由上肢动作迁移至下肢动作，教师由唱谱再到随乐，有层次地帮助幼儿熟悉A段节奏。〕

（2）教师出示图片，启发幼儿用动作创编不同种类的螳螂保护自己的动作。

- 教师出示“兰花螳螂”“叶背螳螂”“树枝螳螂”图片，幼儿选择一种螳螂，模仿其保护自己时的状态。

师：这些是什么螳螂？

- 提取幼儿模仿的动作，坐在座位上替换“藏”的动作。**[师幼共同游戏2遍。]**

〔注意：在此过程中，教师先运用师评的方式，帮助幼儿将动作和图片相互关联，为幼儿提供创造的思路以及明确评价的标准。〕

- 与屏幕互动捉蚊子，同时继续站在椅子前创编“藏”的动作。**[师幼共同游戏2遍 。]**

〔注意：幼儿互评时，一定要先说他人的优点，再给他人提一点建议，学会用合适

的方法提建议。〕

• 小结创编成果，引导幼儿注意大家一直在相互学习。

〔注意：在此过程中，教师运用师评、互评的方式鼓励幼儿创编的动作更具审美性和独特性。〕

（3）师幼分角色互动游戏。

教师拿着顶端粘贴着蚊子图片的教鞭，扮演蚊子，幼儿扮演螳螂。A 段中，当“蚊子”回头时，“螳螂”要把自己藏起来；B 段中，“螳螂”根据“蚊子”出现的位置捉“蚊子”。［**师幼共同游戏 2 遍。**］

〔注意：此环节需要较大的空间，教师要合理利用教室的空间进行游戏。〕

温馨提示

1. 活动中所用到的课件用希沃软件制作即可，蚊子的出现与消失，只需要用软件中的“插入动作”的功能便可实现。但在教师组织活动中，需要一支翻页笔在相应的节奏型里配合。

2. 在这个活动中，教师应该注意调动幼儿的各种跨领域经验：幼儿在活动前需了解螳螂捕食时的相关习性，以及螳螂在躲避危险时所用的拟态的方法。幼儿结合这一经验，尝试用身体动作表现不同种类的螳螂。

（2021 年 原创 南京市北京东路小学附属幼儿园 方芳老师）

案例 4：疯狂动物城运动会

活动结构

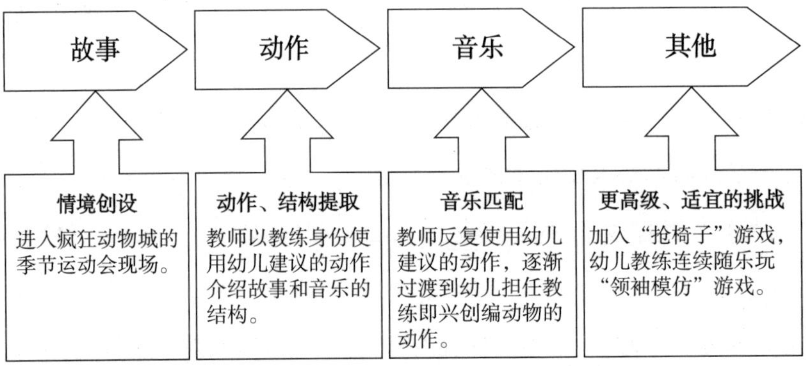

乐曲

库 乞 乞

1= A $\frac{2}{4}$

外国民间舞曲

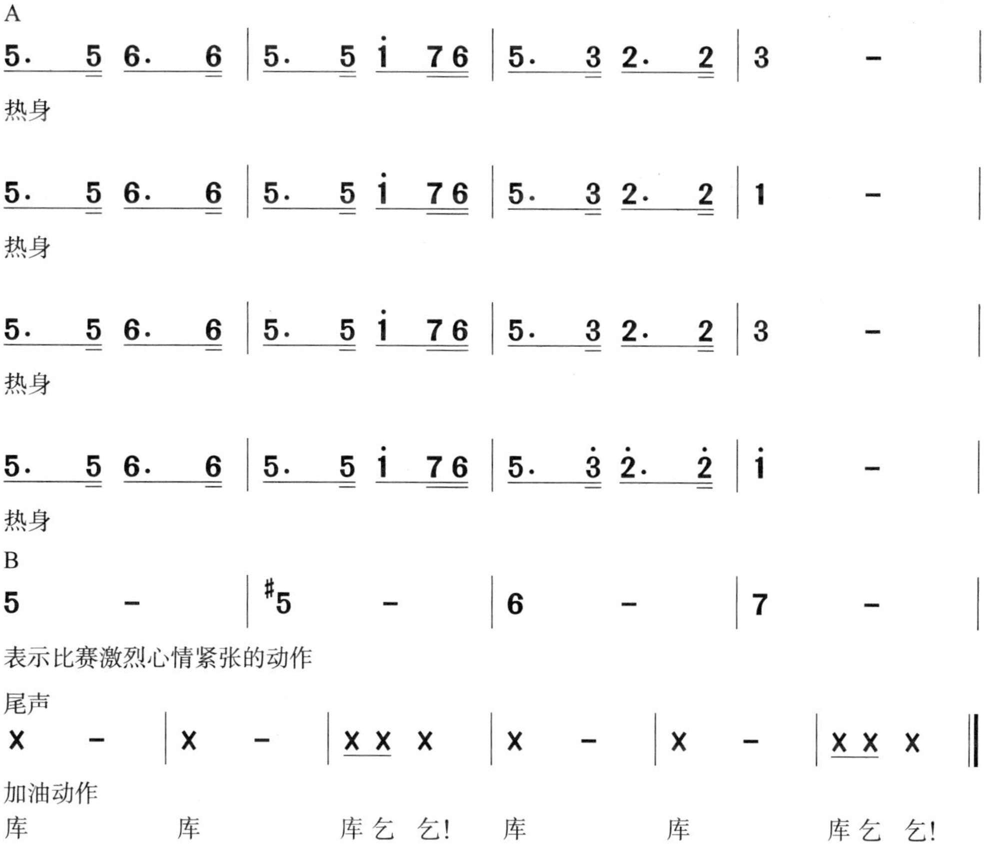

音乐结构:

A、B+尾声。

游戏玩法:

1. 在 A 段音乐处跟随教练(领袖)表演动物绕椅子行走——热身。

2. 在 B 段音乐处开展“抢椅子”比赛。

3. 在尾声音乐处做加油动作并按照节奏喊“库乞乞”加油。

4. 循环游戏,没有抢到椅子的人成为新教练,即兴创编新动物行走动作并带领大家绕椅子行走。

活动目标

1. 掌握乐曲的结构,随乐曲的节奏、乐句和乐段表现热身、比赛、加油等情节。

2. 积极建议和分享各种动物模仿动作。

3. 在“领袖模仿”游戏中大胆自信，在“抢椅子”游戏中遵守规则，并从容对待游戏结果。

活动准备

1. 经验准备：幼儿知道常见动物，有“领袖模仿”游戏经验，最好看过《疯狂动物城》动画片。

2. 物质准备：《疯狂动物城》动画片相关幻灯图片，录音音乐（连续6遍）。

3. 空间准备：全体幼儿围坐成一个大的半圆形。

活动过程

第一层级活动

1. 故事。

教师带领幼儿进入《疯狂动物城》季节运动会的情境。

2. 动作。〔创意空间：贯穿始终〕

（1）教师邀请幼儿提供各种动物的上肢模仿动作。

（2）教师快速反馈表扬幼儿的模仿动作。

〔注意：这个环节需要快速完成，以免浪费幼儿的精力。〕

3. 音乐。

教师以动物教练的身份带领幼儿随乐玩“领袖模仿”游戏（即“请你像我这样做”，每一遍都使用一种前面幼儿提供的上肢动物模仿动作）

［**教师连续示范并带做6遍。**］

4. 其他1。

（1）教师邀请1位幼儿代替自己担任教练，用他自己选择的动作带领集体玩“领袖模仿”游戏。［**教师哼唱曲调为其伴奏，练习1遍。**］

（2）反复（1）的内容：依次邀请2、3、4、5、6位幼儿担任教练。［**前4次教师哼唱曲调为其伴奏，最后1次播放录音音乐。共练习5遍。**］

〔注意：请特别注意这个“累加”的流程，其目的是教师能够多次澄清规则、标准的细节，让幼儿更好地了解、理解、掌握游戏的规则。〕

第二层级活动

5. 其他2。

(1) 明确"抢椅子"游戏规则。

教师邀请1位幼儿志愿者与自己共抢一张椅子,教师先让幼儿担任教练,使用他自己选择的动作带领教师一边玩"领袖模仿"游戏,一边绕着椅子行走,最后在音乐的B段做比赛动作处抢椅子。(没有抢到椅子者担任下一次游戏的领袖。使用极慢速度连续玩3次左右)[**教师哼唱曲调伴奏,练习3遍左右。**]

〔注意1:由于是第一次介绍游戏规则,因此要特别注意"慢"! 并且要严格使用"边讲解、边示范、边练习"的教学策略!〕

〔注意2:这里最重要的难度提升在于从现在开始使用上下肢联合的而且是移动的创意动作。〕

(2) 反复(1) 的内容:依次邀请2、3、4、5、6位幼儿担任教练。[**前4次教师哼唱曲调为其伴奏,最后1次播放录音音乐。共练习5遍。**]

〔注意1:椅子的数量依次累加——两张椅子3人抢,三张椅子4人抢……教师不退出,已经参与的幼儿继续参与,直到该流程结束。〕

〔注意2:请特别注意这个"累加"的流程,其目的是教师能够多次澄清规则、标准的细节,让幼儿更好地了解、理解、掌握游戏的规则。在此流程中,教师可以更从容细致地指导参与的幼儿,同时也能更好地向观察的幼儿展示、澄清可能出现的问题。〕

〔注意3:这个流程是加拿大皇家音乐学院奥尔夫老师特别传授并强调了其重要性的教学策略!〕

6. 其他3:享受游戏快乐。

播放音乐,更换没有参与游戏的幼儿参加游戏。第一次活动最好每次不要超过8人,以免因为人数太多,看不到空椅子而发生混乱。

温馨提示

1. 以上活动目标为两次集体教学活动才能完成的目标。

2. 大班之后仍旧可以继续玩类似游戏,还可以增加乐曲演奏。注意:先将乐器放置在椅子上,抢到椅子的人先拿起乐器随乐呼喊和演奏。站起来行走之前,先将乐器放回到椅子上。

3. 本活动以及下面挑选的中班活动基本上都是在师幼基础比较好的幼儿园中班下学期执行的。如果教师觉得不适合自己班的实际情况，可将活动安排到大班上学期甚至下学期进行为宜。

（2009 年 原创 南京市游府西街幼儿园 付海霞老师）

案例 5:野蜂飞舞

活动结构

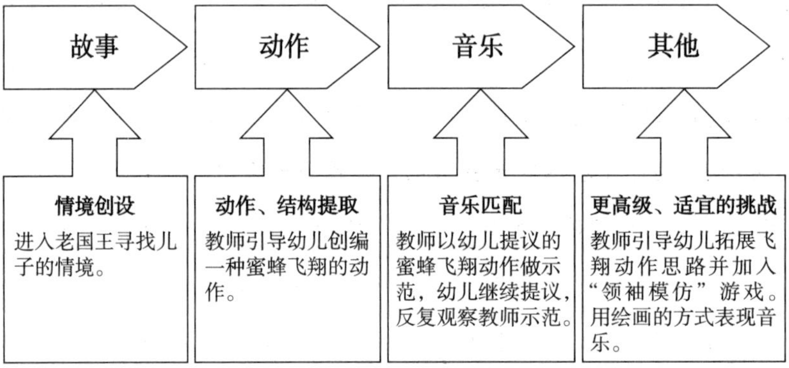

乐曲

野蜂飞舞

1=C $\frac{2}{4}$ ［俄］里姆斯基·科萨科夫 曲

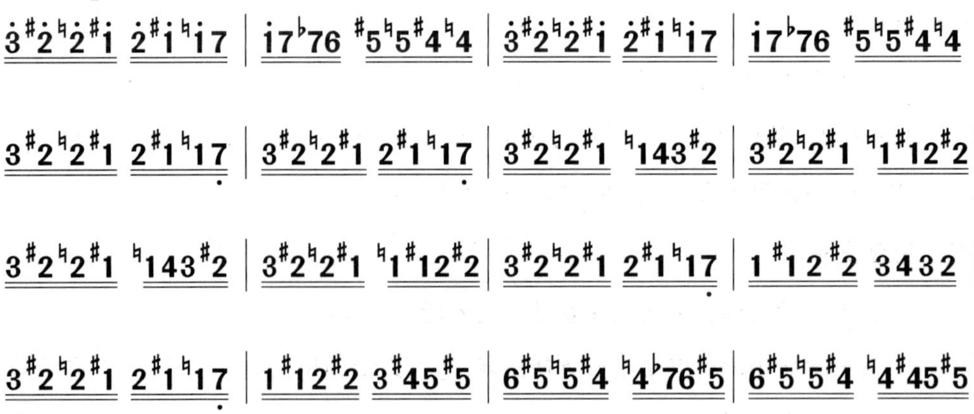

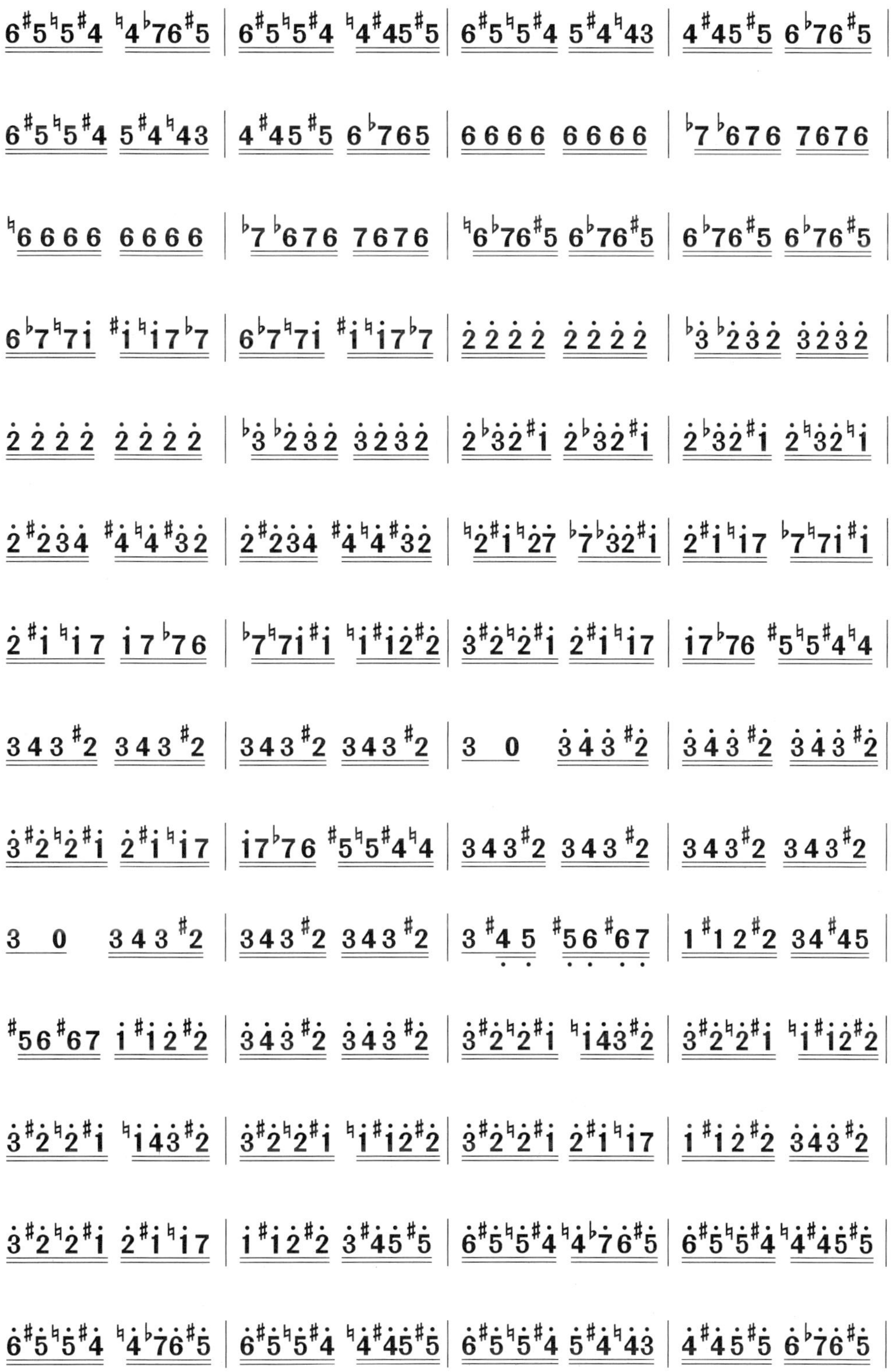

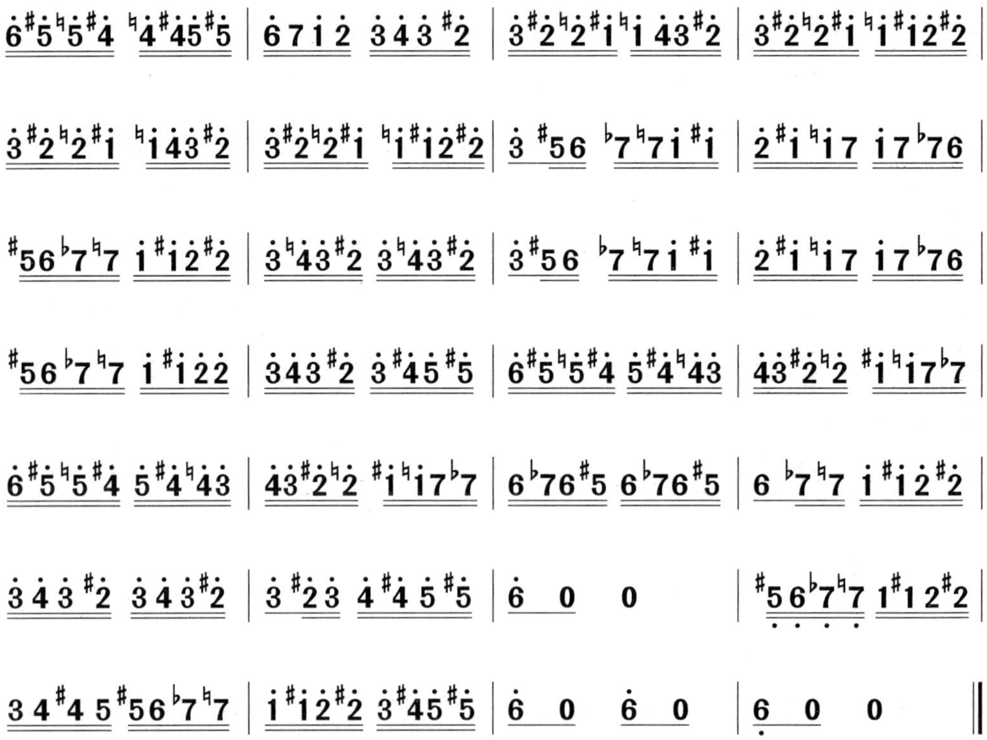

音乐结构：

此作品结构复杂，不易分析，重点在于感知紧张的气氛。

动作建议：

作品是俄罗斯作曲家里姆斯基·科萨科夫根据《天方夜谭》中的传说创作的标题音乐。音乐表现被遗弃的王子变成野蜂带领蜂群回家报仇的情境。

正如音乐的名称是《野蜂飞舞》，游戏时领袖仅需使用上肢变换各种象征飞翔的动作即可。

游戏玩法：

这是一种传统的“体能加智能”双重挑战的游戏，又叫“猜领袖”。

1. 围成圆圈，领袖做一种重复性的动作，大家立即模仿；中途领袖更换动作，大家也立即更换模仿动作。

2. 猜测者入场，观察场内所有人的行为，在规定的时间内，将带头人，即提供模仿动作的“领袖”找出来。

这次活动仅仅是加了音乐作为游戏的背景。虽然不要求动作跟随音乐的节奏和结构，但这个活动的重点是感受和表现音乐紧张激烈的“力效”，即力度模式特质。

活动目标

1. 感受音乐的快速紧张，用快速紧张的飞翔动作与之相配。

2. 在教师的引导下学习使用变换方向、变换动作的幅度、变换双手配合的姿态等思路，创编出更多的上肢飞翔动作。边玩猜领袖游戏，边总结“掩护领袖”和“找出领袖”的策略。

3. 积极提供创编建议；积极参与策略总结讨论；勇于争当猜谜者；努力克制“指明领袖”（“有意出卖”）和“明显盯看领袖”（“无意出卖”）的行为，努力快速正确跟随模仿领袖做动作。

活动准备

1. 经验准备：幼儿最好有画音乐的经验，也可以分成两个集体活动（一个美术活动，一个音乐活动）来进行。

2. 物质准备：纸和笔每人一份，黑板，录音音乐。

3. 空间准备：全体幼儿围坐成大的半圆形。

活动过程 〔创意空间：贯穿始终，用上肢表现飞翔，用线条表达体验。〕

1. 故事。

师：老国王的儿子刚生出来，就被坏王后偷走了。坏王后把老国王的儿子变成了蜜蜂，只有老国王能够从一大群蜜蜂中认出自己的儿子，小王子才能够得救。

〔注意：故事也可以由教师自己改编。〕

2. 动作。

教师引导幼儿创编2个不同的基础飞翔动作。

3. 音乐。

（1）教师作为蜂王（国王的儿子），带领幼儿用基础飞翔动作随乐玩“领袖模仿”游戏，在第一个动作和第二个动作之间自由转换。［**教师第1遍带领幼儿感受音乐。**］

（2）教师指导幼儿轮流担任蜂王。［**幼儿第1次担任领袖。**］

〔注意1：音乐结构不是非常清晰可辨，幼儿可在任何时候自由替换。〕

〔注意2：音乐比较长，教师可以选择几位志愿者，同时面对大家坐，开始前安排好顺序，开始后教师根据情况提示何时换人。〕

〔注意3:一个动作需要持续一小会儿再替换,替换太快会导致幼儿负担重。〕

4. 其他1:教师提供思路引导幼儿创编更多不同方向的动作。如:

(1) 变换方向。

(2) 变换动作的幅度。

(3) 变换双手配合的姿态。

(4) 利用头发或衣服等。

5. 其他2:用三个以上动作玩升级版“领袖模仿”游戏。

6. 其他3:学习玩“猜领袖”游戏。

(1) 教师介绍游戏玩法。

(2) 主班教师和配班教师轮流示范一次玩法。(一人猜测,另外一人组织指导幼儿玩“领袖模仿”游戏)

(3) 幼儿志愿者尝试担任猜测者。(根据情况玩若干次,每次教师都需要根据实际情况帮助幼儿总结“掩护领袖”和“找出领袖”的策略)

7. 其他4:绘画对音乐的感受。(可以安排在音乐活动之前,也可以安排在之后)

(1) 随乐绘画。

(2) 展示分享。

温馨提示

1. 在绘画环节,教师可以鼓励和引导幼儿用故事或情境内容的具体形象进行表达,也可以鼓励和引导幼儿用抽象的线、形来表达。

2. 若在大班阶段学习,待幼儿对此比较熟练后,由半圆改成圆圈。猜谜者观察的难度会相应提高。

(2003年 原创 南京市游府西街幼儿园 邹俊老师)

第三节　大班律动

案例1:我是消防小勇士

活动结构

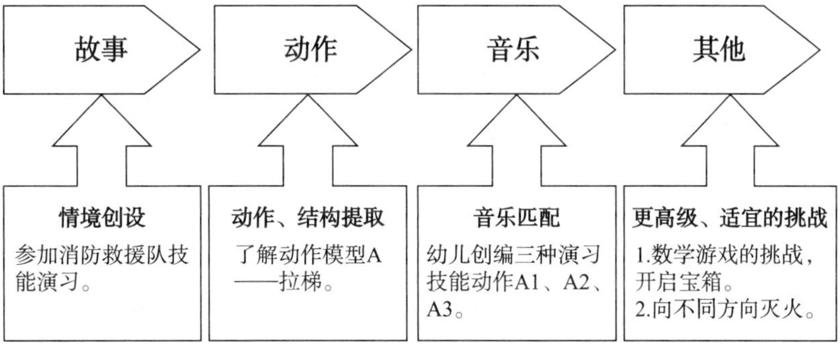

乐曲

勇敢的消防员

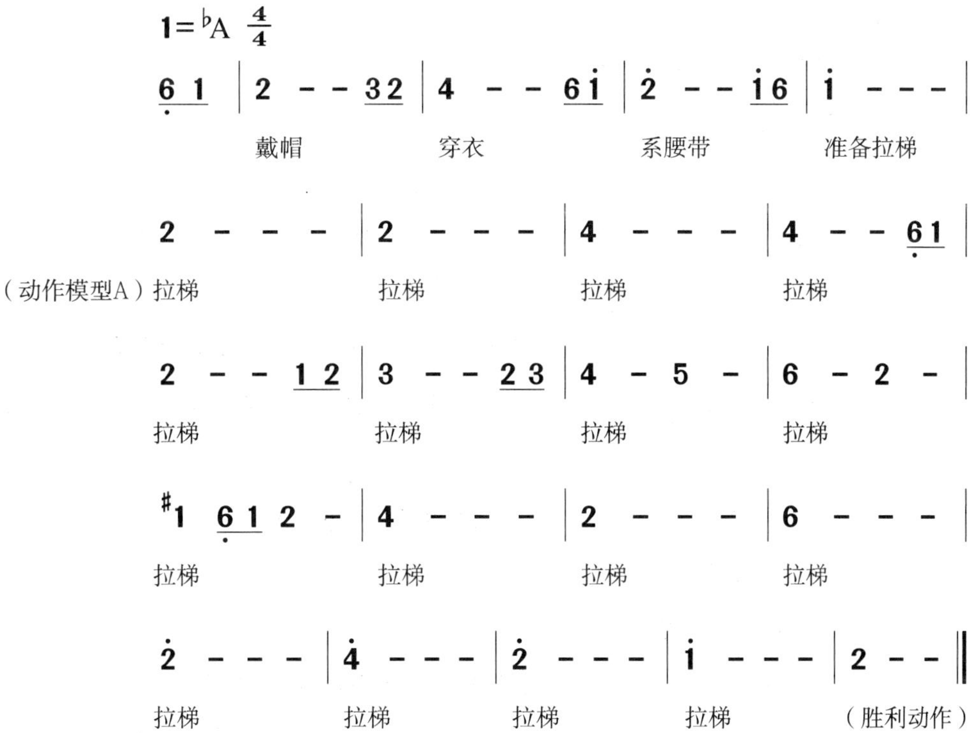

活动目标

1. 熟悉音乐旋律,在合乐的情况下用动作表达,初步了解消防员的技能训练。

2. 通过动作创编、故事情节累加,进一步感受音乐的节奏和变化。

3. 在情境中,体验勇敢的精神和成功救援的喜悦。

活动准备

1. 经验准备。

(1) 幼儿参观过消防大队或看过消防员训练录像片。

(2) 幼儿认识消防车,知道喷火的方法。

2. 物质准备。

(1) 课件:救火场景视频。

(2) 一些幼儿可能想到的救火动作图片,如拉梯、攀爬、切割、甩水带、水管喷水等。

3. 空间准备:全体幼儿围坐成大的半圆形。

活动过程

1. 故事。

教师邀请幼儿参加消防救援队,引入主题情境。

师:我是消防教官,想请你们参加消防救援队,愿意吗?

幼:愿意。

师:想加入消防救援队可没那么容易,必须参加技能训练并且通关成功哦。

2. 动作。

师:第一项技能动作藏在音乐里,仔细听,仔细看![**教师第1遍随乐示范。**]

〔注意:教师示范动作,邀请幼儿仔细倾听和观察,初步了解动作模型AAAA:拉梯。〕

3. 音乐。(感知音乐,创编三种演习技能动作A1、A2、A3)

(1) 迁移生活经验,幼儿现场"建库"。

师:消防员还有什么技能?

〔创意空间:A(拉梯的动作模型)中承载了很多小元素,幼儿在遵循基本规律的基础上对小元素进行无限创造,最终形成创意材料库,即现场"建库",现场"建库"

不仅需要幼儿自己的经验，还需要师幼共建。〕

幼：攀爬。

幼：切割。

幼：喷水枪。

幼：奔跑。

幼：滚水带。

师：甩出水带，也有的消防员会同时甩出两个水带。

幼：连接水带。

〔注意：重点鼓励幼儿大胆表达，既是合作学习，也是跨学科方面的学习，使幼儿的学习旅程变得丰富和精彩。〕

（2）想象并创造表达。

教师邀请幼儿创编新动作，现场提取某个动作，并将相应的图片替换在黑板上。**［教师与幼儿随乐练习 1~2 遍。］**

重点讨论：可以往哪里甩水带？怎样让水带甩得更远？

〔创意空间：引导幼儿探索如何让水带甩得更远，通过动作练习发现：要有力量；快速甩出；身体向前；注意腿部动作等。〕

师：抛水带、甩水带是出水训练中必备的技能，我们跟着音乐来试一试。

〔注意：引导幼儿进行新的创编，变成 AA1AA 动作模型，图片摆放的主要目的是加深幼儿的印象，帮助幼儿变换动作。〕

教师继续邀请幼儿创编新动作，现场提取某个动作并将相应的图片替换在黑板上。**［教师与幼儿随乐练习 1~2 遍。］**

〔创意空间：幼儿根据生活经验探索切割的方向，可以向上切割、向下切割、向右切割，向左切割，根据音乐进行动作替换。〕

〔注意：继续关注幼儿新的创编，变成 AA1A2A 动作模型，图片的摆放既是为了加深幼儿的印象，又是为了帮助幼儿记住动作。〕

教师继续邀请幼儿创编新动作，并现场提取某个动作，将相应的图片替换在黑板上。

师：最后用什么灭火？

幼:干粉。

幼:水管喷水。

师:怎么喷? [**教师与幼儿随乐练习 1~2 遍。**]

〔创意空间:幼儿根据生活经验继续拓展“建库”思路,学习其他幼儿熟悉的运动动作进行动作替换。〕

师:训练过程中一定要认真,每个动作在实战中都会派上用场。这次把刚才说的动作加在音乐里。

〔注意:继续关注幼儿新的创编,变成 AA1A2A3 动作模型,如此由易到难,循序渐进。〕

教师小结创编成果,引导幼儿注意大家一直在相互学习,请幼儿相互拥抱并说:辛苦了! 你真勇敢!

〔注意:这些都是在情感方面支持幼儿的学习。〕

4. 其他。(参加通关挑战,获取消防装备)

(1) 游戏通关,开启宝箱。[**幼儿随乐游戏第 1~2 遍。**]

师:消防员的动作不仅要稳,还要有力量,继续挑战任务。

师:恭喜你们全部通关,成为消防救援队的一员。

〔注意:大班数学游戏的挑战调动了幼儿的兴趣,让变式练习变得好玩有趣,支持幼儿跨学科方面的学习。〕

(2) 高楼起火,集合救援。[**幼儿随乐游戏第 3 遍。**]

使用大屏幕展现熊熊烈火的场景,随着孩子做喷水的动作,火慢慢变小。

师:你是往哪里喷的? 还可以往哪里喷?

〔注意:引导幼儿可以往不同方向喷水,可以是高中低方向喷水,也可以是左右方向喷水。〕

幼:哪个方向有火,就往哪里喷水。

(3) 森林起火,集合救援。[**幼儿随乐游戏第 4 遍。**]

(4) 优秀消防救援队宣誓。

宣誓词:哪里有火灾,哪里就有我的身影! 我向大家呼吁,珍爱生命,远离火灾。

〔注意:这些都有助于帮助幼儿感知“责任重于泰山”。〕

温馨提示

1. 特别说明：本活动的音乐节选自一首电子风格的纯音乐《Go Time》。结合活动情境，在前奏处加了消防车的声音，中间加了口哨声，便于提醒幼儿变换动作。

2. 动作模式：AAAA→AA1AA→AA1A2A→AA1A2A3。

3. 活动从“一 A 到底”开始，先学习范例——拉梯技能和主要旋律，找到并掌握其中的规律（具体到抽象），再运用规律进行举一反三（从抽象到具体），这就是从“一 A 到底”开始。A 的线索贯穿于活动的始终，因而幼儿很容易发现并习得此规律。因此，从“一 A 到底”开始的教学可以带给幼儿稳定且舒适的开始。

4. 预令的设置。

预令是指活动中为了提示幼儿下面要做什么而提前喊出的口令，目的是引起幼儿的注意并做好准备。设计预令的要素有：简洁够用、工整有节律感、符合游戏情境。教师在活动中需要提前想好预令，如拉梯、甩出、切割、连接、喷水等，主要是将幼儿创编的技能动作变成两个字的口令。预令也是教师示范的退位策略。

5. 教学支持。

尽管创编活动会使幼儿感受到创造性工作的成就感，但过程中教师需要向幼儿提供 4 个方面的教学支持。

（1）情境创设激励。

（2）教师随时随地的热情激励。

（3）相关经验的启发拓展激励。

（4）循序渐进的难度挑战激励。

（2020 年 原创 南京市建邺区奥体幼儿园 董文君老师）

案例2:鸡毛信

活动结构

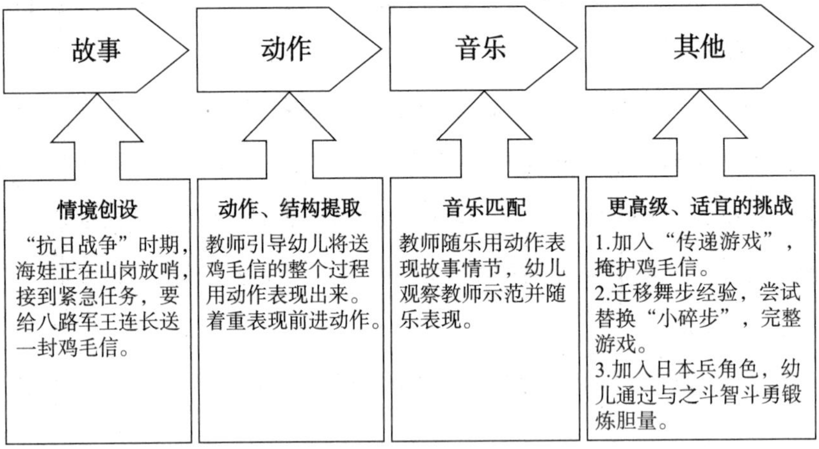

乐曲

红　星　歌

魏宝贵、邬大为　词
傅庚辰　曲

1=D $\frac{2}{4}$

中速　雄壮有力地

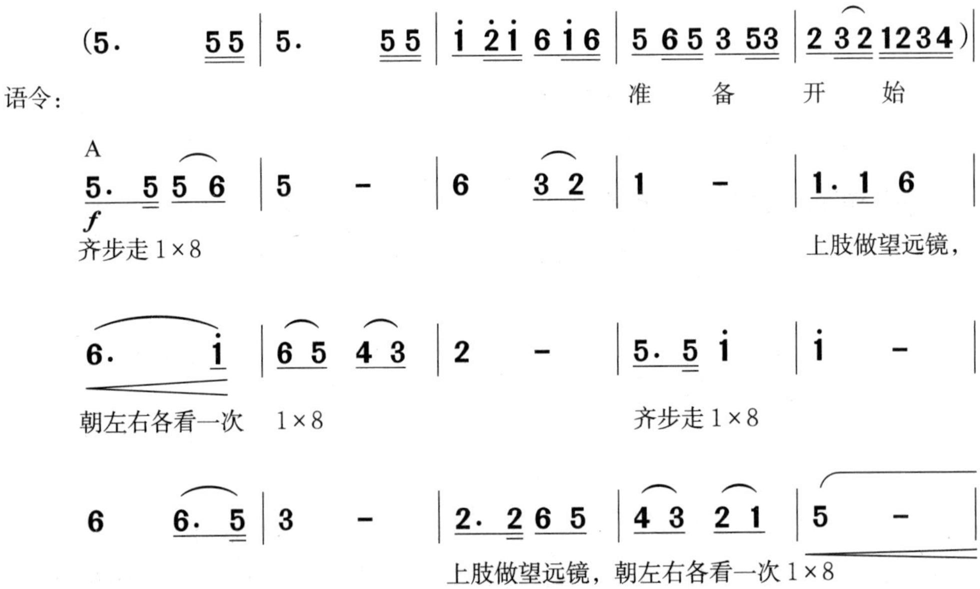

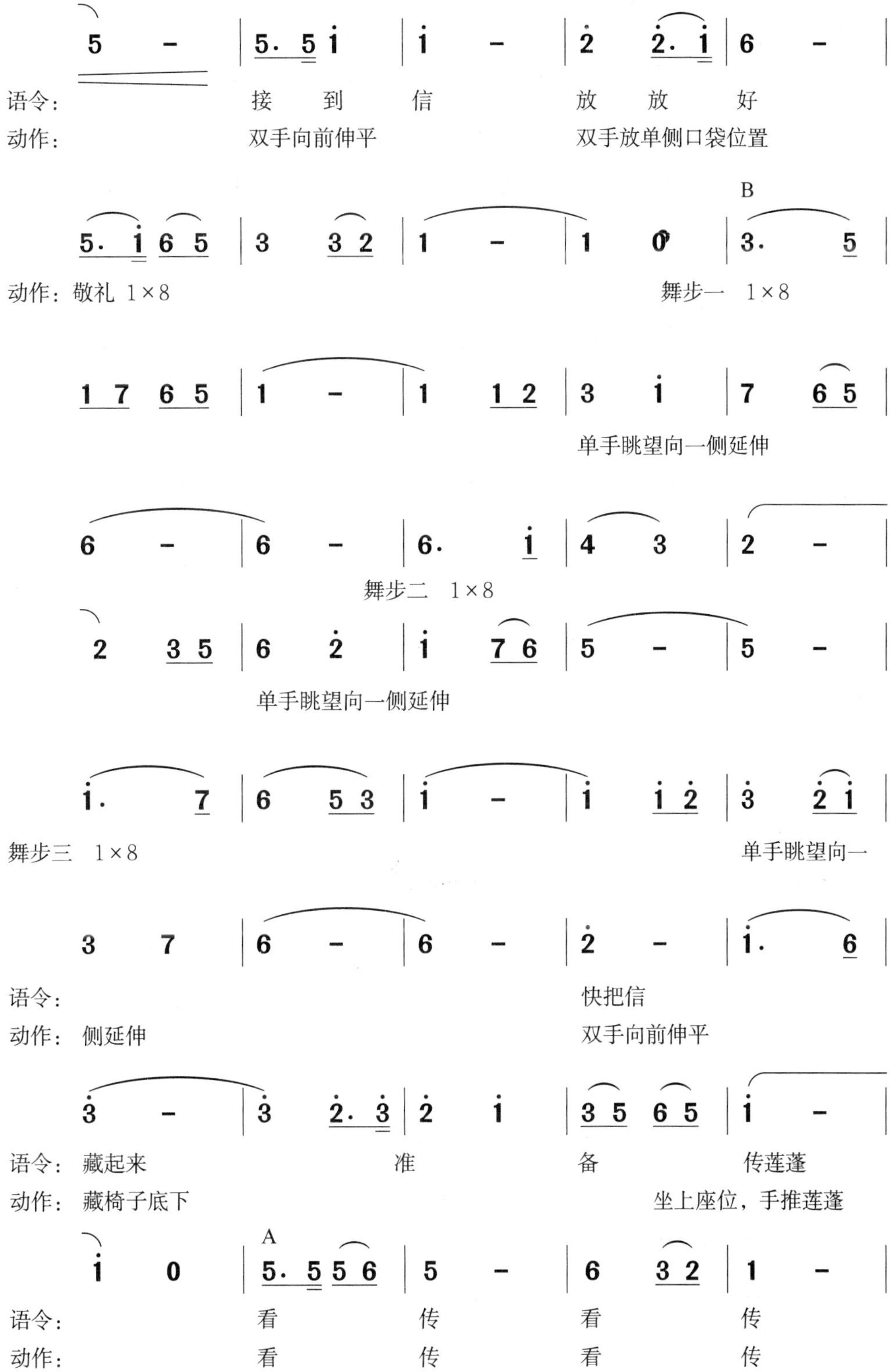
语令：接 到 信 放 放 好
动作：双手向前伸平 双手放单侧口袋位置
B
动作：敬礼 1×8 舞步一 1×8
单手眺望向一侧延伸
舞步二 1×8
单手眺望向一侧延伸
舞步三 1×8 单手眺望向一
语令：快把信
动作：侧延伸 双手向前伸平
语令：藏起来 准 备 传莲蓬
动作：藏椅子底下 坐上座位，手推莲蓬
A
语令：看 传 看 传
动作：看 传 看 传

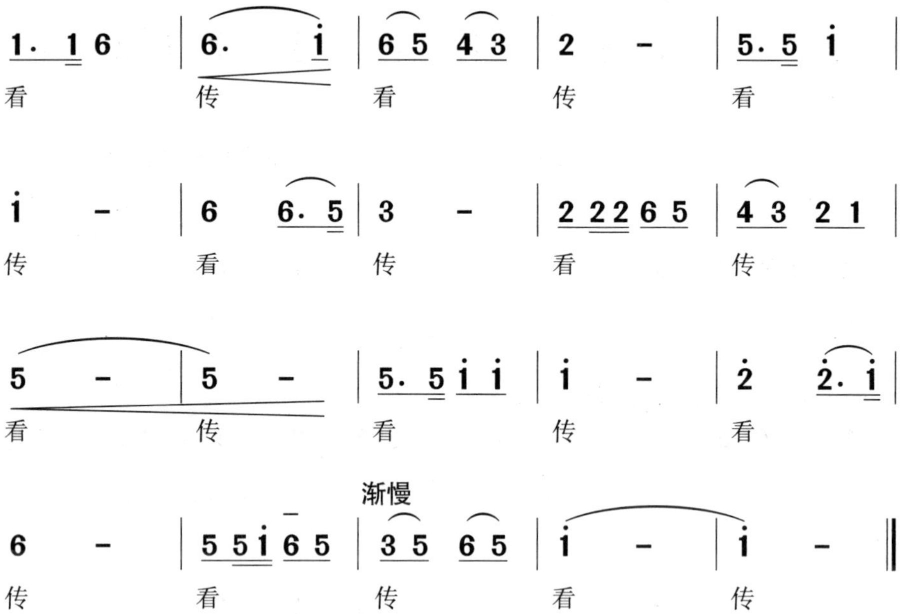

活动目标

1. 初步感知乐曲的旋律和结构，尝试跟随音乐做放哨、送信、传莲蓬等动作。

2. 在图片的帮助下理清故事线索，迁移已有舞步经验，尝试替换“小碎步”，完整游戏。

3. 在“掩护游戏”中体验合作送信的快乐，初步了解抗日战争的历史，体验对敌斗争中小战士的机智勇敢。

活动准备

1. 经验准备。

(1) 幼儿对抗日战争的背景有一定了解，听过抗日战争时期小英雄海娃的故事。

(2) 幼儿会玩一些传递游戏。

(3) 幼儿会相应年龄段的各种“基本舞步”。

2. 物质准备：道具(鸡毛信、莲蓬、腕带)，音乐，PPT。

3. 空间准备：全体幼儿围坐成大的圆形。

活动过程

1. 故事。

教师引导幼儿回顾海娃的故事，导入海娃送鸡毛信的情境。

师:“抗日战争”时期,海娃经常帮助八路军送信。一天,他正在山岗放哨,接到紧急任务,给八路军王连长送一封鸡毛信。

2. 音乐+动作。(教师示范,引导幼儿感知乐曲的旋律和结构)

(1) 教师示范,幼儿初步感知乐曲的旋律和结构,理清故事线索。[**教师第 1 遍随乐示范动作。**]

师:看一看,他是怎么完成任务的?

(2) 教师示范,幼儿重点观察学习 A 段放哨的游戏动作。[**教师第 2 遍随乐示范动作。**]

师:小海娃在山岗上是怎么放哨的呢?做了哪些动作?

(3) 教师示范,幼儿重点观察学习 B 段送信的游戏动作。[**教师第 3 遍随乐示范动作。**]

师:海娃送信途中前进了几次?每次做了什么事情?

(4) 教师带领幼儿在座位上完整学习上肢律动。[**教师第 4 遍随乐示范动作。**]

师:我们来当小海娃,一起去送信吧。

3. 其他。(幼儿尝试完整游戏)

(1) 加入传莲蓬游戏,幼儿观察游戏玩法。[**教师第 5 遍随乐示范动作。**]

〔创意空间:幼儿迁移已有的传递游戏的经验,结合故事中“掩护鸡毛信”的情境,尝试发展随乐有节奏地与同伴合作传递的能力,体验完成任务的喜悦。〕

师:日本兵离我们越来越近了,海娃开始玩起了传莲蓬游戏,把信掩护好。

〔注意:“传递游戏”的过程中,教师用慢速语令引导幼儿初步学会传递,过渡到唱谱练习,再到跟随片段音乐练习,最后整体跟随音乐进行游戏,完整表现故事情节。〕

(2) 迁移舞步动作,探索 B 段下肢游戏动作,完整游戏。(该环节大约可以重复 3 次)[**教师第 6~9 遍随乐示范动作。**]

〔创意空间:幼儿当堂绘制舞步图片进行“建库”,尝试将符合战争情境的舞步动作迁移到八路军前进的步伐。〕

- 迁移“小碎步”动作经验,完整游戏。

师:八路军叔叔前进时,你会把“小碎步”加到送信动作里吗?

- 迁移舞步经验,绘制舞步图,替换“小碎步”。(2~3 遍)

师:你还想在前进的时候加入哪个舞步?

〔注意:在此过程中,教师要引导幼儿在设计舞步的时候考虑与情境是否符合,不牵强将舞步加入海娃的前进动作。〕

- 引导幼儿将三种舞步进行排序,随乐游戏。

师:现在我们有几种舞步了?你想在送信的过程中用几种舞步?怎么排列顺序?我们一起试一试。

〔注意:这是在将幼儿根据情境迁移并设计的三种舞步"建库"并进行排序。〕

- 加入日本兵角色(与舞步创编同步进行),完整游戏(该环节大约可以重复2次)

〔创意空间:海娃与日本兵周旋,幼儿理解海娃机智勇敢地和日本兵作斗争的故事情节。教师引导幼儿机智地与日本兵对话,锻炼幼儿的勇气和胆量。〕

- 日本兵第一次出场,问:你们在干什么?(幼儿:玩传莲蓬)里面藏着信吗?(幼儿:没有)日本兵检查,没有发现信,扔掉。

- 日本兵第二次出场,问:莲蓬是什么?能吃吗?怎么吃?日本兵尝了一下,说"不好吃",扔掉莲蓬,走人。

[幼儿替换舞步在第6~9遍,与此同时,日本兵的出场在第7~8遍。]

〔注意:重点鼓励幼儿敢于和日本兵对话,不要害怕,也不可以掉以轻心露出放松神情。〕

(3) 加入八路军角色,体验掩护鸡毛信、送信成功的快乐。

介绍王连长:我们把信保护得很好,信在你手中,由你把信送给王连长吧。让我们用掌声迎接王连长。

王连长:同志,你好!(敬礼,大家敬礼)你们真是勇敢、机智的小英雄,为你们鼓掌。

师:小海娃真棒。在我们的共同努力下,八路军利用鸡毛信里的情报,成功歼灭了日本兵,取得了胜利。(最后出示两幅图加以说明)

〔注意:故事的结尾,是对幼儿进行爱国主义情感教育的升华。教师的语言、语态要能感染幼儿,让他们觉得自己真的成了小英雄,为抗战胜利有自己的功劳而感到自豪。〕

温馨提示

1. 活动创设之际，恰逢建党100周年，幼儿园开展红色阅读节活动，选购了一批红色绘本对孩子们进行爱国主义教育。教师发现，抗日战争虽然离孩子们的生活经验比较远，但生长于南京的孩子们，却对南京大屠杀并不陌生，也对抗日战争中的小英雄很感兴趣。这为我们的活动开展打下了前期经验基础。该活动选取了经典抗日战争故事《鸡毛信》的情节，以及革命电影《闪闪的红星》主题曲《红星歌》为音乐，在ABA乐段递进表现故事情节，最终海娃给八路军送信成功，八路军打了胜仗。化身为小英雄海娃表现送信的律动，令幼儿感到十分自豪，也在他们的心中埋下了爱国的种子。

2. 活动中包含下肢舞步随情境进行迁移的动作创编，教师需要向幼儿提供创编的背景知识并给予幼儿情境性支持。

3. 活动中幼儿能根据故事情境进行舞步的迁移和运用，是源自他们长期在一日活动中积累的舞步经验，熟悉各种基本舞步。于是在活动中，最终尝试用舞步“建库”并在前进的三个乐段用三种舞步表示红军前进。关于舞步的迁移，“小碎步”跟行进的情境最为贴切，所以选用这个舞步作为“八路军”前进的示范动作。活动中没有使用创编各种舞步的策略，是因为对舞步的迁移要符合八路军前进的情境，使用五花八门的舞步表现前进会造成逻辑牵强。除了小碎步，幼儿凭借战争的背景知识提取出一些动作，如：红八路军登山时用登山步，过雪地时用滑步。其他舞步的迁移可以延伸到第二课时，或者在音乐区角进行。教师可以添加其他情节使舞步和情境相匹配，给幼儿更多的创编空间。

4. 空间位移：在活动中，幼儿面朝圆心原地做小碎步是没有方向位移的，如果面朝圈上就可以有位移。之所以设计没有位移，是因为幼儿在第一课时学习阶段。如果设计位移会增加幼儿的学习负担，同时会让幼儿看不见老师的示范，记不住动作。在第二课时，待幼儿熟悉游戏后可以进行面朝圈上的位移挑战。

5. 活动中通过“放哨”“送信”“传莲蓬游戏”（迷惑日本兵）三个递进的线索，幼儿建立了动作模型。如何持续地调动幼儿的积极性，丰富动作模型呢？

（1）活动一开始，教师通过动作和故事、音乐的匹配示范，帮助幼儿了解故事的情节，并用动作创造性表现故事内容，体会海娃必须完成任务的坚定信念和爱国情感。

（2）当幼儿熟悉故事内容后，教师提供了新的故事情节：传递莲蓬迷惑日本兵。有节奏地进行传递莲蓬的游戏，也是本次活动的重难点。在活动中教师先用慢速语令引导幼儿初步学会传递，然后过渡到唱谱练习，再到跟随片段音乐练习提高难度，最后跟随音乐完整表现故事情节，非常有系统地展现这一教学过程。

（3）活动最后，加入日本兵和王连长角色，海娃藏信以及与日本兵周旋的戏剧表演作为幼儿理解海娃机智勇敢地和日本兵作斗争的故事情节，引导幼儿用对话的方式加以表现故事情节，锻炼幼儿的胆量。教师努力尝试将鸡毛信的故事情境与律动的艺术表现相结合，对幼儿实施爱国主义教育。

（2021 年 原创 南京市游府西街幼儿园 欧阳砚冰老师）

案例 3：外星人访问地球

活动结构

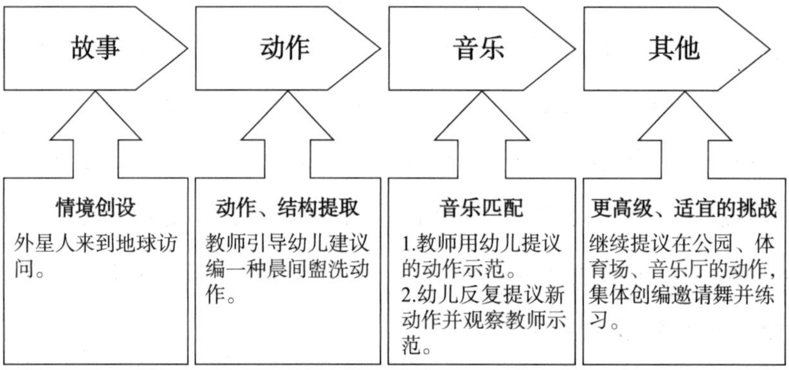

乐曲

baby

1= E $\frac{2}{4}$ ［加］贾斯汀·比伯 作曲

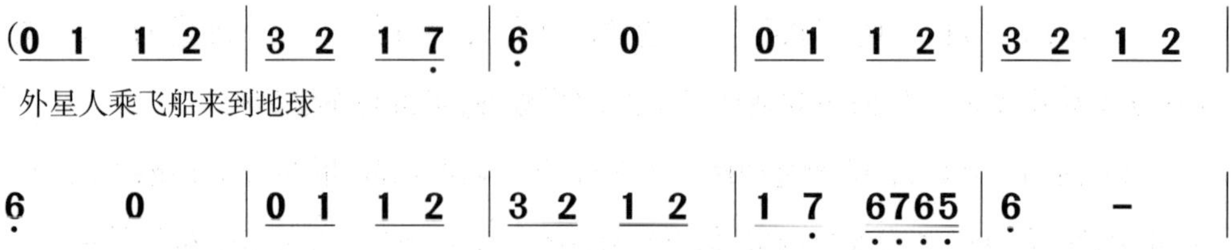

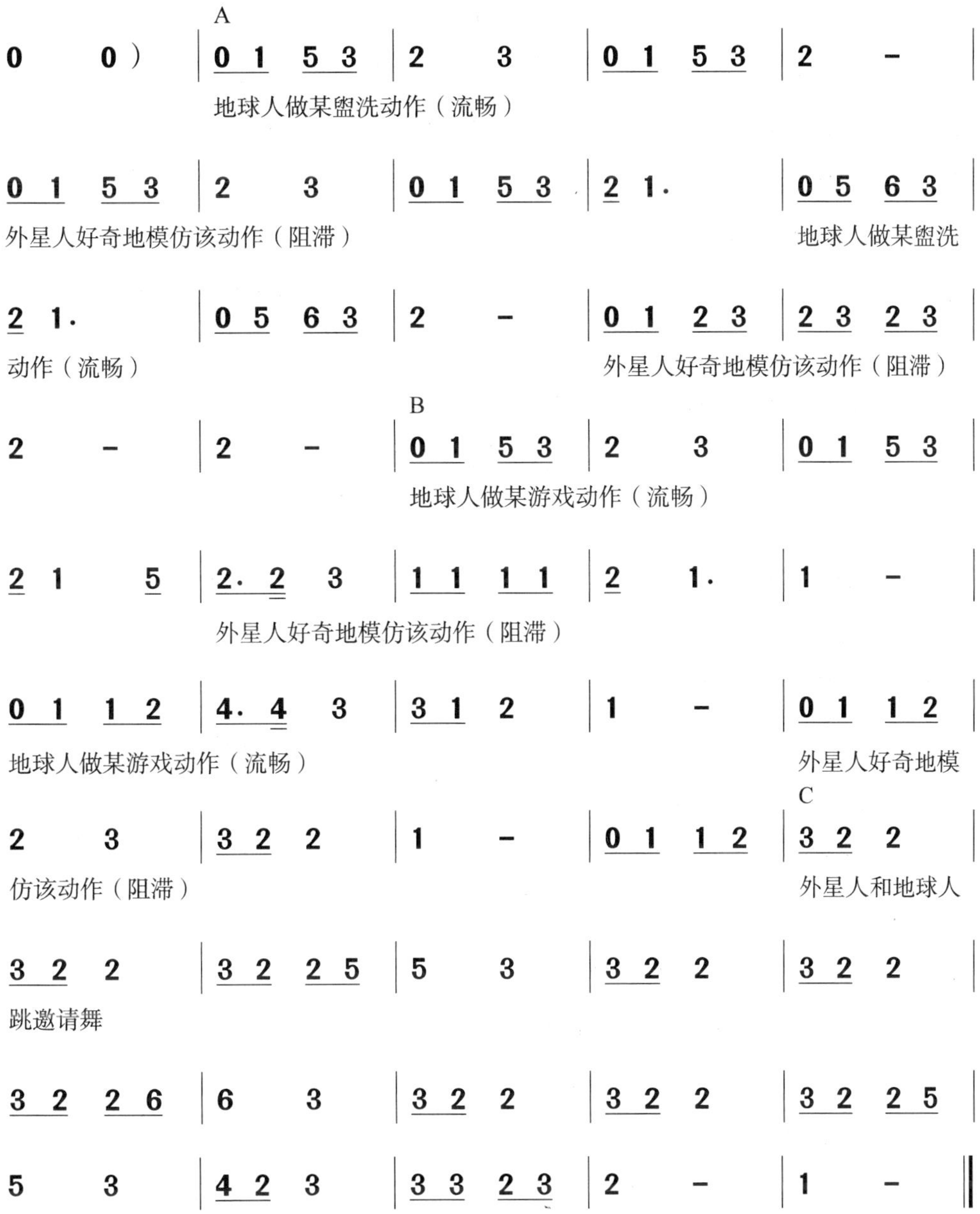

〔注意：一种模仿动作时，同样“引导—变异”动作模式重复 4 次。两种模仿动作时，同样“引导—变异”动作模式重复 2 次。即 AB 两段音乐做不同的“引导—变异”动作模式。〕

音乐结构：

三段式前奏 ABC 结构。

游戏玩法：

这是一个“领袖模仿游戏”的“变异品种”，不是“原样模仿”，也不是“镜面对称模仿”，而是“特定变异模仿”。这个情境中设定外星人的动作类似“机器人”，所以游戏设定的特殊标准为：地球人做连贯、流畅力量特质的“引导动作”；外星人做断顿、阻滞力量特质的“模仿动作”。

〔注意1：现有同一个幼儿园的另外一个设计，“猴子学样”故事情境中，小猴子做灵巧、活泼的“逗弄情趣”的引导动作；老爷爷做沉重、笨拙的“无奈、愤怒情绪”的“模仿动作”。〕

〔注意2：为什么强调同一个幼儿园，是因为要提示读者：拥有了相关的思路，就有可能反复在同类情境中使用。这也是创造性工作的一种上位思路。〕

活动目标

1. 根据故事情节和音乐旋律，表现地球人和外星人动作的不同模式特质。

2. 创编地球人的各种连贯、流畅性质的动作，即兴转换成外星人的断顿、阻滞动作。在教师引导下，创编简单邀请结伴舞蹈。

3. 根据自己的意愿结交和交换朋友，尝试更加熟练地与同伴进行身体和眼神的互动，体验与同伴合作游戏的乐趣。

活动准备

1. 经验准备。

(1) 幼儿拥有去盥洗间、公园、体育馆、音乐厅等生活经验。

(2) 幼儿拥有简单邀请和结伴自由舞蹈的经验。

(3) 幼儿了解机器人的行动动作。

2. 物质准备：录音音乐。

3. 空间准备：全体幼儿围坐成大的半圆形。

活动过程

1. 故事。

幼儿了解机器人乘坐的飞船降落到地球后的“奇遇”。

(1) 学习外星人刷牙、洗脸的动作。

师：早晨起来地球人会做哪些盥洗的事情？

幼：刷牙！

师:外星人想模仿地球人刷牙,但他们的动作只能做得和机器人一样。外星人刷牙你们会不会?

幼:会。(做相应的动作)

师:外星人刷牙和我们地球人哪里不一样?

幼儿讨论。

师:外星人刷牙是有一个程序的,刷—刷—刷—刷—咔。(教师示范)

师:那外星人洗脸呢?

幼儿做相应的动作。

师:它的程序和刷牙是一样的,洗—洗—洗—洗—咔。

〔注意:以上环节为难点前置。〕

(2)教师讲故事。

故事梗概:外星人来到地球,对地球人的一切都很好奇,他们模仿地球人做的各种事情,最后还和地球人一起跳舞。

2. 动作+音乐:引导幼儿感知音乐、故事、动作之间的关系。

(1)教师带领幼儿学做动作。

师:准备起飞,去地球旅行啦。(A、B 段用刷牙动作带领幼儿随乐分角色合乐一次。C 段可以做任何简单的动作,如绕线手、翻手腕、拍手等)

〔注意:此环节,让幼儿在 C 段做任何简单的动作,是为了既不增加幼儿的负担,又让幼儿有机会完整感知音乐,还使幼儿有机会针对邀请舞创编提供建议。〕

[教师第 1 遍带幼儿随乐练习。]

〔注意:第 1 遍随乐练习,做刷牙动作。〕

(2)教师再次带领幼儿学做动作。

师:机器人刷牙的程序是什么呀? 早上在盥洗间,还会做什么事情呢?

幼:洗脸。

师:对,洗脸,洗脸的“程序”是一样的。

[教师第 2 遍带幼儿随乐练习。]

〔注意:第 2 遍随乐练习,做洗脸动作。〕

3. 其他1:更换生活场景。

(1) 幼儿学习外星人的钓鱼动作。

师:地球人来到了公园,他们先玩了钓鱼游戏。钓鱼的动作怎么做?地球人钓鱼,外星人怎样模仿?

〔注意:第3遍随乐练习,做钓鱼动作。〕

(2) 幼儿学习外星人的划船动作。

师:地球人是怎么划船的?

〔注意:第4遍随乐练习,做划船动作。〕

(3) 学习将两个动作连贯起来。

师:我们先做什么?接着又做什么?

幼:先钓鱼,后划船。

〔注意:第5遍随乐练习两种模仿动作,如先钓鱼后划船。〕

(4) 师:我们准备换地方了,去体育馆看一看吧。

(教师引导幼儿站到小椅子后面)

师:你们看到体育馆里有哪些运动项目呀?

(教师邀请幼儿创编两种体育运动的动作。重复1次)

〔注意1:第4、5遍,使用两种模仿动作模式随乐练习。〕

〔注意2:本环节中以上活动,每次都是幼儿提议相应动作,教师当地球人,做"连贯"动作,幼儿当外星人,做"断顿"动作。〕

4. 其他2:两两结伴游戏。(以下不再提示练习遍数)

(1) 学习结伴游戏:教师示范当邀请人,即地球人。请幼儿边游戏边观察思考。

师:地球人邀请了谁做朋友?(教师邀请一位幼儿)

师:找到朋友后,又做了什么?(教师即兴做某正常动作,幼儿模仿相对应的外星人动作)

(2) 请幼儿做地球人。

师:这次飞船降落到了音乐厅。谁愿意来做地球人?

教师邀请一名幼儿创编两个音乐表演动作,其他幼儿做相对应的外星人动作。(重复2次。即一共3对幼儿进行了尝试和示范。)

〔注意:此处属于难点前置,仅仅使用 A、B 段音乐。〕

(3) 幼儿平均分为两组,一组地球人,一组外星人。

教师组织一组幼儿站在圆圈内当邀请者,即引领动作的地球人;另外一组幼儿站在圆圈上,当模仿者,即模仿动作的外星人。前奏结束两两结伴游戏。(重复2次。)

〔注意:此处属于难点前置,仅仅使用 A、B 段音乐。〕

5. 其他 3:学习完整游戏。

(1) 集体创编 C 段音乐的基础结伴舞蹈动作。

(2) 鼓励幼儿自由创编自己喜欢的结伴舞蹈动作。

(3) 随乐完整游戏。

师:时间差不多了,我们要回自己的星球了,你们在地球玩得开心吗? 好,下次我准备带你们去火星玩。一起跟下面的地球人说再见!

温馨提示

1. 幼儿创编的表演动作要具备两个特征。

(1) 地球人的动作连贯、流畅,外星人的动作断顿、阻滞。

(2) 有固定的动作模型。

2. 在本教案中,教师设计了公园、体育馆、音乐厅三个具体的活动场景,调动了幼儿的已有生活经验,让幼儿在创编的过程中有所依据。活动突出体现了幼儿的创造性表演,即将生活经验加工成新的表演动作。读者可自行创设其他幼儿熟悉且有趣的场景,如理发店等。有条件的班级,也可以请幼儿提出他们自己感兴趣的场景。

3. 活动中,教师要采用游戏化的口吻进行教学,让幼儿有身临其境的感受。

4. 教师可用"程序"一词来贯穿活动的始终,既能突出活动的重难点,又能丰富幼儿认知学习所需的高级概念词语。

5. 乐谱中的动作建议并非具体动作,而仅仅是动作情境。因为这里强调的是引导幼儿创编和"即兴"表演。

(2009 年 原创 南京市第一幼儿园 李培老师)

案例 4：角逐那达慕

活动结构

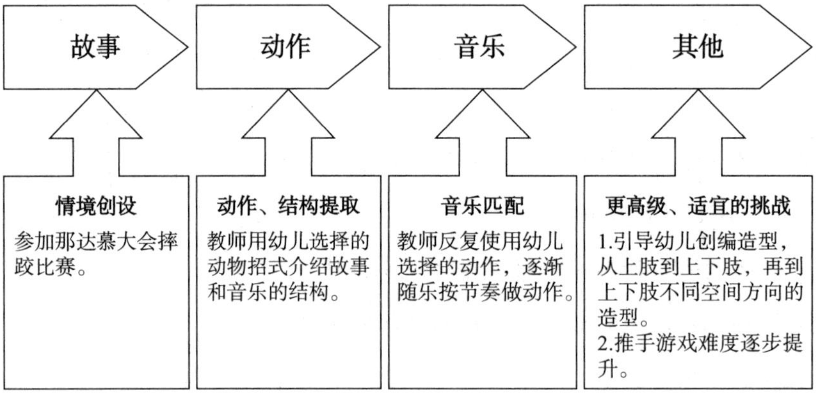

乐曲

十二生肖（蒙古民歌）

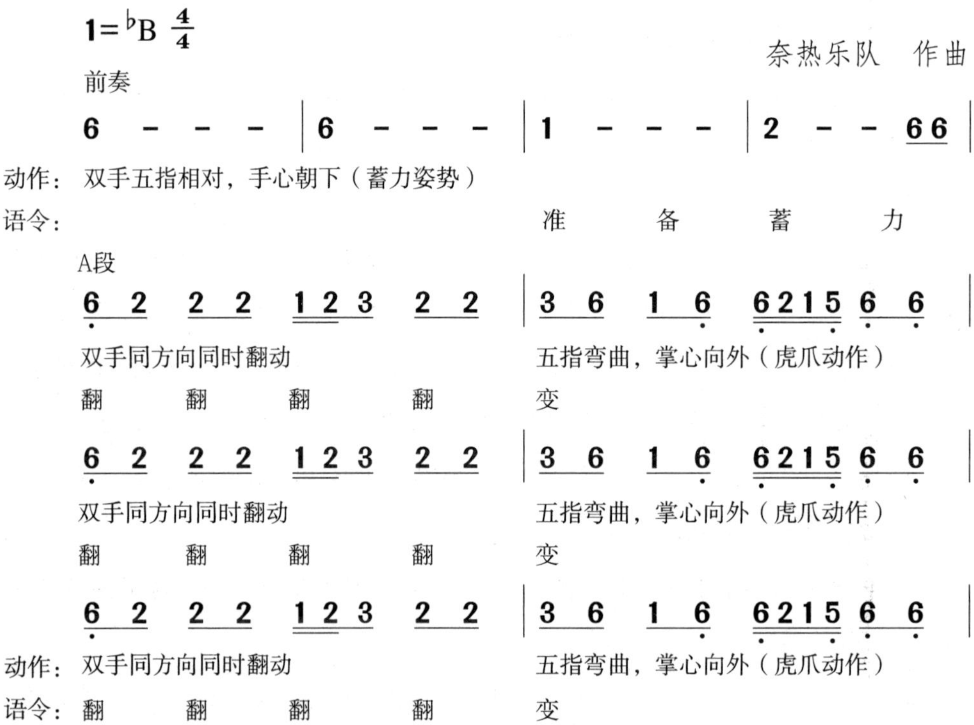

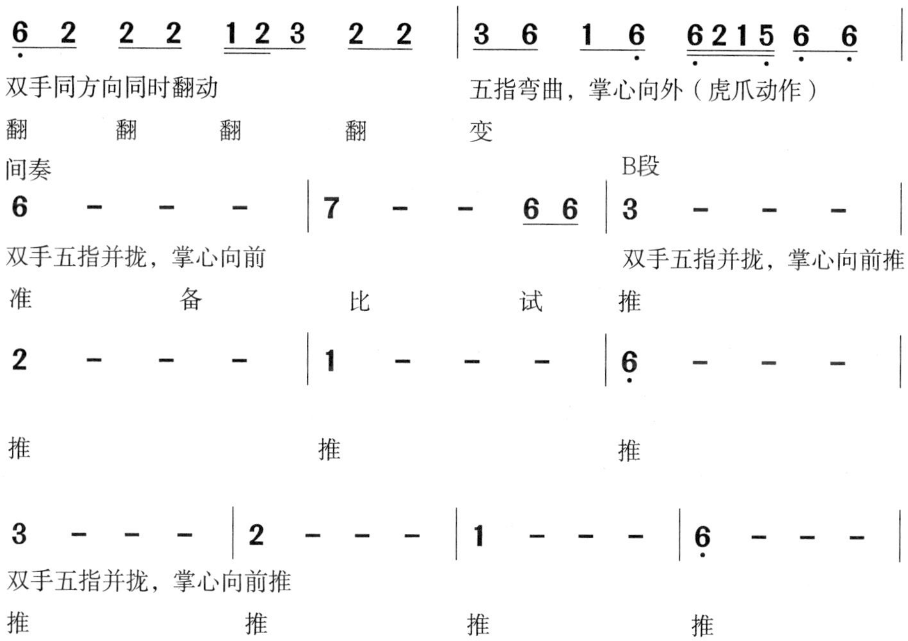

活动目标

1. 基本掌握并理解蓄力、出招、比试的动作及结构，并能随乐做对应的动作。

2. 在教师的启发下迁移原有经验创编各种动物造型招式，并从上下肢及空间方位上不断提升技能。

3. 在两两合作游戏过程中，在竞技游戏时遵守游戏规则，享受游戏的快乐。学会摔跤礼仪，胜者要安慰和鼓励输者，并向观众致谢，输者要接受失败结果并表示要不断努力。

活动准备

1. 经验准备。

（1）幼儿会做一些常见的下肢动作。

（2）幼儿有比较丰富的动物造型经验。

2. 物质准备：《十二生肖》剪辑版音乐，课件。

3. 空间准备：全体幼儿围坐成大的半圆形。

活动过程

1. 故事。

师：蒙古族的兄弟姐妹们每年农历六月要举办一场盛大的聚会，这场盛会叫那达慕。盛会叫什么?

幼:那达慕。

师:那达慕大会里有很多活动,骑马、射箭、演奏乐器和摔跤。你们知道这是什么运动项目吗?(教师指课件中摔跤的画面询问幼儿)

幼:摔跤。

2. 动作。

师:摔跤的时候要先行礼,再蓄力,出招,比试。

〔注意:教师在故事中讲解基本动作模型,让幼儿初步了解故事情境与动作。特别是要强调摔跤开始前的行礼是向对手的致敬,结束后的行礼是向观众的致谢,并带领幼儿集体学习行礼的动作,以及理解行礼的意义。〕

3. 音乐:初步感知音乐,了解故事、动作和音乐之间的对应关系以及音乐的段落结构。

(1) 教师随乐做动作,并邀请幼儿仔细倾听和观察。[**教师第1遍随乐示范。**]

(2) 教师反复邀请幼儿根据课件中的图片创编上肢动物造型,并反复随乐练习。(鼓励幼儿分享自己选到的动物造型,并让幼儿自己通过动作做出来,并在教师的帮助下用语言描述动作。在分享时教师要给予积极分享的幼儿充分的肯定,这样也能促使其他幼儿积极分享)[**教师与幼儿随乐练习1~2遍。**]

〔注意:教师在随乐练习时应让幼儿初步了解故事情境与动作、音乐之间一一对应的关系。〕

4. 其他:教师引导幼儿根据已有经验进行上下肢动物造型创编。

〔创意空间:幼儿根据生活经验中的上肢和下肢动作经验以及空间的经验拓展"建库"思路,尝试学习其他幼儿创编的动作造型。〕

(1) 根据学本领的情境创编造型。

师:光有上肢招式还不够厉害,如果能加上下肢的动作就厉害了,你们可以吗?(观察幼儿分享的下肢动作并提取幼儿分享的下肢动作进行集体练习,让所有人都能积累到更多的下肢动作经验)[**幼儿第1~2遍随乐创编。**]

〔注意:在引导幼儿进行下肢动作建库时,可提取幼儿熟悉的马步、弓步、后踏步蹲的动作进行"建库"并集体练习。〕

（2）创编上下肢不同方向动物造型。

师：听说如果上下肢的动作能在不同的方向就更厉害了，你们快试一试吧。（上下肢动作不同方向与空间水平是与数学领域结合的跨学科学习）[**幼儿第3~4遍随乐创编。**]

〔注意：在引导幼儿进行上下肢动作“建库”时，应选择幼儿熟悉的上肢动作和下肢动作来进行组合，这样可降低幼儿创编的难度，同时引导幼儿探索上下肢的方向，既可相同也可不同。〕

（3）根据角逐那达慕的情境进行两两合作与对抗。

- 弹拨手蓄力。

师：这一次蓄力难度要升级了，我们要学习一种新的蓄力方法，叫弹拨手，你们可以试一试吗？（在新的动作学习时要注重仔细观察，区分和同方向蓄力的不同之处并努力练习掌握）[**幼儿第1遍随乐游戏。**]

〔注意：在带领幼儿学习手心手背向不同方向做弹拨手动作时，应先不跟随音乐单独练习新动作，在幼儿掌握动作后再随乐游戏。〕

- 两两比试。

师：接下来我们要真的比试了，比试的时候要双脚并拢，五指并拢，和对手手掌心相对不分开，音乐开始后发力比试，谁的脚动了就输了哦，如果音乐结束谁的脚都没有动，那就是平局噢。[**幼儿第2~3遍随乐游戏。**]

〔注意：在进行两两比试的过程中，教师不能只用语言来讲述游戏规则，应该邀请一位幼儿上来，边游戏边讲解规则。在所有幼儿都观看示范了解游戏规则后再邀请一对幼儿进行游戏演示，看是否理解并能遵守游戏规则。在两两比试结果出来时，教师应重点让幼儿学习摔跤比赛礼节，赢的一方必须扶起输的一方，这既是对对手的尊重，也是对比赛的尊重。〕

- 小结创编成果：引导幼儿分享比赛中创编的各种上下肢的动物造型。

〔注意：这是在情感方面支持幼儿的分享与学习。〕

（4）推手游戏难度提升。

如：比试前，双方无须五指并拢手掌贴在一起，可保留一定的空间。比试时，一方进攻推，另一方可向后躲避。谁的双脚移动就算输。

〔注意:这个任务通常对大班上学期幼儿有一定难度,但可以在课后其他游戏时间继续进行,也可以建议家长在家中和幼儿一起创编。〕

温馨提示

1. 这个活动的设计源自南京市北京东路小学附属幼儿园的大班班本课程“民族”主题中的蒙古族的欢乐那达慕盛会中的摔跤比赛,基于幼儿的兴趣点,教师融入了动物造型来进行上下肢造型创编和竞技体育游戏。

2. 活动中可与幻灯进行“人机互动”,也可用简易教具进行互动,无论是“人机互动”还是与教具互动,其主要的目的都是让幼儿在学习本领时自己通过翻牌的方式来选择要拜的师傅,并根据图片来表现动物造型。如:一开始只出现3张没有翻开的牌(见图1),在幼儿选择后翻开牌面出现动物造型(见图2),让幼儿在游戏中自己选择并看到选择后的结果。

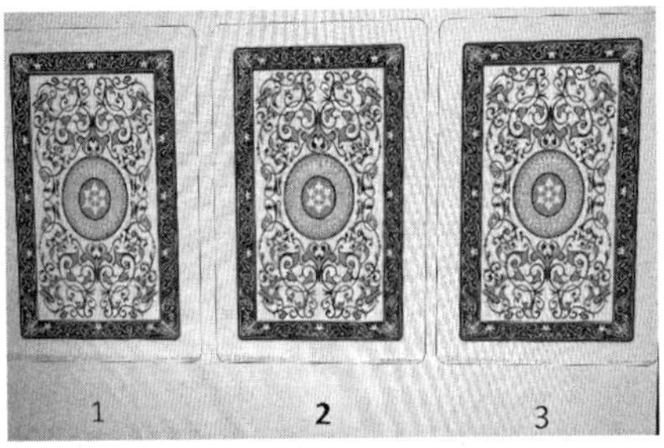

图1

图2

3. 这个活动中的“一A建库”是以“动物造型”为A,让幼儿学会根据图片迁移经验创编各种造型,积累造型经验,最终即兴表现各种造型(ABCD)。

4. 在引导幼儿进行动作拓展思路建库时,需要考虑到以下5个层面的问题。

(1)双手同时或交替。

(2)幅度变化。

(3)方位变化。

(4)水平空间变化。

(5)节奏变化。

- 弹拨手,每两拍翻转一次。
- 弹拨手,每两拍翻转一次(翻转速度加快了一倍)。
- 弹拨手,第一乐句和第三乐句每两拍翻转一次,第二乐句和第四乐句每两拍翻转一次，即乐句之间间隔进行节奏变化。

5. 在进行角力游戏时，可根据幼儿的具体情况进行难度推进。

（1）双手相抵：主要靠推力的稳定力取胜。

（2）择机退出：乘对方不注意突然放松，靠计谋取胜。

游戏难度的推进与否要取决于幼儿的精力以及活动的时间，若教学时间有限，游戏难度的推进也可在区域游戏时进行。

（2021 年 原创 南京市北京东路小学附属幼儿园 邵英聚老师 南京小天鹅幼儿园 耿涛老师）

案例 5：熊出没

活动结构

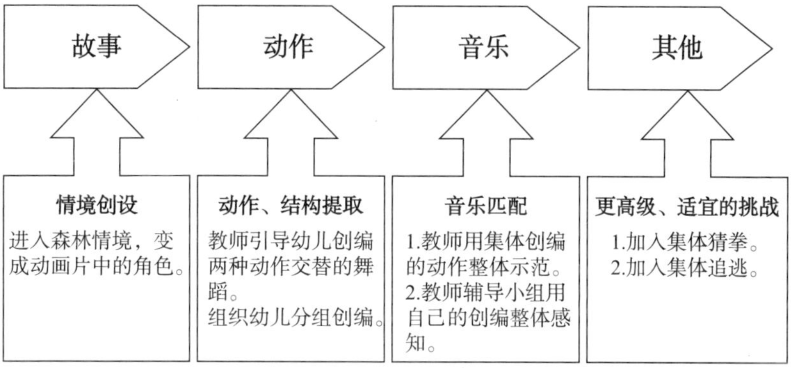

乐曲

《熊出没》主题歌

1= C $\frac{4}{4}$

前奏16拍（略）

A

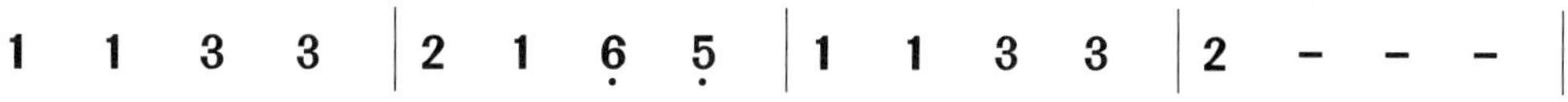

与森林主题有关的律动表演

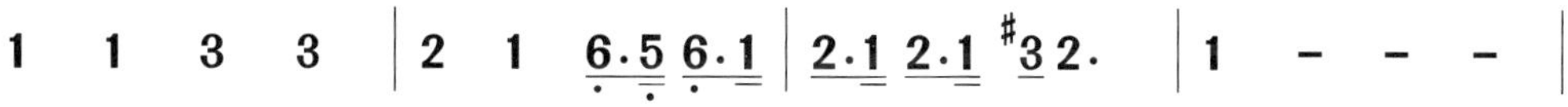

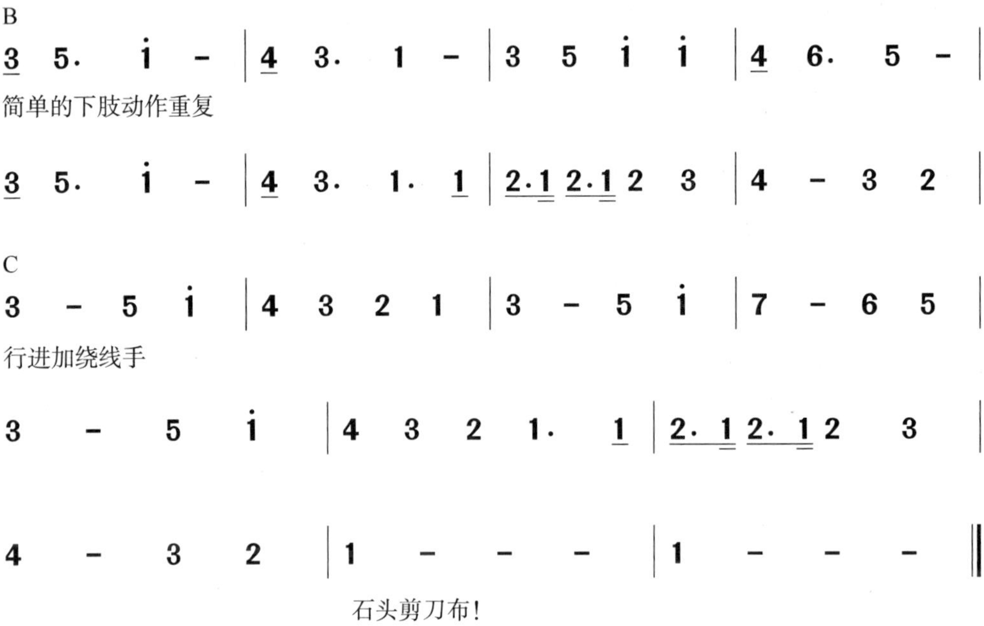

音乐结构：

A、B、C 三段式结构。

游戏玩法：

1. 幼儿分成两个小组。

2. A 段音乐时，各自表演集体预先创编的有关森林主题的律动。

3. B 段音乐时，两组组内成员协商“出拳”种类。

4. C 段音乐时，两组之间面对面站成两横排，使用上肢绕线手下肢行进的上下肢联合动作逐渐相互靠拢（若幼儿有困难，可改成自然卡节奏行走），最后 8 拍做猜拳游戏。

5. 若平局，两队队员握手拥抱。若有输赢，赢家追捉输家，输家若跑回自己的起始线后面，则赢家不能再追。

活动目标

1. 按照音乐的乐段和节奏表演和游戏。

2. 小组内快速按照音乐的结构创编与森林主题有关的律动表演组合。

〔注意：至少包含两个动作，在教师提供的模式中自选结构。如：两个动作可以是 AB 或 AABB；三个动作可以是 ABCC 或 AABC。〕

3. 组内选择“拳种”时，要迅速达成共识；组间对决时，要遵守规则同时出拳。

活动准备

1. 经验准备：幼儿看过动画片，拥有关于森林的相关经验。

2. 物质准备：录音音乐；A 段动作结构卡片：AABB 或 ABAB。

〔注意：可以使用图形的相同与不同表示。〕

3. 空间准备：全体幼儿围坐成大的半圆形。

活动过程

第一层级活动

1. 故事。

教师带领幼儿回忆故事：光头强砍树，熊大熊二阻止。

2. 动作+音乐。〔创意空间：学习创编律动表演组合。〕

教师带领全体幼儿学习如何按照教师提供的模式创编与森林有关的律动表演组合。

(1) 坐姿。

教师反复使用幼儿提议的两种上肢动作示范并带做，帮助幼儿感知音乐的结构。

〔ABAB：白云蓝天，小白兔；白云蓝天，小白兔。AABB：白云蓝天，白云蓝天；小白兔，小白兔。〕

[此环节至少重复 4 次。]

〔注意 1：仅创编 A 段的动作，B 段一直拍腿，C 段一直做绕线手和猜拳。〕

〔注意 2：此处是后面幼儿分小组独立创编的"难点前置"。幼儿在此环节重点通过多个规律相同的范例学习如何选择动作和如何选择结构。〕

(2) 站姿围成圆圈。

教师反复使用幼儿提议的下肢动作示范并带做。**[至少重复 3 次。]**

〔注意：A 段的动作用前面创编的一种模式，B 段一直替换幼儿提议的动作，C 段一直做绕线手和猜拳。〕

(3) 回到座位，坐姿。

邻座幼儿两两结伴玩猜拳游戏。重点在结果反应：平局则两方握手或拥抱；赢家轻轻抓挠输家的头说"种树种树种树"！（理由是，光头强砍树受到惩罚，要通过

种树来补偿)

3. 其他。

集体完整游戏,A 段上肢律动,B 段下肢舞步。(围成大圆圈,幼儿就近两两结伴玩猜拳游戏)[**可以重复 3 次。**]

第二层级活动

1. 故事。

复习第一层级活动内容。

2. 动作。〔创意空间:分组独立创编 A、B 段动作。〕

幼儿分成两组,每组配一个老师,在老师的帮助下创编 A、B 段动作。

3. 音乐。

配乐练习至基本熟练为止。

4. 其他。

加入两组对决环节,完整随乐游戏。

温馨提示

1. 这两次活动,在 A 段一般不邀请幼儿创编 3 个及以上的上肢动作。

2. B 段音乐一直仅使用一种下肢动作,以避免幼儿在协商“拳种”时精力不够。

(2016 年 原创 南京师范大学幼儿园 陈雪老师)

案例 6:全能机器人

活动流程

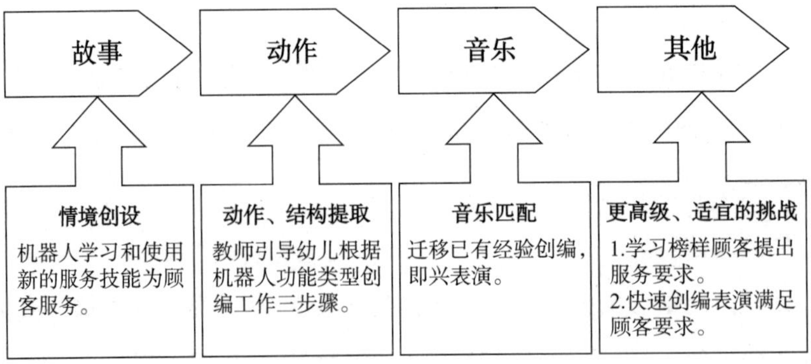

乐曲

〔注：单纯的机器声和节奏乐器声，无法呈现，因此略。〕

动作结构提示：

1. “欢迎光临，顾客您好！”的动作。

2. 三个工作步骤，如做菜的步骤是洗菜—切菜—炒菜。

活动目标

1. 感知和表现乐曲 ABAC 的结构，从容合拍地做律动动作。

2. 根据歌曲的旋律和结构，迁移已有动作经验，创编各种类别的任务，并能随乐做出三个步骤。

3. 认真参与游戏，体验通过努力获得客户肯定的喜悦之情。

活动准备

1. 经验准备：幼儿开展过“各种各样的机器人”调查，对机器人有一定了解。

2. 物质准备：音乐，幻灯片（幼儿绘画设计的工作类、日常生活类机器人）。

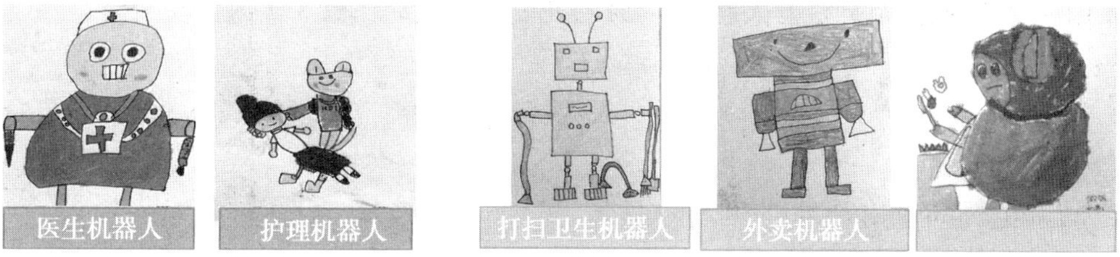

3. 空间准备：全体幼儿围坐成大的半圆形。

活动过程

1. 故事：情境导入，感知音乐。

师：现在服务行业竞争非常激烈，虽然上次顾客都很满意，但为了公司能够发展得更好，我们的服务要换一种模式，请仔细看。

播放音乐，教师示范动作。（教师做机器人动作：打开双手做“欢迎光临”的动作，鞠躬做“顾客您好”的动作，摸头打开代表“第一步”，摸肩打开代表“第二步”，将手放膝盖平举放下代表“第三步”，右手在耳边比胜利的手势做“我的任务完成啦”的动作，根据节点做出机器人的卡顿动作）

师:你听到了什么?

幼 1:我听到了“顾客您好”。

师:为什么要说“顾客您好”?

幼 2:可能是一种礼节。

师:还听到了什么?

幼 3:我听到了“第一步、第二步”。

师:你听到了步骤。

师:你们的小耳朵真灵,听到了这么多东西。我们换一种运营模式,加上了“欢迎光临”“顾客您好”,希望所有的小机器人们跟我做一次,可以吗?

[播放音乐,教师示范迎客的语言和动作,带领幼儿随音乐表演第 1、2 遍。]

2. 动作+音乐:学习任务流程,了解新业务。

(1) 学习任务流程。

师:欢迎光临,顾客您好! 第一步……第二步……第三步……我的任务完成啦!

[播放音乐,教师示范机器人动作,带领幼儿随音乐做动作第 3、4 遍。]

(2) 出示新业务,初步了解业务内容。

师:我发现有的小机器人脸上不自觉地带着微笑,你们看,我的衣服上也贴了一个笑脸贴画,希望在服务的时候可以带给顾客愉悦的心情。我决定给他贴上笑脸贴画,他得到了这个笑脸,我想顾客来这里选机器人的时候会优先选他哦。你们想得到笑脸吗?

幼:想!

师:在服务过程中,我们要微笑服务哦。听音乐,我们再来一次。

[教师带领幼儿随音乐做动作第 5 遍。]

(3) 教师带领幼儿跟随音乐做动作,发放服务优秀笑脸即时贴,并说出选择的理由。

师:这一次每一个小机器人都能够动作做准确,面带微笑,非常棒! 我要给每个人一个笑脸哦。如果顾客看到你们这样的服务,这样的表情,这样的态度,我们的生意会非常好。

(4) 了解机器人的新业务。〔创意空间:幼儿“建库”各种机器人经验。〕

师:(出示幻灯图片)所有的小机器人已经搜集和记录了顾客的需求,老师现在把它分成了两类,第一个是工作类,第二个是日常生活服务类,先来了解一下。

幼:有打扫卫生机器人。

师:你看到了机器人手上的工具,你观察得很仔细。

幼:有厨师机器人。

师:怎么看出来它是个厨师机器人?

幼:有锅。

师:它拿了锅、铲子,空中有飞舞的菜,说明这个厨师机器人技术很牛。

〔注意:实际上各种机器人的功能,应根据执教班级幼儿的实际绘画作品特征进行表达交流。〕

3. 其他:顾客出现,提出服务邀请。〔创意空间:幼儿"建库"创编新机器人三步骤动作。〕

(1) 配班教师扮演顾客,尝试争取订单。

师:了解完我们新进的五项业务之后,在我们服务之前要先试一试。先请我们公司的培训师小朱老师来扮演顾客,看看她会选哪个机器人帮助她。

配班教师:我选日常生活服务类的厨师机器人。现在工作太累了,我想回家后机器人帮我把饭做好。

师:听清楚小朱老师的需求了吗?你们知道厨师有哪些工作吗?

配班教师:希望我的厨师用三个步骤把饭做好。

师:想一想,你会用哪三个步骤去做?

幼:第一步开火。

师:怎么开?

幼:用手开。(教师引导幼儿创编动作)

师:第二步呢?

幼:把菜放进锅里。

师:第三步呢?

幼:炒菜。一个手扶锅,一个炒。

师:还有谁有想法?

幼：第一步洗菜，第二步切菜，第三步炒菜。（幼儿一边回答一边创编动作）

师：我相信很多机器人都有自己的想法，我们来试一试吧。

[全体幼儿跟随音乐创编厨师机器人的三个动作第 1 遍。]

师：我们把饭端给顾客闻一闻，看看她会选择哪一个？

配班教师：这个饭烧得好。

师：为什么选我？

配班教师：刚刚在做三个步骤的时候，他的三个步骤都很明显，每一步我都知道在做什么。

师：没想到清晰的步骤可以吸引顾客。那除了清晰的步骤还有什么会让你想选我？

配班教师：你的笑容会让我觉得这个机器人很亲切。明天上午请你来我家烧菜好吗？给你订金。

师：哇，我这就被预约了吗？如果你们得到了顾客的认可，可以得到 20 元的预订金。虽然这次是我得到了，但是我想说其他小机器人也很努力，我们可以再给他们一次机会吗？再来扮演一次厨师机器人。准备好了吗？记住哦，特殊的动作会吸引顾客，干净利索的动作也可以吸引顾客来选你，还有你们的表情。

[全体幼儿跟随音乐再次创编机器人烧饭的动作第 2 遍。]

配班教师：你们烧的饭都好香哦，这次我想邀请两个小机器人到我家来。请你来，因为你的动作和别人不一样，是自己想出来的动作。还有这个小机器人，她全程带着微笑。明天我在家等你们哦，加油。

师：收好预订金哦。怎么样能让顾客满意？

教师带领全体幼儿总结：① 要面带微笑；② 动作流程要清晰；③ 步骤要和别的机器人不一样。

师：还有一点，就是所有的动作要干净利索，这样你看起来会像个家务小达人，顾客就会选你。

〔注意 1：在进行机器人动作创编的“建库”过程中，教师要多鼓励幼儿积极参与，分享自己创编的动作，教师要善于帮助幼儿总结动作并用语言描述出来，促进幼儿描述性语言能力的发展。当幼儿主动分享自己的想法时，教师应给予鼓励，让分

享者有成就感，增强自信，同时激励其他幼儿主动积极地思考动作并分享给他人。〕

〔注意2：幼儿创编动作的时候，教师应当提醒幼儿按照顾客的需求把动作做清楚，用动作感知音乐的特点。〕

(2) 幼儿扮演顾客，尝试下订单。

师：(结合幻灯图片)这一次我想请一位小机器人当顾客，看看他想选择哪一种服务？你的要求是什么？

幼：我想选日常生活服务类的外卖机器人。

师：你为什么需要一个外卖机器人，可以说理由吗？

幼1：因为我今天太累了，不想做饭。

师：你希望机器人分几步送外卖？

幼：三步。

师：哪三步呢？

〔注意：该幼儿创编三个步骤的动作。〕

师：我相信，所有机器人一定都有自己的想法，都来试试吧！

[全体幼儿跟随音乐创编送外卖的动作。]

师：你对这次的服务满意吗？为什么？给让你满意的机器人送预订金吧！(扮演顾客的幼儿选择自己中意的机器人，并支付订金。)

师：顾客，你还没有告诉他你的地址和送外卖的时间呢。

(教师引导扮演顾客的幼儿讲述自己所在的街道、小区、楼号、单元号、房号，以及要求送达时间等必要信息)

教师再次请一位幼儿扮演顾客。

师：你选择哪一类机器人？

幼：我选择护理机器人。

师：你为什么选护理机器人，你有什么需求？

幼：因为我腿痒，需要挠一挠。

师：分哪三步呢？

〔注意：幼儿创编三个步骤的动作。〕

师：如果腿不痒了，还可以按摩一下其他部位让顾客更放松。

师:你是想机器人现在尝试帮你护理,还是再听一听其他机器人的想法?

幼:好呀,再听一听。

[**全体幼儿跟随音乐创编护理机器人的动作。**]

师:这位顾客对哪个机器人的服务满意,为什么?

幼:这个机器人动作清晰,做事有条理。

师:给她预订金的时候记得说你的地址和上门服务的时间。

(扮演顾客的幼儿选择自己中意的机器人,并交出订金。)

〔注意:幼儿扮演顾客,教师逐步退位,鼓励顾客大胆说出自己的需求,尝试在机器人做完服务后给予恰当的评价。〕

(3) 执行任务。

师:小机器人们,你们想拿到预订金吗?下面有许多顾客都需要机器人,你们要把握住机会,好好展现自己哦!

配班教师:我家里可脏了,我想选日常生活服务类机器人,打扫卫生机器人和厨师机器人我都想要。

师:这位顾客需要两种机器人。请你选择拿手的那项服务到他家去,想一想怎么表现几个步骤。

[**全体幼儿跟随音乐即兴表演自己选择的机器人和三个步骤的动作。**]

(4) 结束。

配班教师:你们公司的机器人都很有想法,而且动作都很利索,所有的机器人都被我雇用了,现在就跟我走吧!

温馨提示

1. 在活动中引导幼儿聆听音乐,了解音乐音响和节奏的特色,做好卡顿的动作。

2. 鼓励幼儿自主创编机器人的服务动作,而不是模仿教师的动作,增加活动的开放性,加强幼儿之间的交流与学习。

3. 教师可以在后续的集体活动或区域活动中,用调查、讨论的方式启发幼儿了解生活中还有哪些机器人,继续尝试创编服务的动作。

4. 在多次的练习中,教师利用"预订金"与幼儿互动,幼儿努力表现一次,就有机会得到顾客的预订金，让幼儿明确体会到自己努力换来的成果！

5. 这个活动实际上也是一个“大课程视野”下衍生出来的活动。该班级在一个多月的时间中，反复进行了关于机器人的功能、家庭对机器人服务的需要等方面的调查研究，还进行了机器人的绘画、造型等美术活动。在这个律动教学活动中，教师展示出来的机器人幻灯图片都是幼儿自己的作品。这一点非常重要！

（2018 年 原创 南京市第一幼儿园奥体分园 高伟老师 汪子琪老师）

案例 7：朱迪警官破案记

活动结构

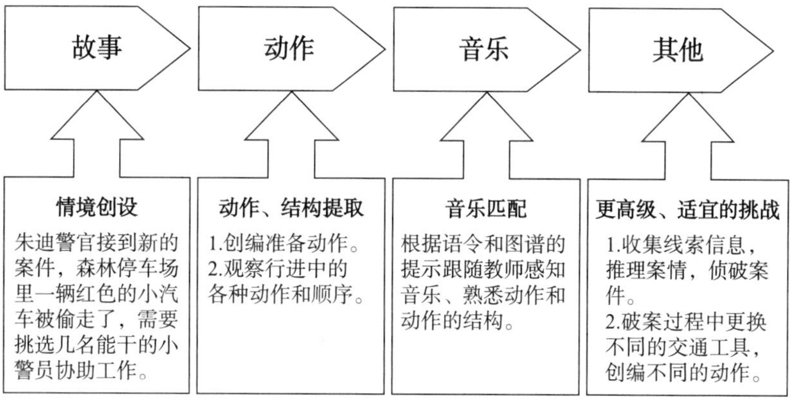

乐曲

朱迪警官破案记

1＝G $\frac{4}{4}$

$\dot{5}$ 5 6 7 |: 0 0 0 0 | 0 0 0 0 | 0 0 0 0 |

第一段语令： 扣好安全帽， 戴上太阳镜， 握住车把手，

第二段语令： 看一看， 看一看， 看一看，

动作： 双手上举靠额头，手心向下做“看一看”的动作4下。

语令： 准备出发！ 刹车。

动作： 看一看 右脚踩地做刹车动作。

双手握拳，小碎步前进做骑摩托车动作。右脚踩地做踩刹车动作。

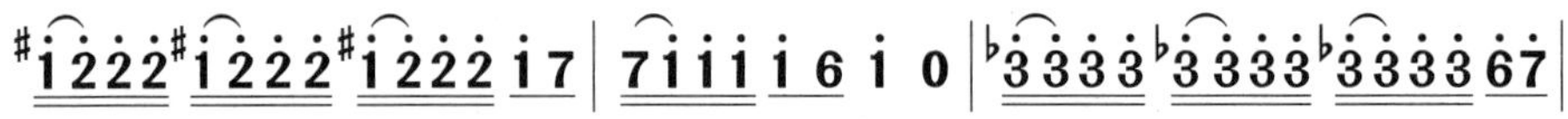

语令： 刹车

动作： 双手握拳，小碎步前进做骑摩托车动作。 右脚踩地做踩刹车动作。 双手握拳，小碎步前进做骑摩托车动作。

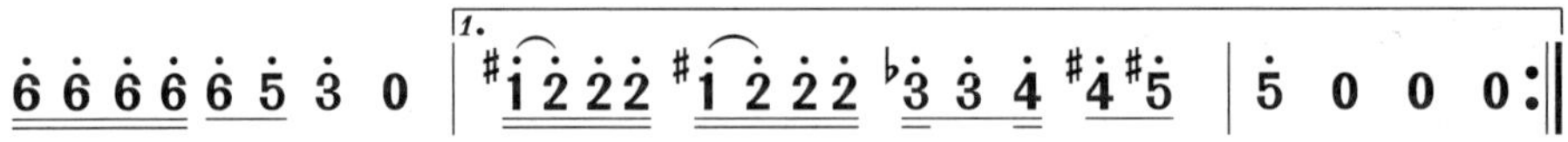

语令： 刹车 刹车

动作： 右脚踩地做踩刹车动作。 双手握拳，小碎步前进做骑摩托车动作。 右脚踩地做踩刹车动作。

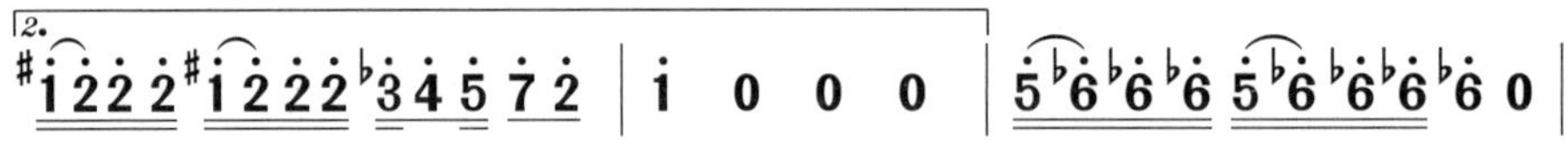

语令： 刹车 转弯

动作： 双手握拳，小碎步前进做骑摩托车动作。 右脚踩地做踩刹车动作。 双手握举，身体往左右摇晃3次。

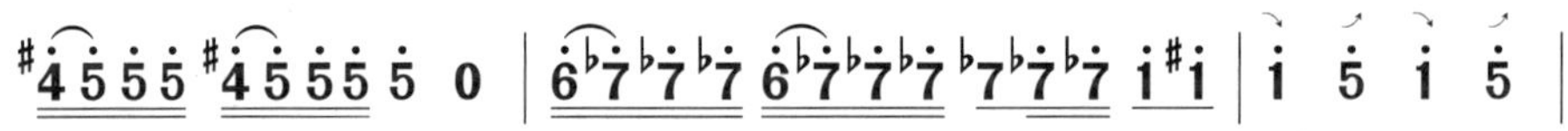

语令： 转弯 转弯 掉进大坑里啦！

动作： 身体半蹲，

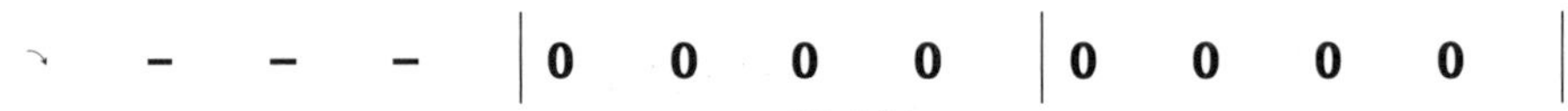

语令： 踩油门

动作： 双手下垂在身体两侧。 双臂前绕，右脚踩地一下。

语令： 踩油门 踩油门

动作： 右脚踩地一下。 双臂前绕，右脚踩地一下。

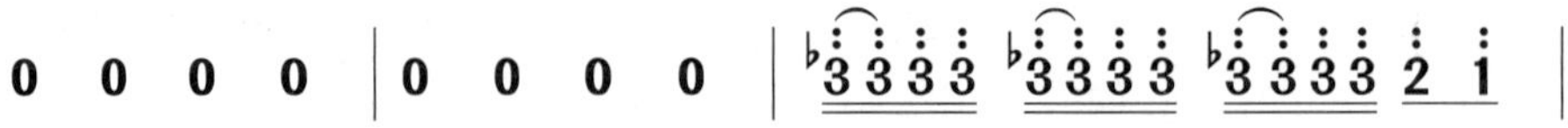

语令： 出来了，继续开

动作： 双臂前绕 双手握拳，小碎步前进做骑摩托车动作。

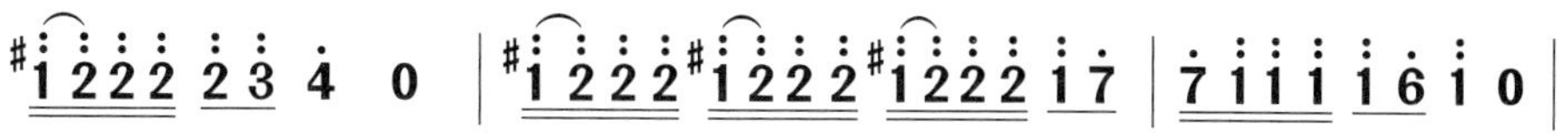

语令：	刹车		刹车
动作：	右脚踩地做踩刹车动作。	双手握拳，小碎步前进做骑摩托车动作。	右脚踩地做踩刹车动作。

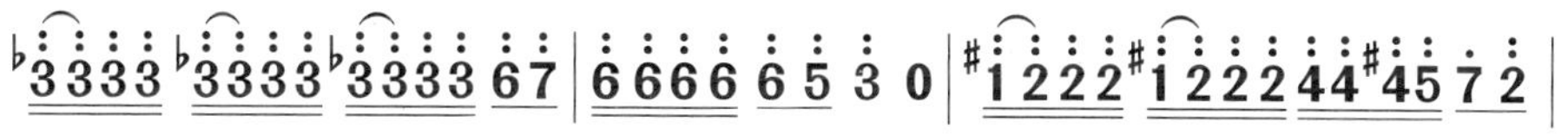

语令：		刹车	找好车位，停好车。
动作：	双手握拳，小碎步前进做骑摩托车动作。	右脚踩地做踩刹车动作。	找到离自己最近的椅子坐下来。

活动目标

1. 结合朱迪破案情境，感受欢快活泼的音乐风格。

2. 看图谱记录音乐变化过程，对比摩托车、汽车动作变化，学用生活情景动作合乐表现。

3. 收集线索推理破案，发展细节观察能力，体验和同伴合作成功破案的喜悦。

活动准备

1. 经验准备：幼儿观看过动画片《疯狂动物城》。

2. 物质准备：录音音乐，图谱、幻灯片，朱迪胸饰、徽章。

3. 空间准备：全体幼儿围坐成大的半圆形。

活动过程

1. 故事。

师：小朋友好，我是动物城的朱迪警官，我刚接到一个新的案件，森林停车场的一辆红色车子被偷了，小偷一直没有找到。牛局长打电话让我去破案，可我一个人的力量不够，得挑选几名能干的小警官来协助我的工作，你们愿意帮我吗？

师：我们先来看看通往停车场的路线是怎样的。我们选择什么交通工具去呢？（细细长长的路，选择骑摩托车去）

师：我先骑摩托车去探探路，请你们仔细看看我是怎么开车到森林停车场的，中间发生了什么事情。

［跟着音乐，教师完整做1遍动作，幼儿仔细观察。］

2. 音乐+动作。

（1）教师示范第 1 遍。〔创意空间：有幼儿根据生活经验提供动作。〕

师：（教师出示图谱：骑摩托车、刹车、戴安全帽、戴太阳镜、握住车把手）这些动作应该怎样做呢？我是怎么开车的？

幼儿做动作。教师使用幼儿提供的准备动作随乐完整示范。

（2）教师示范第 2 遍。

师：我还做了哪些动作？途中发生了哪些事情呢？

教师再次示范，幼儿仔细观察说出动作，教师根据幼儿说的出示图谱：骑摩托车、刹车、看一看、转弯、掉进大坑、踩油门、找车位。

（3）教师示范第 3 遍，幼儿进行图谱验证。

3. 坐姿练习，感受音乐。

（1）幼儿在座位上练习解决如何快速找到停车位。**［跟着音乐师幼一起完整做 1 遍动作。］**

（2）成立朱迪警官小分队，给队员们颁发徽章使其成为真正的小警官。

［教师退位，幼儿尝试完整做一遍动作，颁发徽章。］

4. 其他：互动游戏，体验音乐。

通往每个停车场都有一条路线，幼儿自主选择路线，看路线图创编开车动作，开车去寻找线索。

（1）第 1 遍自主跟随音乐游戏：骑摩托车到停车场，找到第一个线索。（教师出示一张有 5 座房子的照片）

（2）第 2 遍自主跟随音乐游戏：通往第二个停车场的路线图有羊群，巩固练习骑摩托车的动作。（跨领域学习内容：一张画有 4 棵树、1 只小鸟、1 只蝴蝶的照片，对照第一张图，将范围缩小到 2 座房子，即狐狸和树懒的家）

（3）创编新的动作跟随音乐游戏：通往第三个停车场的路线图是宽宽长长的路，交通工具要换成汽车。戴好安全帽→系好安全带；握住车把手→握住方向盘；开汽车找线索。发现录音笔，听录音笔，发现是树懒的声音。

〔注意：在此过程中，教师要鼓励幼儿调动已有经验，区别驾驶摩托车和驾驶汽车有哪些不同，并体现在动作创编中。〕

（4）第2遍自主创编新动作进行游戏：通往树懒家的路线图上有山坡，创编上下坡开汽车。（根据线索抓住小偷，胜利完成任务）

（5）接到新任务出发。

温馨提示

1. 特别说明：此活动原创是宁波市宝韵音乐幼儿园吕晶珍老师。

2. 活动中的朱迪警官是2016年上映的迪士尼动画电影《疯狂动物城》中的女主角，朱迪警官带领孩子们一起侦破偷车案件。孩子们带进了一个奇幻有趣的活动场景中，老师的设计使得孩子们投入度很高。她们潇洒地跟随音乐驾驶警车，通过观察对比，发现蛛丝马迹，从开始猜测是狐狸偷车，到最后根据证据找出是树懒，整个过程孩子们都是在情境中游戏，在情境中学习，在游戏中学习。

3. 音乐游戏中动作的设计可以根据幼儿经验现状调整难度。（比如，小碎步动作：可以先静止不做腿部动作，然后原地做小碎步动作，最后进行移动位置的小碎步动作）

4. 开车行进的动作需要上下肢协调且节奏正确，建议方法如下。

（1）坐着拍大腿，左手开始，边念拍子边练习。

（2）原地小跑步，左脚开始，边念拍子边练习。

（3）行进小跑步，左脚开始，边念拍子边练习。

1 1　2 2	3 3　4 4	5 5　6	7	X
拍腿		停	点	收（右手右侧点一下收回）
小跑步		停	点	收（右脚右侧点一下收回）

附参考图谱：

骑摩托车和开警车图谱不变，仅前面准备的三幅小图不同而已。

安全带

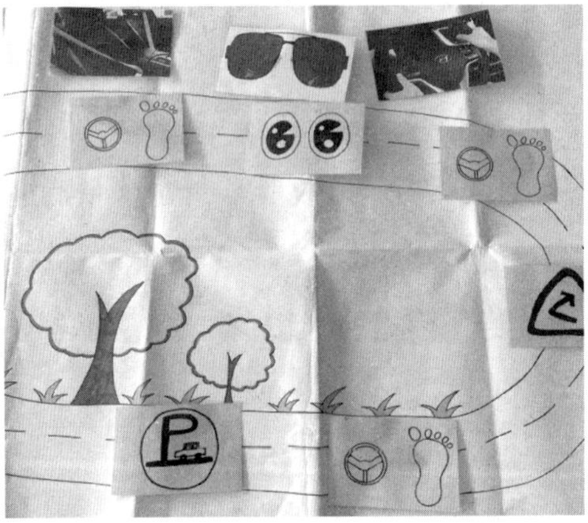

方向盘

（原创 宁波市宝韵音乐幼儿园 活动设计人：吕晶珍，教案撰写：倪天姿老师）

案例 8：跟屁虫

活动结构

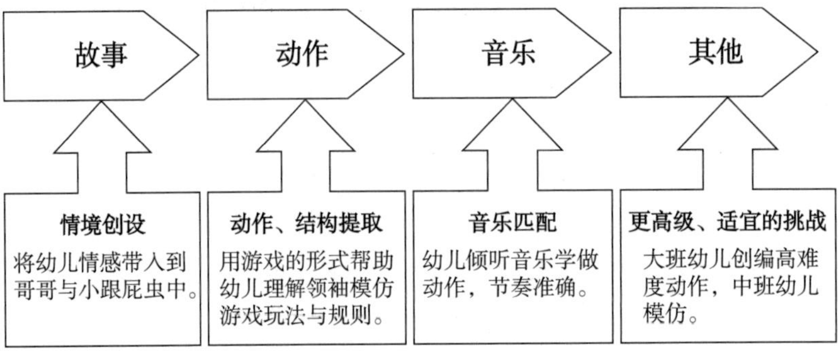

乐曲

从头到脚

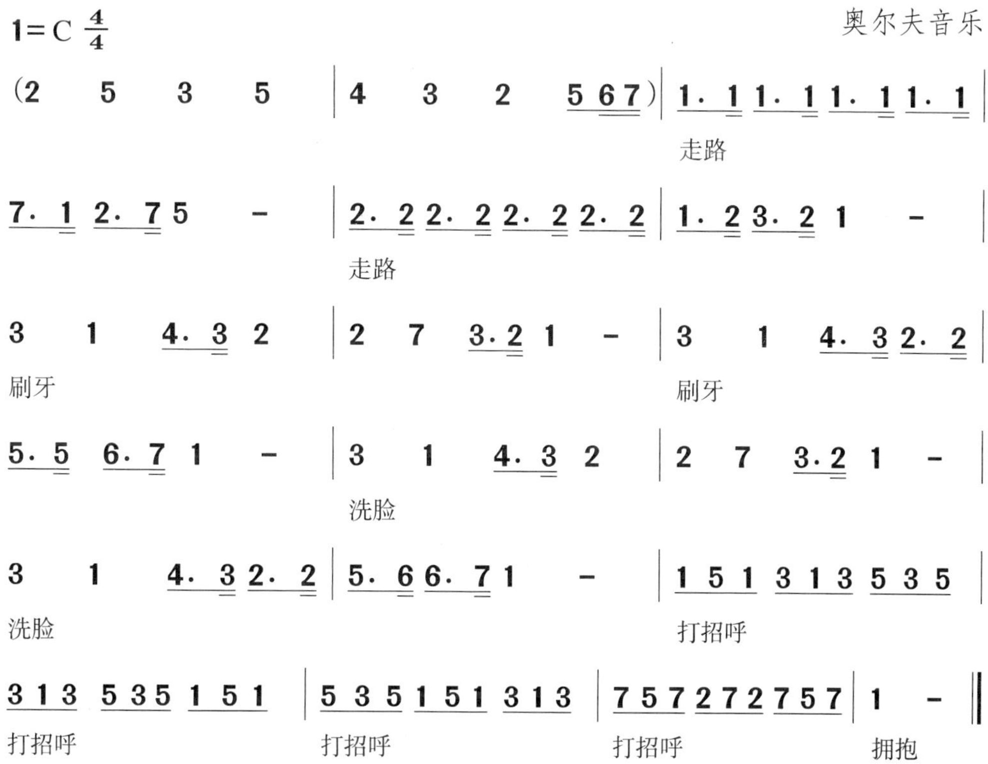

〔注意：原曲目是AABBC的模式，后来将B部分重复了一遍，变成AABBBBC的模式，这样曲子反复两遍就是一个游戏的总时长。AB模式的节奏型是一样的，做走路、刷牙、洗脸的动作，C部分是打招呼和拥抱的动作，教师需要注意节奏的转变。〕

活动目标

1. 感受乐曲的活泼流畅，能根据节奏做（模仿做）动作。

2. 通过观察，能用轮流、交替的方式模仿哥哥姐姐的动作。

3. 结合相应场景尝试创编夸张的动作，感受身为哥哥姐姐的能干之处。通过大带小的游戏体验，懂得相互友爱会给生活带来幸福感。

活动准备

1. 经验准备：幼儿玩过游戏“请你像我这样做”，有模仿的经验。

2. 物质准备：音乐，绘本《跟屁虫》相关图片，发箍。

3. 空间准备：中班幼儿戴好发箍，每人找一名大班幼儿做搭档，间隔坐成半圆形。

活动过程

1. 故事。

(1) 师:有一个小朋友叫东东,在他的身边有一个小跟屁虫,他们之间会发生什么有趣的事情呢? 我们一起来看一看。

〔注意:选取绘本中的趣味情节,通过诙谐的表达方式加上教师的肢体动作,让绘本导入更加有趣,同时更好地将幼儿的情感带入绘本中。〕

(2) 师:今天你们都来做我的跟屁虫,想跟我一起玩游戏吗?

〔注意:此处教师是无音乐带领孩子进行模仿动作的游戏,目的是帮助孩子们明确游戏规则,为接下来的活动做铺垫。〕

2. 动作:倾听音乐,感知并学习东东一日生活的动作。

(1) 幼儿倾听音乐,模仿教师的动作。

师:东东早上起床后会做什么事情呢?

教师带领幼儿听音乐做动作。

师:刚刚我们做了什么动作? 我在做动作的时候你们要怎么做?

〔注意:此处是让幼儿倾听音乐,感受音乐的旋律,并尝试跟着音乐做动作,同时教师需要强化幼儿要遵守游戏规则。〕

(2) 教师第二遍律动,幼儿跟随教师做。

师:到了中午,你们觉得东东还会做什么事情呢? (将刷牙、洗脸的动作替换成吃饭、看书的动作)

〔创意空间1:此处应让幼儿知道刷牙、洗脸的动作是可以替换的,为后面玩游戏做准备。〕

(3) 教师第三遍带幼儿听音乐做动作。

〔创意空间2:教师鼓励大班幼儿即兴创编新的动作供中班幼儿模仿。〕

师:时间过得好快呀,都要到晚上了,东东会去做什么呢?

(4) 个别幼儿尝试做东东,其他幼儿模仿东东的动作。

师:谁想来做东东? 你觉得东东还会做什么事情? 他是怎么做的?

〔注意:此处请一位幼儿扮作东东带领其他幼儿进行游戏,是在进行角色转换,

让大班孩子融入哥哥的角色中。〕

3. 其他1:幼儿进行律动游戏“跟屁虫”。

(1) 幼儿两两合作,共同玩游戏“跟屁虫”。

- 师:今天,你们发现我们这儿除了有大班的小朋友,还有谁呀?哦——还有中班的弟弟妹妹和我们一起做游戏,你们想跟他们一起玩儿吗?

- 大班孩子牵着中班孩子的手,分别站成两队。

师:现在,请弟弟妹妹们看着你面前的哥哥或姐姐,他们做什么动作,你们就要学什么动作哦,看谁观察得最仔细。

〔注意:此处教师应该退位,引导大班幼儿做动作,鼓励中班幼儿进行模仿,起到大带小的作用,将大哥哥姐姐的角色意识迁移到大班幼儿身上,激发他们的责任感。〕

(2) 幼儿创编不同的生活动作。

- 鼓励幼儿做出夸张的动作。

师:你们现在是大班的孩子,是幼儿园里最能干的哥哥姐姐了,你们有什么本领呢?

师:现在请你牵好弟弟妹妹找一个空地方,听音乐做出你觉得最厉害的两个动作,弟弟妹妹会很认真地学习哦。

〔注意:此处激发大班幼儿要勇于表现自己,将自己最厉害的本领展现出来;对于中班幼儿面临的困难,教师鼓励他们勇于挑战。〕

(3) 邀请客人老师共同游戏。

师:你们看,今天来了许多客人老师,想不想邀请他们一起来玩游戏?现在,请哥哥姐姐牵着弟弟妹妹的手去邀请一位老师当东东,跟我们一起玩游戏吧。

〔注意:此处是活动的高潮,邀请老师加入不仅可以推动活动的高潮,进一步激发孩子的兴趣,同时大班中班的幼儿学做老师的动作,让他们感受到角色的变化以及模仿的趣味性。〕

4. 其他2:拓展延伸,感受友好相处的幸福。

(1) 师:有个跟屁虫总是喜欢模仿你,那你喜不喜欢这个跟屁虫?那可爱的跟屁虫们,你们喜欢哥哥姐姐吗?

(2) 师:原来,在我们的生活中,有一个跟屁虫是一件很有意思的事情,我们可以友好相处,幸福地度过每一天。

〔注意:此处是情感上的升华,帮助幼儿明白无论是哥哥姐姐还是做“跟屁虫”,都是让人愉快的事情。在生活中,我们的角色都是在不断地变化中,无论怎样,我们都应该和身边的伙伴友好相处。〕

温馨提示

1. 特别说明。

绘本《跟屁虫》是宫西达也的经典作品,描述的是二孩家庭里兄妹之间发生的有趣的事情。哥哥做什么,妹妹就做什么,“妹妹是个跟屁虫”。现在很多家庭都有两个孩子,孩子们的情感教育也需要得到更多的关注。绘本的情节诙谐、有趣,贴近孩子们的生活经验。活动选取的奥尔夫音乐《从头到脚》也是“跟屁虫”的模式,创编的动作也与生活息息相关,以“跟屁虫”的模式,让孩子们开开心心地游戏的同时,感受身为小大人的责任感以及不怕困难、勇于挑战的精神,这是我更想要传递给孩子们的。

2. 这个活动采用的是中大班幼儿混龄的教学形式。因为绘本内容涉及的就是哥哥和妹妹的关系,所以教师尝试了将中大班幼儿混龄教学,年龄差与生活经验的不同让他们在活动中能更好地感受到哥哥姐姐与弟弟妹妹之间的角色不同,大班幼儿在游戏中能体验作为长者的责任感,而中班幼儿在游戏中会体验挑战困难、不怕

困难的精神。

3. 考虑到年龄层次不同，教师对这个活动的音乐也进行了相应的调整，以AAABC的节奏型，让幼儿更好地跟着音乐做动作，同时教师的预令做了相应的调整，从最初的“眼睛看我做”“你们开始做”到后来的“看我做”“你们做”再到后来的手势提醒，教师也是在一步步退位。

〔注意：如果发现幼儿跟不上音乐做动作的情况，教师还需要预令进行提醒。〕

4. 幼儿的接受能力是有限的，所以教师在刚开始创编的时候，不能操之过急，可以让幼儿先从一个动作进行创编，等幼儿积累相应动作经验之后，方可完整创编。

5. 随着三孩政策的开放，很多二孩家庭甚至三孩家庭出现了孩子相处的问题，平日老师除了教学，还应该关注孩子们的情感，利用这样一节混龄活动，让孩子们体验与家人、同伴友好相处的情感。

6. 这是一个非常传统的“领袖模仿游戏”，即一般人常说的“请你像我这样做”。将此游戏与大带小活动以及绘本故事结合在一起是一种非常有趣的探索，也希望这一思路能够带给大家一些启发。

为了让读者能够比较容易发现游戏化创意律动教学的基本规律，我们不仅在活动过程中用特别的字体标示创意空间的内容，还尽力在每个教案的活动结构图中用统一的方式突出“游戏化创意教学”的特征，目的就是引起读者对教学规律的注意。

但同时，读者也可以看到一些比较特殊的例子。这些例子说明：在更深的层次中包含着更高级的规律，如循序渐进、自我挑战、学以致用等。这些还需要有自我提升意愿的读者反复实践，反复思考，逐步理解，逐步内化！

（2021年 原创 南京市江北新区津浦幼儿园 石洁老师）

第六章

奏乐活动案例与分析

本章提要：

奏乐与律动甚至歌唱有着密切的关系。因为它们共同遵循着节奏、乐句、乐段的形式规则，也共同遵循讲述故事和表达情感的内容规则。

一般适合幼儿演奏的乐器应该是无须追求固定音高的乐器，而且应该是使用大肌肉操作的乐器。教师在引导幼儿进行创意表达时需要了解的相关重要知识如下：

一、表演形式的分类

1. 单纯的打击乐器演奏。

演奏时仅仅使用打击乐器来表现作品的形象和内容。

2. 配合录音音乐的打击乐器演奏。

演奏时使用了录音音乐，打击乐器的演奏须与录音音乐相协调。（幼儿园目前使用此种形式居多）

3. 同时配合舞蹈或戏剧情境表演的乐器演奏。

这种演奏方式是一边舞蹈或演戏一边奏乐。

我国许多民间舞蹈都是边演奏乐器边跳舞的。其中蒙古族的酒盅舞、筷子舞，维吾尔族的铃鼓舞、盘子舞、石头舞，彝族的烟盒舞，黎族的竹竿舞、勺子舞，苗族的银饰舞，朝鲜族的刀舞，满族的摇铃舞，佤族的木鼓舞，汉族的霸王鞭舞、渔鼓舞，以及各民族都可能拥有的拍手舞、踢踏舞（身体声势舞蹈）等，都是典型的乐舞一体的活动。

我国民间器乐音乐基本上都是标题音乐，即有情绪抒发或故事讲述内容的音乐。其中国家级非遗名录中的土家族“打溜子”经典作品《母鸡争蛋》、西安鼓乐《鸭子拌嘴》等都是使用奏乐方式进行“演戏”的传统作品。

4. 同时配合歌唱活动的音响游戏。

这种演奏方式是一边唱歌一边玩某种玩具或日常生活用品，并使这些物品发出与活动相和谐的音响。

传统民间音乐游戏“抓子儿”使用石子儿、麻将牌、猪或羊的关节骨，按照规则一边演唱一边有节奏地向空中抛出沙袋，再快速将这些“子儿”抓起、放下，进行技能比赛游戏，就是一个典型的例子。当下幼儿园使用比较多的是杯子、书本、积木，让物品和桌子、地板发生摩擦、碰撞，产生与歌唱相和谐的音响。

传统民间曲艺或歌唱表演时使用“手打碟”（使用筷子花式敲击盘子），也是劳动人民在物质比较匮乏的年代创造出来的丰富表演形式和增加自娱乐趣的表演方式，在湖北、江苏许多地区都有流传。著名歌剧《洪湖赤卫队》中的插曲《手拿碟儿唱起来》就使用了这种表演形式。

二、音色的分类

1. 单纯音色与混合音色。

使用一种乐器，同时仅发出一种声音，为单纯音色。

一种乐器分成多组，同时发出不同的声音，或多种乐器同时发出不同声音，为混合音色。

2. 延响音色、断响音色和碎响音色。

金属、皮质的乐器演奏后不被人为“阻断”，通常可维持较长时间的震动发声，此种音响为“延响”音色。

木质、竹质、石质、塑料等材质的乐器，或金属、皮质的乐器演奏后被人为“阻断”，通常只能得到较短的声音，为“断响”音色。

持续快速摇动铃鼓框、串铃、沙球等类型的乐器或装有小颗粒物体的容器，或使用抓、挠、刮擦等方法连续触碰物体发出的细碎的连续声音，为“碎响”（或称“散响”）音色。

三、教学模式的分类

1. 先整体后部分的模式。

先掌握整首乐曲演奏的节奏布局的身体律动，再逐步分配到各个声部进行演奏的学习模式。

2. 层层累加的模式。

先学一种乐器的比较完整、简单的随乐演奏方式，再一层一层累加其他乐器，逐步丰富演奏音响的学习模式。通常幼儿先学会演奏主要部分；累加部分由教师先演奏示范，再逐步“移交”给幼儿志愿者演奏。

四、乐器来源的分类

1. 专业制造的乐器。

即指有专业工厂生产的正规乐器。

2. 自制乐器。

教师指导、支持幼儿按照演奏音色的要求制作出来的乐器。

3. 替代性音响制造物。

指直接使用日常生活中的自然物品来制造需要的音响。

五、演奏内容的分类

1. 强情境型奏乐活动。

具有比较强烈戏剧矛盾解决情境的乐器表现活动。

2. 弱情境型奏乐活动。

具有情境,但并无强烈戏剧矛盾解决的乐器演奏活动。

3. 无情境奏乐活动。

没有情境,仅为单纯形式化的乐器演奏活动。本章中的"苹果切切切"即使用了这种模式。

六、"变通性乐谱"的分类

1. 语音总谱。

用来帮助幼儿了解、理解作品结构的儿歌或其他有节奏的口语声音。

2. 图形总谱。

用来帮助幼儿了解、理解作品结构的图形或图画。

3. 动作总谱。

用来帮助幼儿了解、理解作品结构、节奏和未来将使用的乐器演奏方式的动作组合。

〔注意:以上三种统称为"变通总谱",用来代替幼儿难以学习和使用的简谱、五线谱等专业人员使用的"通用总谱"。〕

七、传统奏乐与游戏化奏乐的区别

1. 传统奏乐更重视声部之间节奏与音色的相互配合。在节奏和音色方面相对丰富丰满,对幼儿演奏技能与合作协调的要求也相对更高一些。

2. 游戏化奏乐更重视情境的创设和情感的体验。在节奏和音色方面相对简单,对幼儿的演奏技能与合作协调的要求也相对更高一些。

3. 二者并非完全不可兼得,主要还是看教师的设计水平。2018 年以来,后者的实践相对更多一些。若想更多了解传统奏乐的案例，可以参看本丛书其他的作品。

4. 在游戏化的奏乐活动中，教师通常会将乐器比拟为与情境相对应的玩具、生活或工作的工具甚至武器，教师也常常会使用“神器”“宝器”这样的词汇来称呼所用的乐器，或者使用装饰物来改变乐器的外部形象，或者与幼儿一起制作更符合情境需要的“新式乐器”。这样做都是为了更好地促进幼儿想象力、创造力的发展。

第一节　小班奏乐

案例1:神奇种子店

活动结构

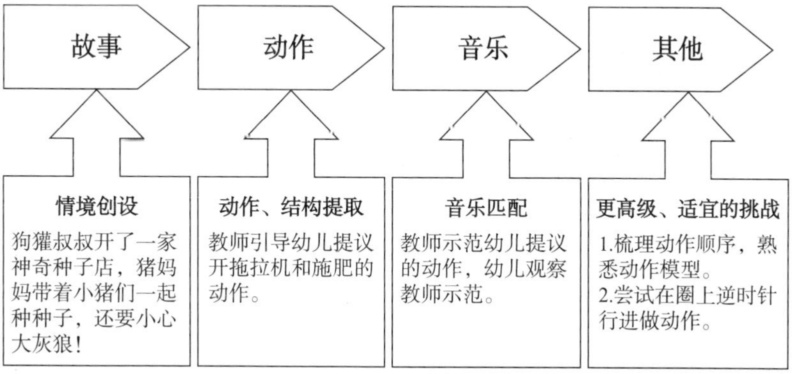

乐曲

孤独的牧羊人

R·罗杰斯

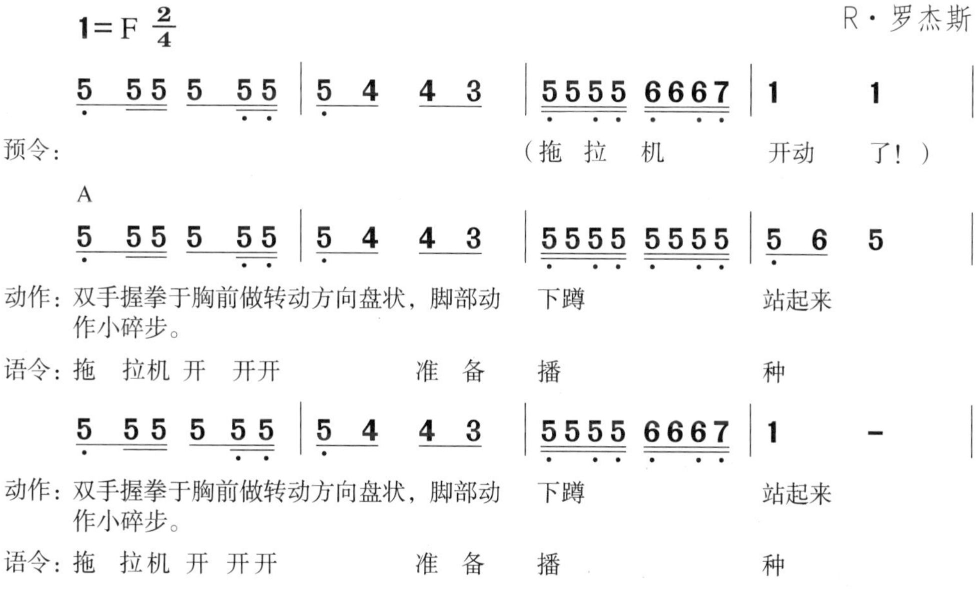

〔注意：活动所用音乐为《孤独的牧羊人》的剪辑版，教师把前面28小节与原曲的最后8小节进行了一个拼接处理。另外，原乐曲速度较快，教师放慢了速度，以让小班幼儿更容易随乐做动作。〕

奏乐活动专业策略使用说明：

1. 这是一个“强情境”类型的奏乐活动。情境氛围的强度主要依靠幻灯反馈种子谜底、小猪赶走小虫和出现大恐龙等情节。

2. 这是一个“配合录音音乐”的打击乐奏乐活动。

3. 选择使用铃鼓圈作为演奏乐器的乐曲，既是为了支持幼儿将铃鼓圈想象成拖拉机的方向盘,又是为第二个课时演奏铃鼓做经验的准备。

活动目标

1. 初步熟悉音乐旋律,尝试随乐做开拖拉机播种、施肥、赶虫子等游戏动作。

2. 通过幻灯图片了解种种子、照顾小种子的基本步骤,在游戏情境中随乐玩种种子的游戏。

3. 体验通过努力劳动得到神奇种子的快乐。

活动准备

1. 经验准备。

(1) 幼儿有围圈走的经验。

(2) 幼儿有在自然角种植的经验。

2. 物质准备。

(1) 音乐《孤独的牧羊人》剪辑版。

(2) 幻灯片。

(3) 用田地标记贴成大圆。

(4) 每位幼儿左手贴好贴纸或其他记号。

(5) 铃鼓圈人手一个。

3. 空间准备:全体幼儿围坐成一个大的半圆形。

幻灯片参考图样:

图 1:狗獾叔叔开了一家神奇种子店

图 2:小猪到森林空地(圆圈)上播种时的背景图

图 3:小猪播种种子的动作顺序图

图 4:小猪播种种子的动作顺序、动作次数图

图 5:最后,神奇的种子种出了大恐龙

活动过程

1. 故事。

教师出示幻灯片中狗獾叔叔家种子店图片,讲述故事。

师:猪宝宝们,狗獾叔叔开了一家神奇种子店,店里有各种形状和样式的种子,猪妈妈我好想买来把它们种下去,看看能种出什么好东西,如果是好吃的就可以给你们——我的猪宝宝们吃了。猪宝宝们,你们愿意跟妈妈一起来种吗?可是狗獾叔叔说,一定要会种才行,不能浪费了这些神奇的小种子。你们知道怎么种种子和照顾小种子吗?

〔注意:鼓励幼儿迁移关于种植的已有经验,说一说种植植物需要做的事情,例如撒种子、晒太阳、浇水、施肥等,为后期活动开展做经验准备。〕

师:看来你们懂得还不少呢!狗獾叔叔也是这么说的,他说要先开着拖拉机去播种,再施肥,如果小飞虫飞来了,就把小飞虫赶走!

2. 动作。(幼儿尝试创编开拖拉机、施肥的动作)

(1) 教师鼓励幼儿创编开拖拉机和施肥的动作。

师:咦?猪宝宝们,拖拉机怎么开呢?谁能做一做动作?

师:你们转的这是拖拉机的什么呀?(点出转方向盘的动作特征)

(2) 教师鼓励幼儿创编施肥的动作。

师:那施肥呢?谁能试一试动作?

师:哦!抓起一点肥料,撒下来。(动作要领:抓、撒)

3. 音乐：教师提取幼儿的动作，在座位上随乐示范，幼儿完整感知音乐与动作的匹配程度。

（1）教师示范，并请幼儿仔细倾听和观察。［**教师第1遍示范。**］

师：我就按你们说的来试试看哦，对了，森林里还有一只大灰狼，我们要时刻提防着它哦！

〔注意：教师第1遍示范前，提醒幼儿关注“看”“躲”大灰狼的动作，因为故事环节更多的是引导幼儿关注照顾种子的三个事件，不交代会让幼儿感觉突兀，也会破坏创设的情境。〕

（2）教师运用幻灯图片逐步引导幼儿梳理动作顺序及停下来播种、施肥的动作次数，并请幼儿一起尝试做动作。［**师幼共同在座位上做动作第2~3遍。**］

师：宝宝们，有没有大灰狼？咦？刚刚我是怎么种小种子的呀？

我先……开着拖拉机播种。（逐图出示）

然后……施肥（抓一把肥料，撒下去）。

哎呀！小飞虫来了，（赶走它）我是怎么赶走小飞虫的呀？你们也来试一试！

最后看看狼来了没有，妈妈是怎么躲的呀？怎么看的？（偷偷地）

要学会保护自己才能跟着妈妈一起去种小种子哦！

（3）教师继续请幼儿关注小虫子来的次数，并请幼儿尝试站立随乐做动作。［**师幼共同在座位前站立做动作第4遍。**］

4. 其他：结合情境，并尝试在圆圈上完整游戏。

〔创意空间：教师将与幼儿人数相等的田地的标记贴成一个大圆，每位幼儿找到一块田地，幼儿的队形自然就会从一开始的半圆变成一个大圆圈。〕

（1）在幻灯片中插入狗獾叔叔的话语，推动队形变换情境的发展。

师：我的猪宝宝们可真是太厉害了，都把拖拉机停得稳稳的，我们快喊狗獾叔叔来，问问他我们能不能买那些神奇小种子了。（出示幻灯片）

教师和幼儿询问：狗獾叔叔，请问你可以把种子卖给我们了吗？

狗獾叔叔（幻灯片中的声音）：嗯，不错，你们播种、施肥、捉虫都很熟练了，不过你们种在家门口可不行，最好是到森林里的空地上。

（2）教师引导幼儿发现空地，变成圆圈队形。

师:哇,狗獾叔叔说什么呀?他在夸奖我们很熟练呢!接着又说了什么?(要到森林里的空地上去种)嗯,一定是森林的空地上更适合种子生长,那我们一起去吧。

师:看,妈妈在森林里找了一块可以种种子的空地,你们能找到吗?(幼儿调整小椅子)

〔注意:鼓励幼儿尝试自己去找空地,幼儿自己能做到的事情,让幼儿自己去做。〕

师:妈妈在前面带路,你们排成像小火车一样的长长的车队跟着妈妈,好吗?还记得出门前妈妈在你们的小手上贴的小花吗?用贴小花的手去摸摸我们的小椅子,如果能用贴小花的手摸到小椅子就说明跟好妈妈啦!

〔注意:让幼儿在圆上辨别方向是有困难的,教师使用了一个策略:活动开始前,教师用做标记的方式在幼儿左手做了一个记号,站在圆上,用左手摸到小椅子椅背,就说明是逆时针的方向,可以让幼儿尝试自己去检查和调整方向。〕

师:跟紧妈妈,在森林里可跟家里不一样,森林里说不定真的有……大灰狼!**[师幼在圆圈队形上行进做动作第5~6遍。]**

(3)出示铃鼓圈,幼儿尝试用道具随乐律动。

师:感觉森林里很不安全,你们在森林里干活,妈妈实在有点不放心。要是哪个猪宝宝没躲好,可就……妈妈决定给你们一个神奇的小工具,看!它不但可以做方向盘,而且能帮我们赶走小虫子,最关键的是躲在它的后面,狼根本看不到我们!我们快来试试好不好用。(开拖拉机、施肥、赶走小虫子、躲狼)**[师幼在圆圈队形上用铃鼓圈边行进边做动作第7遍。]**

(4)猜测奇怪形状的种子能长出的物品,幼儿再次游戏。**[师幼在圆圈队形上用铃鼓圈边行进边做动作第8遍。]**

师:看,多么神奇的种子呀!这个种子能长出什么来呀?趁大灰狼不在,我们赶紧带上小种子,开着拖拉机试试吧!

〔注意:运用种狗獾叔叔给的小种子长出大恐龙的情节,将幼儿的好奇心推向最高点。〕

温馨提示

1. 该活动创意来源于绘本《神奇种子店》。有着不同外形特点的神奇的小种子到底能种出什么东西呢？借助幼儿的这份好奇心，他们按照狗獾叔叔的叮嘱去播种、施肥、捉虫。活动前期可引导幼儿开展种植活动，从而对如何照料植物有一定了解。这样活动中幼儿可以迁移前期经验并转换为动作进行表现。

2. 活动的开始环节，为了让幼儿明确动作顺序和动作次数，教师可借助幻灯图片，根据每个环节的问题将流程图进行细化，让幼儿将故事和动作、音乐进行匹配。但是，一定要注意提问的语气和情感，并运用幻灯图片的支撑，因为这个活动对小班幼儿来说还是有一定难度的。

3. 这节活动的设计有许多隐性支撑，例如：变成大圆圈的田地标记，提前画或贴在幼儿小手上的标记，帮助幼儿理解和记忆动作顺序、次数的图片。执教前，教师要充分理解其中的设计思路，让这些策略真正支撑幼儿的学习。

（2021 年 原创 南京市石杨路幼儿园 魏俊燕老师）

案例 2：跑跑镇

活动结构

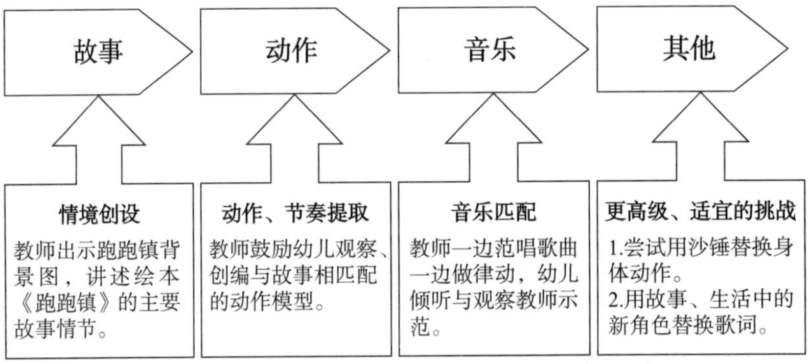

乐曲

Yesh Li Yadayim

1=F 4/4　　Susie Davies-Splitter　Phil Splitter　作曲

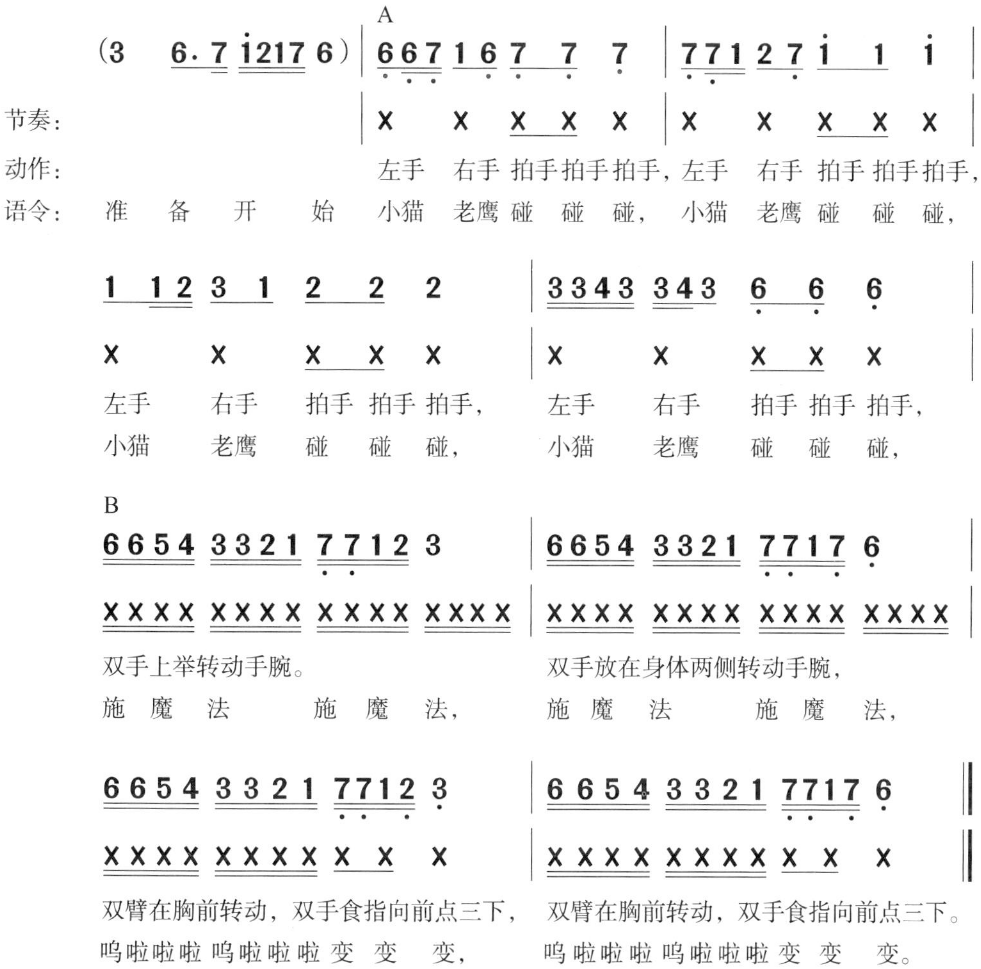

〔注意：我们在律动中提供的歌词是小猫、老鹰，活动中教师需要引导幼儿用其他角色进行创编。另外，“施魔法”“念咒语”的动作也需要教师引导幼儿创编，但是律动过程中只需要选取其中的一个动作进行重复，不宜做太多的变化，避免增加幼儿负荷。〕

奏乐活动专业策略使用说明：

1. 这是一个“中等强度情境”类型的奏乐活动。情境的氛围强度主要依赖于不同动物碰撞而变化出新动物的猜谜游戏情节。

2. 这是一个“配合录音音乐”的打击乐奏乐活动。

3. 这是一个使用了典型的“打散重组”思维方式的创意活动。

活动目标

1. 感受乐曲的旋律和结构，能跟随音乐做小动物碰撞、施魔法等动作，尝试用沙锤玩“跑跑镇”的游戏。

2. 在情境中探索沙锤不同的发声方式，并随乐演奏。

3. 乐意使用乐器进行演奏，体验跑跑镇故事情节的快乐有趣。

活动准备

1. 经验准备：幼儿使用过沙锤，了解其使用规则。

2. 物质准备。

（1）剪辑过的音乐、幻灯片。

（2）小猫、老鹰指偶，“宝宝”毛绒玩具。

（3）沙锤人手一对。

3. 空间准备：全体幼儿围坐成大的半圆形。

活动过程

1. 故事。

师（出示“跑跑镇”背景图）：有一个神奇的小镇，人们叫它跑跑镇，跑跑镇里面住着许多可爱的小动物，有小猫、老鹰、白马、黑马，还有白熊、黑熊，它们天天在那里跑来跑去，跑呀跑，咣，撞在了一起。瞧！它们来啦！

2. 动作。

（1）教师出示小猫、老鹰指偶，演示故事情节，帮助幼儿初步感知动作模型。

（2）教师邀请幼儿模仿小猫、老鹰碰撞的动作，提前帮助幼儿感知 X X $\underline{X\ X}$ X 的节奏型。

3. 音乐：幼儿整体感知音乐，并尝试随乐合拍律动。

（1）教师示范，幼儿倾听，初步感知音乐节奏和结构。[**教师第1遍示范。**]

- 教师示范后出示小猫、老鹰图片。

师：这是谁？它们撞在一起发出了什么声音？

- 教师邀请幼儿用象声词模仿碰撞的声音。

（2）教师示范，幼儿进一步倾听和观察，初步感知律动动作。［**教师第2遍示范。**］

● 教师示范结束后翻转图片，展示猫头鹰拼图。

师：小猫、老鹰撞在一起变成了谁？做了哪些动作？

● 教师邀请幼儿说一说、做一做，并帮助幼儿梳理动作模型。

（3）教师引导幼儿学习律动动作。［**教师第3遍示范，幼儿第1次游戏。**］

● 教师示范后播放幻灯片中猫头鹰的图片。

● 教师分别出示左右手（左手代表小猫，右手代表老鹰）并示范准备动作。

师：我的小猫、老鹰在这里！

● 教师邀请幼儿做好准备动作，集体随乐律动。

4. 其他：幼儿尝试迁移身体动作经验，随乐用沙锤进行演奏。

〔创意空间：幼儿根据幻灯片中提供的图片拓展思路，尝试用新的角色、乐器替换儿歌内容和身体动作。〕

（1）教师鼓励幼儿更换角色创编歌词，师幼共同随乐律动。［**教师第4遍示范，幼儿第2次游戏。**］

● 教师出示幻灯片中白马、黑马的图片，鼓励幼儿根据图片创编新的儿歌内容。

师：除了白马、黑马，跑跑镇里还有谁？它们撞在一起会变成谁？

● 教师邀请幼儿创编新的歌词随乐律动。

〔注意：在此开始引导幼儿使用故事中的角色创编新的歌词；同时在前奏开始前，通过口令、手势帮助幼儿明确角色，做好准备动作。〕

（2）教师创设游戏情节引出"魔法沙锤"，并鼓励幼儿探索沙锤的使用方法。

● 教师出示斑马的局部图片，创设情境引出"魔法沙锤"。

● 师：这是谁？为什么白马、黑马撞在一起只变出一部分呢？

● 教师出示沙锤并介绍：这是魔法沙锤，能让我们的魔法变得更加强大！

● 教师邀请幼儿自由探索"沙锤"施魔法的方法。

〔注意：在此开始引导幼儿使用沙锤在身体的不同方向进行演奏。〕

（3）教师使用沙锤进行示范，幼儿初步感知沙锤的演奏方法。［**教师第5遍**

示范。]

- 教师将个别幼儿探索的乐器动作替换身体动作,并示范使用沙锤进行演奏。
- 教师引导幼儿关注沙锤的使用方法和规则。

师:白马、黑马撞在一起,我们就轻轻地敲击沙锤。沙锤怎么施魔法?(上方、下方摇奏沙锤)念咒语的时候呢?(拿沙锤绕手腕)

〔注意:在此开始引导幼儿使用乐器进行演奏,并关注沙锤的使用规则。〕

(4) 教师邀请幼儿使用沙锤替代身体动作进行演奏,并遵守沙锤的使用规则。**[教师第 6 遍示范,幼儿第 3 次游戏。]**

- 教师邀请幼儿从椅子底下轻轻拿出“魔法沙锤”。
- 师幼共同听音乐使用沙锤进行演奏。
- 演奏结束的同时教师出示幻灯片中斑马的完整图片。

师:变出来了吗?原来是一匹斑马,白马变成了白色的条纹,黑马变成了黑色的条纹。

〔注意:此环节重点关注幼儿使用沙锤的情况,引导幼儿轻轻敲击沙锤。〕

(5) 教师更换故事角色,继续邀请幼儿创编新的歌词并练习乐器演奏。**[教师第 7~8 遍示范,幼儿第 4~5 次游戏。]**

- 教师出示白熊、黑熊图片,邀请幼儿创编新的歌词。

师:跑跑镇里还有谁在跑?

- 教师连续播放两遍音乐,幼儿随乐进行沙锤演奏。
- 演奏结束,教师出示幻灯片中熊猫图片。

〔注意:此环节重点引导幼儿用自然的声音说歌词。〕

(6) 教师逐步退位,鼓励幼儿自主看图片编歌词并进行乐器演奏。**[幼儿第 6~7 次游戏。]**

- 教师出示幻灯片中“爸爸”“妈妈”的图片,邀请幼儿拿好沙锤做好演奏准备。

师:除了小动物,我们的爸爸妈妈也住在跑跑镇里呢,他们碰在一起会变出谁呢?

- 教师连续播放音乐,邀请幼儿随乐演奏。(第 1 遍音乐结束播放娃娃图片,

第2遍音乐结束出示“宝宝”毛绒玩具)

〔注意:此环节教师要从声音到动作逐步退位,支持幼儿自主听音乐演奏,同时在演奏结束后帮助幼儿感知爸爸妈妈的爱,鼓励幼儿回家用拥抱、甜甜的话表达对爸爸妈妈的爱。〕

温馨提示

1. 本活动涉及的绘本《跑跑镇》是一本充满创意和趣味的童话书。

2. 本活动选取的音乐《Yesh Li Yadayim》出自澳大利亚歌手 Susie Davies-Splitter 和 Phil Splitter 的专辑《Move It!》,歌曲的旋律欢快、节奏清晰,整首曲子以 AB 结构形式不断重复,非常符合小班幼儿的年龄特点。活动截取了其中的一段进行打击乐游戏,A 段音乐是我们比较熟悉的节奏型 X X $\underline{XX}$ X,B 段音乐是重复四次“呜啦啦啦”的歌词,两段结构均规整流畅。

3. 关注游戏情境的创设:整个活动流程以游戏贯穿,先以跑跑镇的故事导入,激发幼儿参与活动的兴趣;然后加入与故事相匹配的动作,帮助幼儿理解整首音乐的结构与情感基调;接着在活动中创设“变魔法”“魔法沙锤”“念咒语”的游戏情境,引导幼儿进行身体动作、乐器动作以及歌词的创编,不断感知音乐的旋律、节奏,体会参与活动的乐趣。

4. 关注情绪、情感的表达。

(1) 在小动物相互碰撞时通过调整敲击沙锤的力度表现音乐的强弱,变魔法时调整摇晃沙锤的速度表现音乐的快慢,这是活动中需要和幼儿一起讨论和关注的要点。

(2) 教师在整个活动中要通过自己的声音、表情、眼神等为幼儿营造出变魔法前后的神秘感和惊讶。

(3) 在爸爸妈妈碰撞变出小宝宝的环节,要及时营造温馨、有爱的氛围,鼓励幼儿对家人说出自己的爱。

5. 关注规则、秩序的遵守:乐器的使用方法和规则是活动中必须关注的问题。准备阶段,要保持乐器不发出声音;演奏时,轻轻敲击并努力不让乐器掉地;音乐结束,立即停止演奏。

6. 关注幼儿的学习负荷:活动中不仅有歌词的创编,而且有乐器、动作的探索。

我们需要根据小班幼儿的年龄特点给予适宜的支持。不仅需要及时肯定和鼓励幼儿，而且在歌词改编上需要提供角色图片给予提示，在动作和乐器演奏时不要追求过多量的变化，而是将活动作为持续性的教育，在后续的延伸中不断推进、累加。

（2021 年 原创 南京市石鼓路小学附属幼儿园 李晓燕老师）

案例 3：魔法爆米花

活动结构

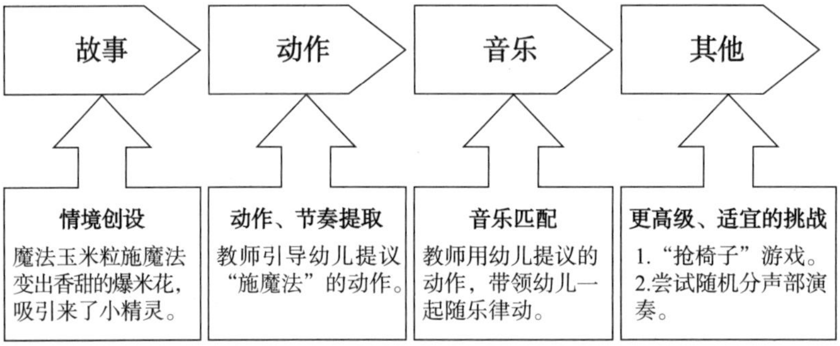

乐曲

ES tanzt ein Bi-Ba-Butzemann

1=$^\flat$B $\frac{4}{4}$

德国童谣

A段

1 1 5 5 | 3 3 1 1 | 2 2 5̣ 5̣ | 1 13 5 0 |

节奏： X∥ - - - | X∥ - - - | X∥ - - - | X∥ - - - |

动作： 双手绕臂

1 1 5 5 | 3 3 1 1 | 2 2 5̣ 5̣ | 1 - - 3 |

节奏： X∥ - - - | X∥ - - - | X∥ - - - | X∥ - - - |

动作： 双手绕臂

2. 3 4 2 | 3. 4 5 3 | 2. 3 4 2 | 3. 4 5 3 |

节奏 X/// - - - | X/// - - - | X/// - - - | X/// - - - |

动作： 双手绕臂

1 1 5 5 | 3 3 1 1 | 2 2 5 5 | 1 - - - ‖

节奏： X/// - - - | X/// - - - | X/// - - - | X/// - - - ‖

动作： 双手绕臂

B段

X X X - | X X X - | X X X - | X X X - :‖

节奏： X X X - | X X X - | X X X - | X X X - :‖

动作： 拍手（一拍一下）

奏乐活动专业策略使用说明：

1. 这是一个“中等强度情境”类型的奏乐活动。

2. 情境的氛围强度主要依赖于炸出不同爆米花的情节。

3. 这是一个“配合录音音乐”的打击乐奏乐活动。

活动目标

1. 在情境中感受乐曲蕴含的情绪，用连续的声音表现出玉米粒不停翻滚的情境，用休止、拍击的方式表现玉米粒炸成爆米花的过程。

2. 在魔法咒语“CD 蹦”的语音引导和动作暗示中，努力合乐演奏和分声部轮奏。

3. 感受玉米粒在锅中跑动和爆炸的体态变化带来的愉悦，并通过情境引导，感受帮助“小鳄鱼”吃到水果爆米花的兴奋与成就感。

活动准备

1. 经验准备。

（1）幼儿玩过抢椅子游戏。

（2）幼儿具备轮奏的经验。

2. 物质准备。

（1）幻灯图片。

(2) 手腕铃、手指沙锤。(按总人数各占一半)

(3) 铃鼓、沙锤、串铃棒、响板各 1 个。

图 1

图 2

图 3

图 4

图 5

图 6

图 7

图 9

图 9

图 10

图 11

3. 空间准备:幼儿分成 4 组,面向教师呈品字形。

活动过程

1. 故事。

师:我是魔法玉米粒,我可以施魔法变出香甜的爆米花,吸引小精灵来。你们想看看吗?

2. 动作+音乐:了解句式结构及动作匹配,建立动作模型。

(1) 创意施魔法的动作,教师提取并示范。

〔创意空间:对于施魔法的动作,幼儿有一定的经验,因此教师可以鼓励幼儿多维度创意动作;幼儿在创意动作时不会考虑节奏的问题,因此教师需要把幼儿的创意动作支架为节奏型工整的动作。〕

(2) 感知乐曲结构,梳理动作模型。

(3) 进一步随乐做身体动作。(出示图 1、图 2)

〔注意:在此过程中,通过人机互动,让孩子能够直观地看到,在自己的努力下爆米花变出来了,从而激励他们由无意注意转为有意注意。〕

3. 其他。

〔创意空间:幼儿在幻灯中情境的支持下,加入"米花机"情境,明确米花机的使用方法（“抢椅子”游戏）；加入“爱吃水果的小鳄鱼”情境，明确多样化的轮奏“施魔法”可以变出各种口味的爆米花，帮助小鳄鱼，因此愿意尝试进行多样化分声部轮奏。〕

（1）出示“米花”工具，累加乐器，用乐器进行演奏。

• 出示乐器，探索乐器的使用方法。

师：小精灵们为了表示感谢，给我们带来了“米花”工具，可以戴在手上施魔法，你们试试。我们一起带着它试试看。

• 师幼共同加入乐器，随乐演奏。（该环节大约可以重复2次）（出示图3）

〔注意：在此过程中，教师鼓励幼儿大胆尝试乐器的使用方法，同时对于乐器使用上有困难的幼儿给予个别支持。〕

（2）在“米花机”的情境中，产生空间位移，加入“抢椅子”游戏，进一步熟悉游戏。

• 教师和配班老师完整示范“米花机”的使用方法，明确在“休息”的时候找到椅子坐下来。

• 单独练习“米花机”的使用方法：从行进状态到坐下状态的部分。

〔注意：“抢椅子”游戏需要单独带幼儿进行练习，在练习的过程中，可以更好地支持幼儿感知空间变化，同时也可以让幼儿更明确乐曲结构。〕

• 加入游戏后，进行完整随乐演奏。（出示图4）

（3）在小鳄鱼想吃不同水果味爆米花的情境中，明确调料撒到哪个组，哪组就施魔法，进行多种方式分声部轮奏，丰富乐曲的演奏方式。（出示图5、图6）

〔注意：这里的情境是结合小班幼儿喜欢的绘本《爱吃甜食的鳄鱼》设计的，因为是幼儿很熟悉的，所以可以更好地激发幼儿学习、练习的动力。〕

• 二声部轮奏，教师指挥。

师：小鳄鱼这次要吃2种口味的爆米花，为了让爆米花受热均匀，这次我两组两组撒，撒到哪组，哪组就念咒语施魔法，没撒到的那组可以休息一下。（该环节大约可以重复3次）（出示图7、图8、图9、图10）

〔注意：重点明确轮奏的概念，指挥到谁，谁演奏，没有轮到的休息，其中也有合作意识的渗透。如果幼儿没有轮奏经验，第一次轮奏尽可能按幼儿的空间顺序进行，便于幼儿做好心理准备。〕

• 幼儿四声部轮奏，教师指挥。

师：鳄鱼要吃4种口味的爆米花，看来我要轮流撒调料了，撒到哪组，哪组就念咒语施魔法，没撒到的那组可以休息一下。（出示图11）

〔注意：情境的设计是为了保持幼儿参与的动力。〕

温馨提示

1. 在游戏化奏乐活动中，对于低龄幼儿来说，在过程中，还需要教师向幼儿提供4个方面的教学支持。

（1）情境贯穿始终。

（2）教师的语速不宜过快，相对中大班速度要稍慢一点。

（3）使用幻灯中的人机互动激励幼儿。

（4）每个环节只提供单一维度的挑战，激励幼儿。

2. 如果幼儿没有轮奏的经验，在活动中需要在轮奏环节加入轮奏的单独练习，且在第1遍随乐时，教师的指挥应按照幼儿的空间顺序来进行。在随机轮奏的环节中，需要根据幼儿学习的实际情况慢慢推进！

3. “人机互动”游戏的加入是考虑到低龄幼儿需要直观的情境引导，因此借助幻灯片，引导幼儿进入情境。

4. 有意识地调动幼儿的跨领域学习经验。

（1）体育领域：除了可以转圈跑还可以怎么跑？小组合作行进“抢椅子”游戏。

（2）社会领域：合作、轮流、倾听。

（2020年 原创 南京师范大学附属幼儿园 丁倩老师）

案例4：神奇的跳跳糖

活动结构

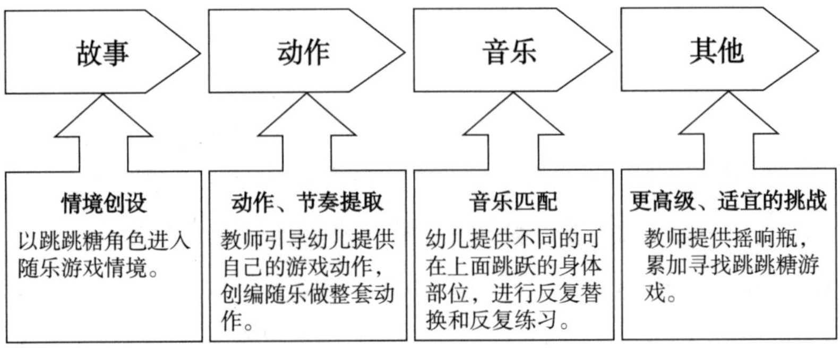

乐曲

我是一颗跳跳糖

大张伟 词曲

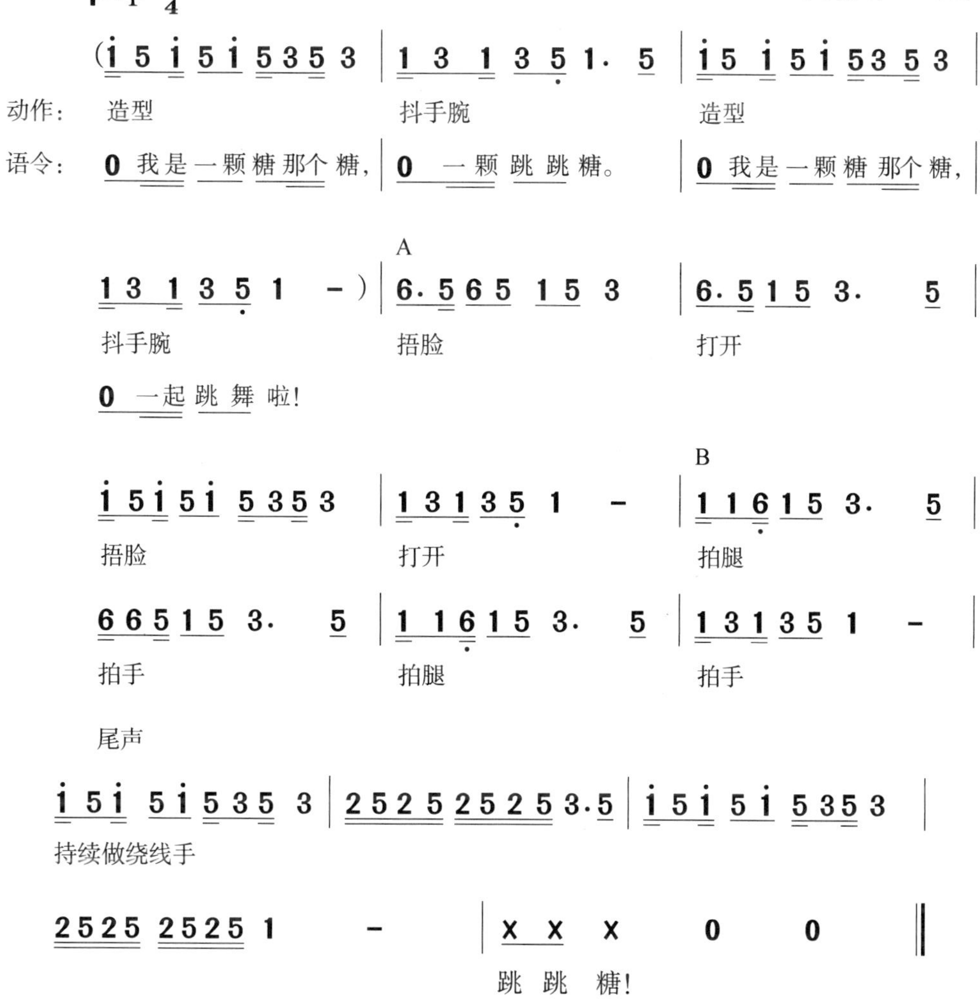

配器方案：

1. 前奏：说念白，摆“糖”的造型，奏出单响音响。跳舞——双手放于脸的两侧，抖动手腕，奏出碎响音响。

2. A段音乐：迁移律动动作，在空中震奏出单响音响。四拍一次。

3. B段音乐：迁移律动动作，在身体上击奏出单响音响。两拍一次。

4. 尾声：玩游戏——打开瓶盖，放“跳跳糖”，拧紧瓶盖，最后说“跳跳糖”。

奏乐活动专业策略使用说明：

1. 这是一个“弱情境”类型的奏乐活动。

2. 这是一个“配合录音音乐”的奏乐活动。

3. 这是一个演奏时既需要使用动作，又需要使用嗓音的演奏活动。动作和嗓音总谱是教师引导幼儿部分参与集体创编的成果。

4. 故事情节就相当于奏乐的乐谱。

5. 在类似乐器“沙锤”的替代乐器透明小罐中，加入依靠震动发光的小球，有效地引发了幼儿的好奇心。

活动目标

1. 感受乐曲旋律，随乐用动作、乐器表现“舞蹈”“躲猫猫”“跳一跳”的不同节奏型。

2. 根据情节发展，创编在身体不同部位跳跃的动作，并迁移运用乐器。

3. 根据颜色标识放相应颜色的“跳跳糖”到塑料瓶中。体验自己打开瓶盖放入相应颜色的跳跳糖，并拧上瓶盖的成就感。

活动准备

1. 经验准备：幼儿认识不同的颜色，玩过“躲猫猫”游戏。

2. 物质准备。

(1) 录音音乐。

(2) 幻灯图片。

(3) 瓶子、纽扣、钱币、珠子、石头。

3. 空间准备：全体幼儿面向圆心围坐成半圆形。

活动过程

1. 故事：教师讲述故事，导入活动。

师：春暖花开，神奇的跳跳糖出来跳舞了，它最喜欢玩躲猫猫的游戏，它还会跳到不同的地方去玩耍！农场里、森林里、小河边，吸引来了不同的小动物。

〔注意：教师坐在座位上，边讲故事边做动作，引出跳跳糖的情境，激发幼儿的好奇心。〕

2. 动作。〔创意空间：教师引导幼儿创意跳的不同身体部位。〕

师:跳跳糖会跳到身体的哪个部位呢?(头、肩膀、脚、腿……)

师:跳跳糖出发吧。

[幼儿观察教师随乐做上肢律动第1遍。]

3. 音乐:教师带着幼儿完整感受音乐,合乐做身体动作。

师:跳跳糖跳完舞之后玩的什么游戏?(躲猫猫)然后在身体的什么部位跳的?接着又玩了(躲猫猫)游戏,又在××上跳一跳。

[教师和幼儿共同随乐做上肢律动第1遍。]

〔注意:此环节教师帮助幼儿感受音乐,理清动作的顺序,在幼儿不确定或意见不一致时,可以再次游戏,验证动作的顺序。〕

4. 其他1:累加乐器与情境,随乐演奏并游戏。

(1) 教师出示小瓶子,幼儿尝试使用乐器。

师:我们每个人都有一个"神奇的小瓶子",跳跳糖会在里面玩耍哦!我们拿着小瓶子怎么让跳跳糖在××(身体部位)上一下一下跳呢?(幼儿探索,教师请个别幼儿示范双手抓握)

〔注意:此环节,教师观察幼儿探索乐器的情况,请出高级榜样(双手同方向抓握瓶子的幼儿)示范讲解跳的动作。〕

(2) 师幼随乐演奏,引导幼儿发现萝卜与颜色的对应关系,并匹配演奏乐器。

师:我们看看跳跳糖跳到了哪儿?(农场里)

[教师和幼儿坐着随乐演奏乐器第1遍。]

师:地里种的什么呀?(萝卜)什么颜色的呢?(红色)那我们一会可以放什么颜色的跳跳糖呢?(红色)红色的跳跳糖在哪儿呢?一起指一指。

幼儿找到红色跳跳糖并放进瓶子中。

[教师和幼儿坐着随乐演奏乐器第2遍。]

〔注意:教师通过此环节引导幼儿了解游戏玩法,匹配相应的颜色,并取出跳跳糖放进瓶子中,学习拧紧瓶盖的方法,为之后的游戏做铺垫。〕

(3) 教师累加情境,引导幼儿发现香蕉和颜色的对应关系,并匹配演奏乐器。

师:红萝卜吸引来了什么小动物?(小兔子)

师:跳跳糖又跳到了哪儿?(香蕉园)什么颜色的香蕉?(黄色)那我们一会要

放什么颜色的跳跳糖呢?(黄色)黄色的跳跳糖在哪儿呢?一起指一指。

师:跳跳糖除了在××上跳,还会在身体的哪个部位跳呢?

幼儿找到黄色跳跳糖并放进瓶子中。

[教师和幼儿坐着随乐演奏乐器第3遍。]

〔注意:此环节教师引导幼儿创编身体的不同部位,激发幼儿继续游戏的兴趣。〕

(4) 教师继续累加情境,替换身体部位,并匹配颜色,演奏乐器。

师:黄香蕉会引来什么小动物呢?(小猴子)

师:跳跳糖又跳到了哪儿?(池塘)这里有许多什么呢?(小鱼)小鱼是什么颜色的?(灰/银色)那我们一会要放什么样子的跳跳糖呢?(灰/银色,硬币)跳跳糖在哪儿呢?一起指一指。

〔注意:通过提问,教师引导幼儿反馈,再次了解游戏规则,游戏中教师观察幼儿是否都明晰要放什么颜色的"糖果"。〕

师:跳跳糖除了在××上跳,还会在身体的哪个部位跳呢?

幼儿找到灰/银色跳跳糖并放进瓶子中。

[幼儿替换身体部位演奏乐器第1遍。]

师:小鱼引来了哪个小动物呢?(小猫)

(5) 教师出示天空的图,幼儿进一步丰富经验并演奏乐器。

师:这次跳跳糖又跳到哪儿了呀?(天上)那我们要选什么颜色的跳跳糖?(白色、蓝色)为什么呢?(天空的颜色是白色、蓝色)那我们一会就放(白色、蓝色)的跳跳糖。

幼儿找到白色、蓝色跳跳糖并放进瓶子中。

[幼儿替换身体部位演奏乐器第2遍。]

〔注意:教师引导幼儿迁移之前的配对游戏,匹配出颜色与天空颜色相呼应的物品,放入瓶中。〕

师:猜猜跳跳糖变成什么了呀?(白云)

5. 其他2:教师引导幼儿在猜测游戏中感受意外与惊喜。

(1) 迁移经验,随乐演奏,并寻找特别的跳跳糖。(配班教师放亮珠子在幼儿椅子下)

师:白天,跳跳糖会变成白云在天空跳,那晚上,跳跳糖会变成什么呢?(幼儿猜测)

师:有一颗特别的跳跳糖,它藏了起来,一会儿我们一起把它找出来,放进瓶子里吧!

(幼儿找出椅子下面不一样的跳跳糖放入瓶中。)

[幼儿替换身体部位演奏乐器第3遍。]

〔注意:此环节配班教师放可亮的珠子在幼儿椅子下。游戏中,教师引导幼儿将椅子下的珠子放入瓶中,珠子震动后,幼儿会发现珠子居然变亮了。跳跳糖变成了"烟花",带给幼儿惊喜,让幼儿更期待再次活动。〕

师:跳跳糖变成什么了?(烟花)

(2)拓展经验,丰富情境,结束活动。

师:一起来看看跳跳糖来到了哪儿?(池塘)它会跳到什么地方呢?(河马嘴里)

师:有可能哦!我们一起去看看吧!

〔注意:拓展幼儿的经验,跳跳糖可能会跳到动物的嘴巴里,引发幼儿更多参与的兴趣。〕

温馨提示

1."碎响"或称"散响"乐器,特指那些通过快速摇晃或震动发出细碎的连续音响的乐器。幼儿年龄小,对于他们来说,手腕小幅度快速度摇晃或震动的演奏方式是非常难的。在幼儿园,特别是小班,在使用这类乐器的时候,幼儿尚未发展出小肌肉运动的技能,通常会使用大臂来操作,既吃力又无法演奏出需要的声音。因此,教师需要特别认真关注以下几点。

(1)当需要一下一下演奏出类似单响音色时,教师需要引导幼儿直接用乐器击奏自己身体的某个方便接触到的部位,如用乐器直接敲击手掌或拳头,或直接敲击大腿、胸部、肩膀处等。

(2)当需要演奏出连续细碎散响音色时,教师需要先教授幼儿如何小幅度快速度地"里外拧动手腕"。只有先掌握了徒手的动作要领,才能够在使用乐器的时候奏出所需要的音色。

(3)相关研究证明:没有经过相关专业技能教学的大班幼儿、中小学学生,甚至成人教师,仍旧会自发地使用大肌肉做笨拙的操作,而无法奏出所需要的细碎音色。

2. 寻找东西的游戏是小班幼儿非常喜欢的游戏。现代媒体技术已经可以在电子课件中进行这种寻找游戏,这是新的电子技术提供的可能。但在现场寻找事物仍旧是可行的游戏设计思路。

3. 因震动而能发光、发声的玩具比较常见,活动中教师很好地利用了这类玩具的特性,应该能够给读者一定的启发。

(2020 年 原创 南京师范大学幼儿园 陈雪老师)

第二节　中班奏乐

案例1:乒乒乓乓钓大鱼

活动结构

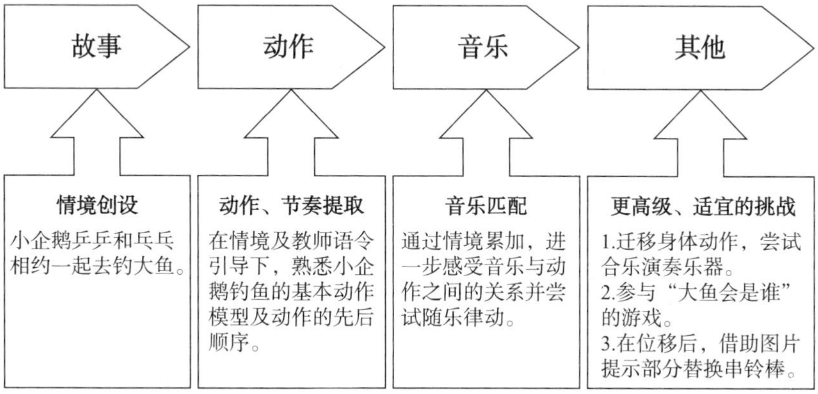

乐曲

玛丽波尔卡

1=C $\frac{4}{4}$　　　　手风琴　曲

欢快地　　　　杨铁钢　曲

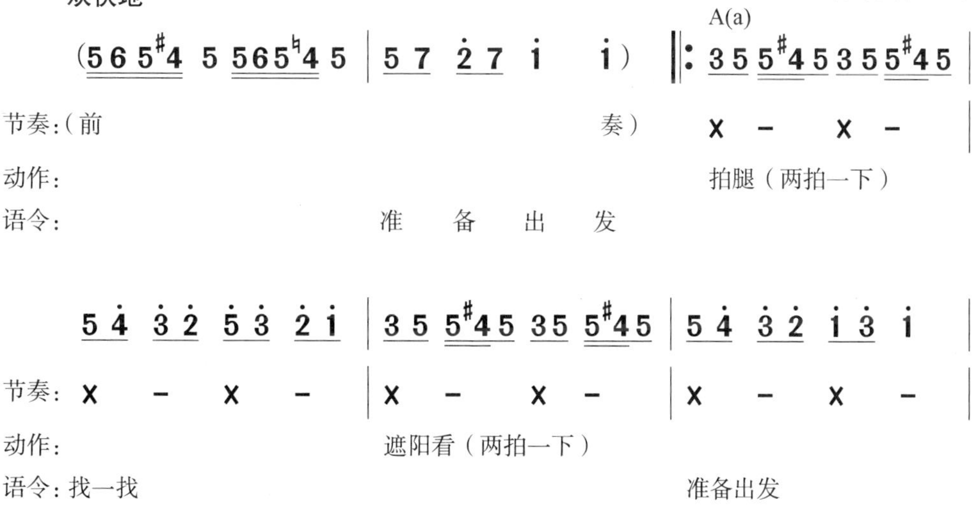

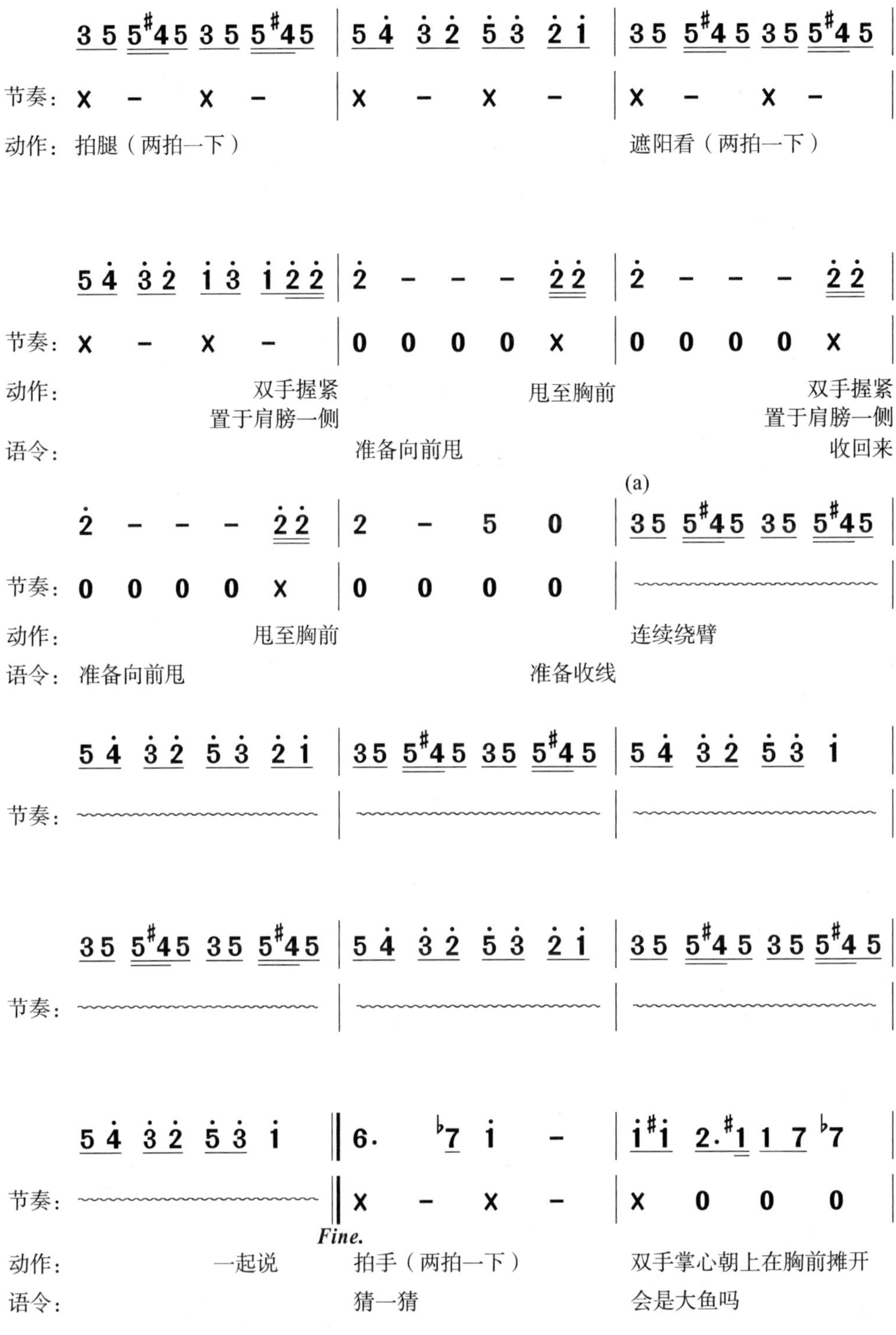
节奏：
动作：拍腿（两拍一下）
遮阳看（两拍一下）
节奏：
动作：双手握紧
置于肩膀一侧
甩至胸前
双手握紧
置于肩膀一侧
语令：准备向前甩
收回来
(a)
节奏：
动作：甩至胸前
连续绕臂
语令：准备向前甩
准备收线
节奏：
节奏：
节奏：
Fine.
动作：一起说
拍手（两拍一下）
双手掌心朝上在胸前摊开
语令：猜一猜
会是大鱼吗

	5· 6 ♭7 –	3̇ 3̇ 2̇1̇71̇ 2̇ 1̇	
节奏：	X – X –	X 0 0 0	X – X –
动作：	拍手（两拍一下）	双手掌心朝上在胸前摊开	拍手（两拍一下）
语令：	猜一猜	会是大鱼吗	猜一猜

节奏：	X 0 0 0	0 0 0 0	X X X X
动作：	双手掌心朝上在胸前摊开	拍手（一拍一下）	
语令：	会是大鱼吗	上钩啦	快来快来瞧一瞧

配器建议：

活动的前半部分，所有幼儿均使用沙锤随乐进行演奏，替换乐器后，部分幼儿将沙锤替换成串铃棒随乐进行演奏。

奏乐活动专业策略使用说明：

1. 这是一个“中强情境”类型的奏乐活动。

2. 这是一个“配合录音音乐”的奏乐活动。

3. 这是一个演奏时既需要使用动作，又需要使用嗓音的演奏活动。

4. 故事情节就相当于奏乐的乐谱。

活动目标

1. 熟悉乐曲旋律，随乐做一下一下“走路、找一找、拍手”和连续绕臂的身体动作，并迁移身体动作的经验，探索沙锤和串铃棒的使用方法，尝试随乐演奏乐器来表现乐曲的节奏。

2. 在故事情境及教师语令提示下参与猜测和位移游戏，知道做完“甩渔线”的动作后找空的位置坐下来，并寻找新乐器的照片有序替换乐器。

3. 愿意参与互动，体验猜谜和位移游戏带来的乐趣和惊喜感。

活动准备

1. 经验准备。

（1）幼儿玩过躲藏游戏。

（2）幼儿认识并使用过沙锤和串铃棒。

2. 物质准备。

（1）录音音乐。

（2）幻灯图片。

（3）沙锤、串铃棒、串铃棒照片。

（4）筐子、大纸箱、大号毛绒金枪鱼。

3. 空间准备：全体幼儿围坐成大的圆形。

参考图片：

图 1

图 2

图 3

图 4

图 5

图 6

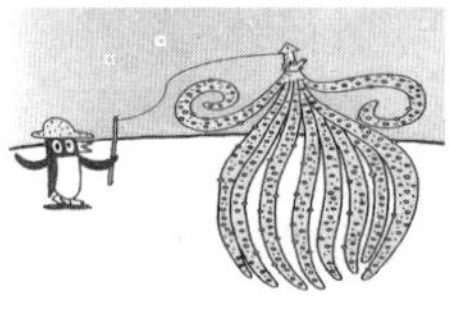

图 7

图 8

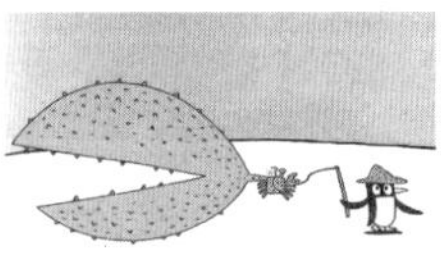

图 9

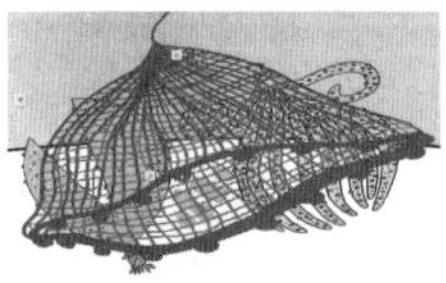

图 10

图 11

图 12

图 13

图 14

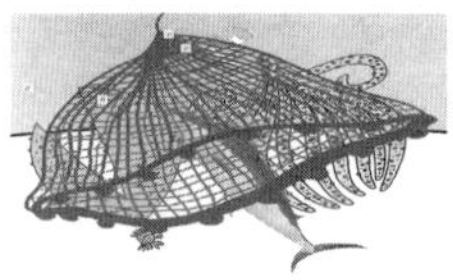

图 15

活动过程

1. 故事。

师：小企鹅乒乒和乓乓是一对好朋友，它们相约一起去钓大鱼做美味午餐，它们走走停停，找一找，找到水源甩渔线，发现鱼上钩赶紧绕线，它们会钓到大鱼吗？我们一起去瞧一瞧！［**教师随乐第 1 遍律动。**］

2. 动作+音乐。

（1）熟悉小企鹅钓鱼的基本动作及语令。

师：小企鹅去钓鱼时做了哪些事情？说了什么？

（2）再次感受动作与音乐之间的关系并熟悉动作的先后顺序。

师：小企鹅先做了什么事情？后做了什么事情？请你仔细看哦。［**教师随乐第2遍律动。**］

（3）随乐律动。

师：我们也加入乒乒乓乓，和它们一起去钓鱼吧。［**师幼随乐第3遍律动。**］

师：钓到鱼了吗？（教师出示图1）

3. 其他。

（1）探索乐器的使用方法。

师：前面几次都没钓到大鱼，有点遗憾，看来，我给大家准备的声波渔竿要派上用场了，试一试怎么使用声波渔竿去钓鱼。

〔注意：此环节中，教师应有意识地引导幼儿直接迁移身体动作的经验到乐器演奏中去，必要时可选出高级榜样以便其他幼儿观察模仿。〕

（2）尝试坐在椅子上随乐演奏。

师：我们赶紧出发去试试声波渔竿能不能帮助我们钓到大鱼。［**师幼随乐第1遍演奏。**］

〔注意：在幼儿随乐演奏的过程中，教师需有意识地对乐器使用有困难的幼儿提供个别支持。〕

（3）参与猜测游戏。

师：这一次，我们钓到鱼了吗？（教师出示图2）

师：会是一条大鱼吗？我们使劲儿把它拉上来瞧瞧。（教师和幼儿一起做拉渔线动作的同时出示图3）

〔注意：在拉渔线环节，教师可以借助幻灯片中的动画，运用夸张演绎的方式做出用力拉渔线却拉不上来鱼的动作，从而激发幼儿的好奇心和参与活动的积极性与主动性。〕

师：原来是一条小鱼。

师:看来,我们要努力让渔竿发出稳定的声波,争取钓到大鱼。[**师幼随乐第 2 遍演奏。**]

〔注意:教师可借助情境引导幼儿自然地关注合乐演奏。〕

师:咦,这次钓到的是?(教师出示图 4)

师:我们使劲儿把它拉上来瞧一瞧。(教师和幼儿一起做拉渔线的动作,同时出示图 5)

师:看来这片海域真的有大鱼,我们继续出发。[**师幼随乐第 3 遍演奏。**]

师:钓到了一条?(教师出示图 6)

师:我们一起把它拉上来瞧一瞧。(教师和幼儿一起做拉渔线的动作,同时出示图 7)

(4) 参与位移游戏,替换乐器。

〔创意空间:借助情境,引导幼儿在位移游戏后寻找线索替换乐器,增加乐器种类的同时丰富奏乐活动的音效。〕

- 介绍游戏规则。

师:换一片海域会不会钓到不同种类的鱼呢?仔细看,我是在做完哪个动作之后找空椅子坐下来的?[**师幼随乐第 4 遍演奏。**]

〔注意:在反思游戏规则时,教师应根据幼儿的反馈及时调整引导策略。若所有幼儿都明晰"在做完哪个动作之后坐下来",则教师可以引导幼儿反馈自己是怎么知道的,即使用的学习策略;若部分幼儿不清楚,则教师可以请知道的小朋友帮忙或引导幼儿尝试通过观察教师的动作和听语令再次进行尝试,以此来内化学习策略。〕

师:转身看看你的椅背,有没有新发现?

师:原来是新渔竿的照片,请背后有照片的小企鹅拿起照片和钓渔竿轻轻起立,走到中间换取新的渔竿。

- 完整游戏。

师:有了新渔竿的加入,说不定能钓到更多更大的鱼哦。[**师幼随乐第 5 遍演奏。**]

师:钓到了一条?(教师出示图 8)

师:我们一起把它拉上来瞧一瞧。(教师和幼儿一起做拉渔线的动作,同时出示

图 9）

〔注意：猜测游戏环节渗透了科学领域中幼儿对不同种类鱼的名称以及外形特征的认知经验。〕

师：不知不觉，我们已经钓到了这么多鱼，真开心。（教师出示图 10）

师：有一只小企鹅想去更远的地方探险，它想等大家都躲好的时候悄悄地离开。

全体幼儿蒙眼躲好，教师悄悄带一名幼儿离开活动场地。

我们争取钓更多鱼等小伙伴回来一起分享。[**师幼随乐第 6 遍演奏。**]

师：这次钓到的是？（教师出示图 11）

师：垃圾会污染水源，危害海洋生物的健康，垃圾应该送到？（教师出示图 12）

〔注意：此环节关注了跨学科认知的渗透，有意识地引导幼儿关注环保问题，提升环保意识。〕

师：还会遇到不一样的惊喜吗？一起出发吧。[**师幼随乐第 7 遍演奏。**]

师：这次钓到的是？（教师出示图 13、图 14）

师：轻轻起立，走到绳子旁边，我们一起拉出箱子看看里面装的会是什么呢？

师：原来是？（一名幼儿从箱子里站起来，手上抱着一条大大的金枪鱼）

师：今天真是收获满满，我们去把这个好消息分享给其他小伙伴们吧。（教师出示图 15）

温馨提示

1. 特别说明：本节活动中的情境源自绘本《乒乒和乓乓钓大鱼》，教师在此基础上进行了创意改编。

2. 本节活动中钓到的鱼的外形特征相对比较夸张，容易使幼儿情绪高涨，因此教师在引导幼儿一起拉渔线环节要把控好师幼互动的节奏，尤其前几遍，切不可过度煽动幼儿的情绪以免影响后续活动开展的流畅性。

3. 活动过程中，教师应根据幼儿的参与度逐步退出，比如先退动作，再退口令。如若教师退出后发现幼儿仍存在困难则应及时回来，以幼儿的需求为基础进行推进。

4. 演奏的过程中，教师应有意识地关注幼儿使用乐器的常规，知道音乐没响时安静准备，游戏结束后，及时将乐器放回原位。

5. 本节活动中，教师应有意识地帮助幼儿积累各种跨学科经验，如：除了随乐演奏以外，还可以在情境中渗透环保知识，促进幼儿环保意识的提升。

（2020 年 原创 南京师范大学幼儿园 邱敏老师）

案例 2：拔萝卜

活动结构

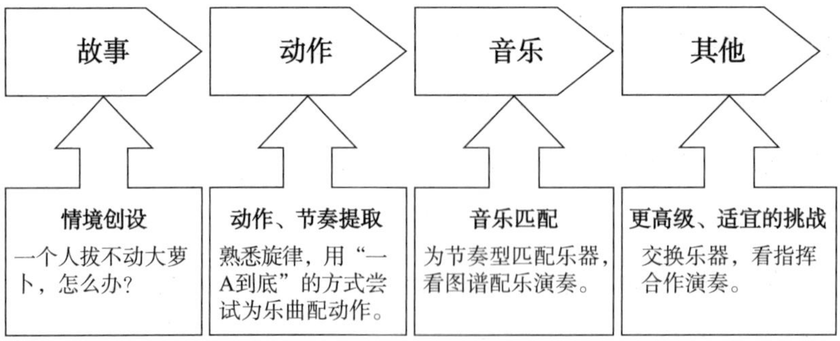

乐曲

A ram sam sam（节选）

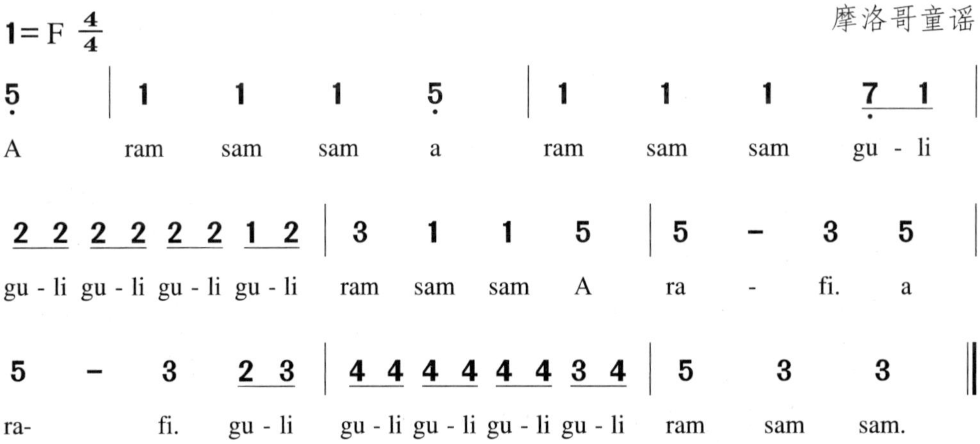

配器及动作建议：

1. 乐曲前 5 遍，做拔萝卜的动作（胸前拍手 3 下，做 2 遍，双手胸前绕圈，再拍手 3 下，做 2 下拔萝卜动作）。

2. 节奏棒替换“拔萝卜”动作。

3. 铃鼓表示“加油”。

奏乐活动专业策略使用说明：

1. 这是一个“弱情境”类型的奏乐活动。情绪的维持主要靠情境的推进。

2. 这是一个“配合录音音乐”的奏乐活动。

3. 活动中教师为幼儿提供了自己做主选择替换乐器的机会，为幼儿感知、分辨、体验配器音色变化的丰富性提供了很好的经验。

活动目标

1. 利用故事情境，在熟悉乐曲的基础上通过“一 A 到底”掌握乐曲的基本节奏型。

2. 能看懂图谱，尝试为节奏型匹配乐器，并进行演奏。

3. 喜欢参与奏乐活动，根据图谱与同伴合作演奏，享受打击乐的乐趣。

活动准备

1. 经验准备。

(1) 幼儿熟悉绘本故事《拔萝卜》。

(2) 幼儿具备用身体做拔萝卜动作的经验。

2. 物质准备。

(1)《A ram sam sam》音乐节选。

(2) 节奏棒、铃鼓。

(3)《拔萝卜》故事幻灯。

(4) 图谱。

3. 空间准备：全体幼儿围坐成大的半圆形。

参考图谱：

|||　　|||　　O～　　|||

|||　　|||　　O～　　|||

⌒　　　⌒　　　O～　　|||

⌒　　　⌒　　　O～　　|||

活动过程

1. 故事：由故事《拔萝卜》导入活动。

(1) 结合故事幻灯片，讲述故事前一部分，激发幼儿的兴趣。

（2）导入音乐《A ram sam sam》，引发幼儿的兴趣。

2. 音乐：感受音乐旋律，为乐曲配节奏型。

（1）听音乐，邀请幼儿为乐曲配动作。

〔创意空间：幼儿“建库”创编各种配乐的动作。〕

（2）出示动作图谱，幼儿熟悉图谱。

（3）听音乐，看指挥集体为乐曲配节奏。

（4）师幼评价、小结练习中的不足。

〔注意：示范节奏型“一A到底”，方便幼儿记忆“建库”，做动作之前教师明确要求，音乐结束后师幼针对节奏之前的要求进行回馈，养成积极动脑、有始有终的学习习惯。〕

3. 其他1：使用乐器，尝试配乐。

（1）出示节奏棒，为节奏型匹配乐器。

〔创意空间：幼儿“建库”为节奏型配乐器。〕

（2）看乐器图谱，教师演奏。

（3）幼儿听音乐看图谱，尝试演奏。

（4）师幼合作演奏。

〔注意：在为节奏型配器的“建库”过程中，教师要做出惊喜的表情，鼓励幼儿大胆想象，同时教师要用描述性的语言来描述幼儿敲击乐器的动作，促进描述性语言能力发展。在“建库”的过程中，只要有一个幼儿分享了自己的节奏棒，立刻就要集体随乐练习，来巩固这个动作的经验。这样既可以集体练习，同时也让分享者有自我成就感，激励其他幼儿积极分享。〕

4. 其他2：增加乐器演奏，感受音的长短。

（1）师幼商议增加配器（铃鼓）。

（2）出示乐器图谱。

（3）幼儿熟悉图谱，师幼合作练习。

（4）师幼评价、小结练习中的不足。

（5）幼儿听音乐，男女生交换乐器练习。

〔注意：在表演中会出现与节奏型不是非常匹配的乐器发出的声音，没有关系，

教师一定要及时鼓励点赞,帮助幼儿建立自信,拥有成就感。〕

5. 其他3:幼儿听音乐完整演奏。

〔友情提示:高级榜样的示范是教师进行逐步退位的表现。教师尝试退出,让幼儿挑战自主独立地来完成奏乐活动。〕

温馨提示

1. 特别说明:本次活动的游戏灵感来自俄罗斯作家托尔斯泰的经典童话故事《拔萝卜》。教师截取了奥尔夫音乐《A ram sam sam》片段,加入了打击乐器节奏棒和铃鼓,从而设计了此次活动。

2. 活动设计的流程。

(1) 从头到尾用绘本故事贯穿活动,通过帮老爷爷拔萝卜("一A到底"),使图谱本身变成了幼儿学习替换的一个特定"支架"。

(2) 第一层次:老爷爷拔萝卜,敲击一下节奏棒(AAAA)。

(3) 第二层次:

- 老奶奶来帮忙拔萝卜,敲击两下节奏棒。
- 小姑娘来帮忙拔萝卜,敲击三下节奏棒。

(4) 第三层次:加入乐器节奏与铃鼓进行拔萝卜游戏。

- 加入动物小狗带来乐器铃鼓。
- 加入动物小猫并用铃鼓演奏的同时幼儿两两合作练习。
- 加入动物小老鼠的加油声,当幼儿合作演奏成功时拔出萝卜。
- 教师撤掉图谱增加难度,把拔出的萝卜扛回家。如此由易到难,循序渐进,一层一层增加难度。

3. 尽管在从身体动作过渡到加入乐器的过程中会使幼儿更好地感受到拔萝卜及拔出萝卜的成就感,但对于中班幼儿来讲,过程中一定需要向幼儿提供4个方面的教学支持。

(1) 情境创设激励。

(2) 教师随时随地的热情激励。

(3) 相关图谱的启发。

(4) 循序渐进的难度挑战激励。

4. 前文中已经反复提醒,相关任务流程需要为幼儿提供阶梯和支架,根据幼儿学习的实际情况慢慢推进!

5. 在这个活动中,教师应该注意调动幼儿的各种跨学科经验:除了关注单纯的身体动作以外,还可以考虑语言活动、生活活动、游戏活动的经验,还需要考虑观察能力、专注力、反应能力等品质。教师在引导幼儿的过程中,既可以先将问题抛给幼儿,由幼儿先提出动作,教师再提炼;也可以由教师先提出,并立刻使用具体动作进行示范引导。如:用身体动作模拟拔萝卜动作等。

(2022 年 原创 南京秦淮晨光幼儿园 巨洁老师)

案例 3:小鼹鼠的故事

活动结构

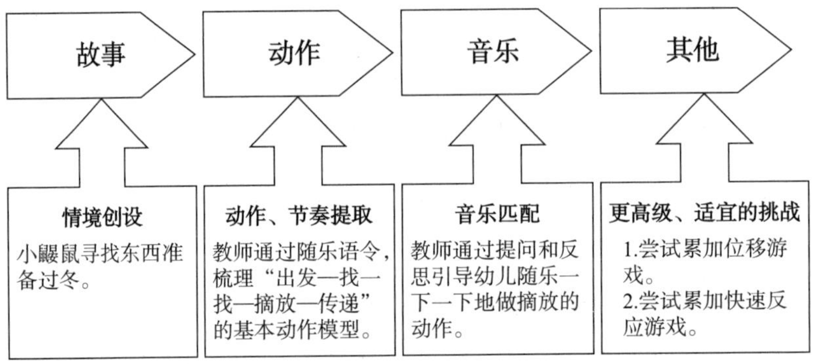

乐曲

小鼹鼠的故事

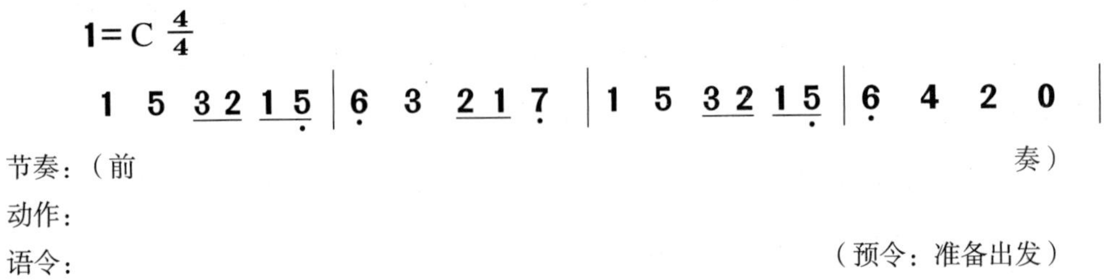

1 5 32 15 | 6 3 21 7 | 1 – – 0 |

节奏：X X X X | X X X X | X X X X |

动作：手放在腿上做走路的动作　双手手掌向下放在眼睛上　走路的动作

语令：准备停（预令：找一找）　继续出发

0 0 05 6 | 53 55 35 5 | i i i 7 5 6 |

节奏：X X X X | X 0 X 0 | X 0 X 0 |

动作：找一找的动作　右手向上转手腕　左手叉腰

语令：挎篮子　摘 放　摘 放

53 55 35 55 | 66 65 5 06 | 53 55 35 55 |

节奏：X 0 X 0 | X 0 X 0 | X 0 X 0 |

动作：右手向上转手腕　左手叉腰　右手向上转手腕

语令：摘 放　摘 放　摘 放

i i i 7 5 55 | i 5 i i 55 55 | 66 65 5 06 |

节奏：X 0 X 0 | X 0 X 0 | X 0 X 0 |

动作：左手叉腰　右手向上转手腕　左手叉腰

语令：摘 放　摘 放　摘 放

53 55 35 55 | i i i 7 5 55 | i 5 i i 55 55 |

节奏：X 0 0 0 | 0 0 0 0 | 0 0 0 0 |

动作：双手摊开

语令：休息　扶 好 篮 子

66 65 5 0 | 0 0 0 0 | i i i 76 5 |

节奏：0 0 0 0 | X 0 X 0 | X 0 X 0 |

动作：　双手拍腿，放面前　双手传递　交回腿上

语令：准备传　拿 看　传 回

0 0 0 0 | 66 66 56 5 | 0 0 0 0 |

节奏：X 0 X 0 | X 0 X 0 | X 0 X 0 |

动作：双手拍腿，放面前　双手传递　交回腿上　双手拍腿，放面前

语令：拿 看　传 回　拿 看

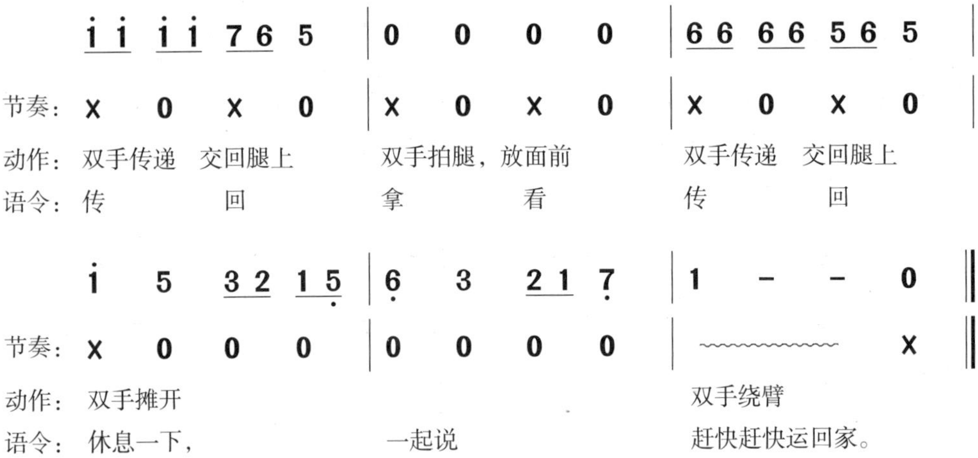

奏乐活动专业策略使用说明：

1. 这是一个“中强情境”类型的奏乐活动。

2. 这是一个“配合录音音乐”的奏乐活动。

3. 故事情节就相当于奏乐的乐谱。

4. 该活动更加突出了助人为乐和感恩、幸福等高级情感。

活动目标

1. 在“鼹鼠寻找东西”的情境中，感受音乐的旋律，尝试随乐用乐器一下一下地敲击表示摘放的动作。

2. 在故事情境及教师语令提示下能正确地进行传递，参与“速度大比拼”的游戏时，知道并遵守游戏规则。

3. 在情境中体验帮助他人的快乐，鼓励幼儿在听到“谢谢”后回应“不客气”。

活动准备

1. 经验准备。

(1) 幼儿玩过类似“速度大比拼”的游戏。

(2) 幼儿知道不同动物的过冬方式。

2. 物质准备。

(1) 手指沙锤、铃鼓人手一个。

(2) 小鼹鼠闪电标记两个。

(3) 录音音乐。

(4) 幻灯图片。

3. 空间准备:全体幼儿围坐成大的圆形。

参考图片:

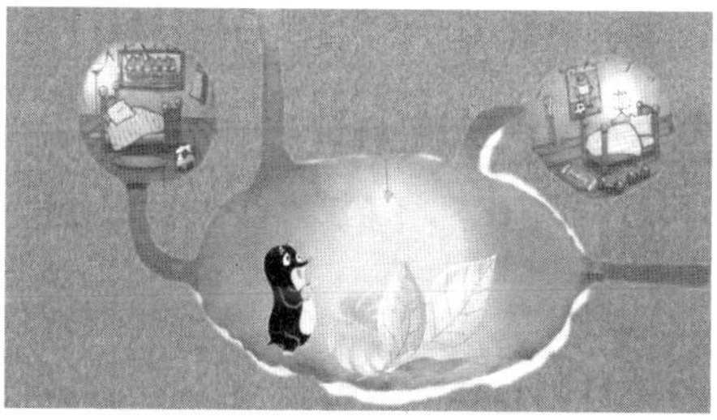

图 1

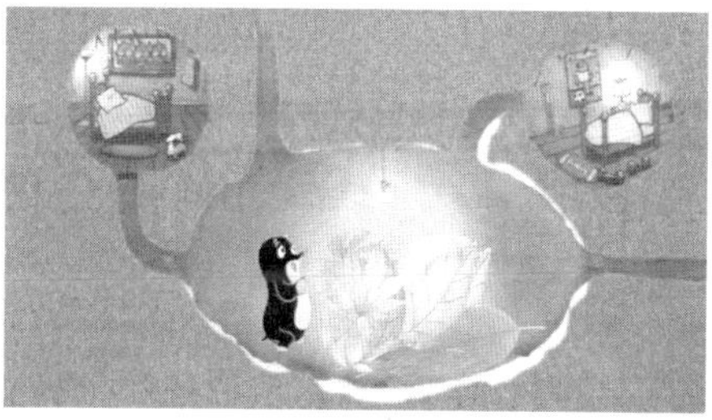

图 2

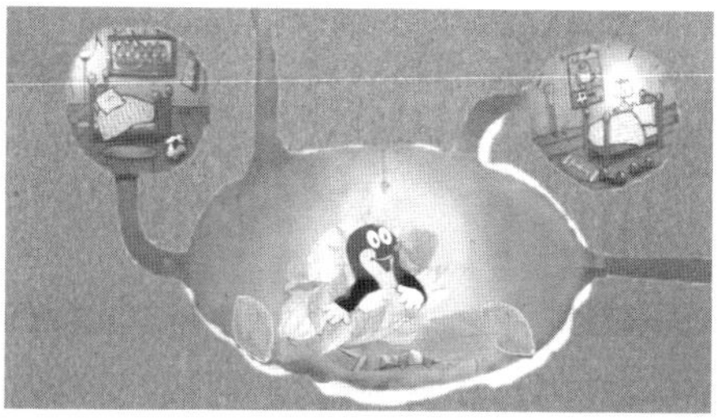

图 3

图 4

图 5

图 6

图 7

图 8

图 9

图 10

图 11

图 12

图 13

图 14

图 15

图 16

图 17

活动过程

1. 故事。

教师出示图片，导入小鼹鼠寻找东西准备过冬的情境。

师：秋天的雨是一个喇叭，它告诉我们冬天就要来了。

师：我们小鼹鼠们要准备过冬啦，需要出门找一些叶子（动作），摘下来放到篮子里带回家（动作），布置成暖暖的被窝，度过一个温暖的冬天，最后我们会用什么方法将叶子带回家呢？一起看一看吧！［**教师随乐第1遍律动。**］

2. 动作+音乐。

（1）梳理动作，巩固传递的本领。

师：刚才我们是用什么方法将树叶带回家的呢？我们是齐心协力将树叶一片一片传着运回家的。那我们一起来试一试吧。［**单练。**］

师：现在让我们跟上音乐再来练一遍。［**合乐单练。**］

（2）随乐练习，再次感受音乐，熟悉动作模型和音乐的句式结构。

师：我们掌握了传送树叶的本领，让我们跟着音乐一起出门寻找树叶吧！用哪只手摘树叶？用拿着工具的那只手去摘叶子哦。［**师幼随乐演奏第1遍。**］

引导幼儿明确乐器的正确使用方法。

师：一起来看一看，这一次我们都找到叶子了吗？

情境推进：教师出示图1，幼儿观察叶子的数量。

师：哇！我们真的找到叶子啦！

3. 其他：累加乐器，鼓励幼儿探索乐器的使用方法并随乐演奏。

（1）师：这次给你们带来了收纳叶子的小篮子，就在你们的石头下面，让我们带上篮子出发吧，看看能不能摘到更多的树叶？［**师幼随乐演奏第2遍。**］

情境推进：教师出示图2，幼儿观察找到的叶子越来越多。

师：带上小篮子，我们真的摘了更多叶子！

（2）教师鼓励幼儿感受和体会摘、捡不同高度的树叶时身体的体态是不同的。［**师幼随乐演奏第3遍。**］

师：有的树叶在高高的树枝上，有的可能已经被风吹到空中或者地上了，我们马上出门找叶子的时候要注意哦，找一找不同地方的树叶。

〔创意空间:摘树叶的动作是右手伸向上方转动一次手腕。教师可以变换不同的方向,摘取不同方位的树叶,从而暗示幼儿创意空间方位,也可以通过语言的提示引导幼儿进行创意表现。〕

情境推进:教师出示图3,幼儿发现小鼹鼠已经找到足够多的树叶,布置出一个暖暖的被窝,就可以过冬了。

(3) 位移挑战,幼儿根据情境随乐帮助不同动物寻找过冬时需要的东西。

- 累加位移游戏。

情境推进:教师出示图4,幼儿发现有一只松鼠在哭。

师:原来是松鼠哭了,它正在为过冬发愁呢,我们一起带着篮子去帮它找点它想要的东西吧! 轻轻起立,站到小石头后面,转身,我们绕着小石头找松果吧。[**师幼随乐演奏第4遍。**]

〔注意:在遇到不同动物的时候,教师可以配合幻灯的配音做一些互动,营造气氛,从而激发幼儿的好奇心和参与性。〕

引导幼儿明确在什么时候回到小石头上进行传递的。

师:小松鼠夸我们找的松果很新鲜,再去帮它找一些吧,可能地上也会掉落一些,不要忘了拿哦。[**师幼随乐演奏第5遍。**]

〔注意:此环节累加了位移,教师需要帮助幼儿解决以下几个问题:① 什么时候回到小石头上进行传递?(当教师说"找到位置坐下来")② 确保每一只小鼹鼠都能在音乐里找到一个离自己最近的位置坐下来。教师需要带领幼儿进行单练。这里的单练可以分为两个层级:教师唱谱单练;截取音乐片段单练。教师唱谱可以控制语速,在幼儿可能会出现问题的地方放慢速度,给幼儿反应时,在幼儿熟悉规则后可随乐单练。〕

- 累加快速反应游戏。

师:我们已经帮小松鼠找到了足够多的松果了,那会请哪一只小鼹鼠去送呢?

〔注意:在此开始累加快速反应游戏。〕

情境中又出现不同的小动物,随乐演奏并进行游戏。(该环节大约可以重复2~3次)

情境推进:教师出示图8,幼儿发现遇到一只刺猬。

师:我们继续去看看还有谁需要我们帮助吧,这是谁呀?它需要什么呢?那我们也带着篮子一起去找些干草送给它吧。[**师幼随乐演奏第6遍。**]

〔注意:在此过程中,教师引导幼儿学会听音乐,一下一下做“摘”“放”的动作,提高幼儿随乐演奏能力和稳定性。〕

情境推进:教师出示图11,幼儿发现一只小鸟。

师:小鸟也来了,它需要一些树枝。这一次你们需要自己去帮它找些树枝哦。有困难吗?又会是谁来送给小鸟呢?[**幼儿独立随乐演奏。**]

〔注意:在此过程中,幼儿尝试独立随乐演奏,教师可以在旁边通过说语令的方式给予幼儿帮助和支持。〕

情境推进:教师出示图15、图16、图17,幼儿观察小鸟送的果实中的种子慢慢长出果树和小花,小动物们也顺利度过冬天,围在一起游戏。

师:冬天慢慢来啦,小动物们都得到了你们的帮助,过了一个温暖的冬天。还记得小鸟送给我们的礼物吗?看看会变出什么呢,让我们喊上其他小伙伴一起去看一看吧!

(4)小结游戏成果:引导幼儿养成乐于助人的良好品质;当听到别人说感谢的话时,引导幼儿说“不用谢”或“不客气”。

〔注意:这些都是在情感方面支持幼儿的学习。〕

温馨提示

1. 在活动情境中,既有位移又有传递,教师需要考虑空间设计以及座位的摆放。幼儿对位移和传递有一定的经验基础,但此活动中幼儿需要在有限的音乐中进行位移和传递。所以,教师需要关注各个环节重难点的处理,为幼儿能够从容地随乐演奏打好基础。〔教师示范演奏—位移演奏(明确位移时机后再位移演奏)—传递(单练传递技能后再合乐传递)—幼儿自主随乐演奏〕

2. 此活动大量使用了幻灯图片创设小鼹鼠过冬的情境,不仅有动画效果,还伴随着不同故事情境的音效,具有一定的感染力。作为一只小鼹鼠(教师),需要沉浸到角色当中,在情境的推动下,调整自己的语音语调辅以夸张的表情、动作等,吸引幼儿的注意力,调动其积极性。

3. 教师需关注音乐活动中其他领域的渗透,活动中故事的导入迁移了大班上学期语言活动中的儿歌内容，设计活动时教师也有意识地通过语言提醒幼儿秋风吹过的树叶有的在空中有的在地上，引导幼儿感知空间关系。

（2021 年 原创 南京师范大学幼儿园 吴天易老师）

案例 4：西兰花先生的理发店

活动结构

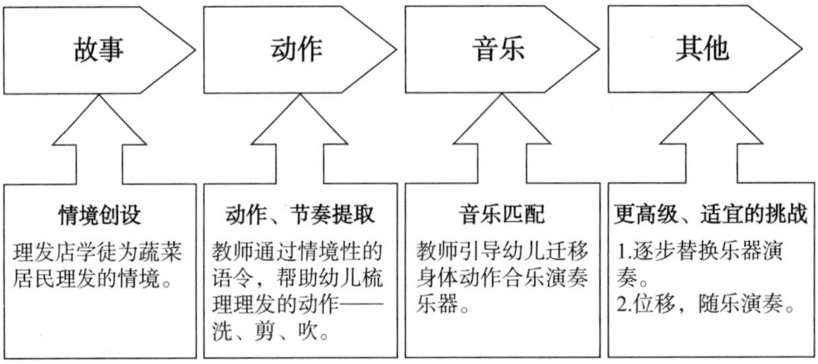

乐曲

甩 葱 歌

Ievan Polkka 作曲
Otomania 改编

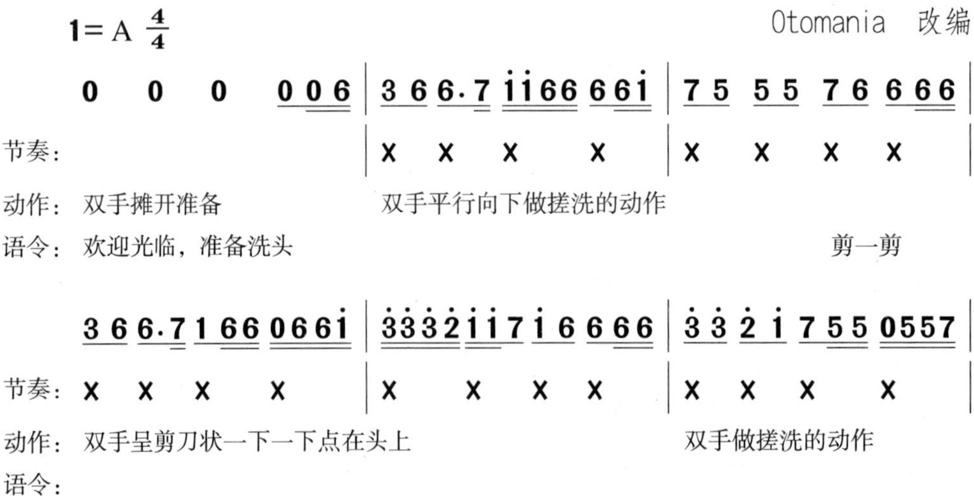

2222 1177 1 66 0 06 | 3 3 2 1 7 5 5 57 | 2222 1 7 1 66 0 06 |

节奏：X X X X | X X X X | X X X X |

动作：双手平行向下做搓洗的动作 双手呈剪刀状一下一下点在头上

语令：剪一剪 吹一吹

3 66·7 11 66 6 61 | 7 5 5 5 7 6 6 66 | 3 6 6·7 1 66 0661 |

节奏：X ~~~~~~~~ | 0 0 0 0 | X ~~~~~~~~ |

动作：双手前平举做抖动的动作 双手收回胸前 双手前平举做抖动的动作

语令：休息 继续吹 休息

3332 11 7 1 6 666 | 3 3 2 1 7 55 0557 | 2222 1177 1 66 006 |

节奏：0 0 0 0 | X ~~~~~~~~ | 0 0 0 0 |

动作：双手收回胸前 双手前平举做抖动的动作 双手收回胸前

语令：接着吹 吹一吹

3 3 2 1 7 5 5 57 | 2 2 2 2 1 7 1 66 0 ‖

节奏：X ~~~~~~~~ | 0 0 0 0 ‖

动作：双手前平举做抖动的动作 双手收回胸前 竖起大拇指

语令：一起说“赞”

奏乐活动专业策略使用说明：

1. 这是一个“中强情境”类型的奏乐活动。

2. 这是一个“配合录音音乐”的奏乐活动。

3. 故事情节就相当于奏乐的乐谱。

4. 该活动更加强调助人、感恩和创造带来的愉悦。

活动目标

1. 在“理发师给顾客理发”的情境中，用动作及乐器的断响节奏表现“洗头发”“剪头发”，用散响节奏表现“吹头发”。

2. 迁移生活经验，创意在身体不同方向做“吹头发”的动作；迁移沙锤使用经验，使用串铃棒、雨声筒和响棒。

3. 体验乐器与椅子互动的声效,感受“为蔬菜居民们理出不同发型”的乐趣,体验为他人服务的愉悦。

活动准备

1. 经验准备:幼儿去过理发店。

2. 物质准备。

(1) 录音音乐。

(2) 幻灯图片。

(3) 沙锤、串铃棒、雨声筒、响棒。

(4) 图谱。

3. 空间准备:全体幼儿围坐成半圆形。

参考图片:

图 1

图 2

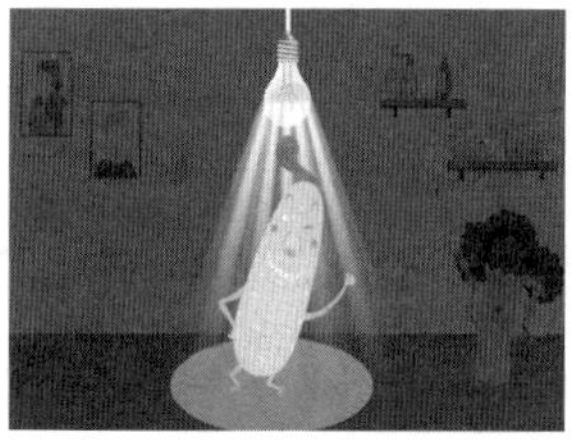

图 3

图 4

图 5

图 6

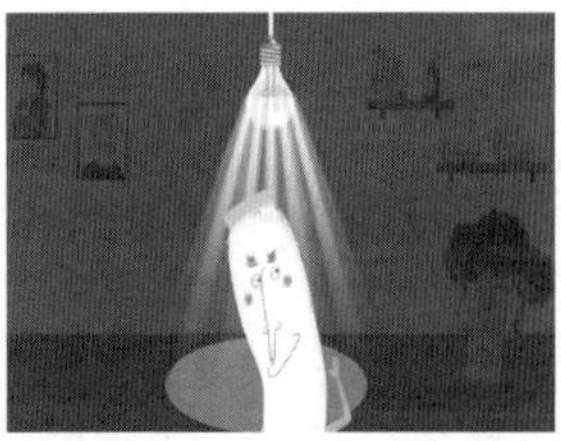

图 7

图 8

图 9

图 10

图 11

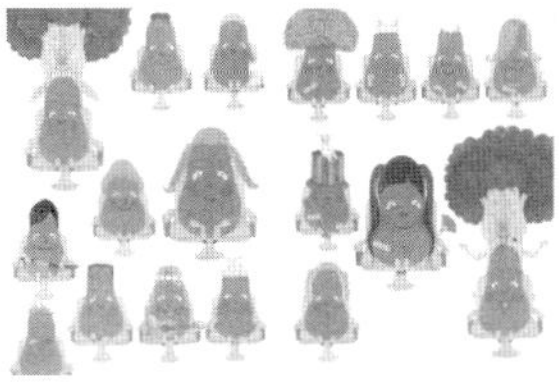

图 12

活动过程

1. 故事。

师:嗨,大家好,我是西兰花先生,欢迎光临我的理发店,我实在是太忙了,不信你们瞧,你们看到什么了?

出示图 1(蔬菜居民们在排队),看来我要招收一些学徒了,你们愿意成为我的学徒吗? 那快跟我一起学习理发本领吧。[**教师随乐第 1 遍律动。**]

2. 音乐+动作。

(1) 回忆理发动作,并加以巩固。

师:为客人理发,我会做哪些事情呢?(洗头、剪头、吹头)

师:"吹头发"除了吹一吹前面的头发,还可以吹哪里的头发呢?

〔创意空间:吹头发的动作是双手伸向前方抖动手腕。教师可以变换吹头发的方向,从而暗示幼儿创意空间方位,也可以通过语言提示引导幼儿进行创意表现。〕

(2) 随乐练习理发。

师:让我们一起练习理发吧![**师幼随乐第 2 遍律动。**]

幼儿回忆理发流程,并梳理动作顺序。

师:我理发的时候先做了什么? 然后做了什么? 最后做了什么? 谁能将工作图按顺序摆一摆。

(3) 随乐验证图谱顺序。[**师幼随乐第 3 遍律动。**]

3. 其他:累加乐器,鼓励幼儿探索乐器的使用方法并随乐演奏。

〔创意空间:幼儿根据幻灯片中提供的多种蔬菜造型以及由一种乐器到多种乐器的加入,激发幼儿活动的兴趣。〕

(1) 师:现在你们都学会理发了吗? 看到你们那么认真地练习,我决定送给你们一些理发工具,可以让你们更加厉害,一起去试一试吧。

（2）探索乐器。

师：我们在剪头和吹头的时候是怎么用这个工具的呢？

幼儿随乐演奏，在身体的不同方向做"吹头发"的动作。

〔注意：这个活动主要使用的乐器是沙锤，在乐器使用方面不会造成幼儿的负担，且从身体动作到乐器动作是一个正迁移的过程，所以教师需把握好探索乐器的时长。引导幼儿在"吹头发"时，依旧需要往不同的方位"吹"。〕

师：接下来让我们迎接第一位客人吧，他会是谁呢？（出示图2：玉米先生）

师：玉米先生说了什么？（他想要理一个酷酷的发型）让我们一起去帮助他吧！[**师幼随乐演奏第4遍。**]

师：刚才有理发师在给玉米先生理发时把他的所有头发都吹到了，玉米先生非常满意！（出示图3）〔注意：这里具有激励性的语言，教师需要根据幼儿现场情况进行临场发挥。〕我决定给他换更厉害的理发工具哦！（替换乐器串铃棒）

〔注意：这里进行语言的激励，进行第一次替换乐器——两个串铃棒，让幼儿感受不同乐器加入后的声效。〕

师：接下来的客人会是谁呢？（出示图4：白菜夫人）

师：白菜夫人说了什么？（她想要一个公主一样的发型）让我们一起去试一试吧！[**师幼随乐演奏第5遍。**]

师：刚才理发师在给白菜夫人洗头的时候非常温柔，〔注意：这里具有激励性的语言，教师需要根据幼儿现场情况进行临场发挥。〕白菜夫人非常舒服。（出示图5）我决定给他替换更厉害的理发工具哦！（替换乐器雨声筒）

〔注意：进行第二次替换乐器——两个雨声筒。〕

师：看看这次的客人会是谁？（出示图6：萝卜大叔）

师：萝卜大叔说了什么？（他太热了，想要一个凉快的发型）让我们一起去试一试吧！[**师幼随乐演奏第6遍。**]

师：刚才理发师在给萝卜大叔剪头发的时候非常温柔。〔注意：这里具有激励性的语言，教师需要根据幼儿现场情况进行临场发挥。〕萝卜大叔特别满意。（出示图7）我决定给他替换更厉害的理发工具哦！（替换乐器响棒）

〔注意：进行第三次替换乐器——一个响棒。〕

(3) 位移游戏。

师:你们的理发本领太强了,客人们都非常满意,现在你们全部升级为更高级的理发师,并且拥有专属的理发座椅为你的客人服务。

〔注意:这里所有幼儿位移到座椅后面,感受乐器和椅子之间碰撞出的声效。〕

师:现在我们要迎接下一位客人咯,她会是谁呢?(出示图 8:苹果小妹)苹果小妹有点害羞,她呀把想要理的发型图带来了,我们只能看到发型的轮廓,你们可以试一试吗?看一看这个特别的发型到底是什么样的?(出示图 9、图 10)[**师幼随乐演奏第 7 遍。**]

〔注意:在此环节,教师配合动画做出的发型的剪影营造神秘感,从而引发幼儿的好奇心和积极性。〕

师:下一位客人已经迫不及待了,看看他是谁?(出示图 11:茄子小弟)茄子小弟的大家族想要理出不同的发型,他们把发型图放在了座椅的后面,请理发师们找一找。(出示图 12)[**师幼随乐演奏第 8 遍。**]

〔注意:在此环节,每个幼儿找到的发型图都是不同的,最后把所有的发型图呈现在幻灯片中,给幼儿视觉冲击和成就感。〕

师:今天的客人老师们也有想理的发型,请你们邀请一位客人老师,帮他理一理吧。[**师幼随乐第 9 遍律动。**]

(4) 小结游戏成就。

师:今天大家为蔬菜居民剪出了很特别很漂亮的发型,大家都非常高兴,对不对?

幼:对!

师:我们还学会了赞美顾客,让顾客更加高兴了,对不对!

幼:对!

师:听说你们理发的本领特别强,蔬菜小镇上的其他居民们也要找你们理发啦,让我们带上理发工具出发吧。

〔注意:这些都是在情感方面支持幼儿的学习。〕

温馨提示

1. 此活动的情境来源于绘本《西兰花先生的理发店》,教师在此基础上进行了创意改编。

2. 此活动使用了与绘本相关的幻灯图片创设理发店的情境，不仅有动画效果，还伴随着每位蔬菜居民的独特声效，具有一定的感染力。从为玉米先生理发到最后为茄子家族理发，每次的发型都十分有趣，激发幼儿参与活动的兴趣。

3. “苹果小妹”最后的发型从原版的冲天辫改为“哪吒头”，充满了中国特色，弘扬了中国文化。

（2021 年 原创 南京师范大学幼儿园 陈梦婷老师）

案例 5：小蚂蚁上天记

活动结构

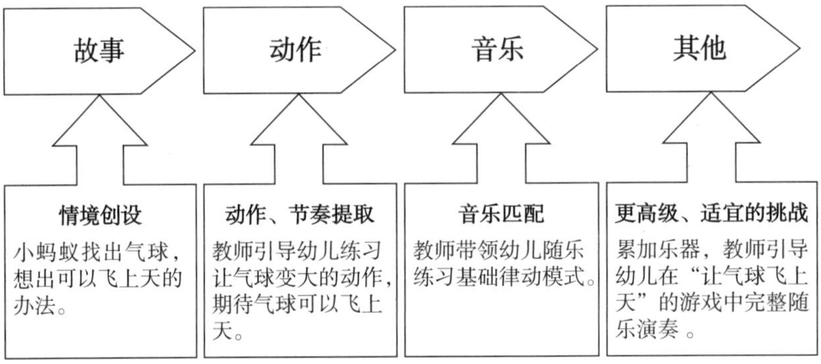

乐曲

小蚂蚁上天记

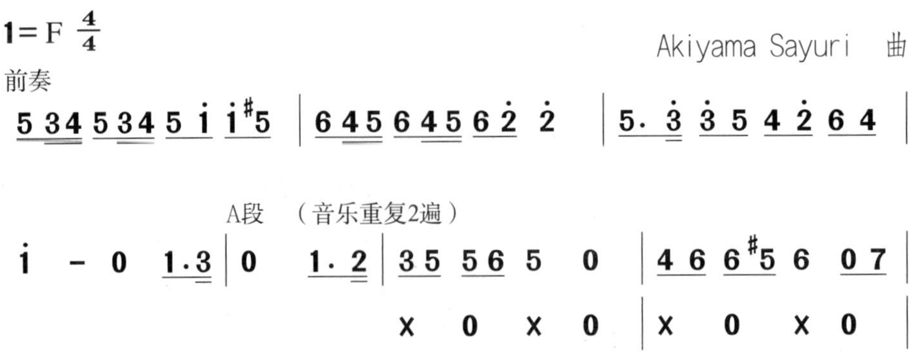

动作：双手放于额前做找的动作4下。

语令：找气球。

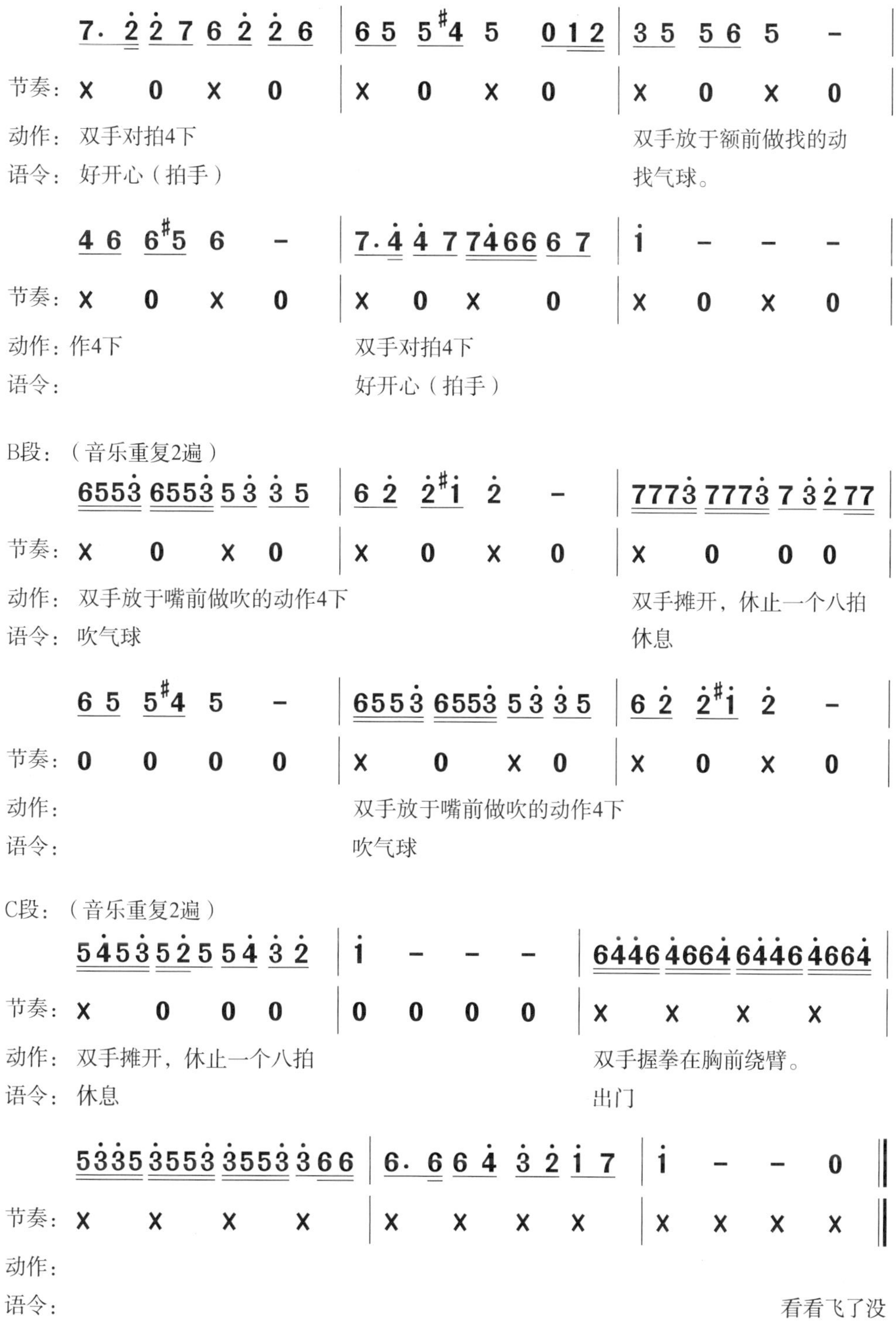
节奏：
动作：双手对拍4下
语令：好开心（拍手）
双手放于额前做找的动
找气球。
节奏：
动作：作4下
语令：
双手对拍4下
好开心（拍手）
B段：（音乐重复2遍）
节奏：
动作：双手放于嘴前做吹的动作4下
语令：吹气球
双手摊开，休止一个八拍
休息
节奏：
动作：
语令：
双手放于嘴前做吹的动作4下
吹气球
C段：（音乐重复2遍）
节奏：
动作：双手摊开，休止一个八拍
语令：休息
双手握拳在胸前绕臂。
出门
节奏：
动作：
语令：
看看飞了没

配器建议：

A 段(重复 2 遍)：

(找气球)双手抓握乐器,放于额前做找的动作,2 拍一下,共 4 下。

(好开心)2 拍一下敲击乐器,共 4 下。

B 段(重复 4 遍):

(吹气球)双手抓握乐器刮奏,2 拍一下,共 4 下。

(休息)休止 8 拍。

C 段:

(出门)双手抓握乐器在胸前绕臂,32 拍。最后一拍定住不动。

奏乐活动专业策略使用说明:

1. 这是一个“中强情境”类型的奏乐活动。

2. 这是一个“配合录音音乐”的奏乐活动。

3. 故事情节就相当于奏乐的乐谱。

4. 该活动更加强调努力解决问题的精神和创造的愉悦。

活动目标

1. 感受乐曲旋律,在“气球上天”的情境中,用动作及乐器表现“找气球、好开心、吹气球”的节奏型。

2. 通过“让气球飞起来”的情境,尝试在“打气球”过程中较为准确地合乐演奏。

3. 了解游戏规则,在“选气球”和“挂气球”的情境中体验房子升空的乐趣。

活动准备

1. 经验准备:幼儿认识一些常见的生活物品,如气球、房子等。

2. 物质准备:音乐、幻灯片、沙锤、蛙鸣筒、筐 3 个、气球皮、带挂钩的气球(普通气球 3 个、氦气球 7 个)、(蚂蚁)房子 1 个。

图 1

图 2

3. 空间准备:全体幼儿围坐成大的半圆形。

活动过程

1. 故事。

师：有一天，小蚂蚁躺在草地上，看到天上的云朵，它突发奇想：要是可以住在云朵上，那一定很有趣吧！可是怎么才能让自己飞到天上去呢？于是小蚂蚁就回家找可以帮助它飞上天的材料了。找呀找（找的动作），哎！找到了一个气球皮，好开心（拍手）。我们可以……（吹气球），让气球带我们上天吧！

〔注意：教师用简洁的语言讲述故事，故事中帮助幼儿明确主要情境线索。教师需要边说边做动作，凸显音乐中的动作结构，激发幼儿的参与兴趣，同时也为幼儿理解动作含义做准备。〕

2. 动作。

幼儿观察教师的示范动作，并跟着模仿。

师：我们可以用什么方法让气球变大，带我们上天呢？（吹气球）

师：一起试一试吧。

［教师坐在椅子上随乐完整示范动作第1遍。］

〔创意空间：在第1遍示范前，教师可先引导幼儿调动生活经验，创编出"吹气球"的动作。此动作将两手放于嘴两侧，控制在身体前，教师朝不同方位吹气球，引导幼儿创编"用力吹气球"的动作。〕

3. 音乐。

（1）幼儿完整感受音乐，合乐做身体动作。

- 教师出示一个打好气的小气球（飞不上天）。

师：飞上天了没？可能是气球不够（大）吧！我们再找一个大一点的气球皮试一试吧！**［幼儿随乐第2遍做身体动作。］**

（2）幼儿创编打气球的动作，巩固熟悉身体动作模型。

- 教师出示一个打好气的大气球（飞不上天）。

师：飞上天了没？看来嘴巴吹的气球没法上天，那我们可以用什么方法让气球变大？（给气球打气）**［幼儿随乐第3遍做身体动作。］**

〔创意空间：教师引导幼儿迁移生活经验，创编给气球打气的动作，创编中引导幼儿做一下一下有节奏的动作，便于之后乐器演奏动作的正迁移。〕

4. 其他：累加乐器，随乐完整演奏。

（1）累加乐器，探索打气的方法。

师：气球飞上天了没？（没有）

师：妈妈给你们准备了两种型号的打气筒，你们试一试用它来打气吧！

〔注意：幼儿探索后，教师选择一位高级榜样的方法引导幼儿模仿演奏。蛙鸣筒不是幼儿前期接触过的常见乐器，教师在幼儿右手上贴贴画，引导幼儿分辨左右手，用左手抓筒把子，右手拿棒子。同时也要关注右手刮奏时手臂的协调性及控制力。〕

（2）尝试坐在椅子上随乐演奏乐器。

- 教师出示图 1：氢气、氦气。

师：气球可以飞上天吗？［**师幼使用乐器随乐演奏第 1 遍。**］

- 飞出来一个氦气球。

师：我们真的打了一个可以飞上天的氦气球。气球可以带小蚂蚁上天，可是小蚂蚁还想把它的家人和它最喜欢的小房子一起带到云朵上呢！

- 幼儿将气球挂在小房子上，观察房子是否可以飞上天。

师：一个气球不能帮助我们上天，我们需要更多气球。［**师幼使用乐器随乐演奏第 2 遍。**］

〔注意：幼儿在随乐演奏乐器时，教师观察幼儿使用乐器的合乐性。若有问题需调整，则继续练习，以便累加游戏后，幼儿更好地控制乐器，稳定节奏。〕

（3）累加位移。

师：我们一起到空旷的地方打更多的氦气球吧！［**师幼使用乐器随乐演奏第 3 遍。**］

（4）反思：累加选气球游戏。

- 教师请一名幼儿在筐里选一个气球，拴在小房子上。

师：两个气球能带我们上天吗？

师：看来我们需要更多气球！［**师幼使用乐器随乐演奏第 4 遍。**］

〔创意空间：三个标了序号的筐（一个里面是空气气球，两个是氦气球）。请一位幼儿猜猜哪个筐里有氦气球，并选择一个气球拴在小房子上。游戏“选氦气球”存在不确定性，激发幼儿参与活动的好奇心。〕

- 教师再请一位幼儿在筐里选一个气球，拴在小房子上。

师：这次气球能带我们上天吗？[**师幼使用乐器随乐演奏第5、6遍。**]

（5）在选气球游戏中，体验房子升空带来的惊喜感。

教师出示图2：气球带着蚂蚁的小房子飞上天了。

师：我们去邀请我们的小伙伴一起去云朵上吧！

温馨提示

1. 活动中教师有意识地进行科学领域的跨领域渗透：① 不是所有的气体都可以让气球飞上天，氦气是可以使气球飞上天；② 更多气球具有更大的力量让小房子飞升上天空。

2. 在幼儿进行游戏的过程中，教师要注意逐步退出，可以从空间上退出，逐步退到幼儿外围，但是要随时关注幼儿位移的情况，及时帮助个别幼儿。动作也可以逐步退出，语令也根据幼儿情况逐步退出，但是动作转换处的语令还是要保留的。

（2021年 原创 南京师范大学幼儿园 陈雪老师）

第三节　大班奏乐

案例1:苹果切切切

活动结构

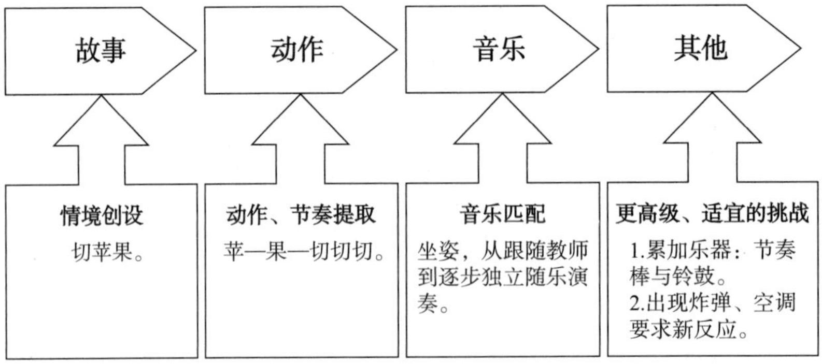

乐曲

Carnivalito

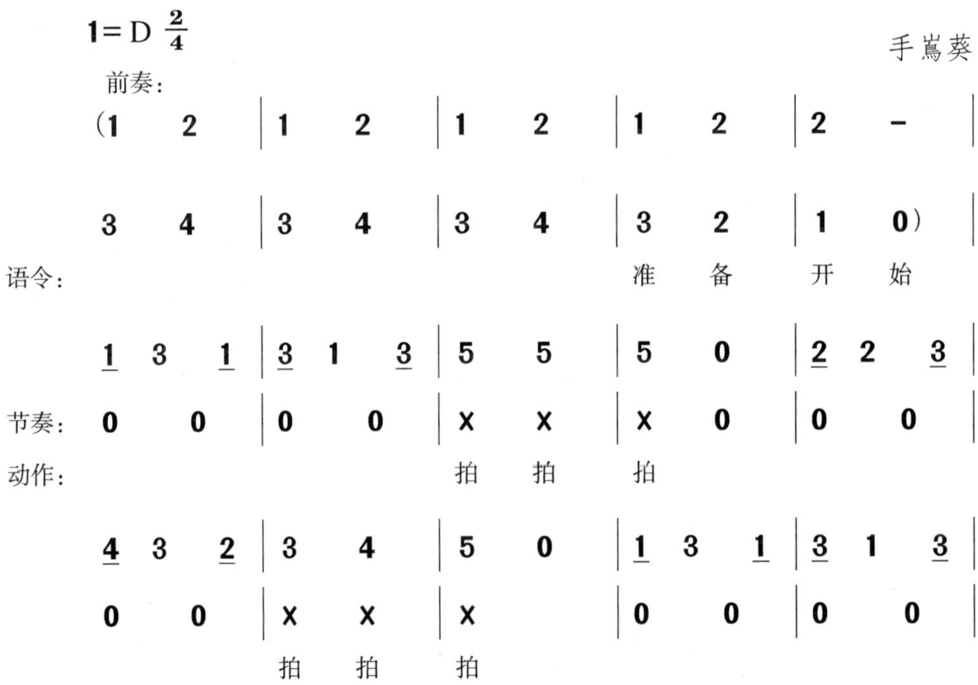

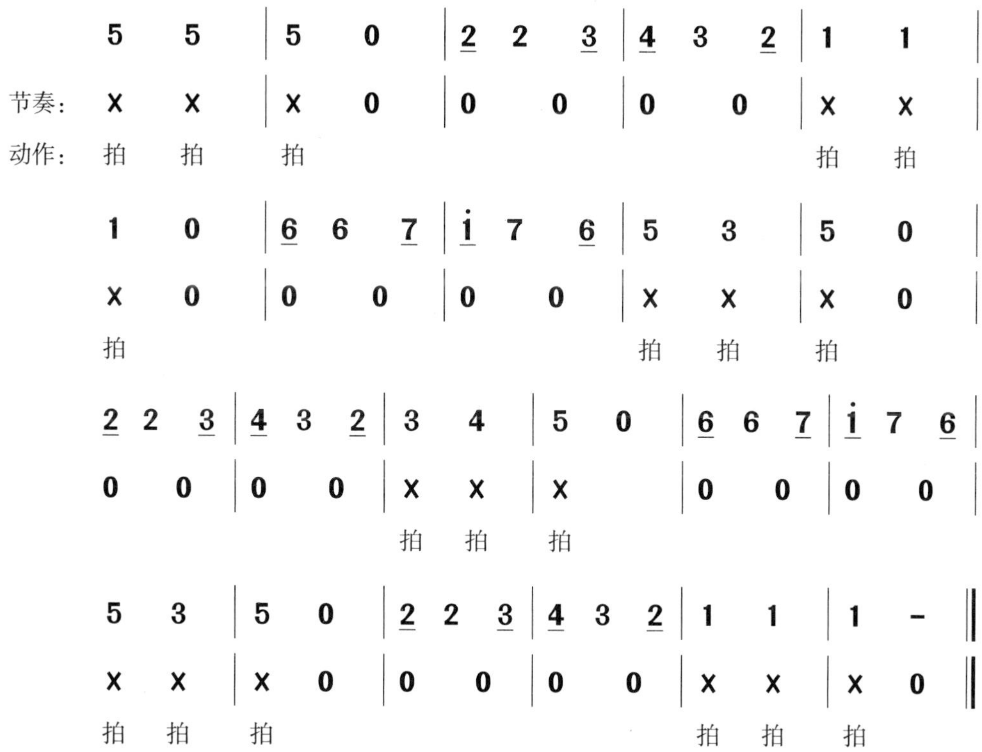

配器及动作建议：

1. 在自己身体上做切切切的动作。（应该让幼儿不断创编新的动作）

2. 用节奏棒迁移“切水果”节奏。

3. 敲击铃鼓表示“炸弹”爆炸声音。

奏乐活动专业策略使用说明：

1. 听或看信号快速反应游戏对于大班幼儿来说是非常有挑战的。

2. 这是一个“配合录音音乐”的奏乐活动。

3. 这是一个演奏时既需要使用动作又需要使用嗓音的演奏活动。

4. 图片结构就相当于奏乐的乐谱。

活动目标

1. 在感受音乐节奏的基础上，根据图谱或教师的指令迅速做出与“切”“爆炸”“休止”相对应的节奏型。

2. 能自主读懂图谱，根据图片的变化进行乐器演奏，并与同伴合作完整演奏乐曲。

3. 喜欢参与奏乐游戏活动，体验奏乐活动带来的乐趣。

活动准备

1. 经验准备。

(1) 幼儿已经具备在身体上切水果的动作经验。

(2) 幼儿已经具备比较丰富的生活、游戏经验。

2. 物质准备。

(1)《Carnivalito》音乐节选。

(2) 节奏棒、铃鼓。

(3) 节奏型图谱。

3. 空间准备：全体幼儿围坐成大的半圆形。

活动过程

1. 故事。

师：今天小朋友们都穿上了小厨师的服装，我们要一同来制作一盘香甜可口的水果沙拉！

2. 音乐+动作。

(1) 听音乐，教师示范，幼儿模仿出教师身体动作的节奏。[**教师第1遍播放音乐。**]

(2) 出示图谱,幼儿熟悉图谱,在教师语音提示下初步尝试模拟切水果游戏。**[幼儿第1遍徒手练习。]**

(3) 不断更换水果图片,增加难度,幼儿用身体动作拍出节奏。**[幼儿第2~5遍徒手练习。]**

〔创意空间:教师邀请幼儿不断创编新动作替换原有的"切切切"动作。如:先是用手在手心切,换成切手背、切手腕、切手臂、切大腿等。〕

3. 音乐:乐器——节奏棒+铃鼓。

(1) 用节奏棒迁移切水果的节奏,尝试演奏。

- 出示节奏棒,认真倾听音乐,在教师口令下完整演奏乐曲。**[教师第1遍用节奏棒练习。]**
- 教师评价、小结练习中遇到的困难并解决问题。

(2) 增设陷阱,仔细观察图谱根据教师口令迅速做出反应。

- 在切水果过程中,出现"炸弹"发出"嘣"的声音,敲击铃鼓一下。

师:(出示炸弹)"炸弹"能切吗?(不能)"炸弹"出现的时候可千万别切哦。(教师手拿铃鼓)一起试试吧。**[教师第2遍演奏乐器节奏棒和铃鼓。]**

师:刚才"炸弹"出来我在干吗?我们用铃鼓来表示"炸弹"爆炸声,"炸弹"响了几声?(1声)我这里有一个铃鼓,谁愿意来试一试?

〔注意:在此要引导幼儿理解教师在说出"炸弹"的时候,幼儿要拍一下铃鼓并用嘴巴说"嘣"的声音。〕

- 增加"炸弹"难度变大是否能快速反应并演奏乐曲。**[教师第3~5遍演奏乐器。]**

4. 其他:继续增设挑战,观察图谱,根据教师口令迅速做出反应。

〔创意空间:幼儿根据黑板上提供的多种图片拓展"建库"思路,尝试表现出静止的状态。〕

(1) 在切水果过程中,出现"空调"则静止,乐曲不发出声音。

师:好玩的事又要来喽,这是什么呀?(空调)空调能切吗?空调好好的能爆炸吗?那空调出来了我们就不能发出任何声音,那空调出来我们的乐器、嘴巴还能不能发出声音呀?(不能)

〔注意：在此开始引导幼儿参与新的挑战。〕

（2）在双重困难中，动静结合下是否能挑战成功！（该环节大约可以重复2次）**［教师第6~8遍演奏。］**

〔注意：在此过程中，教师继续增加难度让幼儿继续挑战，观察幼儿的快速反应能力。〕

（3）随教师口令在无图谱提示下完成高级挑战。

师：你们真是太厉害了，我出了这么多难题你们都一一破解了。现在我要用嘴巴来说水果、炸弹、空调，你们还能快速反应吗？**［教师第9遍演奏。］**

〔注意：此过程中，教师将图谱全部隐藏起来，在没有任何图谱的提示下，幼儿全程跟随教师的口令快速反应并随音乐进行完整演奏。〕

（4）在幼儿已有的生活经验基础上教师随机说出各种能切的蔬菜水果、能发出爆炸声音的物品以及不能切不能发出声音的物品，让幼儿能够通过挑战快速反应演奏乐曲！**［教师第10遍演奏。］**

〔注意：在此过程中，教师延伸出更多的物品继续激发幼儿的专注力、挑战性、反应能力，完成最高挑战。〕

温馨提示

1. 特别说明：本次活动的游戏灵感来自手机游戏“疯狂切水果”。教师截取了音乐《Carnivalito》片段，加入了打击乐器节奏棒和铃鼓，从而设计了此次活动！

2. 活动设计的流程。

（1）从头到尾都用苹果（“一A到底”），使图谱本身变成了幼儿学习替换的一个特定“支架”。

（2）第一层次：提供的所有水果都是苹果（AAAA）。

（3）第二层次：

- 请幼儿从提前准备好的水果图片中随机选取一种水果将苹果替换掉。
- 请幼儿将所有苹果替换成不同的水果，增加幼儿对物品种类的想象。

（4）第三层次：加入乐器节奏棒与铃鼓进行切水果游戏。

- 加入节奏棒替换切水果动作。
- 加入“炸弹”，用铃鼓演奏的同时嘴巴配合发出爆炸的声音。

- 加入空调，表示静止状态，当空调出现时乐器和嘴巴都不能发出声音。
- 教师撤掉图谱增加难度，幼儿根据教师随机说出的物品进行“苹果切切切”游戏。如此由易到难，循序渐进，一层一层增加难度。

3. 尽管从身体动作过渡到加入乐器会使幼儿感受到切不同水果及物品的成就感，但对于大班幼儿来讲，过程中教师还是需要向幼儿提供 4 个方面的教学支持。

（1）情境创设激励。

（2）教师随时随地的热情激励。

（3）相关图谱的启发。

（4）循序渐进的难度挑战激励。

4. 前文中已经反复提醒，相关任务流程需要为幼儿提供阶梯和支架，根据幼儿学习的实际情况慢慢推进！

5. 在这个活动中，教师应该注意调动幼儿的各种跨学科经验。教师在引导幼儿的过程中，既可以先将问题抛给幼儿，由幼儿先提出，教师再提炼；也可以由教师先提出，并立刻用具体动作进行示范引导。如：用身体动作模拟切水果动作；教师随机说物品幼儿进行乐器演奏（反应能力）等。

6. 活动后，将游戏投放到音乐游戏区，鼓励幼儿画出各种能切和不能切的物体，代替原图片进行创意游戏。

（2021 年 原创 南京秦淮晨光幼儿园 周静老师）

案例 2：从前有个筋斗云

活动结构

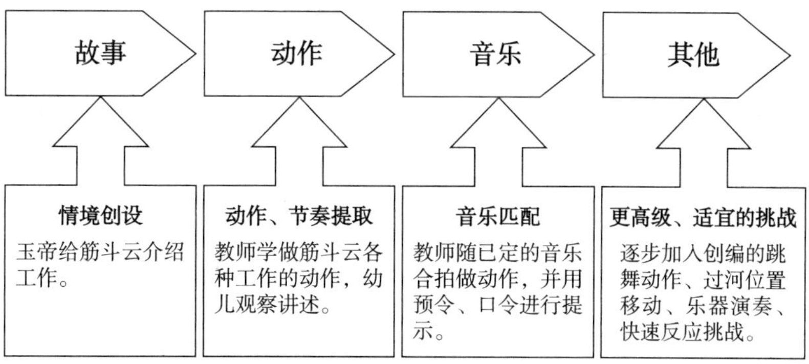

乐曲

元 夕

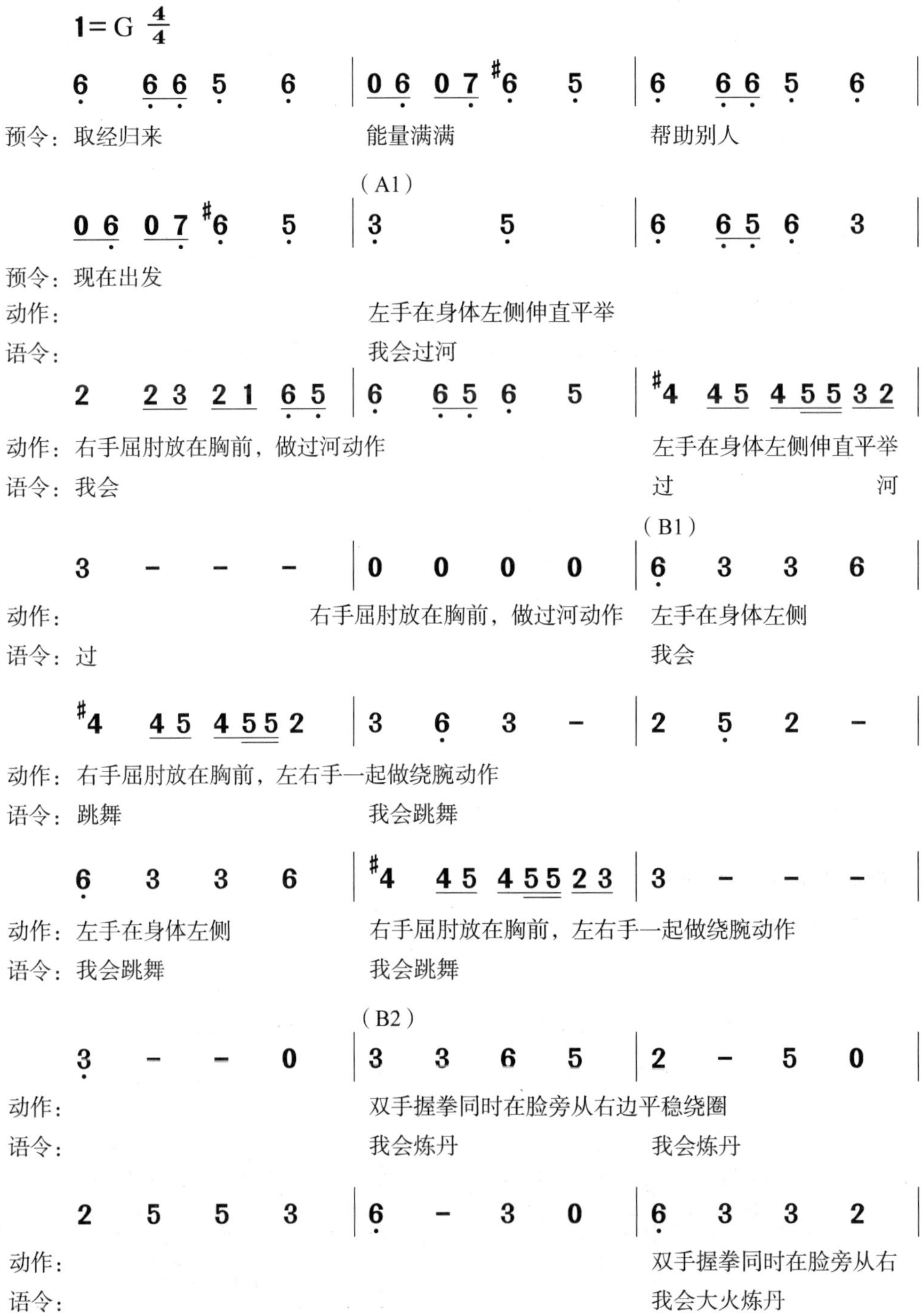
1=G 4/4
预令：取经归来
能量满满
帮助别人
（A1）
预令：现在出发
动作：左手在身体左侧伸直平举
语令：我会过河
动作：右手屈肘放在胸前，做过河动作
左手在身体左侧伸直平举
语令：我会
过 河
（B1）
动作：右手屈肘放在胸前，做过河动作
左手在身体左侧
语令：过
我会
动作：右手屈肘放在胸前，左右手一起做绕腕动作
语令：跳舞
我会跳舞
动作：左手在身体左侧
右手屈肘放在胸前，左右手一起做绕腕动作
语令：我会跳舞
我会跳舞
（B2）
动作：双手握拳同时在脸旁从右边平稳绕圈
语令：我会炼丹
我会炼丹
动作：双手握拳同时在脸旁从右
语令：我会大火炼丹

7 7 1 7 5 6 | 6 - - - | 6 - - 0 |

动作：边抖动绕圈

语令：我会大火炼丹

（C1）

6 6 5 6 6 1 | 2 2 3 5 3 2 1 | 6 6 5 6 6 1 |

动作：双手握拳在胸前，虎口相对，先有节奏地敲两下，再敲三下

语令：工作好忙呀，我去休息啦

（B3）

7 1 7 - - | 6 3 3 6 | #4 4 5 4 55 2 |

动作：双手握拳在胸前绕圈

语令：休息

3 6 3 6 | 2 2 3 2 5 | 6 3 3 6 |

动作：双手握拳在胸前绕圈

语令：休息 休息

#4 4 5 4 5 5 2 3 | 3 - - - | 3 - - 0 |

动作：

语令：休息

（B4）

3 5 | 6 6 5 6 3 | 2 - 6 5 |

动作：双手握拳先捶腿两下，再打开向上伸直，两次

语令：能量满满，能量满满

6 6 5 6 5 | #4 - 3 5 | 6 6 5 6 3 |

动作：双手握拳先捶腿两下，再打开向上伸直，两次

语令：能量满满，能量满满

2 2 2 3 2 1 6 5 | 6 - - - | 0 0 0 0 ‖

动作：双手握拳先捶腿两下，再打开向上伸直，两次

语令：能量满满，能量满满

〔注意：乐曲的结构为 A1B1B2C1B3B4，其中 B1 为创编不同的舞蹈动作，B2 又包含了两个不同的部分，即“小火炼丹”（绕圈）和“大火炼丹”（抖动绕圈），C1B3B4 在导入时内容固定，后结合情节发展有所更换，教师可以提供所有的动作模型基础，后期引导幼儿提供 B2，并尝试创编。〕

配器建议:

我们选择了散响乐器手摇铃供幼儿游戏,在手摇铃的一头,系上白色的尼龙绳须作为“拂尘”,增加了乐器的“情境性”,更能激发幼儿使用乐器游戏的愿望。

拂尘

拂尘的使用方法

奏乐活动专业策略使用说明:

1. 这是一个“中强情境”类型的奏乐活动。

2. 这是一个“配合录音音乐”的奏乐活动。

3. 故事情节就相当于奏乐的乐谱。

4. 系上白色“拂尘”的手摇铃是一种很好的“象征性”表现。

活动目标

1. 感受音乐的节奏和结构,了解筋斗云新年送礼物的故事内容,尝试在不同乐句做出相应的动作并随乐互动、游戏。

2. 尝试手摇铃的不同演奏方式,并能够随故事发展控制乐器的使用状态。

3. 快速移动中能相互避让,感受团队合作游戏的乐趣,体验使用手摇铃随乐演奏的乐趣。

活动准备

1. 经验准备。

(1) 幼儿听过故事《从前有个筋斗云》,了解故事内容。

(2) 幼儿初步掌握手摇铃的取放、演奏方法。

(3) 幼儿已经了解常用的吉祥话。

2. 物质准备。

(1) 带白色拂尘的手摇铃幼儿人手一个,骰子,卡洪鼓。

(2) 音乐《元夕》录音。

(3) 幻灯图片。

3. 空间准备:全体幼儿围坐成大的圆形。

活动过程

1. 故事。

师:《西游记》里有一朵赫赫有名的云,名唤“筋斗云”,它能量满满,非常愿意帮助别人。西天取经归来,唐僧师徒几人都成了小神仙,个个腾云驾雾,不再需要筋斗云,它很难过,玉帝知道了,便给它安排了一些工作,是什么工作呢?请你们仔细看一看。

2. 动作:用身体动作感知乐曲节奏。

(1) 教师坐在座位上示范,引导幼儿观察教师动作。[**教师示范动作第1遍。**]

师:筋斗云要做哪些工作?

[注意:教师根据幼儿的回答小结动作要领,结合绘本图片帮助幼儿了解动作。]

(2) 教师示范,引导幼儿了解全部动作,理清动作先后顺序。

师:筋斗云还要做什么?每天先做什么?再做了什么?最后做什么?[**教师示范动作第2遍。**]

师:刚刚漏掉了什么工作?先做了什么?再做了什么?最后做了什么?

师:我们一起来看一看筋斗云的工作顺序是不是这样。[**教师示范动作第3遍。**]

3. 其他1:尝试创编动作。

师:筋斗云除了会绕腕跳舞,还会跳什么舞蹈呢?那我们来试一试,我会……

[注意:教师邀请个别幼儿做高级榜样,创编舞蹈动作。][**幼儿练习第1遍。**]

[创意空间:幼儿根据大屏幕中提供的绘本图片拓展“建库”思路,感知了解动作顺序和音乐结构。]

4. 其他2:尝试站位做动作。

(1) 师:我们围坐着的地方就是筋斗云工作的天河,筋斗云要怎样过河呢?(教师示范)

(2) 小结:说到“我会”的时候停在点上,“过河”的时候飞。

(3) 师:这一次你想跳什么舞?你们可以独自完成工作吗?需不需要我的帮助呢?需要什么帮助?[**幼儿练习第2遍。**]

5. 其他3:加入乐器。

(1) 出示玉帝图片。

讨论:礼物真多呀,谁要送礼物?你们愿意帮忙吗?什么时候送礼物?(利用休息的时间送礼物)

(2) 出示图片。

师:这是给谁送礼物?送完礼物我们还可以对他说什么吉祥话呢?为了更快地送达,玉帝还给我们带来了法器,你们会用法器送礼物吗?

〔注意:通过有节奏地学说吉祥话,幼儿的语言表达能力和礼貌用语习惯得以发展。〕

(3) 幼儿带乐器演奏。[**幼儿带乐器练习第3遍。**]

6. 其他4:加入快速反应游戏。

师:这一次要给谁送礼物?怎样称呼他?可以说什么吉祥话?

师:刚刚是谁去送了礼物?为什么?怎么送?

〔注意:加入教师高级榜样"5号筋斗云",通过引导幼儿回忆并讲述帮助5号筋斗云送礼物的过程,帮助幼儿理解快速反应游戏的规则。〕

小结:骰子掷到数字几就请几号筋斗云边摇手边有节奏地在点上做好准备,听到枪声快速跑到卡洪鼓上敲击鼓面,一起说吉祥话。如果抽到数字后有几个筋斗云在准备,则需要竞争,由最先坐在卡洪鼓上的小朋友送礼物。

〔注意:由于教师高级榜样是单独个人,而幼儿是几人竞争,"竞争游戏"的规则需要在讨论中加以巩固。〕

〔创意空间:幼儿根据掷骰子后的点数进行快速反应游戏,并通过竞争确定参与游戏的人。〕

师:你们喜欢筋斗云吗?为什么?

〔注意:通过小结筋斗云的优点,引导幼儿学习筋斗云乐于助人的美好品质,这些都是在情感方面支持幼儿的学习。〕

温馨提示

1. 乐曲《元夕》源于宋代词人辛弃疾所作的词《青玉案·元夕》，由水玥儿演奏，乐曲为轻音乐。

2. 绘本《从前有个筋斗云》讲述了西天取经归来大家都不再需要筋斗云，调皮的筋斗云频频闯祸，不能完成孙悟空给它的工作，最后在小童子的帮助下筋斗云在元宵节给小朋友们送礼物的故事。

3. 我们选取绘本架构，结合“送神仙过天河”“云霄宝殿舞蹈”“给炼丹炉扇火”和“送新年礼物”四个绘本元素，设计了本节教学活动。具体如下：

（1）乐曲的结构为 A1B1B2C1B3B4。

其中 B 部分的节奏是相同的，为四个 8 拍。B1 部分为创编项，创编的是“筋斗云舞蹈动作”。B2 是动作有所不同，为“筋斗云小火炼丹”和“大火炼丹”。B3 初始为“休息”，后期会变成“准备”。B4 初始为“能量满满”，后期会变成语言创编项——四字吉祥话。

A1 部分为三个 8 拍，但是后期增加了位移内容。

C1 部分初始为“工作好忙呀，我去休息啦”，后期会变成“礼物真多呀，我去送礼物”。

（2）本节教学活动的情境分为前后两个部分，前面第 1~5 遍情境为“筋斗云的日常工作和休闲”内容，意在利用简单的情境帮助幼儿梳理筋斗云每天的工作内容和顺序（过河、跳舞、炼丹、休息）。第 6 遍起情境增加“送元宵节礼物”的部分，即将“休息”环节整体换为送礼物。所以“送礼物”部分的动作和口令都要与之前的相同。

（3）利用绘本图片进行“人机互动”设计，通过给图片排序，利用绘本画面帮助幼儿记忆基本的动作型，并在此基础上不断累加变量。

（4）结合绘本内容，教师的预令和口令也要进行设计，本节活动中教师的预令为：“取经归来，能量满满，帮助别人，现在出发。”相应的动作口令为“我会××”节奏型，如“我会过河”“我会跳舞”“我会炼丹”。

4. 为了支持和鼓励幼儿创编，及体验成功创编的喜悦，我们使用了一些策略。

（1）情境创设激励。

（2）教师正面引导激励。

（3）幼儿高级榜样激励。

（4）循序渐进的难度挑战激励。

5. 活动中的相关任务流程绝对不能够在一次活动中完成，需要根据幼儿学习的实际情况慢慢推进。

6. 在本节活动中，教师注意调动幼儿的各种跨学科经验。

（1）我们鼓励幼儿学习筋斗云帮助他人的传统美德。

（2）我们通过图文形式鼓励幼儿猜测收件人的名字，发展幼儿的语言表达能力和书面表达能力，鼓励幼儿学说吉祥话，培养幼儿礼貌用语的语言习惯。

7. 我们关注幼儿的"合作学习"，本节教学活动中，幼儿在与教师及配班教师的合作中进一步了解了动作内容和游戏规则。活动中创编"跳舞"环节时幼儿的高级榜样作用，和"过河"环节中空间位置的调整，以及在最后游戏时的同伴竞争，都有利于培养幼儿的同伴合作学习能力。

（2022 年 原创 南京市江北新区津浦幼儿园 杨云晓老师）

案例 3：江南

活动流程

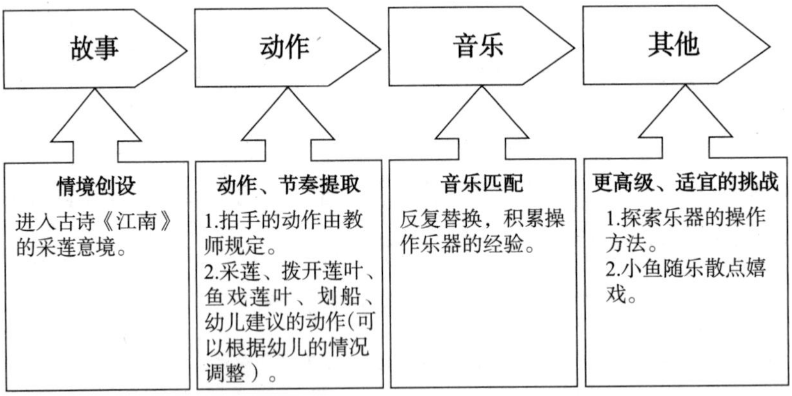

乐曲

江南可采莲

黄贻钧 曲

《乐府诗·江南》 词

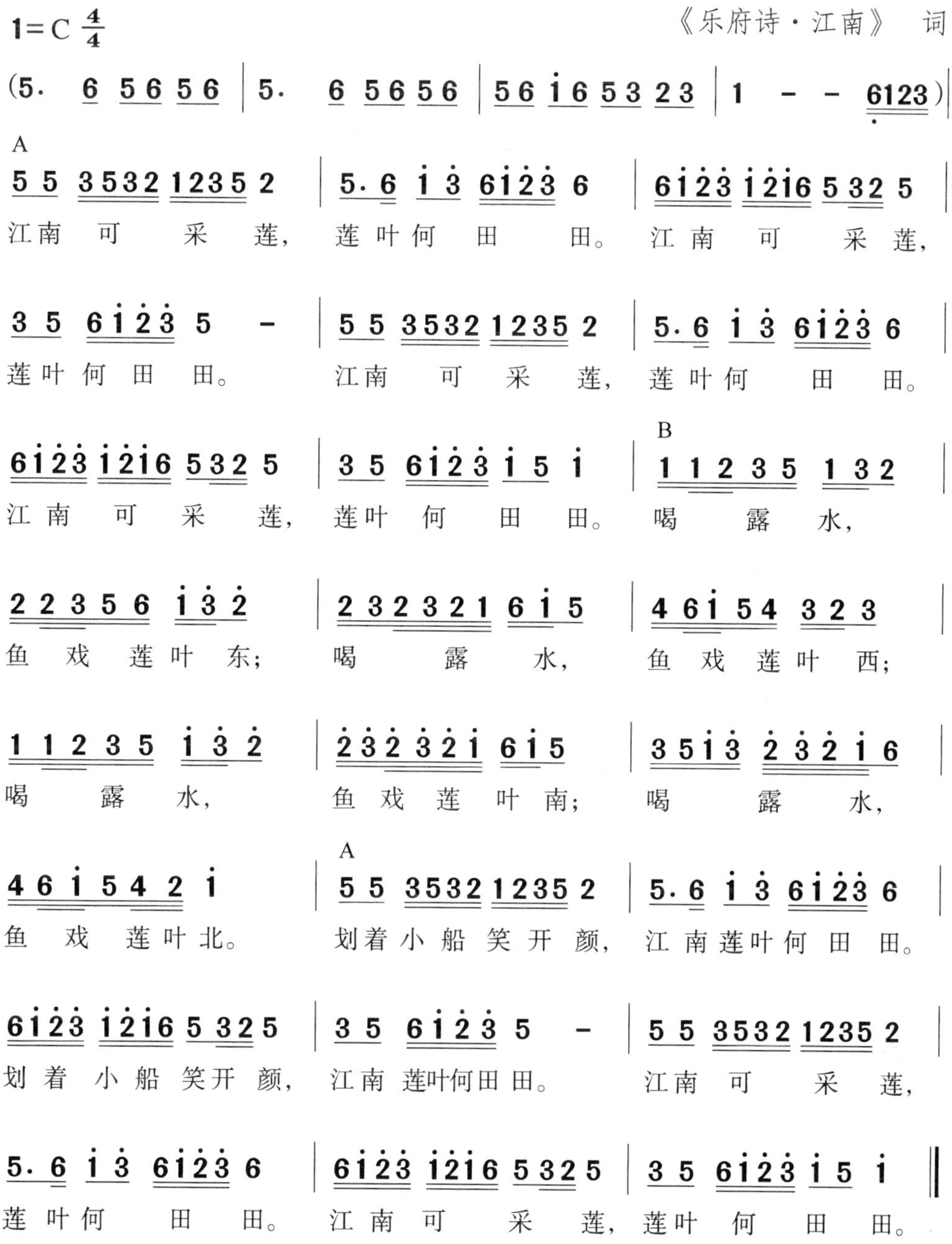

音乐结构：

三段式ABA结构。

动作建议：

1. 前奏。

预令——开始采莲了！

2. A 段音乐。

江南可采莲：右手臂伸直，右手腕翻转抖动一下；右手回到身体左侧腰胯部，停顿一下。2 遍

莲叶何田田：双手自胸前慢慢水平打开至 180 度。

3. B 段音乐。

喝露水：两手食指相碰。

鱼戏莲叶东（西、南、北）：两手掌合十做扭动动作。

4. 再现 A 段音乐。

划着小船笑开颜：双手握拳于分别距身体 20 厘米处，向下做划船动作。4 遍。

江南莲叶何田田：同“莲叶何田田”。

〔注意：以上动作非常类似于一种歌表演动作，即表现古诗歌词情境的动作。有条件的教师最好能够当场引导幼儿集体创编。〕

奏乐活动专业策略使用说明：

1. 虽然这是一个“弱情境”类型的奏乐活动，但在 B 段设计了“小鱼”在荷花荷叶中自由穿梭、啄食的情境，非常生动。此时，幼儿可以自选扮演小鱼的角色，演奏碰铃，使音响变化更加跳脱，令人耳目一新。

2. 这是一个“配合录音音乐”的打击乐奏乐活动。

3. 有节奏地朗诵古诗词成儿歌，类似于我国古代文人奏乐传统的“标题音乐”表现思路。

活动目标

1. 在“江南采莲”的故事情境中倾听音乐，完整感知音乐结构，合乐进行身体律动和乐器演奏。

2. 根据故事情节创编“采莲”“鱼戏莲叶”“划船归来”的身体动作，尝试迁移律动动作进行随乐演奏乐器。

3. 愿意尝试不同的角色并进行演奏，体验与同伴合作演奏的快乐。

活动准备

1. 经验准备：幼儿熟悉古诗《江南》。

2. 物质准备。

（1）幻灯图片。

（2）铃鼓 5 个、自制串铃 5 对、碰铃 5 对、沙锤 10 个。

（3）自制荷叶若干或用小椅子代替，音乐《花好月圆》。

3. 空间准备：全体幼儿坐成马蹄形，中间需要空出比较大的空间。

幻灯参考图样：

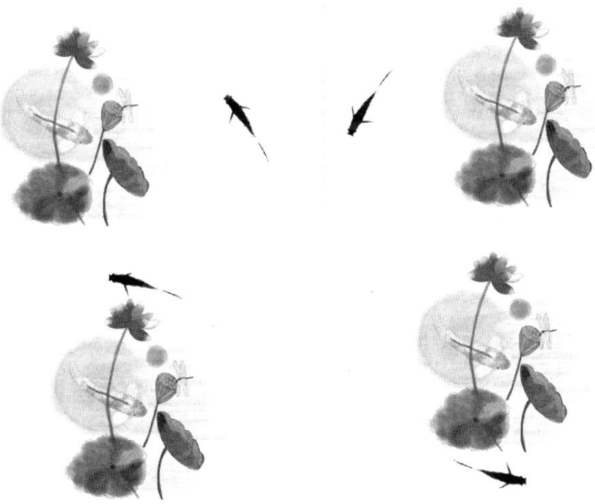

活动过程

1. 故事：谈话导入，引导幼儿回忆古诗内容。

师：我们都听过《江南》这首古诗，它讲了些什么呢？谁愿意来说一说？

幼：江南可采莲，莲叶何田田。鱼戏莲叶间，鱼戏莲叶东，鱼戏莲叶西，鱼戏莲叶南，鱼戏莲叶北。

师：是呀，江南又到了可以采莲的季节，人们忙着采莲蓬，莲叶重重叠叠，连绵不绝。小鱼们在莲叶间嬉戏玩耍，它们喝莲叶上的露水，玩捉迷藏，一会儿藏在莲叶的这边，一会儿藏在莲叶的那边，玩得可真开心。太阳落山了，人们划着船，载着满船的莲蓬，高兴地回家了，他们也念起了"江南可采莲，莲叶何田田"……

〔注意：教师一边讲故事给幼儿听，一边播放幻灯片，让幼儿在理解古诗的基础上，感知江南采莲的意境，在理解音乐结构的基础上积累一定的经验，以便在感知理解的基础上，创编一系列动作。〕

2. 故事+音乐：教师随乐念儿歌，同时播放幻灯片，梳理儿歌内容，幼儿进一步感知音乐结构。

师：音乐一开始说的是什么事呀？（儿歌说了什么？）

幼：江南可采莲，莲叶何田田。

师：说了几遍？

幼：4 遍。

师：中间有一段旋律比较欢快的音乐，说的是什么事情？儿歌里是怎么说的？

幼：喝露水，鱼戏荷叶东……

师:音乐的最后呢?

幼:划着小船笑开颜,江南莲叶何田田。

师:采完莲划着小船,载着满船的莲蓬回家了,人们笑得很开心,他们忍不住念起了古诗:“江南可采莲,莲叶何田田……”

师:是不是像你们说的这样呢?我们再来听一听。

3. 动作+音乐。

(1)“江南可采莲,莲叶何田田”。〔创意空间:幼儿“建库”创编采莲、拨开莲叶的动作。〕

师:人们是怎么采莲叶的呢?谁能做一做动作?

幼:这样(右手臂伸直,右手腕翻转抖动一下)。

师:那采了莲蓬要放在哪里呢?谁能把采莲和放莲蓬连起来做一做?

幼:我。(右手臂伸直,右手腕翻转抖动一下;右手回到身体左侧腰胯部,停顿一下)

师:这个采莲的动作真好看,那莲叶何田田是什么意思呀?好多好多莲叶,小船都划不动了,怎么办呢?

幼:用手拨开。

师:谁来做拨开莲叶的动作?

幼:我能。(双手自胸前开始向外划开)

师:那我们一起来跟着音乐把“江南可采莲,莲叶何田田”的动作做一遍。

幼儿集体“建库”共同练习前面幼儿提议的动作。

师:刚刚你们采莲真认真呀,小手在忙着采莲,有的采莲人的小眼睛还一直看着小手,真棒!

〔友情提示:在进行动作创编的“建库”过程中,当幼儿不能创编连续的动作时,教师要通过追问和拆分的方式,支持幼儿的创编,分享动作。同时,在集体“建库”的过程中,教师要通过示范和语言的引导,引导幼儿将动作做得更有情境性和情感性。〕

(2)“喝露水,鱼戏莲叶东(西、南、北)”。〔创意空间:幼儿“建库”创编喝露水、鱼戏莲叶动作。〕

师：儿歌里说小鱼还在荷叶上干什么呢？（喝露水）谁能做一做动作？

幼：我能。（两手食指相碰）

师：小鱼跟莲叶玩什么游戏呢？

幼：捉迷藏。

师：小鱼会怎么游呢？

幼：这样游。（两手掌合十放在身体前面扭动）

师：它一会跑到莲叶的东边，一会儿游到莲叶的西边，一会儿……一会儿……可真调皮呀！

师：那我们试着先来学××小朋友喝露水，再来跟莲叶玩捉迷藏。这样吧，我们站起来跟莲叶玩一玩。

师：刚才小鱼们可真机灵，听到我说“小鱼准备玩游戏”的预令就赶紧站起来准备了，并且，“喝露水”的时候要停下来喝，喝好了，再跑去跟莲叶玩捉迷藏游戏。

〔注意：每次在“喝露水”时需要停下来，“鱼戏莲叶”的上肢动作要转化成下肢动作，按照空间流程，需要幼儿先站立练习，再散点练习。〕

（3）“划着小船笑开颜，江南莲叶何田田”。〔创意空间：幼儿“建库”创编划船动作。〕

师：采完莲蓬，采莲人就要？

幼：划船回家。

师：划船怎么划？谁能做一做动作？

幼：我能。（双手握拳分别距身体 20 厘米处，向下做划船动作）

师：“江南莲叶何田田”，我们还做拨开莲叶的动作可以吗？

幼：可以！

师：我们也一起采完莲叶划船回家吧！

〔友情提示：在进行动作创编“建库”的过程中，教师要注意所有创编的动作是要通过正迁移进行乐器演奏的，所以在幼儿创编动作后，教师要将幼儿创编的动作转换成可以进行演奏的动作，如划船的动作幅度要小，并且要有着力点，方便幼儿演奏乐器。〕

〔注意：活动的音乐结构为 ABA，幼儿在随乐做动作的过程中，幻灯片用动态显现的方式作为隐形支撑。例如：小鱼分别向四个方向跑动玩捉迷藏游戏，幻灯片的动态显示是小鱼在不同乐句向不同方向游动。在过程中教师要注意引导幼儿通过幻灯片中的“情境+儿歌”记忆动作的顺序。此环节采用累加的方式进行，第1遍，幼儿创编A段音乐“江南可采莲，莲叶何田田”的动作；第2遍，幼儿创编B段音乐“喝露水，鱼戏莲叶东(西、南、北)”的动作，练习时音乐为A段+B段；第3遍，幼儿创编“划着小船笑开颜，江南莲叶何田田”的动作，并随音乐完整练习。〕

4. 其他。

(1) 分角色合乐律动。

师：刚才我们表演的儿歌里都讲了哪三件事情呀？

幼：采莲、小鱼玩游戏、划船回家。

师：这次我们可以分角色来表演一下。哪一队做采莲人呢？哪一队做小鱼呢？哪一队做划船人呢？最后呢？

幼：一起拍手。

师：小鱼要和莲叶玩游戏，莲叶呢？(扮演小鱼的幼儿去搬莲叶)

师：哇，这次小鱼真的要到荷塘里和莲叶玩游戏了，小鱼们，喝露水的时候我们可以停下来喝，念到儿歌“鱼戏莲叶东”的时候我们就跑到莲叶的各个方向逗逗莲叶。那我们小鱼先来试一试。

〔注意：因为小鱼的动作是通过碎步移动来进行的，所以要提供小鱼一定的练习次数以完成从座位上的动作到散点动作的转换。教师也可以根据情况用预令提醒小鱼及时站立。〕

师：小鱼会和莲叶玩游戏了，那我们采莲人和划船人做好准备。

(2) 探索乐器，并尝试随乐合拍演奏。

师：我这里还有几样小乐器，一起来看一看。(教师出示乐器)

师：你们觉得哪个乐器最像采莲人用来装莲蓬的小篓子呢？

幼：铃鼓。

师：你们觉得哪个乐器最像划船人用的桨呢？

幼：沙锤。

师：这个碰铃和自制串铃就送给小鱼玩游戏！

（幼儿探索乐器的使用方法，将乐器与动作进行匹配）

师：试一试怎么能拿着工具做刚才的动作呢？

〔注意：幼儿在尝试使用乐器发出声音的过程中，也是一个“建库”的过程，比如，有的幼儿用动作正迁移发出一下一下的声音，有的幼儿用拍乐器的方式发出一下一下的声音。教师应该用语言鼓励幼儿提供的方法，并提议所有人一起来尝试和使用：“你这种演奏方式很高级，我们一起来试一试。”〕

（3）幼儿跟随音乐，尝试使用不同乐器进行完整演奏。

〔注意：幼儿完整演奏时，教师尝试语言的退位，幼儿自己听音乐分三个角色进行演奏。另外，可以让幼儿互换角色，体验不同乐器的演奏方式。〕

温馨提示

1. 本节活动中配备的乐器为：铃鼓（采莲人）；自制串铃、碰铃（小鱼）；沙锤（划船人）。在大班阶段，教师应在活动中引导幼儿运用动作的正迁移，使乐器发出断顿或连续的声音，在活动中随乐使用乐器演奏。教师可以在后续集体活动中或区域活动中，按照节奏来敲击乐器，或者尝试用新的乐器来进行替换。

2. 活动中的演奏顺序为：A 段——采莲人；B 段——小鱼；C 段——划船人；结束句时合奏。幼儿在转换时可能会存在不熟练的情况，教师可以用语令来帮助接下来要演奏的幼儿做好演奏准备。

3. 小鱼的乐器是自制串铃（系在脚腕）和碰铃，在演奏中是停顿（碰铃）→散点移动（串铃）→停顿→散点移动……教师要引导幼儿按照空间流程，逐步由坐着做上肢动作转为站立做动作再到散点做动作。

4. 在现场“建库”的过程中，幼儿提供的动作可能在神韵上有所欠缺，教师也可以在此基础上提供带眼神、神韵、姿态的动作，引导幼儿体会《江南》和《花好月圆》恬静温婉的江南韵味。

（2020 年 原创 南京市石杨路幼儿园 魏俊燕老师）

案例4:国球打起来

活动流程

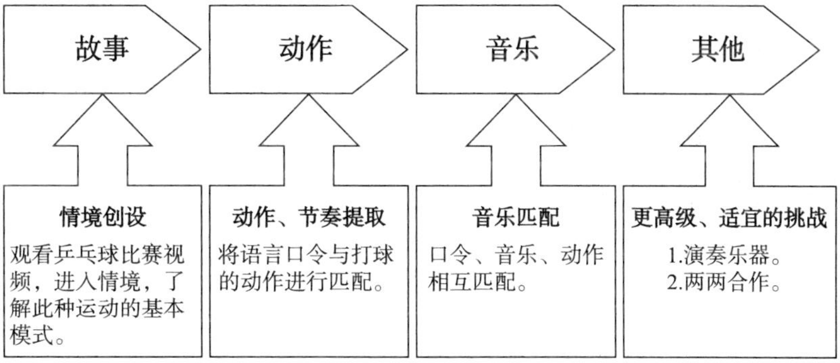

乐曲

空 巴 啦

非洲歌舞音乐

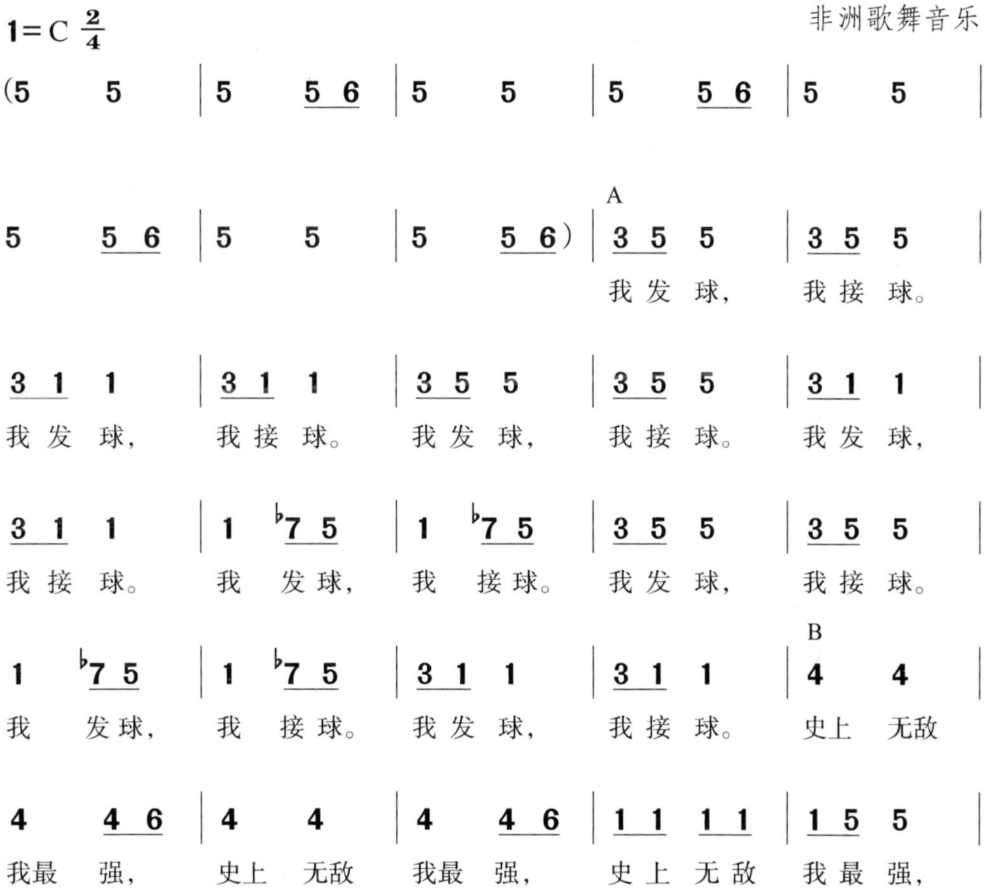

预令：拿起球拍（前奏的倒数第三小节），准备开始（前奏的最后一小节）。

动作建议：参见乐谱。

奏乐活动专业策略使用说明：

1. 这是一个“真情境模拟”类型的奏乐活动。

2. 创造性地将铃鼓假想成乒乓球拍，在演奏和表演时非常自然地表现出对抗的激烈，用散响的方式表现球落地。

3. 这是一个“配合录音音乐”的打击乐奏乐活动。

4. 这是一个自由模拟乒乓球比赛的即兴律动加乐器演奏的活动。

活动目标

1. 初步感受音乐的AB结构，并能在语令的帮助下合拍玩打乒乓球的游戏，感受音乐乐句的长短变化。

2. 能根据音乐的特定结构用铃鼓随乐演奏。

3. 轮流做“挥拍击球”动作，锻炼在音乐中等待与控制的能力。

活动准备

1. 经验准备：幼儿有两两合作游戏的经验，有使用铃鼓的经验。

2. 物质准备。

（1）乐器准备：铃鼓。

〔注意：请注意使用6寸的铃鼓，铃鼓框也可以。〕

（2）幻灯准备：打乒乓球的视频（最好是拿到了世界冠军的中国运动员）；有国旗背景的世界冠军领奖照片。

3. 空间准备：全体幼儿座位排成矩形。

活动过程

1. 故事:进入活动情境。

师:小朋友们,你们知道我们中国的国球是什么球吗?

幼:不知道(或是其他任何答案)。

〔注意:提问应使用“够用”原则,答案2~3个就可以进行验证了。如果幼儿没有想到,教师可以提示篮球、足球、羽毛球等。〕

师:我们一起来看一看,我们国家的国球到底是什么球。是不是你们说的呢?

(和幼儿一起欣赏打乒乓球的视频)

师:你们一起来告诉我,我们的国球是什么呀?

幼:乒乓球。

师:这位乒乓球运动员就是我们国家著名的乒乓球运动员×××。这是他/她拿到世界冠军领奖的照片!

2. 动作+儿歌提示语:理解语令和动作的关系。

师:今天我也要和×老师一起来打乒乓球,你们看看我们是怎么打的哦!

(两位教师徒手示范打球的情境:边运动边念儿歌提示语)

师:我们在打球的时候说了什么?整理出语言口令“我发球,我接球”和“史上无敌我最强,史上无敌我最强”。

3. 音乐。

(1) 口令与动作相匹配。

师:今天你们来跟我打一场球吧,我先发球哦。

教师直接说口令,与幼儿进行打乒乓球的游戏。

〔注意:教师直接用手代替球拍,暗示幼儿也用手做球拍。教师用右手做游戏,提示幼儿也用右手。教师在“球”字和“强”字上先拍手再将手挥出去。〕

(2) 口令与音乐、动作相匹配。

师:我们一起跟随音乐打球。

[教师带领幼儿徒手练习第1、2遍。第1遍重点感受音乐,第2遍重点合拍。]

〔注意1:教师直接用手代替球拍,暗示幼儿也用手来做球拍。教师用右手做示范,提示幼儿也用右手。〕

〔注意2:这时候,孩子们是坐在座位上活动,教师提醒幼儿在音乐结尾说“球落地了”时快速拧动双手手腕,同时双臂向外画圈在体侧逐渐落下,表现球逐渐落到地面的样子。〕

4. 其他:使用乐器即兴做动作。〔创意空间:教师提供各种高级榜样供幼儿学习模仿。〕

(1) 师幼进行比赛游戏。

师:拿出你们的球拍,和我来一场友谊赛吧。

[师幼坐姿练习2遍。第1遍熟悉乐器的使用,第2遍尽量合乐演奏。]

师:你们越打越好了,我准备左右开攻了,球会一会儿打到左边,一会儿打到右边,你们需不需要站起来,接住我的球呀?

[师幼站姿活动2遍。]

〔注意:第1遍,教师主要提供各种上肢挥拍的榜样;第2遍,教师主要提供躯干和下肢配合挥拍动作的榜样。〕

(2) 幼儿进行比赛游戏。

- 一位幼儿VS全体幼儿。

师:练球练得好的小队员,愿意挑战其他所有小朋友的小队员,可以上来和大家打一场。

〔注意:教师激励一名幼儿做领头人,带着大家一起演奏。这样既是对幼儿胆量与责任感的培养,也是逐步退位的过程。〕

[根据需要让2~3位幼儿尝试挑战大家,游戏连续进行2~3遍。]

- 一位幼儿VS另一位幼儿。

师:两两结对,来一场双人对决吧。选一块空地方,用小椅子做乒乓球桌子,两边站好,商量好谁先发球哦。大家要想办法打赢,可以从下面往上打,也可以从上面往下用力扣球。

〔注意:教师尝试退出,让幼儿挑战自主独立地完成游戏和演奏活动,并且每个幼儿可以即兴用不同方向的动作进行演奏。〕

[以上流程根据实际情况重复N遍。]

师:你们真棒! 以后呀,你们要和爸爸妈妈一起多锻炼身体。我们要让更多的人会打国球，并且打得好。打国球可以为国争光，也可以让我们的身体越来越棒哦！

〔注意：在这里随机融入了为国争光和锻炼身体的意向的提示，是非常有必要的。〕

温馨提示

1. 在活动中教师更应注意引导幼儿学习使用乐器，在开始前、结束后控制好乐器不发出声音，在活动中跟着教师或队长的指令来使用乐器演奏。

2. 教师在活动开始前的示范非常重要，教师的投入态度、多样的动作变化、频繁的位置移动为后面幼儿参与活动提供了高级榜样，促进活动顺畅进行，为幼儿提供了多种创造的可能性。

3. 在多次反复练习的设计中，从坐位到站位，从空手到拿乐器，从原地做动作到移动性动作，循序渐进地提升活动的难度，都是为了有效激励幼儿主动投入活动。

4. 教师逐步退出提示语，是为了让幼儿体验到“自己更加独立自主”。

（2021 年 原创 南京仙林晨光幼儿园 唐晓洁老师）

案例 5：机器人

活动流程

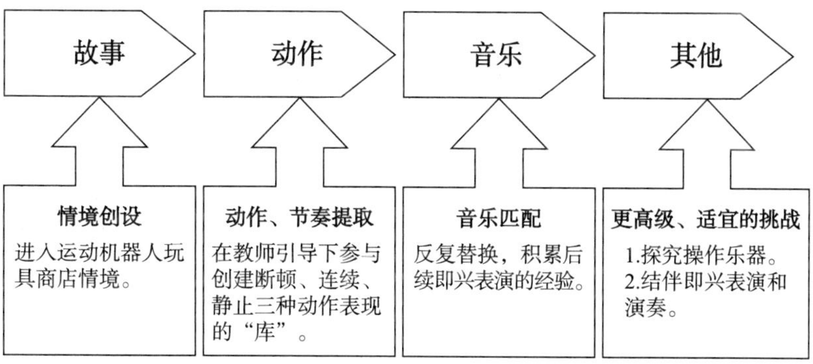

乐曲

机 器 人

外国民间舞曲

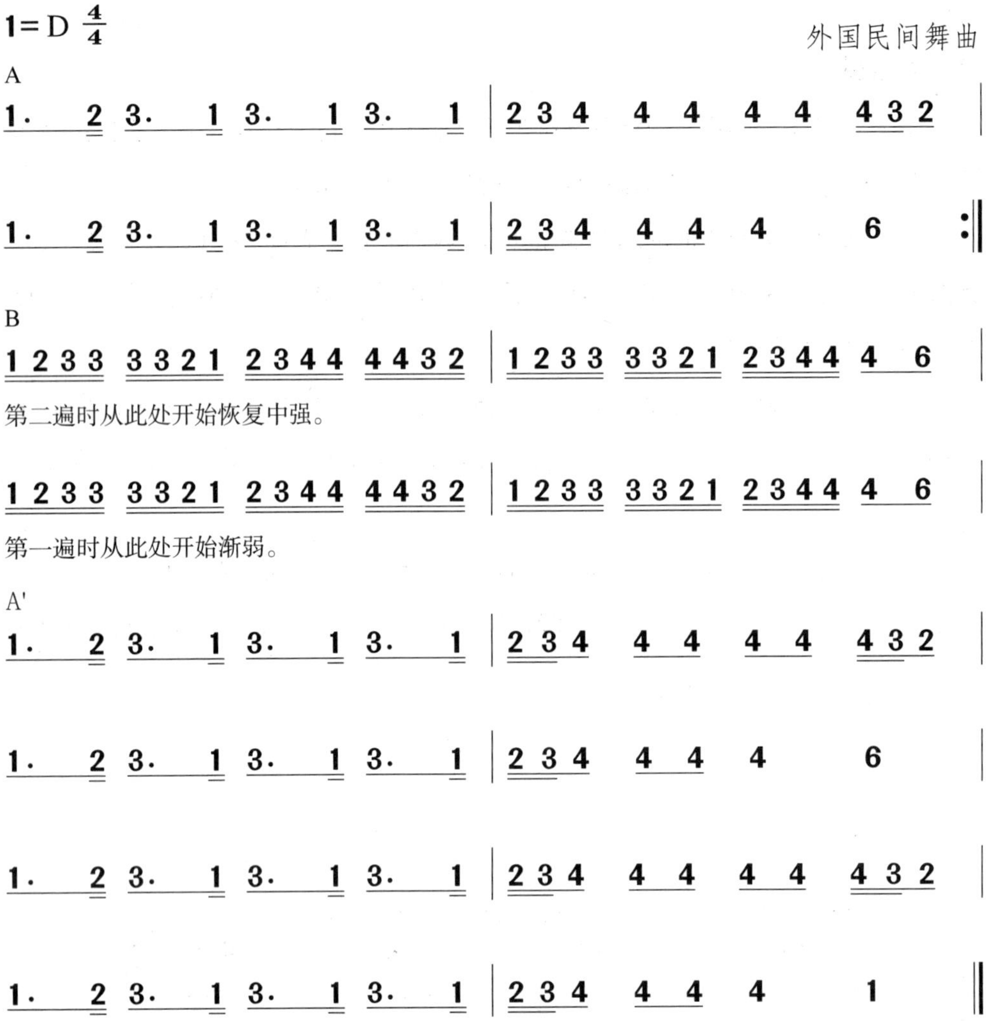

音乐结构：

三段式 ABA′结构。

动作建议：

1. A 段音乐。

一拍一下模仿某一运动动作，做断顿式运动型机器人的动作。

2. B 段音乐。

自由挥舞双臂，做无节奏跳舞动作，注意按照音乐音量变化，控制动作幅度的大小和变化。

3. A′段音乐。

重复 A 段的动作，在音乐的最后一拍保持造型不动。

游戏玩法：

1. 两两结伴，一人做动作表演，另一人演奏乐器。

2. 演奏乐器的人想象自己是机器人的遥控器。

3. “遥控器”根据音乐的强弱给机器人停止供电或恢复供电。

4. “机器人”根据音乐的强弱恢复动作的幅度或缩小动作的幅度。

奏乐动作建议：

幼儿自由选择一种乐器。

A 段：敲击出一拍一下的声音。

B 段：用不同的方法（可以是刮奏、摩擦、快速连续敲击等）发出连续的声响。当音乐音量渐弱时，乐器音量渐弱；当音乐音量渐强时，乐器音量渐强。

A′段：重复 A 段的动作，在音乐的最后一拍保持造型不动。

奏乐活动专业策略使用说明：

1. 这是一个“中等强度情境”类型的奏乐活动，特别是遥控器情境的设计比较有趣。

2. 这是一个“配合录音音乐”的打击乐奏乐活动。

3. 这是一个最终需要使用“即兴表演技能”的教学活动。

4. 这是一个表演者和演奏者相互引导、相互配合的演奏活动。

活动目标

1. 感受乐曲的均匀节奏与痉挛性节奏，学习用身体动作模仿机器人做运动及电量变化的状态，并用乐器表现出不同的音响效果。

2. 迁移生活经验，观察图片并相互模仿，大胆想象并表现机器人运动的动作。尝试根据 B 段音乐的音响变化，有控制地演奏乐器。

3. 在参与音乐游戏的过程中，感受努力模仿机器人动作的快乐。

活动准备

1. 经验准备：幼儿对机器人的动作特征有一定的了解。

2. 物质准备。

(1) 有关运动项目的图片 8 张。

(2) 螺纹单响筒 8 个,指镲 10 对。

3. 空间准备:幼儿坐成半圆形,座位之间的空隙较大,便于幼儿活动。

活动过程

1. 故事:教师讲述关于玩具商店的故事。

师:我是玩具商店的老板,最近我购入了一批运动型机器人。他们可厉害了,会做各种各样的运动,你们看我做的动作,猜猜这是哪种运动型机器人。(教师可以做一个游泳型机器人的动作作为范例)

〔注意:教师做游泳型机器人时,A 段音乐中体育运动要有一下一下的断顿式动作力效特质,B 段音乐中跳舞要有随音乐强弱变化的动作幅度大小的变化,以帮助幼儿感受机器人的两种动作要领。〕

幼儿猜测教师做的是什么运动,教师和幼儿共同练习运动型机器人断顿的动作,重点感受动作要领及节奏。

[教师完整示范演示动作 1 遍。]

2. 动作+音乐:教师和幼儿共同随乐做动作,理解故事情境,记忆动作顺序。

(1) 教师完整随乐做动作,幼儿理解音乐中动作的含义和顺序。

师:请大家看看我这个游泳型机器人在游泳后跳舞时,动作发生了什么变化?

[教师完整随乐演示动作 1 遍。]

(2) 幼儿理解音乐中动作的含义和顺序。

[教师带领幼儿完整随乐练习第 1 遍。]

〔注意:在随乐做动作的过程中,教师要特别注意 B 段音乐中,做散响、自由动作时,应随音量进行动作幅度的大小变化,尽量让幼儿从视觉、听觉两个方面关注到教师动作幅度的变化。〕

师:中间我跳舞的时候,动作有什么变化吗?

幼:一会儿大一会儿小。

幼:一会儿有力气一会儿没力气,一会儿又有力气。

师:你们看得真仔细。就是这样的。因为有时候有电,就有力气,有时候快没有电,就没有力气。

3. 动作+ 音乐 2。〔创意空间：教师引导幼儿迁移经验，创造不同的运动型机器人，并尝试随乐做动作。〕

（1）教师引导幼儿继续感受情境，创意不同的运动型机器人动作。

师：我最近购入了一批运动型机器人，除了游泳机器人，你们猜猜还有什么机器人？幼儿猜测，并找出相应的图片。

[教师带领幼儿完整随乐练习第 2 遍。]

（2）教师引导幼儿观察图片，随乐替换不同动作，做 2~3 种不同类型的运动型机器人。

[教师带领幼儿完整随乐练习第 3~5 遍。]

〔注意：在幼儿随乐练习的过程中，教师需关注幼儿的合乐性，同时在 B 段音乐中，教师需特别关注幼儿动作幅度大小与音乐强弱的一致性。〕

4. 其他 1：教师出示单响筒和指镲，在倾听声效的过程中，为不同情境匹配乐器。

（1）教师出示乐器，继续创设情境。

师：这是机器人的遥控器。你们自由选择一种。

（2）教师引导幼儿敲击出断顿和连续两种音效。

师：你们试着让遥控器发出一下一下和连续这两种不同的音效。

幼儿自主探索。

（3）教师和幼儿共同分享自己的发现。

师：谁愿意上来说一说自己的发现。

（当幼儿分享一种方法后，大家做空手乐器模仿动作，模仿演奏方法）

[教师带领幼儿完整随乐徒手模仿乐器演奏第 1 遍。]

〔注意：当幼儿分享了演奏方法后，教师尽量引导幼儿用词语概括演奏动作，例如敲击、摩擦、刮奏等，帮助幼儿积累乐器演奏的方法。〕

5. 其他 2：师幼互动，跟随音乐节奏迁移不同运动型机器人的动作模式，演奏自己的乐器。

师：现在我是机器人，你们希望我做哪种运动？（幼儿为教师选择一种运动）你们是遥控器，请注意听音乐，指挥我运动和充电哦！

（教师做运动型机器人的身体动作，幼儿边观察边演奏。在 A 段，一下下敲击乐器；在 B 段，随乐做连续性敲击的动作，并随乐控制遥控器的音量，逐渐变小再变大；在 A′段后，所有“遥控器”继续一下一下敲击乐器）

［教师带领幼儿完整随乐演奏乐器第 1 遍。］

6. 其他 3。

教师和个别幼儿做运动型机器人，部分幼儿演奏乐器。

师：还有谁愿意做运动型机器人？（邀请 2~3 名幼儿做运动型机器人动作，其余幼儿演奏乐器）

［注意：这些幼儿在做动作前，教师应一一询问他们想做什么运动。如果幼儿有选择困难，教师可以引导幼儿看图片选择动作。］

［教师与部分幼儿完整随乐扮演机器人做动作，其他幼儿扮演“遥控器”进行乐器演奏第 1 遍。］

7. 其他 4。

教师退出，幼儿自由选择演奏乐器或做动作。**［教师与部分幼儿完整随乐扮演机器人做动作，其他幼儿扮演“遥控器”进行乐器演奏第 2、3 遍。］**

［注意：教师虽然在此环节尽量退出，但是如果发现个别幼儿在做动作或演奏乐器的过程中有困难，应该提供一定的帮助。］

师：老板现在要来看看这些运动型机器人是否合格，能否卖出好价钱。考验大家的时刻到了哦！“机器人”请站在前面，“遥控器”坐在椅子上。

［幼儿自由选择机器人（动作表现）和遥控器（乐器表现）的角色，尝试随乐游戏 1 遍。如果时间允许，可以交换角色再次随乐游戏 1 遍。］

温馨提示

1. 活动延伸：可以增加一种不同的乐器，让幼儿尝试用不同的方式演奏乐器。例如，可以使用小鼓。演奏方式可以是拍、击、刮、摩擦等。教师需要关注的是相同的演奏方式（拍、击、刮、摩擦）可以演奏出不同的效果（一拍一下的均匀节奏和连贯、连续性的节奏）。B 段音乐处，当音效渐弱时，教师需要用身体动作和眼神关注乐器演奏的音量，可以渐弱，但不能停止。

2. 教学变式:如果班级幼儿更擅长模仿小动物的动作,教师就可以从动物机器人入手,让幼儿感受、创意不同的动物机器人动作。

(2007 年 原创 南京师范大学幼儿园 周洁老师)

案例 6:听我说谢谢你

活动流程

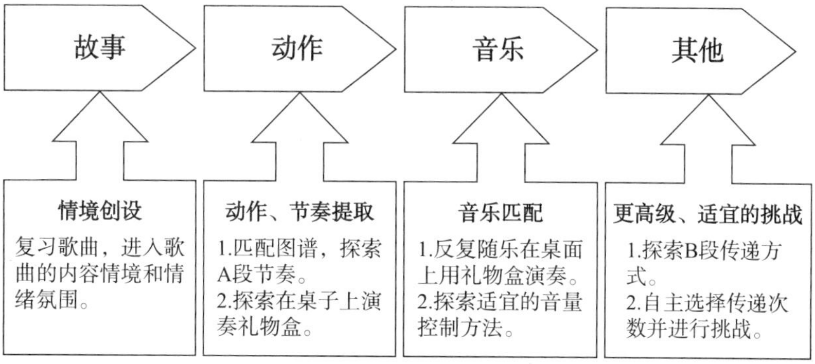

乐曲

听我说谢谢你

周　兵　作词(原)
李凯稠　　曲

1=D $\frac{2}{4}$

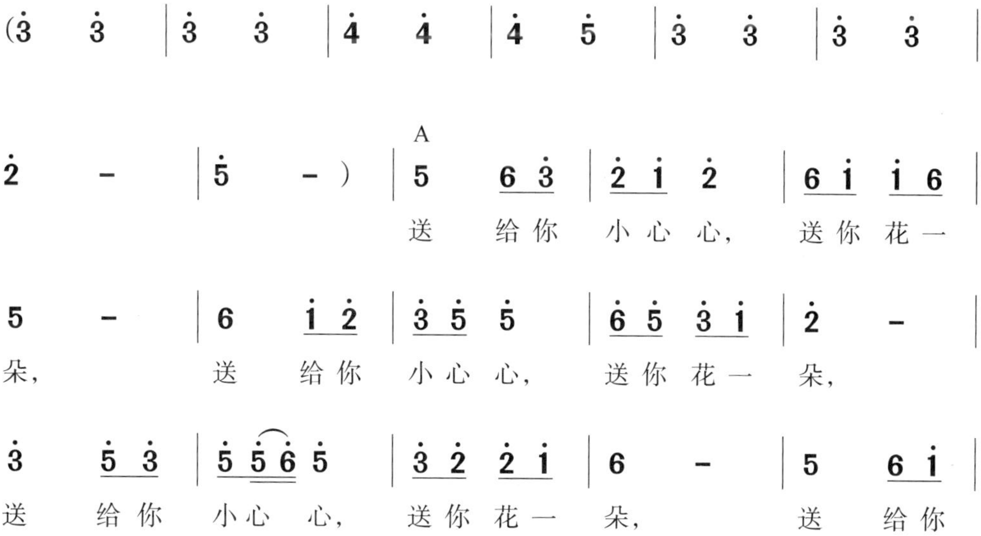

B 段动作建议：

谢谢你：右手手指张开，手心向前，放耳朵旁边摇动，左手左斜下方自然伸直。

因为有你：两手在身体两边自然放下。

把幸福：双手胸前相接做爱心状。

传递：双手呈爱心状向前伸出。

〔创意空间：动作建议仅供参考。执教教师需要在第一课时引导幼儿集体创编。〕

奏乐活动专业策略使用说明：

1. 这是一个“弱情境”类型的奏乐活动。

2. 这是一个“配合歌唱”的游戏化打击乐演奏活动。

3. 这是一个使用“非正规乐器”奏乐教学活动。

4. 这是一个加入了“传递游戏”演奏的非正规演奏活动。

活动目标

1. 在会唱歌曲、明确乐曲 AB 结构的基础上，尝试用礼物盒在桌面上进行合作奏乐、演唱。

2. 借助歌词图谱、摆放小手节奏、抽奖游戏，通过自主尝试、集体分享、高级示范等，探索用自然物为歌曲匹配节奏并进行演奏。

3. 演奏中保持配乐与演唱的音量和谐，体验集体奏乐演唱，传递“幸福”的快乐。

活动准备

1. 经验准备：幼儿会唱歌曲《听我说谢谢你》。

2. 物质准备。

(1) 礼物盒。

(2) 幼儿绘制的歌词图谱；节奏小手图谱；幼儿绘制的“爱心礼物”(放礼物盒里面)；各种颜色的爱心(贴在礼物盒下面)。

(3) 幻灯图片(抽奖：各种颜色的爱心)。

3. 空间准备：全体幼儿围桌子坐成一个方形。

幼儿绘制的歌词图谱参考图样：

幼儿贴的节奏小手图谱参考图样：

幼儿绘制的"爱心礼物"参考图样：

幻灯（抽奖：各种颜色的爱心）参考图样：

活动过程

1. 故事。

谈话导入,复习歌曲,巩固歌词、旋律,以及 B 段歌表演动作。

师:在我们的生活中,有许多为我们辛勤付出,给我们带来幸福的人,你想感谢谁? 为什么?

幼:我要感谢医生,他们保护我们的生命……

幼:我要感谢老师,他们教会我们各种本领……

师:很多关心、守护、帮助过我们的人,让我们有了幸福的生活,我们要……?(教师用动作引导幼儿讲述)

幼:感谢他们。

师:我们把一首好听的歌曲《听我说谢谢你》送给他们。

〔注意:在导入谈话活动的过程中,教师要营造感恩的情感氛围,多鼓励幼儿积极表达自己的情感,使幼儿更好地演唱出歌曲的柔美抒情,并为后面敲击节奏时,控制好配乐与演唱的声音奠定基础。在复习歌曲,巩固歌词、旋律、B 段动作的同时,教师要引导幼儿用好听温柔的声音带着感情演唱。〕

2. 动作。〔创意空间:出示歌词图谱板,幼儿分红黄两组探索 A 段节奏。〕

师:这首歌前面(A 段)只唱不做动作的地方,还可以边唱边拍节奏,给我们歌声伴奏,这是一首很温柔的歌曲,拍节奏伴奏的声音应该怎样?

幼:要轻一点,不能高过唱歌的声音。

〔注意:拍手是为后面歌唱和演奏做准备的,一开始教师就需引导幼儿讨论,明确拍节奏要轻一些,不能超过唱歌的声音,演奏中控制好配乐与演唱的声音,使两者和谐。〕

师:这次你们分成红黄两组(出示两块幼儿自己绘制的歌词图谱板),我唱歌,你们跟着音乐节奏试试可以拍什么样的节奏。小组讨论后选择一种,把你们的节奏用小手图贴到歌词图谱上,展示给大家看。(教师唱 A 段,幼儿自主随乐按节奏拍手,小组集体建库,探索 A 段节奏)

〔注意:这首歌曲虽然是幼儿会唱的,但此处并不需要幼儿演唱,而是由教师演唱,这样幼儿可以专注在节奏的探索上。教师连续演唱 A 段 5~6 遍,给幼儿充分的

自主尝试、呈现集体“建库”的时间，大班幼儿需要更多的尝试，与同伴协商合作完成一定的任务。〕

3. 音乐。

（1）分享：两组幼儿分别展示，提取一个节奏型，集体练习A段。

师：你们组是用什么节奏为歌曲伴奏的？谁来介绍一下？

幼：唱“送”的时候拍一下，“给你”时拍一下，“小心”时拍一下，“心”时拍一下，“送你”时拍一下，“花一”时拍一下，“朵”时拍两下。（幼儿边指着自己组的节奏小手图谱边介绍）

师：“给你”是几个字？

幼：两个字。

师：两个字拍一下，是在唱“给”还是“你”的时候拍？

幼：在唱“给”的时候拍一下。

师：小手应该贴在哪里，我们能更清楚？

幼：贴在“给”的下面。

师：那后面还有需要调整的地方吗？

幼：有。

师：还有哪里需要调整？谁来调整一下？（请一名幼儿上台调整小手位置）

〔注意：如果幼儿将小手贴在两字之间，在小组代表介绍时，教师需引导幼儿明确是在唱前一个字还是后一个字时拍（一般在前一个字重拍上），并请幼儿自行调整，重新贴好节奏图谱，这样可以帮助幼儿将歌词图谱和节奏图谱精确匹配，使幼儿能看懂自己组和另一组的节奏谱。〕

（2）尝试操作并引导反思。

师：有请这组小朋友上台，按你们的节奏谱展示一下。他们拍节奏，其余小朋友一起帮他们唱歌。

（两组幼儿分别展示）

师：你们在表演过程中有没有什么问题？

幼：有点不整齐。

幼：节奏太快跟不上。

师：要跟着音乐节奏一下一下地拍，声音整齐才更好听。你们觉得哪种节奏更合适我们一起为歌曲伴奏？为什么？

幼：红队的节奏有点难，黄队的简单一点，黄队拍得也整齐一些，所以选黄队的节奏。

师：两组的节奏都很棒，红队难一些，有的小朋友还有点跟不上，黄队容易一点，我们要一起合作表演，先选黄队的，大家一起试试可以吗？

幼：可以。

师：我们跟着音乐边唱歌边拍节奏，唱到"听我说谢谢你"（B段）还是做动作。

〔注意：打击乐的节奏型需要相对统一，因此，在两组幼儿各自介绍并展示过自己的配乐节奏后，教师需引导幼儿选择一种能让团队共同完成的节奏。幼儿讨论的节奏型一般为：第一种 x－｜x－｜，第二种 x x｜x x｜，第三种 x xx｜x xx｜。教师根据幼儿的能力，引导幼儿先选择最简单的第一种，或稍微难一点点的第二种，一开始节奏不宜过难，要选择容易的基础模型，幼儿才能更好地掌握，并逐渐累加新的内容与挑战。〕

4. 其他1。〔创意空间：增加礼物盒，探索如何用礼物盒在桌子上演奏A段。〕

师：我还为你们准备了爱心礼物盒，现在有礼物盒和桌子，你们可以用刚才的节奏试试吗？

幼：可以。

师：我唱歌，你们试一试。

[教师连续演唱A段2遍。]

〔注意：尝试将拍手动作转化成用礼物盒与桌子进行演奏，对大班幼儿有一定的难度。如果之前幼儿选择的是一小节拍两下的节奏，在此次教师演唱幼儿自主探索，以及后面幼儿初次尝试集体演奏时，可先将歌曲速度放慢一点，以便幼儿可以更好地对演奏方法、音量等方面进行探索。〕

师：你是用什么方法演奏的？我唱，你来展示一下。

（请2~3位幼儿示范，提取一个动作）

师：你们选哪位小朋友的方法？

师：他是怎么演奏的？

幼:他拍一下盒子拍一下桌子。

师:他拍盒子的什么位置?

幼:拍盒子的上面。

师:是一只手,还是两只手? 两手分开,还是两手同时?

幼:是两只手同时拍的。

师:他是怎么拍桌子的?

幼:他是两只手,一左一右分开,分别拍盒子的两边。

师:我们一起用他的方法边唱歌边演奏试试看。

[边唱边演奏 A 段 1 遍。]

〔注意:在教师演唱、幼儿自主探索使用礼物盒和桌子演奏 A 段后,教师请 2~3 位幼儿示范,并提取一个动作,通过提问、追问的方式,帮助幼儿仔细观察同伴的动作,这也是教师的隐性指导,引导幼儿知道可以拍盒子、桌子的不同位置,可以单双手配合等,创造出不同的演奏方法。但初次尝试集体演奏,仍需选择大部分幼儿都能掌握的方式,不宜过难。〕

师:这是一首很轻柔的歌曲,你们看我用你们的方式演奏,又有什么不同?

[教师示范 A 段手指轻轻敲击 1 遍。]

幼:我们是用手掌拍的,你是用手指尖轻轻敲的。

师:手掌拍和手指尖轻轻敲,哪种方法更适合我们这首歌?

幼:手指尖轻轻敲更好听,更温柔。

师:我们一起用手指尖轻轻敲击的方法,试一试给这首歌曲配乐,听听是不是有不同的感觉,准备好了。(手指悬空于盒子上方)

[师幼使用指尖轻轻敲击礼物盒、桌子的方法,完整随乐演奏 1 遍。]

〔注意:《听我说谢谢你》是一首非常抒情的歌曲,所以在配乐伴奏时,教师需要引导幼儿感受并表达歌曲的情感。如果在自主探索时,有幼儿使用手指尖轻轻敲击的方法,就请他示范,幼儿会发现其动作、声音与大家的不同。如果没有幼儿使用这种方法,教师就以自身为高级榜样进行示范,让幼儿辨别异同,引导幼儿认识到可以根据歌曲的风格,选择更适合的配乐方式表达。另外,教师要及时引导幼儿反思问题,演奏中注意合乐整齐,并控制好配乐与演唱的声音,使两者和谐。〕

5. 其他2:增加B段传礼物盒环节。

师:这一遍要给你们加点难度,请你们看看我做的和你们有什么不同的地方?

[师幼完整随乐游戏1遍,教师在最后一句传礼物盒。]

师:我做的和你们有什么不同?

幼:你把礼物盒传给旁边的小朋友了。

师:我是什么时候传的?

幼:在最后一句"谢谢你,因为有你,把幸福传递"时传的。

师:一共有几句"谢谢你,因为有你,把幸福传递"?

幼:一共有4句。

师:前面3句我有没有传?

幼:没有。

师:我是唱第4句"谢谢你"时就传了吗?是唱什么时传的?我的动作和你们的动作有什么相同和不同的地方?需要我再做一遍吗?

〔注意:如果幼儿需要,教师可以将最后一句放慢一点,边唱边再做一次,引导幼儿细致观察。〕

幼:"谢谢你,因为有你",你的动作和我们的一样;"把幸福",我们做爱心动作时,你拿起盒子;"传递",我们把手伸出去时,你把盒子放在下一个小朋友面前,传给他。

师:这是我们的爱心礼物盒,我把幸福传递给了下一个小朋友,你们愿意把幸福传递给下一位小朋友吗?

幼:愿意。

师:用你的右手摸摸下一位小朋友的肩膀,和他打个招呼:"我把幸福传给你。"(帮助幼儿明确往右边传递)清楚把幸福传给谁了吗?

幼:清楚了。

师:我们念最后一句歌词,试一试传递幸福礼物盒。

〔注意:教师和幼儿一起念最后一句歌词"谢谢你,因为有你,把幸福传递",幼儿尝试做动作,练习往右传递。〕

师:传递中有没有问题?

幼:没有。

师:我们可以跟着音乐完整来一遍吗?

幼:可以。

师:前面边唱歌边用前面选择的方法伴奏,后面边唱歌边做动作,最后在第 4 句“把幸福传递”处传递幸福。准备好了。

[师幼随乐完整游戏 1 遍。]

〔注意 1:在唱最后(第 4 句)“谢谢你……”时,教师将右手五指张开在耳边摇动的动作改为四根手指稍微往前一点摇动,起到提示的作用,提醒幼儿要准备传递了。〕

〔注意 2:这节活动是在大班上学期进行的,因此传递动作是由教师进行高级示范,幼儿辨别异同完成的,并且在初次尝试时只在歌曲最后一句传递一次。如果此活动在大班下学期进行,可以不用教师进行高级示范,而是引导幼儿集体讨论“在什么时候传?将什么动作改为传递动作?怎么传?”也就是说,传递动作从幼儿中产生。〕

师:你们有没有遇到什么困难?或有什么问题?

幼:我差点忘了传递,看到老师摇手变成“四”了,我就想起来了。

师:我们怎样可以不忘记传递?

幼:可以看老师的提醒。

幼:可以看旁边小朋友。

幼:不行,看小朋友做之后再做就慢了。

幼:可以在心里数,唱到第 4 句“谢谢你”时就要准备传了。

师:可以在心里数好第 4 句,还可以看老师,我们提前准备好,就不会忘了传递。

〔注意:每遍游戏结束时,教师需及时帮助幼儿梳理问题,引导幼儿通过集体讨论、经验分享、同伴间相互学习,从而发现问题、解决问题。如此次幼儿发现传递的问题,还可能会在合乐等方面出现问题,教师要及时捕捉问题。〕

6. 其他 3:抽奖。

抽到相同颜色爱心盒的幼儿根据盒子里面的“爱心礼物”,大家送他相应的礼物。

师:我把你们画的爱心礼物内容放进了礼物盒里。(出示 PPT)你们看看自己礼物盒下面是什么颜色的爱心。我们一会抽奖，抽到相同颜色爱心的小朋友，就是此次最幸福的人，才可以打开盒子。

师：我们一起数一二三，第一个幸福者是什么颜色爱心的拥有者？

幼：红色爱心。

师：是谁？请打开盒子拿出“礼物单”，看看我们要送给他什么幸福礼物。（红心心幼儿将盒子中纸条打开给大家看）

幼：我们要送他一个大大的爱心。

师：我们每人变个大大的爱心送给他。

〔创意空间：师幼各自即兴做各种爱心动作。〕

师：我们继续将幸福传递下去（教师边说边做一个向右传递的动作），准备好了，谁唱得好听，可能就会是下一个最幸福者。

[师幼随乐边唱歌边完整游戏 2 遍。]

〔注意：此环节是通过抽奖游戏进行变式练习，巩固敲击节奏和传递动作。抽奖的未知性和开奖时的集体互动，不管是对获奖的幼儿，还是对送幸福的幼儿，都是一次愉快的体验。再次开奖内容可以是：黄色心心盒里——甜甜的祝福话；蓝色心心盒里——相互大大的拥抱。〕

7. 幼儿讨论，增加传递次数。（如果幼儿掌握较好，增加此环节）

师：我们每次只传递了一次幸福，可以多传递几次吗？

幼：可以。

教师：你们想传递几次？怎样增加次数？

幼：我想传递 2 次，最后 2 句传递。

师：我们先试试其他的方法可以吗？

幼：可以。

师：是唱到第几句和第几句“谢谢你”时传递的？

幼：是第 3 句和第 4 句。

师：准备好了吗？我们要传递 2 次幸福啦！

[师幼随乐边唱歌边完整游戏 1 遍。]

〔注意：如果前面的部分幼儿掌握较好，可以引导幼儿根据自己的能力与需要，

增加传递的次数,大班上学期可以逐次增加,大班下学期可以挑战的难度大一些,最后4句每句各传递1次,连续传递4次。〕

(抽奖:粉色心心——送甜甜的……)

师:除了将幸福传递给小伙伴,还有很多爱我们的人,你们想把甜甜的什么送给他们?

幼:甜甜的微笑。

幼:甜甜的生日歌。

……

师:被抽中获得"幸福礼物"的小朋友们,你们感觉幸福吗?

幼:幸福。

师:送出"幸福"的小朋友们,你们开心吗?

幼:开心。

师:传递给别人幸福,自己也会获得幸福和快乐,我们将把幸福继续传递下去。

〔注意:在这里融入了情感教育,是非常必要的。活动中送"幸福礼物"和获得"幸福礼物"可以更好地感受传递"爱"给自己与他人带来的快乐,这比任何说教更有意义和价值。〕

温馨提示

1. 本首歌曲旋律和歌词都比较复杂,对于大班幼儿有一定的难度。歌曲旋律非常优美,因此,我们保留了完整的歌曲旋律,在歌词上做了"减法"。

(1) A段选取了歌曲的第一句"送给你小心心,送你花一朵"。

(2) B段选取了比较有寓意的内容"听我说谢谢你,因为有你,把幸福传递"。

经过简化调整后,幼儿更容易学习演唱歌曲,减轻了记忆歌词的负担,使得边演唱边演奏更为可行。

当幼儿熟练地掌握这种边唱边奏的方式后,也可逐渐累加歌词内容,在完整欣赏原曲歌词的条件下随乐游戏。

2.《听我说谢谢你》是一首非常抒情的歌曲,在活动中教师更应关注引导幼儿,不管是用手拍节奏,还是使用礼物盒、桌子敲击伴奏,或是在传递礼物盒时礼物盒的拿放,要能够控制好配乐伴奏与演唱的声音。

3. 在探索A段节奏环节，教师唱A段，幼儿分红黄两队自主探索在歌词图谱上粘贴小手图呈现节奏，再进行表演展示，最终由幼儿选择一种节奏，这样给了幼儿更多的探索空间，以及同伴间互相学习的机会，使幼儿在其中找到一种最适合他们一起合作为歌唱配乐的节奏型。

4. 每个环节中教师要及时帮助幼儿梳理问题，问问他们发现了什么问题，有什么困难，通过集体讨论分享经验，相互学习，使幼儿能较好地掌握每个环节的内容。

5. 此次活动只选择了一种节奏型，教师可以在后续集体活动或区域活动中，引导幼儿尝试新的节奏型，以在歌词图谱上贴小手图的方式呈现，并与同伴合作游戏。

6.《听我说谢谢你》这首歌曲表达着对他人深深的感恩之情，教师要营造爱的氛围，融入情感教育，使幼儿既能感受此首音乐的旋律之美，也能通过此首歌曲学习表达对他人的感恩之情，感受传递给别人幸福，同时自己也会获得幸福和快乐，愿意将幸福快乐继续传递下去。

（2010年 原创 南京市石杨路幼儿园 朱莉老师）

案例7：神奇种子店

活动结构

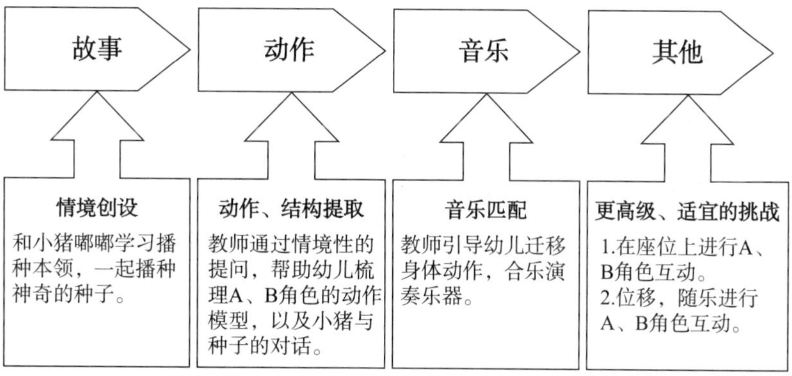

乐曲

快乐家园

马智勇、李菁萍 词曲

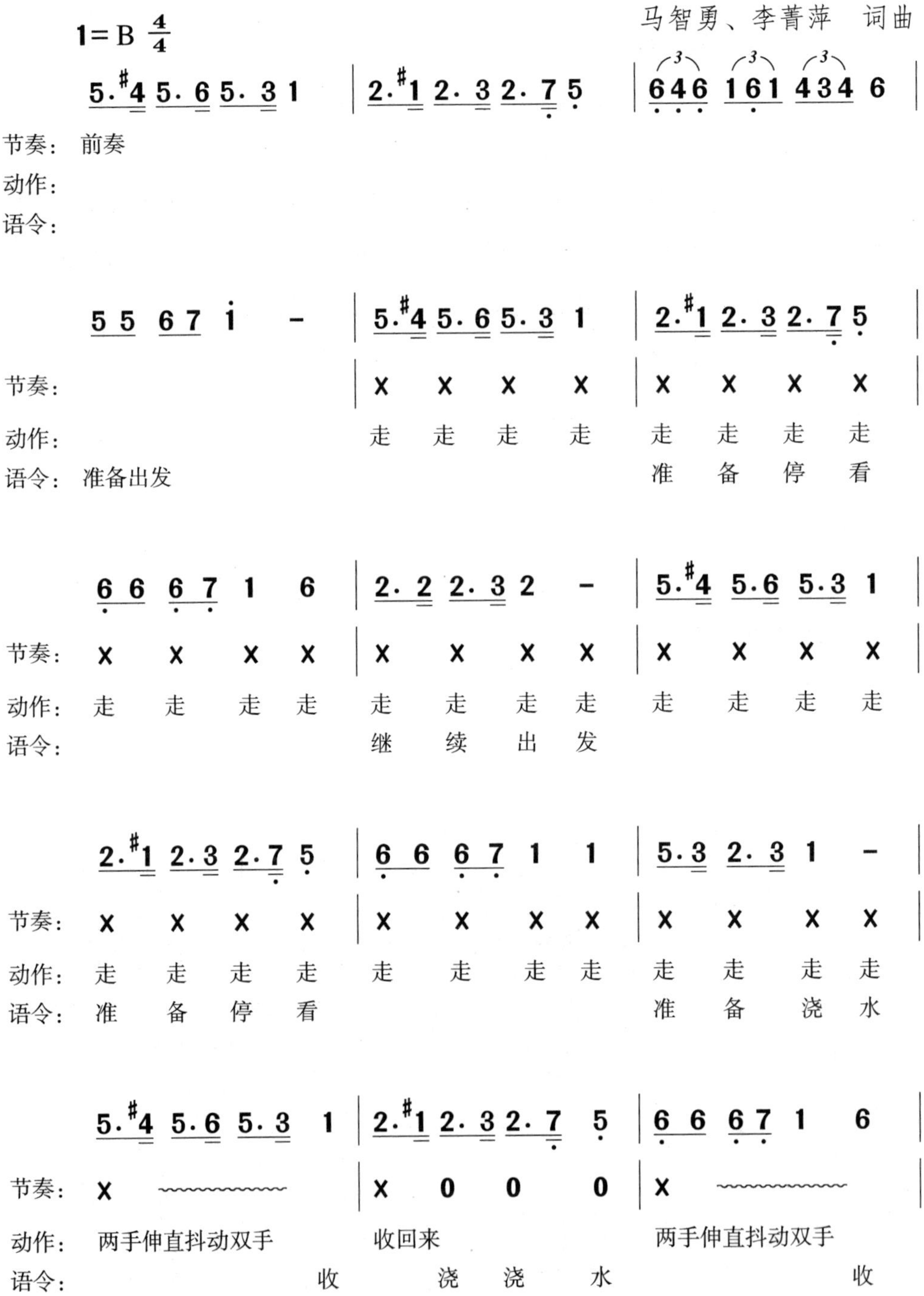

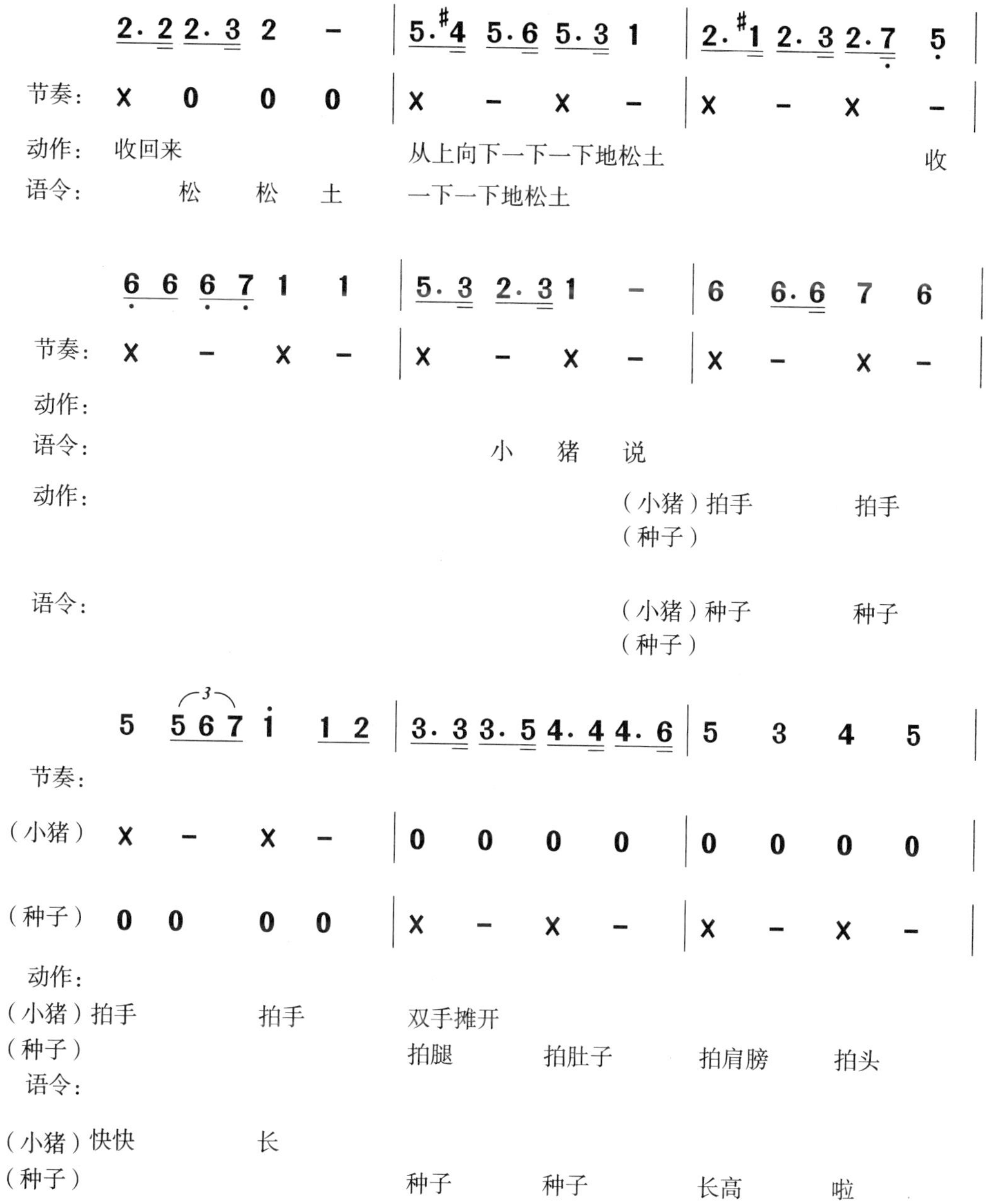
节奏：
动作：收回来
从上向下一下一下地松土
收
语令：松 松 土
一下一下地松土
节奏：
动作：
语令：小 猪 说
动作：（小猪）拍手 拍手
（种子）
语令：（小猪）种子 种子
（种子）
节奏：
（小猪）
（种子）
动作：
（小猪）拍手 拍手 双手摊开
（种子） 拍腿 拍肚子 拍肩膀 拍头
语令：
（小猪）快快 长
（种子） 种子 种子 长高 啦

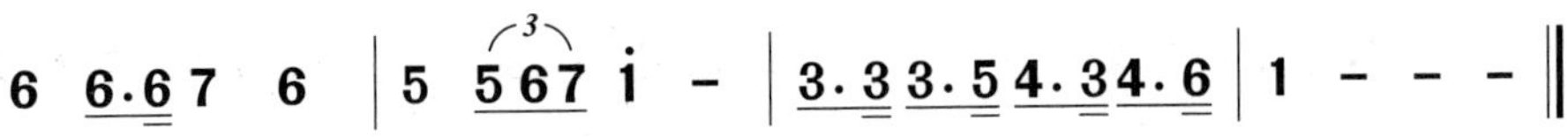

节奏：								
（小猪）	X –	X –	X –	X –	0 0	0 0	0 0	0 0
（种子）	0 0	0 0	0 0	0 0	X –	X –	X –	X –
动作：								
（小猪）	拍手	拍手	拍手	拍手	双手摊开			
（种子）					拍腿	拍肚子	拍肩膀	双手伸直向上举
语令：								
（小猪）	种子	种子	快快	长				
（种子）					种子	种子	长高	啦

配器建议：

小猪使用蛙鸣筒。小种子使用串铃棒。

奏乐活动专业策略使用说明：

1. 这是一个“强情境”类型的奏乐活动。情境氛围的强度主要依靠幻灯反馈种子谜底和小猪与大灰狼斗争的情节。

2. 这是一个“配合录音音乐”的打击乐奏乐活动。

3. 这是一个包含两个不同角色互动的情境表演兼奏乐的活动。

4. 此活动教师还给幼儿提供了探索乐器演奏音色的机会。

活动目标

1. 在“小猪播种神奇种子”的情境中，尝试用乐器表现“浇水、松土”等动作，随乐演奏。

2. 在教师的口令、动作的引导下，分角色进行表演及演奏，在面对面游戏时种子根据小猪角色浇水的不同方位来展现喝水的方位。

3. 体验共同游戏的快乐，感受看到神奇种子结出不同果实带来的惊喜。

活动准备

1. 经验准备：幼儿进行过双角色表演。

2. 物质准备：音乐、串铃棒、蛙鸣筒、幻灯片、小筐、即时贴。

幻灯片参考图样：

图 1

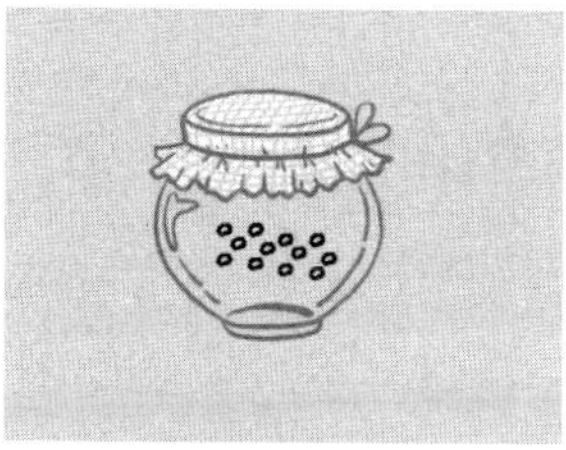
图 2

图 3

图 4

图 5

图 6

图 7

图 8

图 9

图 10

3. 空间准备:全体幼儿围坐成大的半圆形。

活动过程

1. 故事。(出示幻灯片图 1)

师:小猪嘟嘟在狗獾叔叔的神奇种子店买了许多神奇的种子。小种子都被装在这些瓶子里了,它们可以长出神奇的果实。小猪们,我们先来和嘟嘟一起学一学如何播种吧![**教师扮 A 角色第 1 遍随乐律动。**]

2. 动作+音乐。

(1) 学习并回顾 A 角色小猪的动作模型和小猪对小种子说的话。

师:小猪嘟嘟播种时,先做了什么?又做了什么?

师:小猪嘟嘟播种完种子之后,对小种子说了什么话呢?

引导幼儿跟随教师边念对话边做相应的动作。

(2) 进一步感受 A 角色动作节奏,熟悉动作模型。

师:我们和嘟嘟一起将要对小种子说的话在音乐里再说一说吧![**师幼扮 A 角**

色第 2 遍随乐律动。]

(3) 巩固 A 角色的动作节奏,同时观察与熟悉 B 角色小种子的动作及与 A 角色对话。

情境推进:教师点击图 1 中的第一个瓶子,幼儿观察瓶子里出现的是什么?

师(出示幻灯片图 2):现在我们要开始播种喽,第一个瓶子里的种子是什么样的? 会长出什么神奇的东西呢?

师:现在我就是圈圈种子,请小猪们来播种哦! 请仔细看,当小猪在浇水、松土的时候,小种子在做什么呢?

师:小猪说种子种子快快长的时候,小种子说了什么呢? [**幼儿继续做 A 角色的动作,教师加入 B 角色动作,第 3 遍随乐律动。**]

〔注意:教师从头到尾喊的都是小猪的语令,第三遍开始教师做小种子动作,喊的是小猪的语令。〕

师(出示幻灯片图 3):会长出什么呢? 哎呀,只有一棵光秃秃的树。

〔注意:从第 3 遍开始,可以每次都播种一颗种子,并让幼儿猜测会长出什么果实,激发幼儿游戏的兴趣。同时在幼儿根据种子形状猜测会结出什么果实时,教师需进行归纳再反馈幼儿,这也体现了智慧支持。另外,第 3 遍没有长出果实,是为了铺垫第 4 遍的乐器——播种工具的加入。〕

3. 其他:累加乐器,鼓励幼儿探索乐器的使用方法并随乐演奏。

(1) 幼儿探索使用乐器的方法。

师:为了让小种子更快地长出神奇的果实,嘟嘟分别给小猪和小种子送来了播种工具和生长工具。打开小门,拿出它们吧! 我们该如何使用这些工具播种呢?

〔注意:这个活动使用的乐器是蛙鸣筒和串铃棒,平时蛙鸣筒使用的次数较少,另外,其中走和拍手的动作都不属于正向迁移,所以教师需引导幼儿探索由身体动作向乐器动作的转换,并鼓励高级榜样进行示范。〕

师(出示幻灯片图 4):拿上我们的小工具,看看这次圈圈种子能不能长出神奇的果实呢? [**幼儿继续做 A 角色动作,教师加入 B 角色动作,第 4 遍随乐演奏。**]

(2) B 角色小种子的同伴逐步加入,和 A 角色小猪进行合乐演奏。

师:有小伙伴想加入我们小种子的行列吗? 这样长出来的神奇的果实可能会更

多哦！

师（点击幻灯片图 5 中的第 2 个瓶子）：小猪们准备播种喽，我们一起来看看 2 号瓶子里的种子会是什么样子的呢？彩色的圆圆的种子会种出什么神奇的东西呢？**[幼儿继续做 A 角色动作，教师和部分幼儿做 B 角色动作，第 5~6 遍随乐演奏。]**

〔注意：在第 5~6 遍邀请小种子的同伴时，第 5 遍邀请三位，第 6 遍邀请三位，口中要喊小猪的语令给小猪支持，位移后不可再邀请幼儿。第 5、6 遍游戏串联情境的幻灯片是第 2 个和第 3 个瓶子。〕

（3）在位移挑战中，尝试与小种子进行互动演奏。

- 教师邀请配班教师（猪妈妈）示范位移浇水、松土。

师：小种子想要小猪们靠近一点浇水、松土，这样长出来的果实才会更神奇噢！请猪妈妈教我们怎样才能靠近一点呢？请仔细看，猪妈妈在做什么动作之前要走到小种子前面的线的地方停下？**[幼儿继续做 A 角色动作，教师和 5 名幼儿做 B 角色动作，第 7 遍随乐演奏。]**

〔注意：这里增加了位移，教师需要帮助幼儿梳理：① 需要在做什么动作时，走到什么地方停下来？（第 2 遍看的时候，走到线的地方停下来）② 小种子是在什么时候站起来的？（小猪说完"种子种子快快长"时）配班教师示范过 A 角色位移后，需和扮 A 角色的幼儿、B 角色的教师以及其他幼儿进行单练一次后再退出，这里教师可在音乐结束后，幼儿不回位，即可反思小种子的方位变化。地上的即时贴是给予幼儿空间秩序的支持。〕

- 在情境推进中，进行不同方位的互动。

师（出示幻灯片图 6）：这次的 4 号瓶子都是有洞的种子，可能很特别哦，需要你们提高警惕喽！

师：请小猪们浇水的时候变换不同的方向去浇哦，这样所有小种子都能喝到水啦。小种子你们要记得接水喝哦。**[幼儿继续做 A 角色动作，教师和 5 名幼儿做 B 角色动作，第 8 遍随乐演奏。]**

〔创意空间：鼓励小猪变换不同的浇水方向，小种子跟随小猪的浇水方向来接水喝。〕

师（出示幻灯片图 7）：快跑，躲起来，蜜蜂来啦！

〔注意：教师这里需要根据图片上出现的蜜蜂和录音进行情境的渲染，引导幼儿躲避蜜蜂。〕

小结幼儿躲避蜜蜂的造型，引导幼儿相互学习，并在躲避成功后给予幼儿鼓励。

师（出示幻灯片图 8）：这一次小瓶子里会种出什么呢？［**幼儿继续做 A 角色动作，教师和 5 名幼儿做 B 角色动作，第 9 遍随乐演奏。**］

师（出示幻灯片图 9）：哇，是红果子呢！

师（点击幻灯片图 9）：哎呀，我们辛苦种出来的红果子都被大灰狼吃掉啦，它还说了什么呀？（还会回来的）我们该怎么办呢？

情境推动出示幻灯片图 10：狗獾叔叔有话对我们说（神奇的种子是什么呢？会不会帮助我们呢？），我们看看狗獾叔叔给的这颗种子能长出什么来帮助我们。准备好了吗？［**幼儿继续做 A 角色动作，教师和 5 名幼儿做 B 角色动作，第 10 遍随乐演奏。**］

师：我们来看看种出了什么呢？是一只大恐龙哦。大灰狼又来啦，快，变恐龙，吓走它。

师：我们再到狗獾叔叔的神奇种子店买些种子，到森林里的其他地方去播种吧！

温馨提示

1. 特别说明：该活动的想法来自绘本《神奇种子店》。

2. 该活动属于大班双角色的活动，所以教师在活动中还需要给予 A 角色语令的支持，给予 B 角色动作体态、表情等的支持。

3. 教师需要关注在音乐活动中其他领域的渗透，设计活动时教师有意识地使种子结出的果实在同一纬度——玩具类，帮助幼儿形成归纳总结的品质。

4. 本节活动中的人机互动：在播种完小种子，长出风车的时候，引导幼儿去吹一吹，这时风车会转动起来，给幼儿情绪上的激励，同样的，变出恐龙将大灰狼吓晕，是要让幼儿情绪达到高潮。另外，在长出蜜蜂时，蜜蜂的声效也使得情境更加的逼真，激发幼儿运用各种方式去躲避蜜蜂。

5. 该活动中在小猪给小种子浇水、松土时，强调的是同伴间的合作互动，鼓励小种子在小猪浇水、松土时及时给出身体反馈。（随着小猪浇水的方向去喝水，在小猪松土时扭一扭）

6. 教师在邀请小种子时，要注意小种子之间保持一定的距离，以免小猪浇水时过于拥挤。

（2021 年 原创 南京师范大学幼儿园 张倩老师）

案例 8：打字机

乐曲

打 字 机

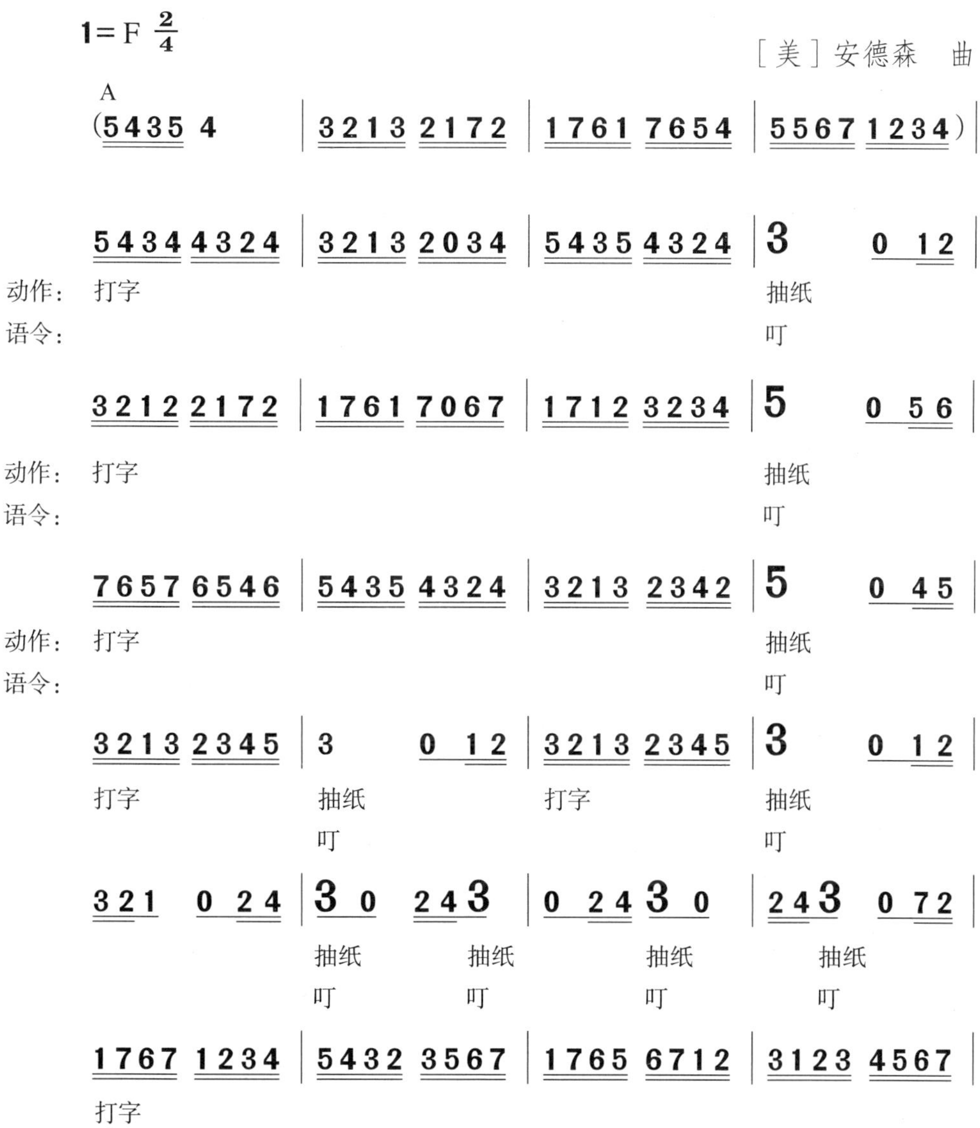

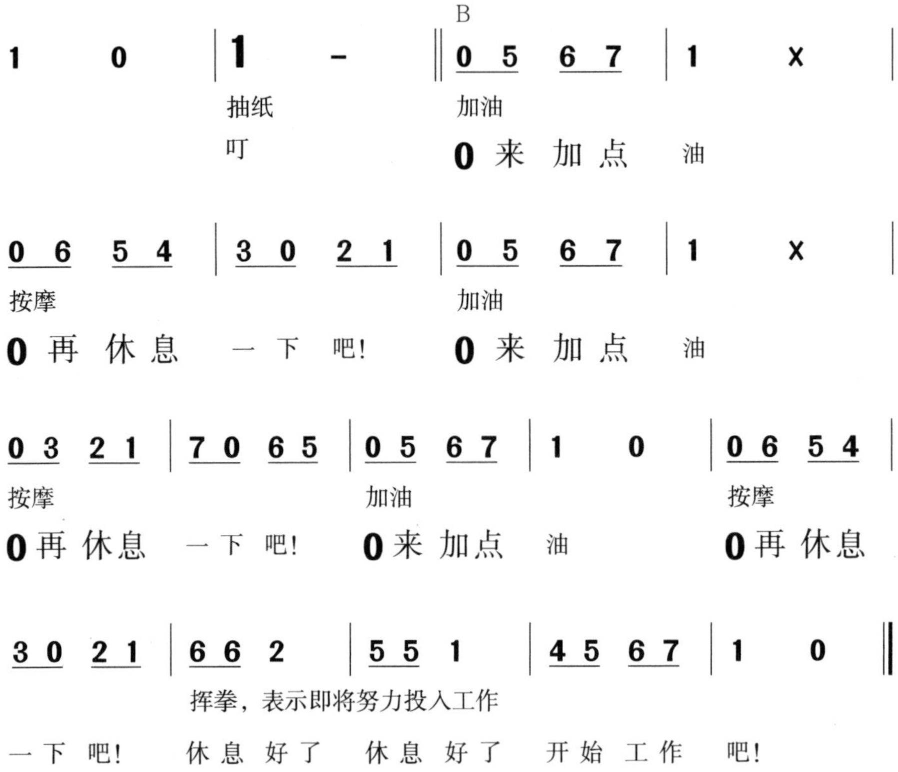

〔注意:乐谱中所有放大的音符都是打字机回车铃声发出响声的位置。〕

参考结构图谱

案例1

1. 使用ABA结构的录音音乐。

2. A段音乐,在响铃处从抽纸盒中抽一张纸。(模拟打字机工作)B段音乐,用动作模拟给打字机加油和检修。〔创意空间:B段动作教师引导幼儿使用“一A建库”的方式创编—反复替换—即兴合作表演。〕

3. 用系带将抽纸盒固定在扮演打字机的幼儿头上,扮演打字员的幼儿在A段音乐假装在同伴身上打字,从同伴头上的抽纸盒中抽纸。在B段音乐,假装向同伴耳朵或嘴巴或鼻子里“加油”,然后给同伴按摩,表示给打字机检修。

4. 抽纸盒中装的是废旧的纸张,由幼儿按照抽纸的规律对折,相扣重叠,安装。可以重复使用。

〔创意空间:初次探究折叠安装的规律,是一种有趣的科学活动;多次重复收拾、扣叠、安装,是一种培养环保意识、责任心、耐心、秩序感的自我管理活动。〕

案例2

1. 仅使用A段音乐。

2. 教师在集体教学活动中提供了一个故事范例。(如:打预防针)

3. 教师重复引导幼儿在集体学习情境中,建构不同的故事范例。每次又会引导幼儿提议改编符号的样式。(如:气球充气和爆炸)

〔创意空间:教师引导幼儿通过"一A建库"的方式理解音乐的结构。〕

4. 教师将创编新故事的活动转移到音乐区角开展,鼓励幼儿创编新故事和使用新的符号表现同一结构。

〔创意空间:幼儿自主迁移习得的模式进行独立或合作创编。〕

案例3

〔创意空间:教师完全利用幼儿提议的情境和动作来帮助幼儿感知和表现音乐。〕

1. 仅使用A段音乐。

2. 教师提前一周经常在教室里播放该乐曲的录音。

3. 提供家长可在家中和幼儿一起欣赏与谈论的音乐。

4. 集体教学活动一开始,邀请幼儿提供3~4个不同的故事情境。(如:啄木鸟捉虫;乘坐电梯;汽车根据红绿灯行驶;猫捉老鼠)

5. 提议故事的幼儿展示动作,并尝试随乐做动作。教师大组评论指导。

6. 教师引导全体幼儿自选一个情境,协助组织幼儿分成3~4个不同故事主题的表演小组。

7. 教师反复播放录音音乐,各组幼儿自行创编排练,教师巡回观察指导。

8. 各组展示交流,教师引导幼儿相互评论并提炼反馈。

〔注意1:第一次展示此教案时,"啄木鸟"小组分成"啄木鸟"和"大树"两个角色表演;"猫捉老鼠"小组分成"猫"和"老鼠"两个角色表演;"开汽车"和"乘电梯"是同一个角色表演。〕

〔注意2:"猫捉老鼠"的情境属于"强情境",因此幼儿无法控制情绪和行动,没有按照音乐的结构进行表演。这个问题是教师在选择活动和指导时特别需要注意的!〕

案例4

1. 建议将结构化的情境律动动作转换成奏乐动作。

2. 建议使用餐厅的呼唤铃演奏特定的音符。

3. 教师先使用呼唤铃或其他音色类似的乐器或替代物进行示范演奏，再逐渐转为幼儿演奏。

4. 建议律动组合中做打字动作的地方可以使用铃鼓、串铃或音色类似的乐器演奏散响音效。

5. 另外还需要怎样配器，教师可以自己尝试，也可以与幼儿一起探索。

温馨提示

1. 案例 1 是 2006 年成都的老师组织的活动，首次使用这首乐曲。尽管在设计这个活动时还尚未明确提出"一 A 建库"的理论和实践模式，但是：第一，教师和幼儿都非常喜欢这个活动中对情境的选择和对教具的创意设计；第二，折叠抽纸的方法是交由幼儿探究和操作的，也算是提供了探究学习的机会；第三，这次重新改写，我们特地指出 B 段音乐可以直接使用"一 A 建库"的学习模式，弥补了原创活动中向幼儿提供的创意表达空间不足的遗憾。

2. 案例 2 是 2012 年南京的老师原创的活动。特别需要指出的重要思路是：集体教学与区角游戏相衔接。这是目前许多幼儿园都比较忽视的一种思路，但的确是国际上已经反复强调多年的重要课程建构原则。

3. 案例 3 是 2014 年北京的老师原创的活动。该活动进行之前，教师做了大量的工作：① 日常反复利用无意注意帮助幼儿在感性层面熟悉音乐；② 利用家园互动和亲子互动，使幼儿积累了比较多的用想象情境表现音乐的经验。因此，在活动中，教师才不至于需要花费太多时间引导幼儿提出方案。另外，还有非常重要的一点是：对于这种开放的活动，教师自身需要有非常高的集体教学秩序调控素养和音乐教学专业素养。

4. 案例 4 是 2020 年我们特地提出的思路。前面已经反复展现过，即大部分律动组合都可以通过配器设计转变为奏乐活动。

（2006 年 原创 成都金牛区机关第三幼儿园 张昀老师；2012 年 原创 南京晨光幼儿园 金雅老师；2014 年 原创 北京空军蓝天幼儿园 周悦老师）

最后，我们要说：创新、进步、突破是无止境的，但需要尊重基本的规律！

—— 第七章 ——

理论的回响

本章提要：

幼儿园教师如何在园本培训或自我培训的过程中，使用“案例研究教学”的模式，更加有效地提升团队和自身的教育教学水平，是本章要重点讨论的内容。其中包含：① 关于“克隆课”的利与弊的讨论；② 如何进行最初的“模仿学习”；③ 强调“替换入手”为宜；④ 需要吸取的经验教训。

尽管本章已经从“教师如何教幼儿进行创造性的学习”转向了“教师如何教自己进行创造性的学习”，但相关的基础理论和实践模式仍旧是相同的！所以我们把这一章叫作“理论的回响”。

希望读者能够特别关注这些年来一直争论不休的“模仿学习”的问题，以及我们在 40 多年的教师培训中总结出来的经验教训，以避免在学习过程中走太多的弯路。

第一节　关于“克隆课”的利与弊的讨论

2017 年前后，学界对幼儿园教师模仿其他教师的原创优秀课例行为（习称“克隆课”或“翻课”）持批评意见的声音比较多，且批评的言辞也比较激烈和严肃，引发了我们团队对这个问题从多方面入手进行的专项研究。

其中包含全国性的网络调研和线下访谈，另外也包含了南京师范大学学前教育专业的硕士、博士研究生们所做的硕士、博士学位论文研究。

一、对“反对性”意见的回应

首先，我们来回顾一下反对“克隆课”的主要代表性意见。

1. 助长学术造假的不良风气。

2. 压抑教师的原创动力。

3. 无法顾及不同教师和幼儿的文化背景及能力差异。

乍一看，这些意见似乎都很合理，且切中要害。但只要仔细分析我们就不难看出：与所谓“范画会压抑幼儿想象力、创造力”的判断一样，这并不是一个真实的命题。

相关的教育学、心理学理论以及国内外的教育实践，在本书第一章、第二章已经有所阐述，此处不再重复。但还是需要对上述观点的漏洞做进一步分析，以正视听。

第一，冒用他人的优秀课例参与评奖和职称评定的情况，曾经确实较为普遍，但这与“模仿优秀案例”的行为本身并无必然的联系，而仅仅是冒认者本身动机不纯的问题。

第二，长期甚至一直依靠“克隆课”来保证教学质量，并不能算是纯粹的“坏事”；不能够“举一反三”进行原创课设计，是教师本身的能力所限，仅仅需要加以培训即可，这也与“模仿优秀案例”的行为本身无关；自己“偷懒”，依赖别人的原创，那也只是教师本人发挥创意的主观能动性不足而已。

第三，即便不上“克隆课”，目前面广量大的在职教师仍旧无法在上课时真正顾及自身和幼儿的现实文化背景和能力水平。

所以,以上三条批评的意见,并不能否定“模仿优秀案例”行为本身的价值,而只能说明“模仿者”使用原创课的动机和能力水平存在不足而已。

二、对“支持性”意见的小结

1. 所有进行过“克隆课”实践的被调查者都报告了自己在专业能力上的快速、全面成长。

2. 所有进行过“克隆课”实践的团队负责人都报告了所在团队在专业能力上的快速、全面成长。

3. 一些研究提供了助力成长的三个重要信息。

(1) 必须大量实践和反思。

- 反复研究原创意图,并在反复实践中寻找与原创的差距。
- 同时努力发现自身和幼儿与原创中的教师和幼儿在文化和能力方面的不同情况。
- 新手教师即便做到上述两个要求,仍旧不能脱离团队同伴和高手教师的有力支持。

(2) 必须坚持“初心”。

- 团队全体人员必须反复澄清价值立场。
- 团队全体人员必须随时澄清理论与实践之间的关系。
- 团队全体人员必须拥有充分的实践和反思的机会。

(3) 必须建立良好的组织体系和外援体系。

- 团队负责人承担建立有效的组织方式和行动方案的责任。
- 团队负责人必须能够给予团队成员以情感激励和专业支持。
- 团队负责人必须能够有效争取到园领导和专业人员的支持。

4. 博士研究生提供了哈佛大学150年前使用案例教学法的“实例”,证实了“经典案例”对领域新手学习的重要价值,以及要取得这些价值所需要的方法、流程和工作原则等细节。

5. 高等院校高级访问学者提供了“使用局部替换的方法”，引导新手学习者从严格模仿逐步过渡到原创的“系列质变阶段和具体手段”。

自此，“克隆课”已经从以“学会上一节好课”为目的，逐步转向以“通过研究原创课的重要内在机制，从中获取基本理念和基本规则”为目的。“单纯的克隆课”或称“范例模仿课”已经逐步转向以“案例研究”为中心的系列教研活动。

〔注：对调研详细资料和讨论感兴趣的读者可以阅读南京师范大学出版社出版的《幼儿园音乐活动有效教研》。〕

三、从“单纯克隆”到“一课多研”

最近几年，许多有能力独立进行较高质量教研的幼儿园，模仿课的教学研究已经从“个人独立探究模仿”的模式转向“以老带新”或“结伴互助”等新的合作型共学模式。同时，也逐步与“一课多研”的教研组织方式相互结合，形成“八仙过海”的局面。其中产生的各种问题，也不再认定是必须克服或解决的“毛病”，而被看成是开展新研究和促进新发展的“切入口”。

所以我们的团队更倾向于将“案例教学”称为“案例研究教学”，以突出其中的“研究”意味，即不断提升观察模仿、实践反思等过程中的“研究、分析成分”，亦即不断提升“理论提炼、理论检验、理论深化、理论拓展的成分”。

第二节　如何进行最初的“模仿学习”

一、如何进行最初的模仿学习

幼儿园团队或教师在最初学习上模仿课时一般需要严格遵循以下流程和方法。

1. 严格甄选真正优秀的被模仿案例。

2. 反复认真观看案例视频至少5遍。（最好有同伴或团队一起观看）

3. 使用文字进行实录，尽可能不要遗漏各种细节。

4. 反复记忆案例全过程，在真正执教前反复自行操练。

5. 执教后，认真反思执教过程中的问题。（最好有同伴或团队一起研讨）

6. 通常有必要反复回看原创视频，对照自身执教行为寻找差距。

7. 寻找、发现并思考自身与所教幼儿和原视频中教师与所教幼儿之间的差异，思考对策。（最好有同伴或团队一起研讨）

8. 第一次模仿实践需要反复观看和反复实践至少5遍。

二、仍旧是“替换开始”为宜

经过一个阶段的模仿学习（同一领域的课例5~10个），初步提炼出一些基本规律之后，便可以开始尝试“改编课”。改编课的基本思路与前面我们提供的幼儿创意学习的思路相同：都是从替换比较小的局部开始的。其一般流程大致如下：

1. 保留主题和故事框架，局部替换或微调、增减某些要素。

2. 保留音乐框架，替换主题（或故事细节、动作、游戏）。

3. 保留故事框架，替换音乐（或动作、游戏）。

4. 保留动作、游戏，替换音乐（或故事）。

5. 将各种有趣的元素重新组合成一个新的框架。

学习心理学中有一个重要的概念叫作“迁移”。这个概念之所以重要，是因为它是学习心理学的价值核心。因此，学习心理学的重要口号是“为迁移而学，为迁移而教”！

“迁移”其实就是换一个情境应用所学新知。因为不同的情境有“相当近似”“比较相似”和“看起来很不同”等层次的差异，所以，迁移的难度也分“近迁移”“较近迁移”“较远迁移”和“远迁移”等多种层次。

与“迁移”概念密切相关的另一个概念是一种以“达成技能掌握为目的”的练习技巧，被称为“变式练习”。变式练习的设计核心是“渐变”，而渐变的具体设计思路之一就是“替换”，而替换必须是小步距的、循序渐进式的，从替换局部逐步过渡到替换大部分。

无论怎样“替换”，顺序均是：先甄别出原作品的框架或某些要素，再在此基础上进行局部“替换”，然后谨慎地逐步扩大“被替换的局部要素”的占比，从量变逐步发展到质变，变异为一个可称为原创的作品。

但无论怎样变异，其中的各个要素，如音响、动作、语词的材料、故事发展的细节、音乐舞蹈作品乃至活动的组织思路，仍旧不可避免地来自人类的公共积累。

关于“公共积累”，除了音乐作品、舞蹈作品需要大量积累，有关游戏的积累，我们在第二章最后已经给过清单；至于故事的积累，建议教师要多多关心各年龄段幼儿近期特别喜爱的绘本和动画片。由于这些故事都是经过原创作者千锤百炼后才产出的，哪怕其中一个细节、一个人物的名字都是经过仔细推敲的，教师应该比较容易从中获得启发。

第三节　需要吸取的经验教训

关于在这种学习过程中需要大家提前吸取的经验教训，我们给出的友情提示如下。

1. 切忌急功近利，要以“掌握”为追求的目标。

〔注意：掌握型学习目标，是学习心理学推崇的最高级的学习目标。它兼具坚韧性和可持续发展性。〕

2. 各层次的相关理论一定要有所了解。工艺学层面的理论，即操作层面的原则、方法、流程一定要先熟练到能够“流畅背诵”，之后再逐步能够说出“其所以然”。

3. 随时保持从外界汲取、积累各种相关信息的热情，努力避免“书到用时方恨少”的尴尬局面频频发生在自己身上。

4. 在没有真正澄清原创者意图的情况下，最开始模仿时，不要随意改变原创案例的方法和流程。重点在努力弄清原创意图，甚至要仔细揣摩原创的各种细节处理机制。

〔注意：不是不允许修正，而是要谨慎对待，避免“弄巧成拙”。〕

5. 具体的“教学示范技能”和“教学互动技能”，需要练习至百分之三百的熟练程度，以便预留百分之二百的能量来应对教学过程中的突发状况。

6. 必须要认真关注被模仿案例中对整体核心素养——特别是学习品质、人格品质提升的各种设计思路和现场执教处理行为。如果所选被模仿案例在这方面有所缺漏，还须进行局部微调补充完善。

最后，预祝读者能够借助此书提供的信息和自己踏踏实实的努力获得让自己满意的成长！

附录:国外供儿童创编的经典歌曲

1. 走开苍蝇

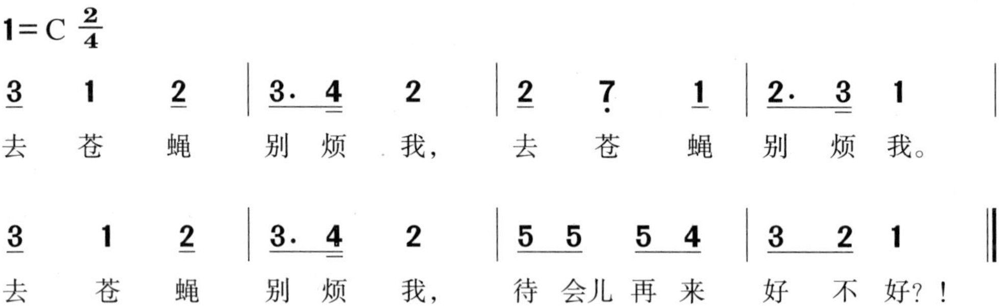

◆ 建议:

1. 改“苍蝇”为其他动物或人物。

2. 改时间,如:下午、晚上、明天……

3. 改语气,如:请走开,嘿快来,别走开……

2. 下雨天

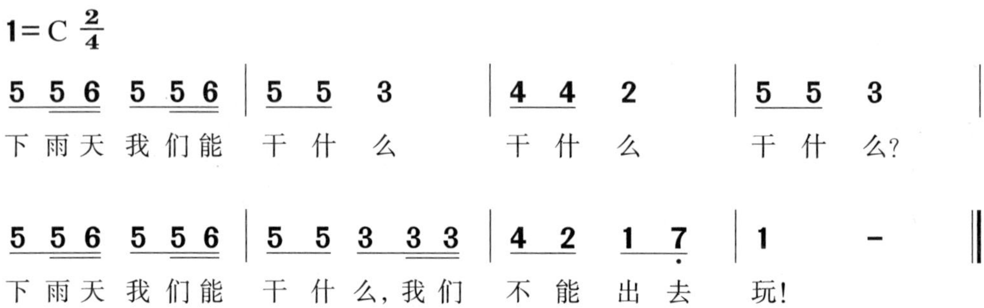

◆ 建议:

1. 改情境,如:大热天、下雪天、大晴天、星期天……

2. 唱一件具体可干的事情,如:搭积木……(最后一句:我们一起搭积木)

3. 改第一句和最后一句,如:大晴天……我们正好去公园、去爬山……下雪天……我们正好打雪仗、堆雪人……

3. 公共汽车

◆ 建议：

改为叙述公共汽车上发生的事情，如：看，上来一位爷爷，咳咳咳……一直咳；上来一位娃娃，哇哇哭……一直哭……

4. 听

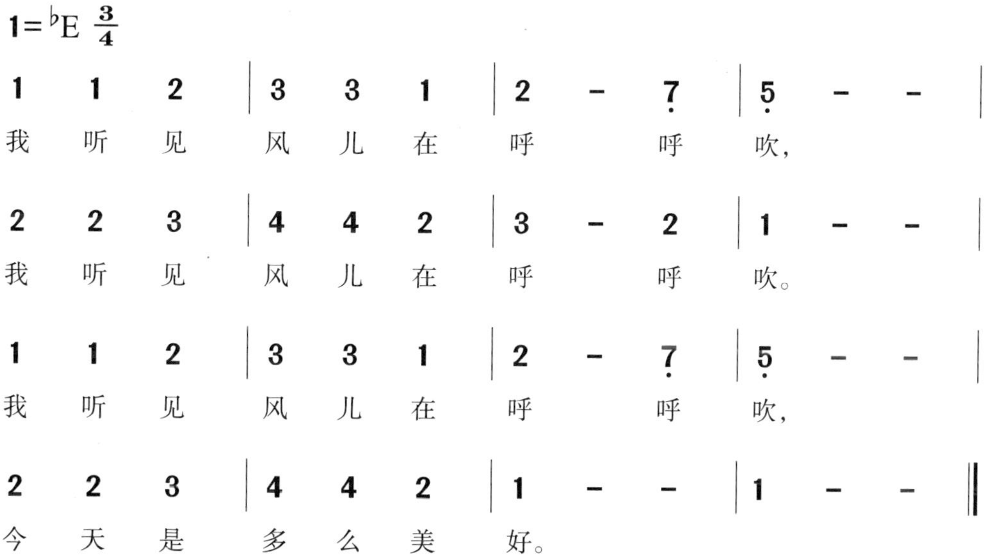

◆ 建议：

改为描述听见/看见的其他美好事物或景象。

5. 大树摇

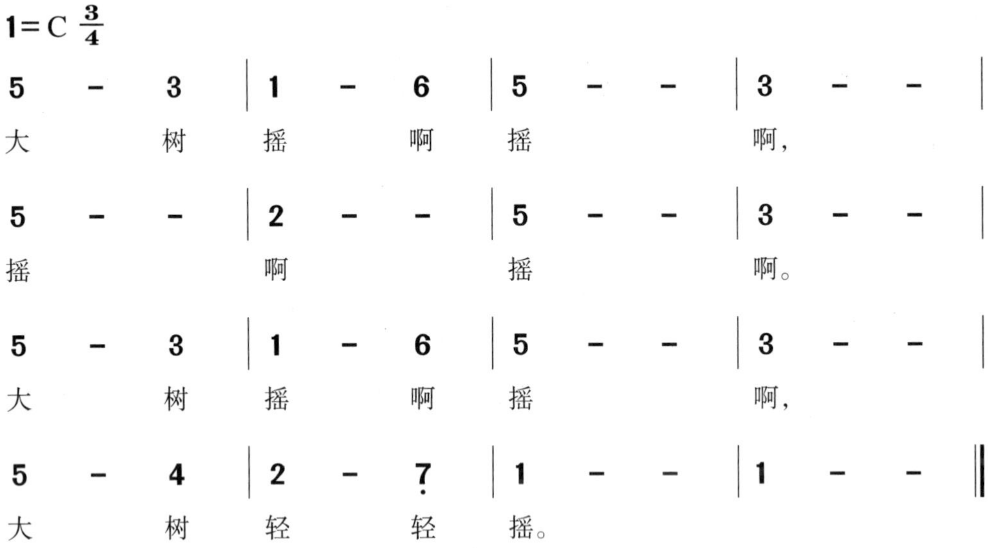

◆ 建议：

改为描述其他植物等摇摆、飘摇……

6. 胡说歌

◆ 建议：

改为唱其他不可思议的行为或事件。

7. 蓝 鸟

◆ 建议：

1. 改为唱其他的鸟或小动物。

2. 改为唱想要做的其他事情。

8. 强尼和锤子

〔注意：以上两首歌曲的曲调是完全一样的。虽然无法考证哪一首是原创，哪一首是改编，但两首都是外国著名的儿童游戏歌曲。《强尼和锤子》歌词每次增加一个锤子的数量，动作每次增加一个身体部位的动作。后者使用了圆圈邀请舞的玩法：邀请者每次从圆圈上邀请一个人加入内圈反向行走；歌曲结束，所有人迅速返回自己原先圆圈上的位置，最后返回者或走错位置者为输家。〕

◆ 建议：

1.《强尼和锤子》可以改唱其他工具。

2. 两首歌曲都可以改变歌词，改变游戏方式。

〔注意：详见南京师范大学出版社出版的更多英文儿童歌曲集。〕

后　记

本书案例涵盖了1986年南京师范大学学报编辑部出版的幼儿园教材中汪爱丽团队的相关研究成果，以及从那时至今包含更多创意表达内容的幼儿园集体音乐教学活动，特别是2017年至今的最新活动设计案例。

撰写本书最主要的目的就是：弥补30多年以来我们团队在此方面长期研究不足的遗憾。

为此，我们要衷心感谢在“从模仿到创造”研究期间，海南师范大学郭敏老师在海南省的幼儿园，特别是在海南农村幼儿园所做的教师培训工作以及在此方面所做的大量理论和实践研究。

感谢南宁师范大学左建中老师为大团队提供的到广西农村采风学习的机会；感谢崔红英老师为大团队提供的到湖南农村采风学习的机会；感谢郭敏老师为大团队提供的到海南农村采风学习的机会。如若没有向民间劳动者、艺术家和非遗传承人学习的经历，就一定不会有我们今天的研究成果，也就一定不会有今天可以奉献给读者的这本书。

另外，我们还要衷心感谢向本书提供原创教学方案的所有幼儿园老师，其中，要特别感谢耿涛老师提供的各种撰写版式和图表。没有大家提供的原创教案，没有大家大量的图文设计、文字撰写、修改审校工作，也就不会有今天可以奉献给读者的这本书。

当然，最后还要特别感谢我的导师汪爱丽老师，我的幼儿园教研指导老师薛瑜老师、高道男老师、黄爱玲老师、李美霞老师。没有她们的引领，也就不会有团队今天的成长，也就不会有今天可以奉献给读者的这本书。

谢谢关心此书出版和参与此书出版工作的南京师范大学出版社的领导和编辑老师。没有你们的支持和辛勤工作，也就不会有今天可以奉献给读者的这本书。

许卓娅

2021年2月于南京